全国高等教育自学考试推荐用书

# 马克思主义基本原理概论自学考试学习读本

Makesi Zhuyi Jiben Yuanli Gailun Zixue Kaoshi Xuexi Duben

（含：马克思主义基本原理概论自学考试大纲）

（2018年版）

全国高等教育自学考试指导委员会　组　编

主　编　卫兴华　赵家祥

编　者　卫兴华　赵家祥
　　　　顾学荣　杨达伟
　　　　王元明　李士坤

审稿人　丰子义　邱海平　任大奎

北京大学出版社
PEKING UNIVERSITY PRESS

图书在版编目(CIP)数据

马克思主义基本原理概论自学考试学习读本:2018年版/卫兴华,赵家祥主编.—北京:北京大学出版社,2018.10

(全国高等教育自学考试推荐用书)

ISBN 978-7-301-29918-0

Ⅰ.①马… Ⅱ.①卫… ②赵… Ⅲ.①马克思主义理论—概论—高等教育—自学考试—自学参考资料 Ⅳ.①A81

中国版本图书馆CIP数据核字(2018)第218965号

| | |
|---|---|
| 书　　名 | 马克思主义基本原理概论自学考试学习读本(2018年版)<br>MAKESI ZHUYI JIBEN YUANLI GAILUN ZIXUE KAOSHI XUEXI DUBEN(2018 NIAN BAN) |
| 著作责任者 | 卫兴华　赵家祥　主编 |
| 责任编辑 | 梁　路 |
| 标准书号 | ISBN 978-7-301-29918-0 |
| 出版发行 | 北京大学出版社 |
| 地　　址 | 北京市海淀区成府路205号　100871 |
| 网　　址 | http://www.pup.cn |
| 新浪微博 | @北京大学出版社　　@未名社科-北大图书 |
| 微信公众号 | 北京大学出版社　　北大出版社社科图书 |
| 电子邮箱 | 编辑部 ss@pup.cn　　总编室 zpup@pup.cn |
| 电　　话 | 邮购部 010-62752015　发行部 010-62750672　编辑部 010-62765016 |
| 印 刷 者 | 河北博文科技印务有限公司 |
| 经 销 者 | 新华书店 |
| | 787毫米×1092毫米　16开本　18.75印张　373千字<br>2018年10月第1版　2024年9月第30次印刷 |
| 定　　价 | 39.00元 |

未经许可,不得以任何方式复制或抄袭本书之部分或全部内容。
**版权所有,侵权必究**
举报电话:010-62752024　电子信箱:fd@pup.pku.edu.cn
图书如有印装质量问题,请与出版部联系,电话:010-62756370
本书采用出版物版权追溯防伪凭证,读者可通过手机下载APP扫描封底二维码,或者登录互联网查询产品信息。

# 组 编 前 言

21世纪是一个变幻莫测的世纪，是一个催人奋进的时代。科学技术飞速发展，知识更替日新月异。希望、困惑、机遇、挑战，随时随地都有可能出现在每一个社会成员的生活之中。抓住机遇、寻求发展、迎接挑战、适应变化的制胜法宝就是学习——依靠自己学习、终身学习。

作为中国高等教育组成部分的自学考试，其职责就是在高等教育这个水平上倡导自学、鼓励自学、帮助自学、推动自学，为每一个自学者铺就成才之路。组织编写供读者学习的学习用书是履行这个职责的重要环节。毫无疑问，这种学习用书应当适合自学，应当有利于自学者掌握和了解新知识、新信息，有利于自学者增强创新意识、培养实践能力、形成自学能力，也有利于自学者学以致用，解决实际工作中所遇到的问题。具有如此特点的书，与那种仅供教师讲、学生听，教师不讲、学生不懂，以"教"为中心的教科书相比，已经在内容安排、编写体例、行文风格等方面都大不相同了。希望读者对此有所了解，以便从一开始就树立起依靠自己学习的坚定信念，不断探索适合自己的学习方法，充分利用自己已有的知识基础和实际工作经验，最大限度地发挥自己的潜能，达到学习的目标。

欢迎读者提出意见和建议。

祝每一位读者自学成功。

全国高等教育自学考试指导委员会
2018年9月

# 目 录

## 马克思主义基本原理概论自学考试大纲

大纲前言 / 002

Ⅰ. 课程性质与课程目标 / 003

Ⅱ. 考核目标 / 004

Ⅲ. 课程内容与考核要求 / 005

Ⅳ. 有关说明与实施要求 / 022

Ⅴ. 参考样卷 / 024

大纲后记 / 027

## 马克思主义基本原理概论自学考试学习读本

前 言 / 031

**绪 论 马克思主义是关于无产阶级和人类解放的科学 / 033**

　　第一节 马克思主义的产生和发展 / 033

　　第二节 马克思主义科学性与革命性的统一 / 043

　　第三节 学习、运用和发展马克思主义 / 051

**第一章 物质世界及其发展规律 / 059**

　　第一节 物质世界和实践 / 059

　　第二节 物质世界的普遍联系和永恒发展 / 071

　　第三节 客观规律性与主观能动性 / 091

　　第四节 解放思想，实事求是 / 098

**第二章 认识的本质及其规律 / 101**

　　第一节 认识的本质 / 101

　　第二节 认识的辩证运动 / 110

　　第三节 真理与价值 / 115

　　第四节 认识世界与改造世界的统一 / 123

## 第三章 人类社会及其发展规律 / 129

第一节 社会基本矛盾及其运动规律 / 129

第二节 社会历史发展的动力 / 146

第三节 人民群众在历史发展中的作用 / 155

## 第四章 资本主义制度的形成及其本质 / 168

第一节 资本主义制度的形成 / 168

第二节 资本主义经济制度的本质特征 / 179

第三节 资本的流通过程和剩余价值的分配 / 188

第四节 资本主义的政治制度和意识形态 / 197

## 第五章 资本主义的发展及其趋势 / 209

第一节 垄断资本主义的形成与发展 / 209

第二节 经济全球化与当代资本主义的新变化 / 227

第三节 资本主义的历史地位和发展趋势 / 236

## 第六章 社会主义的发展及其规律 / 241

第一节 社会主义五百年的历史进程 / 241

第二节 科学社会主义一般原则 / 255

第三节 在实践中探索现实社会主义的发展规律 / 260

第四节 马克思主义政党在社会主义事业中的地位和作用 / 265

## 第七章 共产主义社会是人类最崇高的社会理想 / 273

第一节 马克思主义对共产主义社会的展望 / 273

第二节 共产主义是社会历史发展的必然趋势 / 281

第三节 在建设中国特色社会主义的进程中为实现共产主义而奋斗 / 287

**后 记** / 292

全国高等教育自学考试

# 马克思主义基本原理概论自学考试大纲

全国高等教育自学考试指导委员会 制定

# 大纲前言

为了适应社会主义现代化建设事业的需要，鼓励自学成才，我国在20世纪80代初建立了高等教育自学考试制度。高等教育自学考试是个人自学、社会助学和国家考试相结合的一种高等教育形式。应考者通过规定的专业考试课程并经思想品德鉴定达到毕业要求的，可获得毕业证书；国家承认学历并按照规定享有与普通高等学校毕业生同等的有关待遇。经过30多年的发展，高等教育自学考试为国家培养造就了大批专门人才。

课程自学考试大纲是国家规范自学者学习范围、要求和考试标准的文件。它是按照专业考试计划的要求，具体指导个人自学、社会助学、国家考试、教材编写、自学辅导书编写的依据。

随着经济社会的快速发展，新的法律法规不断出台，科技成果不断涌现，原大纲中有些内容过时、知识陈旧。为更新教育观念，深化教学内容方式、考试制度、质量评价制度改革，使自学考试更好地提高人才培养的质量，各专业委员会按照专业考试计划的要求，对原课程自学考试大纲组织了修订或重编。

修订后的大纲，在层次上，本科参照一般普通高校本科水平，专科参照一般普通高校专科或高职院校的水平；在内容上，力图反映学科的发展变化，增补了自然科学和社会科学近年来研究的成果，对明显陈旧的内容进行了删减。

全国高等教育自学考试指导委员会公共课课程指导委员会组织制定了《马克思主义基本原理概论自学考试大纲》，经教育部批准，现颁发施行。各地教育部门、考试机构应认真贯彻执行。

全国高等教育自学考试指导委员会<br>
2018年9月

# Ⅰ. 课程性质与课程目标

## 一、课程性质

"马克思主义基本原理概论"是全国高等教育自学考试各个专业的公共必考课,是为培养和检验自学应考者对马克思主义基本原理的掌握以及运用能力而设置的一门思想政治理论课。设置本课程的目的,是使具备高中以上文化程度的自学应考者掌握马克思主义的基本观点,树立正确的世界观、人生观、价值观,深化对社会发展规律和社会主义建设规律的认识,加深对中国化的马克思主义各大理论成果和党在社会主义初级阶段的基本路线的理解,提高分析和解决实际问题的能力,增强开拓创新意识,为学好其他各门课程提供方法论的指导。

## 二、课程目标

课程设置的目标是使学生能够:以什么是马克思主义、为什么要始终坚持马克思主义、怎样坚持和发展马克思主义为主题,以马克思主义世界观和方法论为重点,以人类社会的发展规律为主线,全面掌握马克思主义基本原理,着重学好唯物的观点,辩证的观点,实践的观点,实事求是的观点,生产力是最革命的因素的观点,生产关系一定要适合生产力的性质、上层建筑一定要适合经济基础的发展要求的观点,人民群众创造历史的观点,阶级的观点,资本主义一定要被社会主义所代替的观点,实现共产主义是人类最高理想的观点等。要把马克思主义哲学、政治经济学和科学社会主义当作一个整体来把握。要坚持理论联系实际的原则,学会用马克思主义的立场、观点、方法分析和解决实际生活中的各种问题,特别是能应用马克思主义基本原理分析和解决我国改革开放和社会主义现代化建设面临的各种问题。

## 三、本课程与相关课程的关联

自学考试思想政治理论课新课程共有四门,它们是:"马克思主义基本原理概论""毛泽东思想和中国特色社会主义理论体系概论""中国近现代史纲要""思想道德修养与法律基础"。"马克思主义基本原理概论"课是其他三门课的理论基础,学好这门课为学好其他三门课提供世界观和方法论的指导,学好其他三门课为学好这门课奠定必要的实证知识的基础。学习这门课应具备中学各门思想政治理论课的知识,并对我国改革开放和社会主义现代化建设的实践有一定了解。

# Ⅱ. 考核目标

本大纲在考核目标中,按照识记、领会、简单应用和综合应用四个层次规定其应达到的能力层次要求。四个能力层次是递进关系,各能力层次的含义如下。

识记:要求了解马克思主义基本原理的基本概念、基本范畴、基本规律和基本论断。

领会:要求在了解基本概念、基本范畴、基本规律和基本论断的基础上,掌握上述相关内容间的联系与区别。

简单应用:要求能够运用马克思主义的立场、观点和方法,解释和论证某种观点。

综合应用:要求运用马克思主义的立场、观点和方法,结合特定的历史条件或国际、国内政治经济背景,分析有关社会现象或现实问题,对这些理论问题或现实问题做出正确评价。

# Ⅲ. 课程内容与考核要求

## 绪　论　马克思主义是关于无产阶级和人类解放的科学

### 一、学习目的和要求

绪论的核心是阐明马克思主义的创立开辟了人类思想史的新纪元。在当代，马克思主义在世界范围内仍然发生着重大影响，焕发着青春活力。学习绪论，要了解马克思主义是时代的产物，是对人类文明成果的继承与创新，它随着时代的发展而发展；了解习近平新时代中国特色社会主义思想是马克思主义中国化的最新成果；理解马克思主义是关于无产阶级和人类解放的科学，以实践为基础的科学性和革命性的统一是它的根本理论特征，与时俱进是它的理论品质，实现共产主义是它的最高社会理想；深刻理解马克思主义不是教条，而是行动的指南；要明确学习马克思主义的目的在于树立正确的世界观、人生观、价值观，理论联系实际是学习马克思主义的根本方法；要了解现今时代向马克思主义提出的新的研究课题，在新的历史条件下丰富和发展马克思主义。

### 二、课程内容

#### 第一节　马克思主义的产生和发展

1. 马克思主义是时代的产物。马克思主义产生于资本主义社会化大生产已经成为主导趋势，资本主义社会内部各种矛盾充分显露，无产阶级以独立的政治力量登上历史舞台开始争取自身和人类解放的斗争的历史时代。

2. 马克思主义对人类文明成果的继承与创新。马克思主义的直接理论来源是德国古典哲学、英国古典政治经济学和英法两国的空想社会主义学说，它的产生也与自然科学的巨大进步密切相关。

3. 马克思主义在实践中不断发展。马克思主义随着时代的改变、实践的扩展、科学的进步而不断丰富和发展。列宁在帝国主义和无产阶级革命的时代，把马克思主义推进到一个新的阶段。马克思主义在指导中国革命建设的过程中，逐渐形成了中国化的马克思主义，取得了一系列重大的理论成果。中国特色社会主义进入新时代，形成习近平新时代中国特色社会主义思想。

#### 第二节　马克思主义科学性与革命性的统一

1. 马克思主义的科学内涵。马克思主义是由马克思、恩格斯创立的，为他们的后继者所发展的，以反对资本主义、建设社会主义和共产主义为目标的科学理论体系，是关于无产阶级和人类解放的科学。

2. 马克思主义的理论特征。以实践为基础的科学性和革命性的统一是马克思主义的根本理论特征。它的革命性表现为彻底的批判精神和鲜明的政治立场；它的科学性表现为正确反映自然界和人类社会的发展规律，它不带任何偏见，它的理论是深刻的，它随着实践的发展而发展。

3. 马克思主义的理论品质。与时俱进是马克思主义的理论品质。只有体现时代性、把握规律性、富于创造性，才是与时俱进。

4. 马克思主义的社会理想。理想是人生的奋斗目标。社会理想是全部理想的核心。马克思主义的社会理想是推翻资本主义、实现共产主义。

### 第三节 学习、运用和发展马克思主义

1. 马克思主义是行动的指南。马克思主义不是教条，而是行动的指南。要用马克思主义的立场、观点、方法研究和解决我国改革开放和现代化建设中的实际问题。

2. 学习马克思主义的目的和根本方法。学习马克思主义的目的是树立正确的世界观、人生观、价值观，掌握认识世界和改造世界的伟大工具，全面提高人的素质，指导中国特色社会主义伟大实践。理论联系实际是学习马克思主义的根本方法，在实际工作中要反对经验主义和教条主义。

3. 在新的历史条件下丰富和发展马克思主义。当今时代和实践的变化向马克思主义提出许多新的研究课题，并提供了不少回答这些问题的实践经验。马克思主义既面临着严重挑战，又面临着极好的发展机遇。要正确认识和对待马克思主义的理论创新。

## 三、考核知识点和考核要求

1. 马克思主义的产生和发展

（1）识记：马克思主义科学体系的内容。德国古典哲学。英国古典政治经济学。英法两国的空想社会主义学说。自然科学的三大发现。

（2）领会：马克思主义的直接理论来源。

（3）简单应用：结合实际说明马克思主义是时代的产物。

（4）综合应用：结合实际说明马克思主义在实践中不断发展。

2. 马克思主义科学性与革命性的统一

（1）识记：马克思主义。马克思主义的理论特征。理想。马克思主义的社会理想。

（2）领会：马克思主义的革命性。马克思主义的科学性。马克思主义的科学性和革命性在实践基础上的统一。习近平新时代中国特色社会主义思想。

（3）简单应用：结合实际说明马克思主义的理论品质。

（4）综合应用：马克思主义的最高理想与全国各族人民的共同理想的关系。

3. 学习、运用和发展马克思主义

（1）领会：学习马克思主义的目的。

（2）简单应用：理论联系实际是学习马克思主义的根本方法。

（3）综合应用：在新的历史条件下丰富和发展马克思主义。

# 第一章　物质世界及其发展规律

## 一、学习目的和要求

这一章主要论述马克思主义哲学的唯物主义和辩证法的基本观点。学习这一章，要了解世界的本质是物质，世界的统一性在于它的物质性，实践是人与世界关系的基础，人生活于其中的世界是与人的实践活动相联系的统一的物质世界；要深刻理解唯物辩证法的总特征，以及联系和发展的基本规律和基本环节；要明确规律的特点以及自然规律与社会规律的区别；要掌握意识的本质及其能动作用；深刻理解发挥主观能动性和尊重客观规律的关系、解放思想和实事求是的关系。

## 二、课程内容

### 第一节　物质世界和实践

1. 物质世界的客观存在。世界观和哲学，世界观、方法论和价值观的统一，思维和存在的关系问题是哲学的基本问题。在世界的本质问题上一元论和二元论、唯物主义和唯心主义的对立。辩证唯物主义的物质观，运动是物质的根本属性，时间和空间是物质运动的存在方式。

2. 在实践中把握物质世界。实践的本质、基本特点和基本形式。人们生活于其中的自然是与人的实践活动相联系的自然。社会历史是人们的实践活动创造的，实践是人的存在方式。

3. 社会生活在本质上是实践的。劳动实践是人类和人类社会产生的决定性环节，物质生产实践是人类社会得以存在的基础，实践活动是推动人类社会发展的动力。

### 第二节　物质世界的普遍联系和永恒发展

1. 联系与发展的普遍性和多样性。联系的观点和发展的观点是唯物辩证法的总特征，唯物辩证法和形而上学是两种根本对立的发展观，对立统一规律是唯物辩证法的实质与核心。

2. 世界联系与发展的基本规律。矛盾的同一性和斗争性，矛盾是事物发展的动力，矛盾的普遍性和特殊性，矛盾发展的不平衡性。量变和质变及其辩证关系。辩证否定观的内容及其现实意义，事物的发展是前进性和曲折性的统一。

3. 世界联系与发展的基本环节。原因和结果，必然性和偶然性，可能性和现实性，内容和形式，本质和现象。

### 第三节　客观规律性与主观能动性

1. 自然规律和社会规律。规律及其特点，社会发展是有规律的，是一种自然历史过程。

2. 意识及其能动作用。意识的起源和本质，意识的能动作用及其表现，发挥主观能动性和尊重客观规律的关系。

### 第四节　解放思想，实事求是

1. 实事求是是马克思主义的精髓和活的灵魂，是马克思主义的中国化所形成的重大理论成果。

2. 解放思想和实事求是的辩证统一。实事求是是解放思想的目的，解放思想是实事求是的前提。

## 三、考核知识点和考核要求

1. 物质世界和实践

（1）识记：世界观。哲学。一元论。二元论。主观唯心主义。客观唯心主义。可知论和不可知论。运动和静止。时间和空间。实践的本质。唯物主义的三种基本形态。

（2）领会：哲学基本问题。世界的物质统一性原理。运动是物质的根本属性。绝对运动和相对静止的关系。承认事物相对静止的意义。时间和空间是运动着的物质的存在方式。时间和空间的绝对性与相对性的关系。实践的基本特点。实践的基本形式。我们所把握的物质世界是与人的实践相联系的物质世界。

（3）简单应用：列宁的物质定义及其现实意义。

2. 物质世界的普遍联系和永恒发展

（1）识记：联系。新事物和旧事物。矛盾的同一性和斗争性。内因和外因。矛盾的普遍性和特殊性。主要矛盾和次要矛盾。矛盾的主要方面和矛盾的次要方面。质、量、度。量变和质变。肯定和否定。原因和结果。必然性和偶然性。可能性和现实性。内容和形式。本质和现象。

（2）领会：联系的客观性。联系的普遍性。联系的多样性。世界是过程的集合体。新事物必然战胜旧事物。辩证法和形而上学是两种根本对立的发展观。对立统一规律是唯物辩证法的实质与核心。矛盾的统一性和斗争性的相互关系。肯定和否定的辩证统一。

（3）简单应用：矛盾的特殊性原理及其方法论意义。掌握事物的度的意义。

原因和结果关系的原理及其意义。必然性和偶然性关系的原理及其意义。可能性和现实性关系的原理及其意义。内容和形式关系的原理及其意义。本质和现象关系的原理及其意义。

（4）综合应用：内因和外因辩证关系的原理及其现实意义。矛盾的普遍性和特殊性辩证关系的原理及其现实意义。主要矛盾和次要矛盾关系的原理及其现实意义。中国特色社会主义进入新时代，我国社会主要矛盾转化为人民日益增长的美好生活需要和不平衡不充分发展之间的矛盾。矛盾的主要方面和次要方面关系的原理及其现实意义。"两点论"和"重点论"统一的原理及其现实意义。量变和质变辩证关系的原理及其现实意义。辩证否定观的内容及坚持辩证否定观的意义。事物的发展是前进性和曲折性统一的原理及其现实意义。

3. 客观规律性与主观能动性

（1）识记：规律。意识。意识的能动性。

（2）领会：规律的特点。意识的起源。意识的本质。意识能动性的表现。

（3）简单应用：物质和意识关系的原理及其意义。

（4）综合应用：尊重客观规律和发挥主观能动性辩证统一的原理及其现实意义。

4. 解放思想，实事求是

（1）识记：解放思想。实事求是。

（2）领会：党的思想路线。

（3）简单应用：结合实际说明实事求是是马克思主义哲学的精髓。

（4）综合应用：结合我国改革开放的实际说明解放思想与实事求是是辩证的统一。

# 第二章　认识的本质及其规律

## 一、学习目的和要求

本章主要阐述认识的本质和发展规律。学习这一章，要掌握实践在认识中的决定性作用；理解认识的主体和客体及其相互关系，明确认识的本质；深刻理解认识的辩证过程以及主观和客观、认识和实践具体的历史的统一；弄清真理和谬误的含义及二者的关系，真理的绝对性和相对性的关系；深入理解实践是检验真理的唯一标准以及真理标准的绝对性和相对性；弄清真理与价值的区别和联系；明确认识的目的全在于运用；全面理解马克思主义认识论与党的思想路线和群众路线。

## 二、课程内容

### 第一节 认识的本质

1. 实践是认识的基础。实践是认识的来源，实践是认识发展的动力，实践是检验认识真理性的唯一标准，实践是认识的目的。

2. 认识是主体对客体的能动的反映。认识主体和认识客体的含义及其相互关系，认识的本质。

### 第二节 认识的辩证运动

1. 从感性认识到理性认识。感性认识及其三种形式，理性认识及其三种形式，感性认识和理性认识的辩证关系。由感性认识到理性认识的飞跃。

2. 从理性认识到实践。从理性认识到实践的飞跃具有更加重大的意义。

3. 认识过程的多次反复和认识的有限与无限的辩证统一。一个正确的认识需要经过多次反复才能完成，整个人类的认识是有限与无限的统一。认识运动的总规律，主观和客观、认识和实践的具体的历史的统一。

### 第三节 真理和价值

1. 真理及其属性。真理和谬误的含义及其相互关系，真理的客观性，绝对性和相对性，真理的绝对性和相对性的关系。

2. 实践是检验真理的唯一标准。真理标准问题上的两种错误观点，实践标准的唯一性，逻辑证明在认识和探索真理中的作用，实践标准的确定性和不确定性。

3. 真理与价值的辩证统一。真理与价值的区别和联系。真理的价值表现在它的功能上。

4. 培育和践行社会主义核心价值观。社会主义核心价值观的含义和内容。社会主义核心价值观需要培育和践行。

### 第四节 认识世界与改造世界的统一

1. 认识的目的全在于运用。认识世界与改造世界的统一是马克思主义哲学认识论的内在本质和要求，人们在改造客观世界的同时也改造自己的主观世界。

2. 一切从实际出发、实事求是。一切从实际出发是马克思主义哲学的根本要求，马克思主义认识论是党的思想路线的理论基础，马克思主义认识论与党的群众路线的关系。

## 三、考核知识点和考核要求

1. 认识的本质

（1）识记：认识主体的含义。认识客体的含义。

（2）领会：实践对认识具有决定性的作用。实践是认识的来源。实践是认识发展的动力。实践是检验认识真理性的唯一标准。实践是认识的目的。认识主体的特点。认识主体的结构。认识客体的特点。认识客体的性质。认识主体和认识客体的关系。认识的本质。唯物论的反映论和唯心论的认识论的对立。可知论和不可知论的对立。辩证唯物主义的能动的反映论和旧唯物论的机械的反映论的对立。

（3）综合应用：认识的本质及其理论意义。

2. 认识的辩证运动

（1）识记：感性认识的含义和形式。理性认识的含义和形式。

（2）领会：感性认识的特点。理性认识的特点。感性认识和理性认识的辩证关系。反对经验主义和教条主义。由感性认识到理性认识的飞跃。从理性认识到实践的飞跃。整个人类的认识是有限与无限的统一。

（3）简单应用：一个正确的认识需要经过多次反复才能完成。

3. 真理和价值

（1）识记：真理。谬误。真理的绝对性。真理的相对性。价值的含义。社会主义核心价值观。

（2）领会：真理和谬误的关系。真理的客观性。逻辑证明在认识和探索真理中的作用。实践标准的确定性和不确定性及其相互关系。真理与价值的对立统一。真理的价值表现在它的功能上。社会主义核心价值观的含义和内容。

（3）简单应用：实践是检验真理的唯一标准的观点及其现实意义。

（4）综合应用：真理的绝对性和相对性辩证关系的原理及其现实意义。

4. 认识世界和改造世界的统一

（1）识记：思想路线。

（2）领会：党的思想路线的内容。党的群众路线的内容。

（3）简单应用：马克思主义认识论与党的群众路线的一致性。

（4）综合应用：马克思主义认识论是党的思想路线的理论基础。

# 第三章 人类社会及其发展规律

## 一、学习目的和要求

本章论述历史唯物主义的基本原理。学习这一章，要掌握社会的基本结构，理解社会存在与社会意识的关系，社会基本矛盾及其运动规律；了解社会形态划分法和社会形态更替的规律，弄清社会形态的发展是一种自然历史过程；深刻理解社会发展的各种动力及它们之间的相互关系；正确理解人的本质及人与社会的关系，人民群众和个人在历史上的作用，无产阶级政党的群众观点和群众路线的工作方法。正确评价杰出人物在历史上的作用。

## 二、课程内容

### 第一节 社会基本矛盾及其运动规律

1. 社会存在与社会意识。地理环境和人口因素在社会发展中的作用，生产方式及其在社会发展中的作用。社会意识及其结构。社会存在和社会意识的关系。

2. 生产关系必须适合生产力性质的规律。生产力和生产力系统，生产关系和生产关系体系，生产力决定生产关系，生产关系反作用于生产力，生产力和生产关系之间的矛盾运动。

3. 上层建筑必须适合经济基础发展要求的规律。经济基础的含义，上层建筑的含义，政治上层建筑与观念上层建筑的关系，经济基础决定上层建筑，上层建筑反作用于经济基础，经济基础和上层建筑之间的矛盾运动。

4. 社会形态的划分和社会形态的更替与发展。社会形态的划分，社会形态的发展是自然历史过程，社会历史发展的决定性与选择性，社会形态发展的统一性和多样性。

### 第二节 社会历史发展的动力

1. 社会基本矛盾在社会发展中的作用。两对社会基本矛盾之间的关系，社会基本矛盾是社会发展的基本动力。

2. 阶级斗争在阶级社会发展中的作用。阶级的产生和实质，阶级斗争是阶级社会发展的直接动力。

3. 革命和改革在社会发展中的作用。社会革命及其在社会发展中的作用，社会改革及其在社会发展中的作用，社会主义社会的改革。

### 第三节 人民群众在历史发展中的作用

1. 人的本质和人与社会的关系。人的自然属性，人的社会属性，人的本质的两个层次，马克思对人的本质的三个界定，人与社会的关系。

2. 人民群众是历史的创造者。历史观上两种根本对立的观点，人民群众及其在历史发展中的作用，无产阶级政党的群众观点和群众路线。

3. 个人在历史上的作用。普通个人和历史人物，正面人物和反面人物，杰出人物在历史上的作用，无产阶级领袖的历史作用。

## 三、考核知识点和考核要求

1. 社会基本矛盾及其运动规律

（1）识记：社会基本矛盾。社会存在。地理环境。人口因素。生产方式。社会意识。社会心理。思想体系（社会意识形式）。意识形态。非意识形态。个体意识。群体意识。生产力。生产关系。经济基础。上层建筑。经济社会形态。技术社会形态。

（2）领会：地理环境在社会发展中的作用。人口因素在社会发展中的作用。生产方式在社会发展中的作用。社会意识的相对独立性。社会存在和社会意识的关系问题是历史观的基本问题。生产力系统的要素。生产关系体系。三种社会形态划分法和五种社会形态划分法的关系。社会形态的发展是自然历史过程。

（3）简单应用：社会存在和社会意识的关系的原理及其现实意义。生产资料所有制形式是整个生产关系的基础的观点及其现实意义。生产力和生产关系之间的辩证关系的原理及其现实意义。政治上层建筑与观念上层建筑的关系的原理及其现实意义。经济基础与上层建筑之间的辩证关系的原理及其现实意义。党的十九大以来进行的党和国家机构改革的特点。

（4）综合应用：科学技术是第一生产力。生产关系必须适合生产力性质的规律及其现实意义。上层建筑必须适合经济基础发展要求的规律及其现实意义。社会历史发展的决定性与选择性关系的原理及其历史和现实意义。社会形态发展的统一性和多样性关系的原理及其意义。

2. 社会历史发展的动力

（1）识记：阶级的实质。社会革命。社会改革。群众观点和群众路线的内容。我国全面深化改革的总目标。

（2）领会：两对社会基本矛盾之间的关系。阶级斗争是阶级社会发展的直接动力。社会革命的根源。社会革命的类型。社会革命的形式。社会革命在社会发展中的作用。社会革命与社会改革的区别。社会改革在社会发展中的作用。当前中国改革的全面性。

（3）综合应用：结合我国实际说明社会主义社会改革的特点。结合我国改革的实际说明改革是社会主义制度的自我完善。结合我国当前改革的实际说明改革、发展、稳定的关系。

3. 人民群众在历史发展中的作用

（1）识记：人的自然属性。人的社会属性。马克思对人的本质的三个界定。人民群众的含义和构成。普通个人。历史人物。杰出人物。

（2）领会：劳动是人的本质。人的本质是一切社会关系的总和。人的需要即人的本质。人与社会的关系。在历史创造者问题上两种根本对立的观点。历史唯心主义的两个主要缺点。

（3）简单应用：结合实际说明人民群众推动历史发展的作用。结合实际说明无产阶级领袖的历史作用。无产阶级政党的群众观点及其现实意义。坚持无产阶级政党的群众路线及其工作方法的现实意义。正确认识和评价无产阶级领袖的作用。

（4）综合应用：正确评价杰出人物在历史上的作用。在改革开放的新形势下坚持党的群众路线的现实意义。

# 第四章　资本主义制度的形成及其本质

## 一、学习目的与要求

本章分析资本主义制度的形成及其经济和政治的本质。学习本章，要把握资本主义生产关系产生和资本主义经济制度形成的历史过程；了解商品是资本主义经济的细胞，通过对商品经济的分析，掌握劳动价值理论，从而为分析剩余价值理论打下理论基础；要认识资本是带来剩余价值的价值，资本主义生产的实质是剩余价值的生产，资本家通过雇佣劳动制度，实现了价值的增殖；要明确资本主义经济制度是以社会化生产，首先是以大工业为其物质技术基础，了解社会化生产的形成以及在当代科学技术革命推动下生产社会化的发展；要把握资本的流通理论，资本只有在流通运动过程中，才能源源不断、顺利地生产出剩余价值；要了解资本和剩余价值的各种具体形式，资本主义社会生产出来的全部剩余价值，要在资产阶级各个集团之间进行分配；要了解与资本主义经济制度相适应的资本主义政治制度和意识形态，把握其基本内容和阶级本质。

## 二、课程内容

### 第一节　资本主义制度的形成

1. 商品经济及其产生，商品的二因素——使用价值和价值，生产商品的劳动的二重性——具体劳动和抽象劳动，商品价值的构成与创造，商品的价值量，货币的本质和职能。

2. 以私有制为基础的商品经济的基本矛盾。社会劳动和私人劳动形成的条件，社会劳动与私人劳动矛盾的表现，社会劳动与私人劳动的矛盾是简单商品经济的基本矛盾。

3. 商品经济的基本规律——价值规律的内容和要求，价值规律在私有制商品经济中的作用。

4. 资本主义生产关系的产生和形成，资本主义制度的确立。

### 第二节　资本主义经济制度的本质特征

1. 资本主义经济制度的本质。货币转化为资本和劳动力成为商品，资本主义的生产过程，资本的本质及不变资本和可变资本。

2. 剩余价值生产的两种基本方法，剩余价值规律是资本主义的基本经济规律。

3. 资本积累的必然性及其实质，资本积累的后果，资本积累的历史作用和历史趋势。

### 第三节　资本的流通过程和剩余价值的分配

1. 单个资本的循环和周转。产业资本循环的三个阶段，产业资本的三种职能形式，资本周转和资本周转速度，影响资本周转速度的因素，生产时间和流通时间，生产资本的构成——固定资本和流动资本，预付资本的总周转速度，资本周转速度对剩余价值生产的影响，资本周转速度对年剩余价值量的影响，资本周转速度对年剩余价值率的影响。

2. 社会资本的再生产。单个资本与社会资本，社会资本再生产的实现，社会总产品及其分类，社会资本再生产的比例。

3. 剩余价值的分配。剩余价值转化为利润，利润转化为平均利润，不同生产部门利润率的差别，部门之间的竞争形成平均利润，平均利润的本质。商业资本的本质和职能，商业利润的本质和来源。借贷资本的形成和本质，利息的本质和来源，资本主义银行及其职能，银行资本，银行利润。资本主义农业中的经济关系和剩余价值分配的特点。

4. 资本主义经济危机的实质和根源，资本主义再生产的周期性。

### 第四节　资本主义的政治制度和意识形态

1. 资本主义的政治制度及其本质。资本主义的国家制度，资本主义的政党制度，资本主义的普选制度，资本主义的"三权分立"制度，资本主义的民主制度。

2. 资本主义的意识形态及其本质。资本主义意识形态的历史进步性和阶级局限性，利己主义是资本主义意识形态的核心，资产阶级的人生观、价值观和道德观。

## 三、考核知识点和考核要求

1. 资本主义制度的形成

（1）识记：使用价值。价值。具体劳动。抽象劳动。货币。价值规律。资本原始积累。产业革命。

（2）领会：商品经济产生的条件。商品二因素。劳动二重性。货币的产生。货币的本质。货币的职能。私人劳动与社会劳动的矛盾是简单商品经济的基本矛盾。资本主义经济制度的产生。

（3）简单应用：商品二因素与劳动二重性的关系。货币的本质和职能的发展变化。价值规律的内容和要求。

（4）综合应用：商品价值量的决定及其与劳动生产率的关系。在私有制商品经济中价值规律的作用。

2. 资本主义经济制度的本质特征

（1）识记：劳动力商品。资本主义劳动过程。价值形成过程。价值增殖过程。绝对剩余价值。相对剩余价值。超额剩余价值。不变资本。可变资本。剩余价值率。资本有机构成。资本积累。相对过剩人口。

（2）领会：劳动力商品的价值和使用价值。资本主义生产过程是劳动过程和价值增殖过程的统一。资本的本质。资本积累的必然性。资本积累的历史作用和历史趋势。

（3）简单应用：劳动力商品的特点。划分不变资本和可变资本的意义。剩余价值两种生产方法的联系与区别。资本积累的实质与后果。

（4）综合应用：相对剩余价值生产与超额剩余价值生产及其相互关系。

3. 资本的流通过程和剩余价值的分配

（1）识记：货币资本。生产资本。商品资本。资本周转。周转时间。周转速度。固定资本。流动资本。单个资本。社会资本。社会总产品。利润。平均利润。商业资本。商业利润。借贷资本。利息。银行资本。银行利润。地租。

（2）领会：产业资本循环的三个阶段。产业资本的三种职能形式。生产时间和流通时间。生产资本的构成。社会总产品及其分类。社会总产品的构成。资本主义再生产的比例关系。剩余价值转化为利润。商业资本的本质和职能。借贷资本的形成。借贷资本的本质。利息的本质和来源。资本主义农业中剩余价值分配的特点。资本主义经济危机与周期。

（3）简单应用：资本循环与价值增殖。影响资本周转速度的因素。社会资本再生产的实现问题。部门之间的竞争形成平均利润。平均利润率水平的决定。资本主义银行及其职能。资本主义经济危机的实质和根源。

（4）综合应用：资本周转速度对剩余价值生产的影响。平均利润的形成与本质。商业利润的来源。

4. 资本主义的政治制度和意识形态

（1）识记：君主立宪制。民主共和制。资本主义政党制度。资本主义的普选制度。立法权。司法权。行政权。

（2）领会：资本主义的政治制度的内容。资本主义的国家制度。资本主义的民主制度。资本主义的意识形态及其本质。

（3）简单应用：资本主义的"三权分立"制度。资产阶级的人生观、价值观和道德观。利己主义是资本主义意识形态的核心。

（4）综合应用：资本主义的政治制度及其本质。资本主义意识形态的历史进步性和阶级局限性。

# 第五章 资本主义的发展及其趋势

## 一、学习目的与要求

资本主义社会的发展大体可分为自由竞争资本主义和垄断资本主义两个阶段。自由竞争阶段资本主义社会的经济关系、政治制度和经济运行基本规律的原理对垄断资本主义阶段也是适用的，但垄断资本主义阶段又有其不同于自由竞争阶段的社会经济特征。学习本章主要应掌握的内容包括资本主义发展阶段、垄断资本主义阶段的社会经济特征及其发展变化、垄断资本主义的实质，以及资本主义的历史趋势和历史地位。通过本章的学习，要理解和把握马克思主义关于资本主义发展进程的基本原理，正确理解和认识垄断资本主义的社会经济特征和实质。

## 二、课程内容

### 第一节 垄断资本主义的形成与发展

1. 资本主义的发展阶段，从自由竞争到垄断，垄断的形成，垄断和竞争，垄断利润及其来源，垄断资本主义的发展，私人垄断资本主义的基本特征及其发展变化，垄断组织的形成与发展，金融资本和金融寡头的形成及其统治，资本输出，国际垄断组织的产生和发展，帝国主义列强瓜分和重新瓜分世界。

2. 国家垄断资本主义的产生，第二次世界大战后国家垄断资本主义大发展的原因，国家垄断资本主义的基本形式，国家垄断资本主义条件下的宏观经济调控，国家垄断资本主义的实质。

### 第二节 经济全球化与当代资本主义的新变化

1. 经济全球化的发展及其原因，经济全球化的主要内容。
2. 当代资本主义的新变化，资本主义新变化的实质。

### 第三节 资本主义的历史地位和发展趋势

1. 人类社会经济形态的发展和更替，是一种不以人的意志为转移的、客观的、自然的历史过程。资本主义的历史地位。

2. 资本主义的基本矛盾，资本主义生产方式决定了它的历史过渡性质，向社会主义过渡的历史必然性，资本主义的基本矛盾和资本主义的历史局限性。

3. 资本主义为社会主义所代替的历史必然性，资本主义向社会主义的过渡必然是一个复杂的、曲折的、长期的历史过程。

## 三、考核知识点和考核要求

1. 从自由竞争资本主义到垄断资本主义

（1）识记：垄断的形成。金融资本。金融寡头。资本输出。国际垄断组织。国家垄断资本主义。

（2）领会：垄断和竞争。垄断利润及其来源。垄断组织的形成与发展。国家垄断资本主义的实质。

（3）简单应用：私人垄断资本主义的基本特征。二战后国家垄断资本主义大发展的原因。国家垄断资本主义的基本形式。

（4）综合应用：垄断资本主义基本经济特征的发展变化。国家垄断资本主义条件下的宏观经济调控。垄断资本主义在世界范围的扩展。

2. 当代资本主义的新变化

（1）识记：经济全球化。生产全球化。贸易全球化。金融全球化。

（2）领会：经济全球化的原因。经济全球化的主要内容。

（3）简单应用：经济全球化在当代的发展变化及其原因。当代资本主义的新变化在生产力、生产关系和上层建筑方面的主要表现。

（4）综合应用：资本主义新变化的原因和实质。

3. 资本主义的历史地位和发展趋势

（1）识记：人类社会经济形态的发展和更替的规律。资本主义的基本矛盾。

（2）领会：资本主义的历史地位。资本主义生产方式的历史过渡性质。

（3）简单应用：资本主义为社会主义所代替的历史必然性。

（4）综合应用：资本主义向社会主义的过渡是一个复杂的、曲折的、长期的历史过程。

# 第六章 社会主义的发展及其规律

## 一、学习目的与要求

学习本章，要了解社会主义从空想到科学、从理论到实践的发展，社会主义在一国首先胜利的理论，社会主义在20世纪的实践；要认识科学社会主义的一般原则，包括经典作家的论述和当代人的探索；要了解在经济文化相对落后国家建设社会主义的艰巨性和长期性，以及社会主义道路的多样性；还要了解马克思主义政党在社会主义事业中的地位和作用。

## 二、课程内容

### 第一节 社会主义五百年的历史进程

1. 社会主义从空想到科学的发展，从理论到实践的发展，无产阶级革命与社会主义制度的建立。

2. 社会主义从理想到现实。列宁领导下的苏维埃俄国对社会主义的探索，斯大林领导下的苏联对社会主义的探索。

3. 社会主义从一国到多国的发展，东欧社会主义国家的建立和发展，中国等亚洲社会主义国家的建立和发展，社会主义从一国到多国发展的历史贡献与经验教训。

4. 社会主义在中国焕发出强大生机活力。中国社会主义制度的建立和发展，改革开放以来的探索和取得的巨大成就。

5. 新时代中国特色社会主义。十八大以来中国特色社会主义的发展，中国特色社会主义进入新时代，习近平新时代中国特色社会主义思想。

### 第二节 科学社会主义一般原则

1. 科学社会主义一般原则及其主要内容。

2. 正确把握科学社会主义一般原则。

### 第三节 在实践中探索现实社会主义的发展规律

1. 社会主义首先在经济文化相对落后的国家取得胜利的原因，充分认识经济文化相对落后的国家建设社会主义的艰巨性和长期性。

2. 社会主义发展道路多样性的原因，努力探索适合本国国情的社会主义发展道路。

3. 社会主义在开拓中前进的客观性，社会主义在自我发展和完善中走向辉煌。

### 第四节 马克思主义政党在社会主义事业中的地位和作用

1. 马克思主义政党是新型的革命政党。马克思主义政党是科学社会主义与工人运动相结合的产物，马克思主义政党是工人阶级先锋队，马克思主义政党是为实现共产主义而奋斗的党，马克思主义政党是为人民群众谋利益的党，马克思主义政党是按照民主集中制原则组织起来的团结统一的党。

2. 马克思主义政党是社会主义革命的领导核心，马克思主义政党是社会主义建设的领导核心，坚持和改善马克思主义政党的领导。

## 三、考核知识点和考核要求

1. 社会主义制度的建立

（1）识记：空想社会主义。科学社会主义。

（2）领会：社会主义从空想到科学的发展。社会主义从理论到实践的发展。社会主义制度从理想到现实，列宁领导下的苏维埃俄国对社会主义的探索。斯大林领导下的苏联对社会主义的探索。

（3）简单应用：无产阶级革命是人类历史上最广泛、最彻底、最深刻的革命。社会主义从一国到多国的发展。

（4）综合应用：社会主义从一国到数国发展的历史贡献与经验教训。习近平新时代中国特色社会主义思想。

2. 科学社会主义一般原则

（1）识记：科学社会主义一般原则。社会主义公有制。按劳分配。

（2）领会：无产阶级的历史使命。社会主义生产目的。社会主义的计划调节。社会主义要合乎自然规律地改造和利用自然。

（3）简单应用：社会主义必然胜利的根本依据。社会主义经济制度的基础和基本特征。社会主义社会实行按劳分配的原因和实质。

（4）综合应用：正确把握科学社会主义一般原则。

3. 在实践中探索现实社会主义的发展规律

（1）识记：社会主义发展规律。社会主义的自我完善和改革。

（2）领会：社会主义在经济文化相对落后的国家取得胜利的原因。社会主义发展道路多样性的原因。

（3）简单应用：经济文化相对落后的国家社会主义建设的艰巨性和长期性。

（4）综合应用：社会主义在实践探索中开拓前进。社会主义在实践中自我发展和完善。

4. 马克思主义政党在社会主义事业中的地位和作用

（1）识记：马克思主义政党。

（2）领会：马克思主义政党是社会主义革命的领导核心。马克思主义政党是社会主义建设的领导核心。

（3）简单应用：马克思主义政党是新型的革命政党。坚持和改善马克思主义政党的领导。

（4）综合应用：马克思主义政党在社会主义事业中的地位和作用。

## 第七章 共产主义社会是人类最崇高的社会理想

### 一、学习目的与要求

本章对共产主义社会进行全面的考察和分析。学习本章首先应通过马克思主义经典作家对共产主义社会的展望，了解马克思主义经典作家所科学预见的共产主义社会的基本特征。其次应通过对共产主义社会形成发展所经历的两个阶段的分析，认识人类社会历史发展为共产主义社会的必然性，了解实现共产主义伟大事业，要经历一个不断实践的长期过程。再次要认识社会主义是走向共产主义的必经阶段，只有通过社会主义历史阶段的长期发展过程，才能在将来进入共产主义社会。最后必须树立共产主义远大理想，并将共产主义远大理想与中国特色社会主义共同理想相互结合，积极投身于中国特色社会主义事业的创新与发展，在建设中国特色社会主义事业中为实现共产主义而奋斗。

### 二、课程内容

#### 第一节 马克思主义对共产主义社会的展望

社会生产力高度发展和物质财富极大丰富，实行社会公有制和按需分配，经济的计划调节管理和商品经济的消失，阶级的消灭和国家自行消亡，精神境界极大提高，人的自由而全面发展，全人类的彻底解放。

#### 第二节 共产主义是社会历史发展的必然趋势

1. 实现共产主义是历史发展规律的必然要求。共产主义社会的两个阶段，人类社会历史必然发展到共产主义，从社会主义过渡到共产主义的特点。

2. 实现共产主义是人类最伟大的事业。共产主义事业是崇高理想与科学理想的统一，共产主义伟大事业的实践。

3. 实现共产主义是一个不断实践的长期过程。实现共产主义要在实践中长期探索，社会主义的充分发展和向共产主义的过渡要经历长期的实践过程，经济落后国家实现共产主义须经历更长的实践过程，共产主义在世界范围的实现是长期、曲折、复杂的历史过程。

### 第三节　在建设中国特色社会主义的进程中为实现共产主义而奋斗

1. 社会主义是走向共产主义的必由之路，社会主义社会是走向共产主义社会的必经阶段，为实现共产主义创造条件。

2. 树立共产主义远大理想，共产主义远大理想和中国特色社会主义共同理想，积极投身中国特色社会主义事业。

### 三、考核知识点和考核要求

1. 马克思主义对共产主义社会的展望

（1）识记：社会主义社会。共产主义社会。

（2）领会：社会生产力高度发展和物质财富极大丰富。经济的计划调节管理和商品经济的消失。阶级的消灭和国家自行消亡。精神境界极大提高。

（3）简单应用：实行社会公有制和按需分配。人的自由而全面发展。

（4）综合应用：马克思主义经典作家对共产主义社会的展望。全人类的彻底解放。

2. 共产主义是社会历史发展的必然

（1）识记：共产主义社会的两个阶段。

（2）领会：经济落后国家实现共产主义须经历更长的实践过程。

（3）简单应用：从社会主义过渡到共产主义的特点。实现共产主义是一个不断实践的长期过程。共产主义在世界范围的实现是长期、曲折、复杂的历史过程。

（4）综合应用：人类社会历史必然发展到共产主义。

3. 在建设中国特色社会主义的进程中为实现共产主义而奋斗

（1）识记：中国特色社会主义。

（2）领会：为实现共产主义创造条件。共产主义远大理想和中国特色社会主义共同理想。

（3）简单应用：社会主义是走向共产主义的必由之路。

（4）综合应用：树立共产主义远大理想。积极投身中国特色社会主义事业。

# Ⅳ. 有关说明与实施要求

### 一、自学考试大纲的目的和作用

课程自学考试大纲是根据专业自学考试计划的要求，结合自学考试的特点而确定，其目的是对个人自学、社会助学和课程考试命题进行指导和规定。

课程自学考试大纲明确了课程学习的内容以及深度和广度，规定了课程自学考试范围和标准。因此，它是编写自学考试教材和辅导书的依据，是社会助学组织进行自学辅导的依据，是自学者学习、掌握课程内容和知识范围及程度的依据，也是进行自学考试命题的依据。

### 二、推荐用书

课程自学考试大纲是进行学习和考核的依据。同时，为促进自学者全面掌握课程的基本原理、基本概念和基本知识，深入系统学习马克思主义基本理论，推荐以下书目供自学者学习使用。

1. 马克思主义理论研究和建设工程重点教材《马克思主义基本原理概论》，高等教育出版社2018年版（该书版次以年度《高等教育自学考试全国统考课程使用的考试大纲、教材目录》为准）。

2. 《马克思主义基本原理概论自学考试学习读本》，卫兴华、赵家祥主编，北京大学出版社2018年版。

### 三、关于自学要求和自学方法的指导

本大纲的课程基本要求是依据专业考试计划和专业培养目标而确定的。课程基本要求明确了课程的基本内容，以及对基本内容掌握的程度。基本要求中的知识点构成了课程内容的主体部分。因此，课程基本内容掌握程度、课程考核知识点是高等教育自学考试考核的主要内容。

本课程共4学分。

自学方法指导：首先，要认真阅读和钻研考试大纲。应根据大纲规定的考核内容和目标，认真学习，全面系统掌握基本原理、基本概念和基本知识。其次，要把系统学习和重点深入结合起来。应在全面系统学习的基础上，对重点章节进行深入的学习，掌握对课程具有关键意义的重要概念和原理。切忌在没有全面学习的情况下，单独孤立地去抓重点、背词句，甚至猜题押题。再次，要理论联系实际。马克思主义理论，是社会实践的总结和概括，对社会实践有指导意义，学

习马克思主义理论必须联系实际，分析和解决实际问题。最后，要保证必要的学习时间。自学者应根据课程的特点和自身的实际情况，合理安排自学时间。

### 四、对社会助学者的要求

社会助学者应明确课程的性质和设置要求，根据本大纲规定的考试内容和考核目标，理解和掌握课程的基本内容，对自学应考者进行切实有效的辅导，帮助他们理解和记忆基本原理、基本概念和基本知识，帮助他们学会理论联系实际，分析和解决实际问题，提高马克思主义思想认识水平。要处理好重点和一般的关系，鼓励和引导自学者在全面学习的基础上，有重点地学习和领会课程内容。社会助学者应体现社会助学的正确导向，引导自学者防止和纠正自学中的不良倾向，切忌误导自学者死记硬背，猜题押题，把大量精力花费在各种辅导材料上。

### 五、关于命题考试的若干规定

（一）命题原则

本课程的命题考试，应根据大纲规定的考试内容和考核目标，确定考试范围和考核要求。不要任意扩大或缩小考试范围，提高或降低考试要求。考试命题要有较大的覆盖面。

（二）试卷结构

1. 能力层次结构分为识记、领会、简单应用、综合应用四个层次，各个层次所占比例依次为 2∶4∶2∶2。

2. 难度结构分易、较易、较难、难四个等级，各等级比例依次为 2∶3∶3∶2。

3. 题型分为单项选择题、简答题、论述题三种，各题型所占比例依次为 5∶3∶2。各种题型的具体样式参见参考样卷。

（三）考试方式

按百分制记分，60 分为及格。考试时间为 150 分钟。

# V. 参考样卷

**高等教育自学考试全国统一命题考试**
**马克思主义基本原理概论 试卷**

（课程代码 03709）

一、**单项选择题**：本大题共 25 小题，每小题 2 分，共 50 分。在每小题列出的备选项中只有一项是最符合题目要求的，请将其选出。

1. 马克思主义是时代的产物。马克思、恩格斯所处的历史时代及其提出的各项任务，为马克思主义的产生提供了（　　）。
   A. 主观条件　　　B. 客观条件　　　C. 理论基础　　　D. 理论前提

2. 马克思主义的革命性既表现为它具有彻底的批判精神，又表现为它具有（　　）。
   A. 完整的理论体系　　　　　　B. 严密的逻辑结构
   C. 鲜明的政治立场　　　　　　D. 崇高的社会理想

3. 唯物主义与唯心主义的区别在于如何回答（　　）。
   A. 世界的本质是什么的问题　　　B. 世界可否被认识的问题
   C. 世界的存在是怎样的问题　　　D. 世界有否统一性的问题

4. 实践作为一种感性物质活动，强调的是（　　）。
   A. 实践具有客观性　　　　　　B. 实践具有主观性
   C. 实践具有能动性　　　　　　D. 实践具有历史性

5. 在唯物辩证法的基本范畴中，本质和现象反映了（　　）。
   A. 事物之间引起和被引起的关系
   B. 事物的内在要素和结构方式间的关系
   C. 事物过去、现在和将来的关系
   D. 事物的根本性质和表面特征间的关系

6. 意识的能动性最突出的表现是，意识活动（　　）。
   A. 具有目的性和计划性　　　　B. 能通过指导实践改造世界
   C. 具有主动性和创造性　　　　D. 能影响人的生理活动

7. 作为认识和实践活动的承担者，认识主体所具有的突出特点是（　　）。
   A. 能动性　　　B. 社会性　　　C. 历史性　　　D. 客观性

8. 脱离实践的理论是空洞的理论，没有理论指导的实践是盲目的实践。这句话强调的是（ ）。

A. 认识过程中摹写与创造的统一　　B. 认识过程中感性与理性的统一
C. 认识过程中真理与价值的统一　　D. 认识过程中理论与实践的统一

9. 坚持马克思主义哲学的认识路线，就必须在工作中坚持（ ）。

A. 一切从实际出发　　　　　　　　B. 一切从主观的愿望出发
C. 一切从理论出发　　　　　　　　D. 一切从臆造的规律出发

10. 除了生产力与生产关系的矛盾，另一对社会基本矛盾是（ ）。

A. 社会存在与社会意识的矛盾　　　B. 社会生产和社会消费的矛盾
C. 经济基础与上层建筑的矛盾　　　D. 先进意识和落后意识的矛盾

11. 既承认历史发展的决定性又承认历史发展的选择性，这属于（ ）。

A. 历史唯物论观点　　　　　　　　B. 相对主义观点
C. 历史循环论观点　　　　　　　　D. 折中主义观点

12. 阶级产生的根本前提是（ ）。

A. 用暴力掠夺他人财产　　　　　　B. 由于生产力的发展，出现剩余产品
C. 用特权侵吞共有财产　　　　　　D. 由于产品分配不公，出现两极分化

13. 下列关于人的本质的说法中，不正确的是（ ）。

A. 人的本质是发展变化的　　　　　B. 人的本质是现实具体的
C. 人的本质是后天形成的　　　　　D. 人的本质是人人相同的

14. 两种商品可以按一定比例相互交换的原因在于，它们（ ）。

A. 有不同的使用价值　　　　　　　B. 都是具体劳动的产物
C. 对人们有共同的效应　　　　　　D. 在生产中都耗费了一般的人类劳动

15. 由于提高劳动强度而生产的剩余价值属于（ ）。

A. 绝对剩余价值　　B. 超额剩余价值　　C. 相对剩余价值　　D. 超额利润

16. 产业资本的循环运动（ ）。

A. 只包括流通阶段而不包括生产阶段
B. 只包括生产阶段而不包括流通阶段
C. 是购买、生产、销售三个阶段的统一
D. 是购买商品和销售商品两个阶段的统一

17. 资本主义政治制度的核心是（ ）。

A. 政党制度　　　　B. 国家制度　　　　C. 选举制度　　　　D. 文官制度

18. 从第二次世界大战结束后到冷战结束前，西方主要发达资本主义国家处于（ ）。

A. 自由竞争资本主义阶段　　　　　B. 私人垄断资本主义阶段
C. 国家垄断资本主义阶段　　　　　D. 国际垄断资本主义阶段

19. 垄断资本实现其经济上统治的方式是（ ）。

A. 股份制　　　　　B. 合作制　　　　　C. 垄断制　　　　　D. 参与制

20. 垄断组织实行垄断价格的根本目的是（　　）。
   A. 扩大市场份额　　　　　　　　B. 降低生产成本
   C. 获取高额垄断利润　　　　　　D. 获取平均利润

21. 下列选项中不属于当代资本主义生产关系方面新变化的是（　　）。
   A. 在生产管理方面，出现了一系列运用电子计算机等新技术的管理手段和工具
   B. 在所有制方面，出现了资本社会化、股权分散化趋势，法人所有制崛起
   C. 在劳资关系方面，建立了劳资共决、职工参与管理和持股、终身雇佣等制度
   D. 在收入分配方面，推行社会福利政策，通过再分配手段缓和社会矛盾

22. 19 世纪初期欧洲的空想社会主义者不包括（　　）。
   A. 法国的圣西门　　　　　　　　B. 法国的傅立叶
   C. 英国的欧文　　　　　　　　　D. 英国的莫尔

23. 社会主义的根本的和首要的任务是（　　）。
   A. 解放和发展生产力　　　　　　B. 建立和完善社会主义公有制
   C. 建设社会主义的政治文明　　　D. 建设社会主义的精神文明

24. 马克思主义政党产生的条件有二：一是工人运动的发展，二是（　　）。
   A. 农民运动的发展　　　　　　　B. 科学社会主义理论的传播
   C. 阶级矛盾的激化　　　　　　　D. 杰出人物的出现

25. 集中体现着共产主义社会主要特征和本质要求的原则标志是（　　）。
   A. 各尽所能，按需分配　　　　　B. 各尽所能，按才能分配
   C. 各尽所能，按劳分配　　　　　D. 各尽所能，按地位分配

二、简答题：本大题共 5 小题，每小题 6 分，共 30 分。

26. 什么是马克思主义？简述马克思主义对德国古典哲学的继承与创新。

27. 简述真理与价值的对立统一。

28. 简述货币的本质及其职能。

29. 列宁指出："设想世界历史会一帆风顺、按部就班地向前发展，不会有时出现大幅度的跃退，那是不辩证的，不科学的，在理论上是不正确的。"社会主义也同样是在探索中曲折前进的。你对此如何理解？

30. 为什么说实现共产主义是人类最伟大的事业？

三、论述题：本大题共 3 小题，考生任选其中 2 题作答，每小题 10 分，共 20 分。如果考生回答的题目超过 2 题，只按考生回答题目的前 2 题计分。

31. 试述主要矛盾和次要矛盾关系的原理及其对实际工作的指导意义。

32. 试述如何正确分析和评价杰出人物在历史上的作用。

33. 垄断资本主义的基本经济特征有哪些？其当代发展的新特点、新形式是什么？

# 大 纲 后 记

经全国高等教育自学考试指导委员会同意，由自学考试公共课课程指导委员会组织修订了《马克思主义基本原理概论自学考试大纲》。

本大纲由中国人民大学卫兴华教授、北京大学赵家祥教授、中国人民大学顾学荣教授、中国人民大学杨达伟副教授等负责编写。北京大学丰子义教授、中国人民大学邱海平教授、中国人民大学任大奎教授等审定了本大纲。

本大纲出版后，欢迎读者提出宝贵意见，以便进一步修改和完善。

**全国高等教育自学考试指导委员会**
**公共课课程指导委员会**
**2018 年 9 月**

全国高等教育自学考试

# 马克思主义基本原理概论
# 自学考试学习读本

全国高等教育自学考试指导委员会　组编

# 前　言

马克思主义是由马克思、恩格斯创立的，为他们的后继者所发展的，以建设社会主义和共产主义为目标的科学的理论体系，或者简要地说，它是关于工人阶级和人类解放的科学。习近平同志《在纪念马克思诞辰200周年大会上的讲话》中阐明了马克思主义的科学内涵和基本特征。他指出：马克思主义是科学的理论，创造性地揭示了人类社会发展规律；马克思主义是人民的理论，第一次创立了人民实现自身解放的思想体系；马克思主义是实践的理论，指引着人民改造世界的行动；马克思主义是不断发展的开放的理论，始终站在时代前沿。马克思主义的这四个特征是统一的，统一的基础是它的实践性。马克思主义的实践性与科学性是统一的，它在实践的基础上创造性地揭示了人类社会发展规律；马克思主义的实践性与人民性是统一的，它是通过革命实践实现人民自身解放的思想体系；马克思主义的实践性与开放性是统一的，它在实践的基础上不断探索时代发展提出的新课题、回应人类社会面临的新挑战。

列宁在《卡尔·马克思》一文中指出，马克思主义包括马克思主义哲学、马克思主义政治经济学和科学社会主义学说三个主要组成部分。这三个组成部分构成一个有内在联系的完整的科学理论体系。本书在叙述了马克思主义产生的历史背景、理论来源、形成过程和发展阶段的基础上，系统阐述了这一马克思主义理论体系重要的基本概念和基本原理。

马克思主义始终是我们党和国家的指导思想，是我们认识世界、把握规律、追求真理、改造世界的强大思想武器。学习马克思主义，就要学习和实践马克思主义关于人类社会发展规律的思想，学习和实践马克思主义关于坚守人民立场的思想，学习和实践马克思主义关于生产力和生产关系的思想，学习和实践马克思主义关于人民民主的思想，学习和实践马克思主义关于文化建设的思想，学习和实践马克思主义关于社会建设的思想，学习和实践马克思主义关于人与自然关系的思想，学习和实践马克思主义关于世界历史的思想，学习和实践马克思主义关于政党建设的思想。

学习马克思主义，要重点学习习近平新时代中国特色社会主义思想，认真学习习近平的重要著作和重要讲话精神。习近平新时代中国特色社会主义思想是对马克思列宁主义、毛泽东思想、邓小平理论、"三个代表"重要思想、科学发展观的继承和发展，是马克思主义中国化最新成果，是党和人民实践经验和集体智慧的结晶，是中国特色社会主义理论体系的重要组成部分，是全党全国人民为实现中华民族伟大复兴而奋斗的行动指南。

本书主要供自学考试考生使用。在编写过程中，充分考虑了自学考试的特点。首先，本书概念清楚，观点明确，论据充分，论证简明扼要、深入浅出、通俗易懂。其次，本书根据自学考试大纲把考核知识点分为识记、领会、简单应用、综合应用四个层次，在论述马克思主义基本概念和基本原理时，尽量分别体现这四个层次的要求。再次，本书注重理论联系实际。在论述每一个马克思主义基本原理时，都与现实中或历史上的有关实际相结合，便于考生在回答论述题时把理论与实际紧密结合起来。最后，本书把理论和方法紧密结合起来，体现了理论和方法的统一。在阐述每一个基本原理时都指明它的方法论意义，提高考生用马克思主义基本原理分析和解决实际问题的能力。

编　者

2018 年 9 月

# 绪 论
# 马克思主义是关于无产阶级和人类解放的科学

### 本章引言

在人类历史发展的长河中，曾经有过无数辉煌的创造和惊人的发现，但从来没有任何一种创造和发现，像马克思、恩格斯所创立的马克思主义那样，引起整个人类思想的巨大震撼，从根本上动摇了人们的传统观念，改变了人们观察自然、社会和人自身的思维方式，开辟了人类思想史的新纪元。即使不赞同甚至敌视马克思主义的政治力量，也无法否认这个事实。在新千年即21世纪到来的前夕，1999年秋英国广播公司（BBC）用几周的时间在国际互联网评选千年"最伟大、最有影响的思想家"，经过反复斟酌，最后选定马克思排在第一位；与此同时，路透社又邀请政界、商界、艺术和学术领域的名人评选"千年伟人"，名列第一位的爱因斯坦仅以一票领先马克思。这说明，在当代，马克思主义仍然在世界范围内发挥着重大影响，焕发着青春活力。

### 自学学时

5学时

## 第一节 马克思主义的产生和发展

> 哲学史和社会科学史都十分清楚地表明：马克思主义同"宗派主义"毫无相似之处，它绝不是离开世界文明发展大道而产生的一种故步自封、僵化不变的学说。恰恰相反，马克思的全部天才正是在于它回答了人类先进思想已经提出的种种问题。他的学说的产生正是哲学、政治经济学和社会主义极伟大的代表人物的学说的直接继续。
>
> ——列宁

马克思主义是一个严密而完整的理论体系，它产生于19世纪40年代中期，至今已有170多年的历史。马克思主义产生以后，在解答各个历史时期实践提出的各种重大理论课题的过程中不断丰富和发展自己，形成了一个生机勃勃、不断创新的思想洪流，永葆美妙之青春。

## 一、马克思主义是时代的产物

梅林在1893年发表的《论历史唯物主义》一文中深刻地指出："唯物主义历史观是服从于它自己所制定的那个历史运动规律的。它是历史发展的产物；在较早的时代，它是不会被任何最伟大天才的头脑虚构出来的。只有达到一定高度时，人类历史才能揭开它自己的秘密。"① 不仅历史唯物主义，而且整个马克思主义也是历史时代的产物。

历史时代是在全世界范围内，以当时社会发展的某种主导趋势来划分社会发展阶段的综合概念。马克思主义产生于资本主义社会化大生产已经成为主导趋势，资本主义社会内部各种社会矛盾和阶级矛盾充分显露，无产阶级以独立的政治力量登上历史舞台开始争取自身和人类解放的斗争的历史时代。

从17世纪40年代到19世纪上半叶，英国和法国等西欧主要国家相继发生了资产阶级革命，推翻了封建专制制度，清除了资本主义发展的障碍，资本主义得到迅速发展。从18世纪60年代首先在英国开始的工业革命，拉开了资本主义生产从工场手工业向机器大工业阶段过渡的序幕。到19世纪30—40年代，英国率先完成了第一次工业革命，各个工业部门基本上实现了机械化，建立了大机器作业的工厂制。当时英国制造着全世界所需要的绝大部分工业产品，成为"世界工厂"。法国资本主义经济的发展虽然比英国落后了半个世纪，但从1789年资产阶级大革命以后，特别是1830年七月革命以后，也获得了很大发展，进入了工业革命阶段。德国在经济上落后于英、法两国，到19世纪初只有少数工厂，但在30—40年代开始的工业革命中，资本主义经济也获得了飞跃性发展。

资本主义机器大工业的发展，一方面大大发展了生产力，提高了劳动生产率，带来了物质财富的空前增长；另一方面又导致了资本主义固有矛盾的尖锐化。生产的社会化和生产资料私人占有之间的矛盾是资本主义的基本矛盾，这个矛盾表现为个别工厂生产的有组织性和整个社会生产的无政府状态之间的矛盾，表现为生产无限扩大的趋势和劳动人民有支付能力的需求相对缩小的趋势之间的矛盾，这些矛盾必然导致周期性的经济危机。从1825年英国发生第一次全国性的经济危机以来，资本主义国家频繁地受到周期性的经济危机的冲击。这表明，资本主义的生产关系和生产力之间的矛盾，已经发展到十分尖锐的程度，不断发展的生产力已经开始起来反对资本主义的生产关系。当然，由于资本主义制度具有一定的自我调节功能，从19世纪后期开始，特别是在第二次世界大战以后，资产阶级通过对生产关系和上层建筑的局部调整，使这些矛盾有所缓和，资本主义制度至今也还有某种存在的合理性。但是，只要资本主义制度存在，资本主义的固有矛盾

---

① 梅林：《保卫马克思主义》，人民出版社1982年版，第3页。

就是不可消除的。

资本主义基本矛盾的激化，在阶级关系上表现为工人阶级和资产阶级之间的矛盾的尖锐化。到了 19 世纪 30—40 年代，西欧社会的主要矛盾从人民大众与封建势力的矛盾转化为工人阶级与资产阶级之间的矛盾，工人阶级在政治斗争中已经从资产阶级反对封建势力的同盟军发展到以独立的政治力量登上历史舞台，展开了反对资本主义制度和资产阶级统治的斗争。1831 年和 1834 年，法国里昂工人先后两次举行武装起义，明确提出了"建立共和国"的口号。里昂工人起义揭开了工人运动史上的第一页，标志着法国工人已经在斗争中提出国家政权问题，开始走上独立地进行政治斗争的道路。1836 年，在英国开始了"人民宪章"运动。这个运动从 1836 年到 19 世纪 40 年代末为止，先后经历了三次高潮，这是全国性的工人阶级争取政治权力的运动，标志着英国工人阶级已经作为一支强大的生力军走上了独立政治运动的舞台。1844 年，德国西里西亚的工人发动了起义，这是一次直接反对资本家残酷剥削的斗争，斗争目标明确地对准了私有制，提出了消灭私有制的口号。工人阶级反对资产阶级的斗争，是由他们受剥削、受压迫的极端贫困的地位和状况引起的，但工人阶级不只是一个受苦受难的阶级，而且是一个先进的革命的阶级，肩负着资本主义的掘墓人、社会主义的建设者的历史使命。因此，工人阶级迫切需要一种革命理论，能够正确地阐明它的历史地位和历史作用，给它指明推翻资本主义旧世界、建设社会主义和共产主义新世界的方向和道路。马克思、恩格斯正是适应工人阶级解放斗争的需要和时代的需求，创立马克思主义的。

总之，马克思主义是时代的产物。资本主义的发展及其内在矛盾的尖锐化，为马克思主义的产生提供了客观条件；而工人阶级作为一支独立的政治力量登上历史舞台，进行反对资本主义制度和资产阶级统治的斗争，则为马克思主义的产生准备了阶级基础。马克思主义的产生是历史时代提出的一项伟大任务。时代的需要本身既孕育着马克思主义产生的可能性，又包含着使这种可能变为现实的各种物质条件和因素。正如马克思所说："人类始终只提出自己能够解决的任务，因为只要仔细考察就可以发现，任务本身，只有在解决它的物质条件已经存在或者至少是在生成过程中的时候，才会产生。"① 习近平同志在《在纪念马克思诞辰 200 周年大会上的讲话》中指出："马克思的思想理论源于那个时代又超越了那个时代，既是那个时代精神的精华又是整个人类精神的精华。"②

从马克思主义科学体系的内容来看，资本主义的发展及其内在矛盾的尖锐化，工人阶级以独立的政治力量登上历史舞台，不仅提出了在哲学、政治经济学和社会主义学说方面实行变革的必要性，而且提供了把哲学、政治经济学和社会主义

---

① 《马克思恩格斯选集》第 2 卷，人民出版社 1995 年版，第 33 页。
② 习近平：《在纪念马克思诞辰 200 周年大会上的讲话》，《人民日报》2018 年 5 月 5 日。

理论结合为一个完整而严密的科学体系的统一的马克思主义学说的可能性。正是资本主义生产方式及其内在矛盾的暴露以及生产力和科学技术的发展，为科学地揭示自然、社会和人类思维发展的一般规律，创立科学的哲学世界观和历史观创造了条件；同时，正是资本主义生产方式及其内在矛盾的发展，使得从理论上揭示资本主义生产方式的本质、发现剩余价值理论成为可能；马克思、恩格斯正是在科学的世界观和历史观以及剩余价值理论的基础上，解决了空想社会主义学说所不能解决的理论课题，使社会主义从空想变成了科学。马克思、恩格斯以科学的世界观和历史观为指导，以对资本主义生产方式的经济剖析为基础，全面分析了资本主义社会的阶级状况，科学地阐明了工人阶级的历史地位和历史使命。因此，马克思主义作为无产阶级和人类解放的科学，是包括马克思主义哲学、政治经济学和科学社会主义在内的统一整体。

### 二、马克思主义对人类文明成果的继承与创新

马克思、恩格斯所处的历史时代及其提出的各项任务，只是为马克思主义的产生提供了客观条件，这些客观条件不会自动地产生任何新的理论和学说。任何新的理论和学说，都必须批判地继承前人的思想成果，以前人的思想所达到的终点作为自己研究的起点。

马克思、恩格斯好学敏求，知识渊博，他们广泛涉猎过各种门类的学问。荷兰阿姆斯特丹国际社会史研究所收藏的马克思手稿和读书目录说明，马克思的阅读范围极为广泛。他研究过古希腊罗马哲学，特别是亚里士多德、德谟克利特、伊壁鸠鲁以及斯多葛主义、怀疑论的著作；研究过从公元前6世纪到19世纪30年代2500多年的世界历史，特别是着重研究了对世界近代史产生重大影响的法国革命史；研究过资产阶级启蒙学者的政治学说，特别是孟德斯鸠和卢梭的国家学说；钻研过17世纪英国唯物主义、18世纪法国唯物主义和法国复辟时代的历史学家（基佐、米涅、梯叶里、梯也尔等）的著作；甚至在数学和自然科学某些领域也有一定造诣。恩格斯除在哲学、政治经济学、社会主义学说、政治学等领域的卓越成就外，还对当时的自然科学成果做过长期研究，并且对文学、艺术、军事学也颇有兴趣和建树。这些学术素养和知识基础，无疑都对他们创立马克思主义产生了积极影响，但对马克思主义的形成产生最直接、最重大影响的，是德国古典哲学、英国古典政治经济学和19世纪英法两国的空想社会主义学说，它们代表了到19世纪上半叶为止的人类思想的最高成就，是马克思主义的直接理论来源。

下面分别简要地考察马克思主义的几个主要组成部分的直接理论来源。

先看德国古典哲学。德国古典哲学指18世纪下半期至19世纪上半期德国资产阶级在其形成、壮大和准备资产阶级革命时期的哲学，包括康德、费希特、谢林、黑格尔、费尔巴哈等人的哲学。德国古典哲学的最高成果是黑格尔的辩证法和费尔巴哈的唯物主义。黑格尔最卓越的贡献是辩证法，他是哲学史上第一个以

唯心主义的形式系统地、有意识地叙述辩证法的哲学家。黑格尔把辩证法应用于研究人类社会历史，把人类社会历史描述为由低级到高级的前进过程，认为历史的发展具有必然性，不以任何个人的意志为转移。但黑格尔的辩证法和历史观是唯心主义的，具有明显的神秘主义色彩，并且不能把发展的观点坚持到底。马克思、恩格斯吸取了黑格尔辩证法中的合理思想，彻底批判了它的唯心主义和神秘主义，对它进行了根本改造，创立了唯物辩证法。

费尔巴哈是德国古典哲学的最后一位代表，是黑格尔哲学和马克思主义哲学的中间环节。费尔巴哈的伟大功绩在于，他旗帜鲜明地批判了宗教神学和唯心主义，恢复了唯物主义的权威。但是费尔巴哈的唯物主义和一切旧唯物主义一样有着严重的缺陷，它是直观的、形而上学的唯物主义，在历史观上仍然是唯心主义。马克思和恩格斯从来没有完全赞同和接受费尔巴哈的哲学思想，只是吸收了他的唯物主义的基本思想，同时摒弃了他的抽象的人本主义和自然主义，清除了他的理论中的形而上学和唯心主义杂质。

当然，从更广泛的意义上看，马克思主义哲学的理论来源不仅仅限于德国古典哲学，还包括其他一些思想成果。前面已经讲到，马克思、恩格斯对古希腊罗马哲学有深入的研究，因而不能把它排斥在马克思主义哲学理论来源的范围之外。马克思、恩格斯对欧洲近代哲学，特别是以培根、霍布斯、洛克、贝克莱、休谟等为代表的英国哲学，以拉美特利、爱尔维修、狄德罗、霍尔巴赫等为代表的法国百科全书派的哲学，都做了研究。因此，我们也不能把近代英法哲学排除在马克思主义哲学理论来源的范围之外。总之，马克思主义哲学的理论来源包括马克思主义哲学以前欧洲哲学的全部积极内容，其中德国古典哲学是马克思主义哲学的直接理论来源，其他哲学对马克思主义哲学产生的影响相对说来较为间接。

在马克思主义哲学产生以前的哲学存在两个分离：一是唯物主义和辩证法相分离，二是唯物主义自然观和唯物主义历史观相分离。马克思主义哲学克服了这两个分离的片面性，把唯物主义和辩证法、唯物主义自然观和唯物主义历史观结合起来，创立了包括自然界和人类社会生活在内的完备而彻底的唯物主义哲学，从而在哲学领域实现了革命性的变革。

再看英国古典政治经济学。英国古典政治经济学是资本主义生产方式已经建立而无产阶级和资产阶级之间的斗争尚未发展时期的代表新兴资产阶级利益的经济理论。它产生于17世纪后半期即英国资产阶级革命时期，完成于英国工业革命后的19世纪初，创始人是威廉·配第，中间经过亚当·斯密的发展，到大卫·李嘉图结束。古典政治经济学是新兴资产阶级与落后的封建主义做斗争的重要理论武器，对于资本主义生产方式的确立和巩固起了促进作用。正如马克思所说："古典派如亚当·斯密和李嘉图，他们代表着一个还在同封建社会的残余进行斗争、力图清洗经济关系上的封建污垢、提高生产力、使工商业获得新的发展的资产阶级。"① 古典政治经济学家提出很多有价值的经济理论，如关于劳动是价值唯一源泉的思想，关于劳动一般的抽象，关于把价值区分为使用价值和交换价值的观点，他们在对工资、利润、地租的分析中对剩余价值起源的探索，以及对资本主义社会阶级关系的经济分析等，这些都对马克思主义政治经济学的创立起了积极作用。由于时代和阶级的局限，古典政治经济学也存在严重缺陷和错误，如关于把资本主义制度看成符合人性的、永恒不变的制度的观点，把资本主义经济规律看成自然规律的唯心主义和形而上学观点，以及价值理论中的矛盾和混乱等。马克思、恩格斯批判地继承了古典政治经济学的研究成果，收集和研究了关于资本主义产生和发展的大量历史资料，详细地分析了资本主义的经济结构及其固有矛盾，揭示出它的产生、发展和灭亡的规律。最主要的是严密论证了劳动价值论，并在此基础上创立了剩余价值学说，使政治经济学发生了革命性的变革。

最后看英法两国的空想社会主义学说。英法两国的空想社会主义指19世纪上半叶以圣西门、傅立叶、欧文为代表的三大空想社会主义者的学说。德国古典哲学和英国古典政治经济学从阶级属性和社会功能上说，都是代表资产阶级利益和为了维护资本主义制度，而空想社会主义学说不仅不颂扬和维护资本主义制度，而且对它进行了尖刻的嘲讽和无情的抨击。例如，圣西门把资本主义制度看成是"新的奴役形式"；傅立叶把资本主义制度称为"社会地狱""复活的奴隶制"；欧文认为资本主义制度是"一整套欺骗和伪善的制度"，他把私有制、宗教、婚姻形式看成是现存的资本主义的"三位一体"的祸害。三大空想社会主义者不像英国古典政治经济学家那样把资本主义看成永恒的、最后的社会制度，而是认为它只不过是社会发展中的一个阶段，并且提出了对代替资本主义社会的未来社会的设想。圣西门把设想的未来社会称为"实业制度"，人们运用科学、艺术和工艺的现有知识来满足人们的需要；傅立叶把设想的未来社会称为"和谐制度"，在这个制度下，人们和睦相处，全体社会成员的情欲都得到了充分的满足；欧文的设想更为激进，在圣西门和傅立叶的"实业制度"与"和谐制度"中，仍然保存着私有制，而欧文所要建立的则是一种以公有制为基础的共产主义劳动公社的联合体，并且废除了国家。空想社会主义者对未来社会的设想包含着一些合理因素，如关于消灭旧式分工，关于消灭城乡、工农、脑力劳动和体力劳动的差别，关于教育与生产劳动早期结合，关于社会权力由对人的统治变为对物的管理和对生产过程的领导，关于国家消亡等观点，都为科学地认识未来社会主义和共产主义社会提供了宝贵的思想资料。三大空想社会主义者的理论，由于时代局限，也存在不少缺陷，如他们关于理性支配世界的观点，关于否认阶级斗争、反对暴力革命的观点，都属于唯心主义历史观；他们对未来的过于详细的描绘和对社会细节的规划，

---

① 《马克思恩格斯选集》第1卷，人民出版社1995年版，第153—154页。

带有很大的空想性质；他们认识不到无产阶级的革命力量和历史使命，找不到实现未来社会的社会力量等。

马克思、恩格斯以唯物史观和剩余价值学说为基础，深入研究资本主义制度的内在矛盾和发展趋势，总结工人阶级斗争的实践经验，批判地吸收了空想社会主义学说的积极成果，对未来社会主义和共产主义社会的基本特征做了科学的预测和设想，创立了科学社会主义理论，实现了社会主义理论的革命性的变革。

总之，德国古典哲学、英国古典政治经济学、英法两国的空想社会主义学说，形成了 19 世纪上半叶欧洲特殊的理论环境，它们在理论上的成就和缺陷，已经解决的问题和尚未解决的问题，正面和反面的经验，正确和错误的方法，合理的和空想的设想，都成为孕育马克思主义诞生的肥沃土壤。

以上我们分别叙述了德国古典哲学对马克思主义哲学产生的影响，英国古典政治经济学对马克思主义政治经济学产生的影响，英法两国的三大空想社会主义学说对科学社会主义产生的影响。需要说明的是，因为马克思主义的三个直接理论来源是同一历史时代的产物，它们之间不是彼此孤立、互不相干的，而是相互联系、相互渗透、相互包含的，所以它们对马克思主义产生的影响也不是各自孤立地单独发生的，而是综合的、相互交织的。具体说来，马克思主义哲学的产生不仅继承了德国古典哲学的积极成果，而且也与英国古典政治经济学和三大空想社会主义学说的影响密不可分。同样，马克思主义政治经济学不仅仅来源于英国古典政治经济学，德国古典哲学的辩证法对马克思主义政治经济学的产生提供了方法论的启发，而对三大空想社会主义学说的改造，则为马克思主义政治经济学的研究规定了目标和方向。至于科学社会主义理论，也不仅仅来源于三大空想社会主义者的学说，马克思、恩格斯之所以能把社会主义从空想变成科学，是同他们批判地改造德国古典哲学和英国古典政治经济学分不开的。

除去上述理论来源外，马克思主义的产生也与当时自然科学的巨大进步密切相关。伴随着资本主义生产方式的确立和发展，从中世纪神学束缚下解放出来的近代自然科学也蓬勃发展起来。从 18 世纪下半叶开始特别是进入 19 世纪，近代自然科学由主要是"搜集材料的科学"，即"关于既成事物的科学"，发展为"整理材料的科学"，即"关于过程、关于这些事物的发生和发展以及关于联系——把这些自然过程结合为一个大的整体——的科学"。① 在这一过程中，一些新兴学科，如地质学、胚胎学、动植物生理学、有机化学等陆续建立起来。特别是细胞学说、能量守恒和转化定律与生物进化论这自然科学的三大发现，对马克思主义产生的影响尤为巨大。细胞学说揭示了细胞是一切生物的共同物质基础，细胞变异是一切生物变化的内在根据，植物和动物都是细胞按照一定的规律发育和生长的结果，从而阐明了生命有机界的内在统一性，沉重地打击了生命起源问题上

---

① 《马克思恩格斯选集》第 4 卷，人民出版社 1995 年版，第 245 页。

"上帝创造论"的神学观点和物种不变的形而上学观念。能量守恒和转化定律揭示出自然界中起作用的各种能,如机械能、热能、光能、电磁能、化学能等,都是物质运动的各种表现形式,它们之间按照一定的度量关系互相转化,而转化过程中总的能量是守恒的。这就证明,运动是客观的,既不能创造也不能消灭,而只能由一种形式转化为另一种形式,各种物质运动形式具有内在的统一性。生物进化论揭示出,今天存在的千姿百态的生物,包括人类在内,都是由原始单细胞胚胎按照"生存竞争""物竞天择""适者生存"的规则长期进化而来的,从而把变化发展的观念引入生物界。自然科学的三大发现和其他成果,为马克思、恩格斯揭示自然界的本质和发展规律以及自然界与人类社会的相互作用规律,从而为整个马克思主义的形成提供了坚实的自然科学基础。

马克思、恩格斯之所以能够完成时代赋予的重任,创立马克思主义,也与他们的主观条件分不开。首先,马克思、恩格斯都树立了为人类解放事业而奋斗的崇高理想,他们仇视和憎恨剥削制度,同情和热爱贫苦的劳动大众,有强烈的革命热情和激情。其次,马克思、恩格斯勤奋好学,兴趣广泛,涉猎较多的学科领域,在崎岖的科学小道上不畏艰险、勇于攀登,掌握了人类创造的丰富的文明成果,在很多学科领域都颇有建树。再次,马克思、恩格斯既不是蛰居书斋的学者,也不是盲目的实践家,与同时代的其他人相比,他们具有双重的优越性:比起工人活动家,他们具有高度的理论素养和渊博的学识;而比起其他理论家,他们又具有强烈的实践愿望、实践经验和组织领导工人运动的实际能力。正是这种主观条件,使他们能够抓住时代脉搏,解决人类面临的任务,回答时代所提出的理论课题,从而成为马克思主义的创始人。

### 三、马克思主义在实践中不断发展

马克思主义既然是时代的产物、实践经验的总结、科学成果的升华,就必然会随着时代的变化、实践的扩展、科学的进步而不断丰富和发展其自身。马克思主义之所以是发展着的理论,是由它的理论本性决定的。首先,马克思主义不是脱离实际的抽象的思辨体系,它永远面对现实世界,面对实际生活,关注和研究时代提出的最迫切的问题,总结新的实践经验,提出新的理论观点。其次,马克思主义不是宗派主义体系,它能正确地对待各种非马克思主义,甚至反马克思主义的学说,对它们进行批判地研究,剔除其中错误的观点,吸收其积极合理的内容。再次,马克思主义不是故步自封的体系,它具有自我批评意识,它能根据时代的变化、实践的发展和科学的进步,发现自身的历史局限性和不完善的地方,把自身提高到与时代和实践的需要更加适应的水平。事实上,在马克思主义产生170多年来的历史过程中,它的创始人和后继者总是根据变化了的实际情况,不断推进马克思主义的理论创新,使其获得新的生命,采取新的形态,从而形成了一部内容丰富并持续向前的马克思主义发展史。可以说,马克思主义的生命力,就存在于它的不断发展和创新的过程之中。

马克思1845年春天写作的《关于费尔巴哈的提纲》和马克思、恩格斯于1845—1846年合写的《德意志意识形态》一书，是标志马克思主义基本形成的著作；1847年7月发表的马克思的《哲学的贫困》和1848年2月发表的马克思、恩格斯合写的《共产党宣言》，则标志着马克思主义的公开问世。自此以后，马克思、恩格斯又通过总结实践经验、理论研究以及同反马克思主义观点的论战，不断把自己的理论推向前进。马克思主义刚刚公开问世，就接受了1848年欧洲革命的洗礼，到1871年，又接受了巴黎工人起义和巴黎公社实践的检验，得到进一步发展。马克思、恩格斯晚年在总结1848年革命经验和巴黎公社经验的基础上，纠正了他们把资本主义寿命估计过短的历史局限性，在一定程度上认识到了资本主义制度的自我调节功能，对工人阶级斗争形式和斗争策略的认识也发生了相应的改变。在马克思主义基本形成和刚刚问世时，马克思、恩格斯对经济学批判的任务尚未完成，自己的经济学理论尚未成熟，此后又经过几十年的潜心研究，马克思写成了《资本论》这部鸿篇巨制，于1867年出版《资本论》第1卷。马克思过世后，恩格斯又组织出版该书的第2、3卷（考茨基整理了第4卷）。《资本论》及其手稿从多方面丰富和发展了马克思主义哲学。19世纪70—80年代，恩格斯系统地研究了自然科学中的哲学问题，写成《自然辩证法》手稿，开辟了马克思主义自然观的新领域。恩格斯在1876—1878年2月写作的《反杜林论》和1886年年初写作的《路德维希·费尔巴哈和德国古典哲学的终结》，全面系统地阐述了马克思主义的各个组成部分。马克思在《给〈祖国纪事〉杂志编辑部的信》《给维·伊·查苏利奇的信》及其草稿，恩格斯在《论俄国的社会问题》和《〈论俄国的社会问题〉跋》，以及马克思、恩格斯合写的《〈共产党宣言〉俄文第二版序言》等论著中，关于俄国社会发展道路的论述，极大地丰富了马克思主义的理论宝库。马克思晚年的《人类学笔记》以及恩格斯根据这些笔记写作的《家庭、私有制和国家的起源》一书，科学地分析了人类的原始史，论述了前资本主义的各个社会形态，全面地阐述了整个人类历史的发展过程和发展阶段。恩格斯在19世纪80—90年代的一系列书信中，对唯物史观做了重要的补充和发挥，并且回应了一些学者对唯物史观的许多片面的理解，这是恩格斯对唯物史观的发展做出的不可磨灭的贡献。

马克思、恩格斯逝世以后，列宁在帝国主义和无产阶级革命的时代条件下，在领导俄国无产阶级革命和社会主义改造与社会主义建设的实践中，在同第二国际机会主义的斗争中，继承、捍卫、发展了马克思主义，把马克思主义推进到一个新的阶段，即列宁主义阶段。列宁在《唯物主义和经验批判主义》《哲学笔记》等著作中，捍卫和发展了马克思主义哲学；在《俄国资本主义的发展》《帝国主义是资本主义的最高阶段》等著作中，捍卫和发展了马克思主义的政治经济学；在《国家与革命》《论"左派"幼稚性和小资产阶级性》《论我国革命》等著作中,捍卫和发展了科学社会主义理论。特别值得提及的是,列宁的《论欧洲联邦口号》和《无产阶级革命的军事纲领》两篇论文,提出了在特定的历史条件下,社会主义革命有可能在一国或几国首先取得胜利的思想;在十月革命前夕和革命胜利以后,多次谈到落后的国家通过国家资本主义形式向社会主义过渡的思想。这些思想对落后国家的社会主义革命和社会主义建设,具有非常重大的指导意义。

马克思主义在19世纪末20世纪初传入中国,在指导中国革命和建设的过程中,逐渐形成了中国化的马克思主义,即具有中国特点、中国风格和中国气派的马克思主义。一部中国的马克思主义发展史,就是一部马克思主义的基本原理和中国的具体实际相结合的历史。在新民主主义革命时期,以毛泽东为代表的中国共产党人经过反复探索,在成功经验和失败教训的基础上,找到了符合中国实际的革命道路,创造性地发展了马克思主义,形成了毛泽东思想。新中国成立后,以毛泽东为代表的领导集体,又对中国社会主义改造和社会主义建设道路进行了多方面的探讨,取得的独创性理论成果和巨大成就,为新的历史时期开创中国特色社会主义提供了宝贵经验、理论准备、物质基础。改革开放以来,我们党开辟了中国特色社会主义道路,形成了中国特色社会主义理论体系。这个理论体系就是包括邓小平理论、"三个代表"重要思想、科学发展观在内的科学理论体系。中国共产党第十八次全国代表大会以来,以习近平同志为主要代表的中国共产党人,适应时代发展,从理论和实践的结合上系统回答了新时代坚持和发展什么样的中国特色社会主义、怎样坚持和发展中国特色社会主义这个重大时代课题,创立了习近平新时代中国特色社会主义思想。习近平新时代中国特色社会主义思想是对马克思列宁主义、毛泽东思想、邓小平理论、"三个代表"重要思想、科学发展观的继承和发展,是马克思主义中国化的最新成果,是党和人民实践经验和集体智慧的结晶,是中国特色社会主义理论体系的重要组成部分,是全党全国人民为实现中华民族伟大复兴而奋斗的行动指南。这一重大思想的核心要义,不仅从理论和实践上系统回答了新时代坚持和发展什么样的中国特色社会主义、怎样坚持和发展中国特色社会主义这个重大时代课题,而且回答了新时代坚持和发展中国特色社会主义的总目标、总任务、总体布局、战略布局和发展方向、发展方式、发展动力、战略步骤、外部条件、政治保证等基本问题,并且根据新的实践对经济、政治、法治、科技、文化、教育、民生、民族、宗教、社会、生态文明、国家安全、国防和军队、"一国两制"和祖国统一、统一战线、外交、党的建设等方面做出理论分析和政策指导,为更好地坚持和发展中国特色社会主义提供了思想武器和行动指南。

总之,马克思主义不是封闭僵化的理论体系,而是在解决时代和实践的重大课题中不断发展的科学。马克思主义是真理性的认识,同时它又没有结束真理,而是开辟了在实践中不断认识真理和发展真理的广阔道路。这就使它与历史上无数显赫一时的其他理论有着完全不同的命运。历史上有许多理论和学说往往随着其创始人的去世而逐渐走向衰落，马克思主义却不是这样。由于马克思主义自觉植根于时代和实践的沃土之中，并不断根据时代和实践发展的需要，为满足广大人民群众的利益和要求，推进理论创新，成为一个开放的、不断发展的理论体系，所以它能够并必将保持长久的生命活力。

## 第二节 马克思主义科学性与革命性的统一

> 科学越是毫无顾忌和大公无私，它就越符合工人的利益和愿望。
> 
> ——恩格斯

### 一、马克思主义的科学内涵

马克思主义是由马克思、恩格斯创立的，为他们的后继者所发展的，以反对资本主义、建设社会主义和共产主义为目标的科学的理论体系，或者简要地说，它是关于无产阶级和人类解放的科学。习近平同志在《在纪念马克思诞辰200周年大会上的讲话》中指出：马克思主义是科学的理论，创造性地揭示了人类社会发展规律；马克思主义是人民的理论，第一次创立了人民实现自身解放的思想体系；马克思主义是实践的理论，指引着人民改造世界的行动；马克思主义是不断发展的开放的理论，始终站在时代前沿。

"马克思主义"一词作为马克思、恩格斯创立的学说的总称谓，马克思在世时就已经出现，在19世纪70年代末法国社会主义者的著作中曾广泛使用，但内容和观点被严重歪曲。马克思针对这种歪曲多次指出："我只知道我自己不是马克思主义者。"[①] 恩格斯80年代初开始使用"马克思主义"一词，并于1886年在《路德维希·费尔巴哈和德国古典哲学的终结》一书中做了说明："我和马克思共同工作40年，在这以前和这个期间，我在一定程度上独立地参加了这一理论的创立，特别是对这一理论的阐发。但是，绝大部分基本指导思想（特别是在经济和历史领域内），尤其是对这些指导思想的最后的明确的表述，都是属于马克思的。我所提供的，马克思没有我也能够做到，至多有几个专门的领域除外。至于马克思所做到的，我却做不到。马克思比我们大家都站得高些，看得远些，观察得多些和快些。马克思是天才，我们至多是能手。没有马克思，我们的理论远不会是现在这个样子。所以，这个理论用他的名字命名是理所当然的。"[②]

根据恩格斯这段论述，我们对马克思主义的科学内涵做以下几点说明。

第一，马克思主义是马克思、恩格斯共同创立的。马克思对马克思主义的创

---

① 《马克思恩格斯选集》第4卷，人民出版社1995年版，第691、695页。
② 《马克思恩格斯选集》第4卷，人民出版社1995年版，第242页。

立起了主导作用，但恩格斯对马克思主义的创立也做出了不可磨灭的贡献，主要有：他在《自然辩证法》中对自然科学中的哲学问题的深刻洞见，他对马克思《资本论》的通俗介绍，他在《自然辩证法》《反杜林论》中对马克思主义的三个组成部分的全面系统的论述，他在《路德维希·费尔巴哈和德国古典哲学的终结》一书中对唯物史观的系统发挥，他在《家庭、私有制和国家的起源》一书中对包括人类原始史在内的整个人类历史过程及其发展规律的论述，他在晚年对俄国社会发展道路问题的探索以及对资本主义发展规律和无产阶级的斗争策略的深刻反思等。此外，恩格斯还对军事与战争、文学与艺术有很多精辟的论述。长期以来，国内外都有一些学者把恩格斯的思想与马克思的思想对立起来，认为恩格斯背离了马克思理论的精神实质，这种看法根本不符合实际。在我们看来，不仅没有马克思，马克思主义"远不会是现在这个样子"，而且没有恩格斯，马克思主义也"远不会是现在这个样子"。

　　第二，马克思主义不仅包括它的创始人马克思、恩格斯的理论，而且包括它的继承人的理论，特别是列宁、毛泽东、邓小平、江泽民、胡锦涛、习近平等人的理论。恩格斯逝世以后，他们以马克思、恩格斯创立的理论为基础，结合时代特点和本国的实际情况，从多方面丰富和发展了马克思主义，创立了列宁主义、毛泽东思想和中国特色社会主义理论体系。马克思主义就像一条奔流不息的长河，从它的发源地开始，不断流淌，永不终止。如果把马克思主义继承人的理论排除在马克思主义之外，马克思主义的生命力就枯竭了。

　　第三，列入马克思主义范畴的理论，必须是在基本观点、基本立场、基本方法、价值取向等方面与马克思、恩格斯创立的理论前后相继、一脉相承，在本质上相一致的。现在世界上有很多理论使用了"马克思主义"的称谓，如弗洛伊德主义的马克思主义、存在主义的马克思主义、结构主义的马克思主义、现象学的马克思主义等，名目极其繁多。我们并不否认这些"主义"与马克思主义有着这样那样的联系，其中也在不同程度上包含一些可供马克思主义借鉴的合理思想，有的甚至对马克思主义有一些溢美之词，但是，它们的基本观点、基本立场、基本方法、价值取向与马克思主义有根本区别，有的甚至大相径庭。

　　第四，马克思主义的各个组成部分不是彼此孤立、互不联系的，而是组成一个具有内在逻辑联系的科学体系，其中马克思主义哲学是科学的世界观和方法论，政治经济学揭示了资本主义的发展规律，处于核心地位的则是科学社会主义理论。在马克思主义体系中，哲学是世界观和方法论的指导原则，政治经济学是通向实际生活（如对资本主义生产方式的剖析）的中介，科学社会主义则是运用哲学分析经济事实引出的结论。这三者之间互相渗透、互相补充，构成统一的马克思主义学说。社会主义理论一旦离开了马克思主义哲学和政治经济学，就会背离科学社会主义；同样，离开了马克思主义哲学的指导，离开了科学社会主义理论，就必然会背离马克思主义的政治经济学、跌入资产阶级政治经济学的怀抱；如果无视科学社会主义所指明的实现社会主义和共产主义的方向和道路,无视马克思主义政治经济学对社会经济现象,特别是对新出现的社会经济现象的分析,马克思主义哲学就会重新沦为烦琐的、脱离实际生活的经院哲学。把马克思主义中的任何一个组成部分同它的整体割裂开来,都会丧失自己原有的性质,并导致对整个马克思主义体系的曲解。①

### 二、马克思主义的理论特征

马克思主义的根本理论特征是以实践为基础的科学性和革命性的统一。列宁指出,马克思主义理论"对世界各国社会主义者所具有的不可遏止的吸引力,就在于它把严格的和高度的科学性(它是社会科学的最新成就)同革命性结合起来,并且不仅仅是因为学说的创始人兼有学者和革命家的品质而偶然地结合起来,而是把二者内在地和不可分割地结合在这个理论本身中"②。

马克思主义的革命性,集中表现为它的彻底的批判精神。马克思指出:"辩证法在对现存事物的肯定的理解中同时包含对现存事物的否定的理解,即对现存事物的必然灭亡的理解;辩证法对每一种既成的形式都是从不断的运动中,因而也是从它的暂时性方面去理解;辩证法不崇拜任何东西,按其本质来说,它是批判的和革命的。"③ 不仅辩证法在本质上是革命的和批判的,而且整个马克思主义在本质上也是革命的和批判的。马克思主义反对把旧事物、旧制度看成永恒不变的形而上学观点,反对一切维护腐朽的社会制度、为腐朽的社会制度辩护的理论。它用发展变化的观点考察资本主义制度,既看到它产生的历史必然性和一定时期内的进步性,又从经济、政治、思想文化各个方面揭露其不合理性,无情地抨击它的罪恶和弊端,说明它的历史演变和发展趋势,指明它被更高的社会形态所代替的历史必然性。马克思主义的批判精神不仅适用于对资本主义制度的批判,也适用于社会主义社会的自我反思、自我审视。因为在现实的社会主义社会,仍然存在各种丑恶的社会现象,需要经过批判加以清除;社会主义制度还存在不完善的方面和环节,需要通过改革不断地自我完善。马克思主义的批判精神也适用于每个个人。马克思、恩格斯就具有自觉的自我批判意识,他们总是不断反思自己理论的不足,不断克服自己理论的历史局限性,把自己的理论推向前进。

马克思主义的革命性,还表现在它具有鲜明的政治立场上。马克思主义是工人阶级的意识形态,它以科学的理论形式反映了工人阶级和广大人民群众的利益、愿望和要求。它丝毫不隐瞒和回避自己的阶级本质,不以"超阶级"的幌子标榜

---

① 参看陈先达:《处在夹缝中的哲学——走向21世纪的马克思主义哲学》,北京师范大学出版社2004年版,第353页。
② 《列宁选集》第1卷,人民出版社1995年版,第83页。
③ 《马克思恩格斯选集》第2卷,人民出版社1995年版,第112页。

自己是"全人类"利益的代表,而是公然申明自己的阶级性,申明自己是为工人阶级服务的。它坚决批判一切剥削阶级的理论观点,自觉捍卫无产阶级和广大人民群众的利益,以彻底推翻一切剥削制度、消灭社会不平等的现象、争取工人阶级解放和全人类的彻底解放为己任。马克思曾说过:"哲学把无产阶级当作自己的物质武器,同样,无产阶级也把哲学当作自己的精神武器,……"① 不仅马克思主义哲学是工人阶级的精神武器,马克思主义的各个组成部分都是工人阶级批判旧世界、建设新世界的精神武器。

马克思主义的科学性,首先在于它不带任何偏见,清除一切狭隘性和片面性的弊端,力求按照世界的本来面目去如实地认识世界,揭示自然界和人类社会发展的客观规律,并根据对客观规律的认识去能动地改造世界。其次,马克思主义的科学性还在于它的深刻性。正如恩格斯所说:"马克思在他所研究的每一个领域,甚至在数学领域,都有独到的发现,这样的领域是很多的,而且其中任何一个领域他都不是浅尝辄止。"② 最后,马克思主义之所以具有科学性,不仅在于它揭示了自然界和人类社会发展的客观规律,而且还在于它经受了实践的检验并随着实践的发展而不断发展。

马克思主义的革命性和严格的科学性是紧密联系在一起的。马克思主义是关于工人阶级和人类解放的科学这一对马克思主义的内涵的界定,就鲜明地体现了它的革命性与科学性相统一的基本特征。马克思主义既是工人阶级的意识形态,又是科学的理论体系。马克思主义之所以能把革命性和科学性统一于一身,是因为工人阶级的根本利益与社会发展的方向和趋势具有一致性。工人阶级是现代化机器大生产的产物,代表先进生产力的发展要求;工人阶级和广大人民群众的人心所向体现着社会前进的方向。工人阶级的本性决定了它必须科学地认识世界。只有科学地认识世界,特别是认识社会发展的客观规律性,才能找到自身解放的道路,实现自己的根本利益。由此可见,马克思主义的科学性和革命性是不可分割的,科学性根源于革命性的要求,并且通过革命性表现出来;革命性必须以科学性为前提和基础,并且靠科学性来保证。二者内在地结合在马克思主义的整个理论体系之中,并且通过一系列原理表现出来。

马克思主义的科学性和革命性都是以实践性为基础的。实践的观点是马克思主义的基本观点,是马克思主义的出发点和归宿。马克思主义来源于实践,是实践经验的概括和总结,又反过来指导工人阶级和广大人民群众改造世界的实践活动,为实践服务,并在实践中得到检验和发展。离开了无产阶级和广大人民群众的实践活动,马克思主义就成了无源之水、无本之木,就丧失了认识世界和改造世界的功能,就失去了存在的意义。马克思、恩格斯在创立自己的学说的过程中,

---

① 《马克思恩格斯选集》第 1 卷,人民出版社 1995 年版,第 15 页。
② 《马克思恩格斯选集》第 3 卷,人民出版社 1995 年版,第 776—777 页。

针对那些只在纯粹思想的范围内批判资本主义却不进行推翻资本主义的实践活动的唯心主义理论家的错误观点指出:"思想从来也不能超出旧世界秩序的范围:在任何情况下它都只能超出旧世界秩序的思想范围。思想根本不能实现什么东西。为了实现思想,就要有使用实践力量的人。"① 又指出:"实际上,而且对实践的唯物主义者即共产主义者来说,全部问题都在于使现存世界革命化,实际地反对并改变现存的事物。"② 习近平同志进一步指出:"马克思主义具有鲜明的实践品格,不仅致力于科学'解释世界',而且致力于积极'改变世界'。"③

### 三、马克思主义的理论品质

与时俱进是马克思主义的理论品质。下面对此做些扼要说明。

第一,关于与时俱进的含义。与时俱进就是党的全部理论和工作要体现时代性,把握规律性,富于创造性。这就是说,不是任何新的提法、新的论断、新的举措、新的形式,都可以称为与时俱进,只有体现时代性、把握规律性、富于创造性才是与时俱进。

首先,与时俱进要求人们高瞻远瞩,站在时代的前列,立足新的实践,把握时代的特点,认真研究和探索现实中的重大问题,使我们的思想和理论充分反映时代的进步和历史发展的要求,体现时代特点和时代精神。习近平同志在十九大报告中指出:"时代是思想之母,实践是理论之源。""实践没有止境,理论创新也没有止境。世界每时每刻都在发生变化,中国也每时每刻都在发生变化,我们必须在理论上跟上时代,不断认识规律,不断推进理论创新、实践创新、制度创新、文化创新以及其他各方面创新。"

其次,与时俱进要求我们以马克思主义的立场、观点、方法为指导,大力弘扬求真务实、开拓进取的精神,不断深化对共产党执政规律、社会主义建设规律和人类社会发展规律的认识,不断丰富和发展马克思主义,为我们的一切实际工作提供规律性的指导。

最后,与时俱进要求我们富于创造精神,适应新形势、新任务的要求,在实践中掌握新知识,积累新经验,增长新本领,提出新理论,开拓各项工作的新局面,把各项事业提高到新的水平。

第二,关于坚持与时俱进的意义。掌握马克思主义与时俱进的理论品质,具有重大的现实意义。

首先,坚持党的思想路线,解放思想、实事求是,是我们党坚持先进性和增强创造力的决定性因素。能否始终做到党的全部理论和工作体现时代性、把握规

---

① 《马克思恩格斯全集》第 2 卷,人民出版社 1957 年版,第 152 页。
② 《马克思恩格斯选集》第 1 卷,人民出版社 1995 年版,第 75 页。
③ 习近平:《在哲学社会科学工作座谈会上的讲话》,人民出版社 2016 年版,第 9 页。

律性、富于创造性，决定着党和国家的前途命运。

其次，创新是一个民族进步的灵魂，是一个国家兴旺发达的不竭动力，也是一个政党永葆生机的源泉。只有以马克思主义的理论勇气和进取精神，总结新的实践经验，借鉴当代人类文明的优秀成果，在理论上不断开拓新领域，扩展新视野，做出新的概括，才能引导、鼓舞全党和全国人民把中国特色社会主义事业不断推向前进。

最后，实践基础上的与时俱进、理论创新，是社会发展和变革的先导。通过理论创新推动制度创新、科技创新、文化创新以及其他各方面的创新，不断在实践中探索前进，永不自满，永不懈怠，这是我们要长期坚持的治党治国之道。

第三，关于理论创新的长期性。理论创新是一个没有止境的过程。创新就要不断解放思想、实事求是、与时俱进。实践没有止境，理论创新也没有止境。我们要突破前人，后人也必然会突破我们。这是社会前进的必然规律。我们要适应实践的发展，以实践来检验一切，自觉地把思想认识从那些不符合时宜的观念、做法和体制的束缚中解放出来，从对马克思主义的错误的和教条式的理解中解放出来，从主观主义和形而上学的桎梏中解放出来。既要坚持马克思主义的基本原理，又要谱写新的理论篇章；既要发扬革命传统，又要创造新鲜经验。

第四，关于加强党的思想理论建设的重要性。党在思想理论上的提高，是党和国家事业不断发展的思想保证，必须把党的思想理论建设摆在更加突出的位置。对党和国家干部进行马克思主义发展史的教育，是马克思主义思想理论建设的一项十分重要的内容。因为不懂得马克思主义发展史和社会主义发展史，就不可能正确认识马克思主义和社会主义发展的现状，更无法预见马克思主义和社会主义的未来，当然也就无法与时俱进地丰富和发展马克思主义，无法把中国特色社会主义事业推向前进。

马克思主义的创始人及其后继者，都是与时俱进的典范，他们不断与时俱进地推进自己的理论，包括修正自己理论中某些不合时宜的观点和内容。例如，马克思、恩格斯在1848年2月发表的《共产党宣言》中说："至今一切社会的历史都是阶级斗争的历史。"① 当他们发现原始的无阶级社会以后，恩格斯在1883年德文版序言中就把这个观点表达为"（从原始土地公有制解体以来）全部历史都是阶级斗争的历史"②；稍后又在1888年英文版序言中把这个观点表述为"人类的全部历史（从土地公有的原始氏族社会解体以来）都是阶级斗争的历史"③。再如，马克思、恩格斯早年把资本主义寿命估计过短，在1848年欧洲革命和1871年巴黎工人起义时期，他们认为经过一次突然袭击就可以消灭资本主义制度，取

---

① 《马克思恩格斯选集》第1卷，人民出版社1995年版，第272页。
② 同上书，第252页。
③ 同上书，第257页。

得无产阶级革命的胜利。恩格斯晚年在总结欧洲 1848 年革命和 1871 年巴黎公社经验教训时，公开承认他们当时的看法"错了"，是一种"迷误"，是"一个幻想"，是"不对的"，是"没有什么成果的"，是"不可能的事情"。① 任何理论都有历史局限性和时代局限性，马克思、恩格斯的理论也不例外，问题在于能不能通过自我反省、自我批判，克服这种局限性。马克思、恩格斯的可贵之处，不仅在于他们敢于对黑暗的现实和各种错误理论进行无情的批判，而且还在于他们勇于自我反省、自我批判，不断克服自己理论的局限性，与时俱进地为自己的理论开辟新境界，使自己的理论达到新的高度和水平。

### 四、马克思主义的社会理想

理想是人们关于未来的、有实现可能性的向往和追求，是人们的世界观和政治立场在奋斗目标上的集中反映。简言之，理想就是人的奋斗目标。就理想的内容来划分，有生活理想、职业理想、道德理想、社会理想等。生活理想是人们对未来的衣、食、住、行、爱情、婚姻、家庭等具体目标的向往和追求。职业理想是人们对未来工作类别的选择，以及对从事某项工作后达到何种绩效的向往和追求。道德理想是人们对做人标准和道德境界的向往和追求。社会理想是人们对未来社会制度、社会风貌的期望和追求。以上四种理想互相联系、互相渗透、互相制约、互相影响。其中社会理想是最根本的，是全部理想的核心，它贯穿于生活理想、职业理想、道德理想之中，决定和制约着它们的发展和实现程度，而生活理想、职业理想、道德理想又从不同的侧面直接或间接地体现着社会理想。马克思主义的社会理想，就是推翻资本主义、实现社会主义和共产主义。

从奋斗目标的长短来划分，有长期的远大理想和近期的具体理想。就我国人民的社会理想而言，实现共产主义是长期的远大的最高理想；走中国特色社会主义道路，把我国建设成为富强、民主、文明、和谐、美丽的社会主义现代化国家，相对于最高理想来说，就是近期的具体理想，即全国各族人民的共同理想。最高理想与共同理想既相互区别又相互联系，二者是辩证统一的关系。

首先，共同理想是实现最高理想的必经阶段和必要基础。最高理想和共同理想都是以马克思主义的科学理论为指南的，它们的实现都离不开工人阶级政党的正确领导，就是说它们属于同一个思想体系和同一种政治立场。但是，共同理想是在共产主义理想大目标指导下社会发展现阶段中的奋斗目标。实现共产主义理想是一个漫长的过程，需要经过许多不尽相同的发展阶段，每一个阶段都会有特定的奋斗目标，这些特定的奋斗目标又都是为共产主义这个总目标服务的。为实现现阶段的共同理想而奋斗，就是为实现共产主义理想而奋斗的具体表现。实际上，只有实现了建设中国特色社会主义的共同理想，充分发挥社会主义制度的优

---

① 《马克思恩格斯全集》第 22 卷，人民出版社 1965 年版，第 595—600 页。

越性，才能为共产主义的实现打下坚实的物质基础，提供良好的思想条件。就是说，最高理想的实现，离不开共同理想的实现所创造的物质、精神条件。没有各个阶段中特定目标和具体任务的完成，实现共产主义最高理想就只能是一句空话。因此，我们现阶段为建设中国特色社会主义的共同理想而奋斗，也就是为实现共产主义这个最高理想而奋斗。

其次，实现共同理想，必须坚持以最高理想为根本方向。中国共产党领导全国各族人民一心一意地从事社会主义现代化建设，坚持物质文明、政治文明、精神文明、社会文明、生态文明一起抓，全面建设小康社会，构建社会主义和谐社会，建设社会主义新农村，坚持以人为本、全面协调可持续的科学发展观，实现中华民族伟大复兴的中国梦，都是以共产主义的最高理想为指引的。离开共产主义的最高理想这个根本目标，实现共同理想的行动就可能偏离方向甚至误入歧途。

理想是人类特有的，是人类自觉能动性的突出表现。在人类的历史活动中，不仅以过去和现在指导未来，而且人们对未来的追求和向往也指导现在、影响现在。未来是指那些迄今为止尚未出现、尚未发生和尚未存在的社会现象，从时间上看，它是人类认识的一种顺时间方向的运动过程，它力求使思想的运动超越当下的时空界限，走在社会实际的客观过程前面，在观念中构想未来的可能状态。人们之所以要关注未来、向往未来、构想未来，是因为现在不仅孕育着未来，而且更主要的还在于，人们对未来的构想和追求，能对现在形成强有力的冲击和影响。人们总是根据对现在及其发展趋势的认识预见未来，又根据对未来的预见和追求设计现实、指导现实。

过去、现在、未来这时间的三个向度的关系，展示了树立科学的人生理想的极端重要性。科学的人生理想对于人的现实活动具有重大的指导和推动作用。首先，理想是人生航程的灯塔。理想作为人生向往和奋斗的目标，它一经确立，就会指引着人生前进的方向。特别是在人生处在重要选择的关键时刻，理想就像大海中的灯塔一样，给人们指明了前进的航向。正如习近平同志所说的，"革命理想高于天"。其次，理想是人生前进的动力。理想作为人生向往和追求的目标，它可以构成人们自觉行动的动机，成为实践活动的动力。理想比现实更美好，人们为了把美好的未来变为现实，势必会遇到种种困难和阻力，为此就要以坚韧的毅力、顽强的斗志、勇于拼搏的精神去奋斗。理想在人们现实的认识世界和改造世界的实践活动中，是一种极其强大的推动力量。最后，理想是人生的精神支柱。人们的生活可以划分为物质生活和精神生活两大方面。物质生活对人的生存和发展固然重要，健康充实的精神生活同样不可缺少，而理想便是精神生活的支柱。一个人的精神生活如果没有理想的支撑，就会空虚、萎靡乃至崩溃。一个人有高尚的理想这个精神支柱，就可以使人生更充实，能在顺境中不骄不躁，在逆境中乐观豁达，不畏艰险，勇往直前。

## 第三节　学习、运用和发展马克思主义

> 无论时代如何变迁、科学如何进步，马克思主义依然显示出科学思想的伟力，依然占据着真理和道义的制高点。
>
> ——习近平

我们学习马克思主义基本原理，不是要把它当作一成不变的教条和医治百病的灵丹妙药，而是要掌握其基本的立场、观点和方法，自觉地把它作为行动的指南，在理论与实际的结合中学习和运用马克思主义，并在实践中不断丰富和发展马克思主义。

### 一、马克思主义是行动的指南

如何看待马克思主义，是把它当作教条还是当作行动的指南，这是对待马克思主义的两种根本不同的态度。马克思主义的创始人和后继者都坚决反对任何以教条主义的态度对待马克思主义的做法。早在1843年，当马克思还处在由革命民主主义者向共产主义者转变的时期就明确宣布："新思潮的优点就恰恰在于我们不想教条式地预料未来，而只是希望在批判旧世界中发现新世界。""所以我不主张我们树起任何教条主义的旗帜。"① 恩格斯也反复强调："我们的理论是发展着的理论，而不是必须背得烂熟并机械地加以重复的教条。"② "马克思的整个世界观不是教义，而是方法。它提供的不是现成的教条，而是进一步研究的出发点和供这种研究使用的方法。"③ "如果不把唯物主义方法当作研究历史的指南，而把它当作现成的公式，按照它来裁剪各种历史事实，那它就会转变为自己的对立物。"④ 列宁在以马克思主义基本原理为指导领导俄国革命实践的过程中，更是反复强调这一思想。他说："马克思和恩格斯多次说过，我们的学说不是教条，而是行动的指南，我想我们应当首先和特别注意这一点。……我以前说过，现在还要再三地说，这个学说不是教条，而是行动的指南。"⑤ 毛泽东把脱离中国实际、把马克思主义原理当作教条对待的错误态度称为"本本主义"，他坚决反对这种"本本主义"，指出："马克思主义的'本本'是要学习的，但是必须同我国的实

---

① 《马克思恩格斯全集》第1卷，人民出版社1956年版，第416页。
② 《马克思恩格斯选集》第4卷，人民出版社1995年版，第681页。
③ 《马克思恩格斯选集》第4卷，人民出版社1995年版，第742—743页。
④ 同上书，第688页。
⑤ 《列宁全集》第35卷，人民出版社1985年版，第219页。

际情况相结合。我们需要'本本',但是一定要纠正脱离实际情况的本本主义。"①

马克思主义不是教条,它并不提供对一切问题的现成答案。那种试图从马克思主义经典著作中寻章摘句寻找解决现实问题直接答案的做法,不仅达不到目的,而且是十分有害的。正如邓小平所说:"马克思去世以后一百多年,究竟发生了什么变化,在变化的条件下,如何认识和发展马克思主义,没有搞清楚。绝不能要求马克思为解决他去世之后上百年、几百年所产生的问题提供现成答案。列宁同样也不能承担为他去世以后五十年、一百年所产生的问题提供现成答案的任务。真正的马克思列宁主义者必须根据现在的情况,认识、继承和发展马克思列宁主义。"②

把马克思主义作为行动的指南,就必须从客观存在的实际情况出发,而不能从马克思主义的一般原理出发。只有把马克思主义的一般原理与本国的具体实际相结合,才能真正发挥马克思主义的指导作用,制定出适合本国情况的路线、纲领、方针、政策,并根据实际情况的变化对它们加以适当的调整。正如列宁所说:"现在必须弄清一个不容置辩的真理,这就是马克思主义者必须考虑生动的实际生活,必须考虑现实的确切事实,而不应当抱住昨天的理论不放,因为这种理论和任何理论一样,至多只能指出基本的、一般的东西,只能大体上概括实际生活中的复杂情况。"③

我国目前正处在改革开放的关键时期,有许多艰巨的任务等待我们去完成。在中国现时代,把马克思主义作为行动的指南,就是要用马克思主义的立场、观点、方法来研究和解决我国改革开放和现代化建设中的实际问题。正如习近平同志所说:"一定要以我国改革开放和现代化建设的实际问题、以我们正在做的事情为中心,着眼于马克思主义理论的运用,着眼于对实际问题的理论思考,着眼于新的实践和新的发展。"④

## 二、学习马克思主义的目的和根本方法

### (一)学习马克思主义的目的

人们的学习都是有目的的。学科的性质不同,学习的目的也不同。我们学习马克思主义的目的主要有以下几个方面。

第一,树立正确的世界观、人生观、价值观。在人的一生中,世界观、人生观、价值观的形成途径是多种多样的,系统地学习马克思主义,是自觉地树立正确的世界观、人生观、价值观的重要途径。马克思主义的世界观和方法论,为我

---

① 《毛泽东著作选读》上册,人民出版社1986年版,第51页。
② 《邓小平文选》第3卷,人民出版社1993年版,第291页。
③ 《列宁选集》第3卷,人民出版社1995年版,第26—27页。
④ 《十八大以来重要文献选编》(上),人民出版社2014年版,第114页。

们提供了观察人生问题的根本观点和根本方法,有助于明确人生的意义、理想、目的、态度。马克思主义的价值观以全心全意为人民服务为取向,以是否能推动生产力的发展,是否符合广大人民群众的根本利益、得到人民群众的拥护为价值评价标准。树立马克思主义的世界观、人生观、价值观,必须自觉地、系统地学习马克思主义的基本理论。

第二,掌握认识世界和改造世界的伟大工具。马克思主义作为工人阶级和人类解放的科学,揭示了自然、社会和人类思维发展的最普遍规律,揭示了资本主义孕育、产生、发展和灭亡的规律,指明了无产阶级的世界历史使命,为工人阶级推翻资本主义旧世界、建设社会主义和共产主义新世界指明了方向和道路。马克思主义的哲学、政治经济学和科学社会主义,为工人阶级和人类的解放提供了伟大的认识工具。马克思主义不仅具有认识功能,而且具有实践功能,并且突出地表现为实践功能。正确地认识世界固然重要,能动地改造世界则更加重要。在马克思主义看来,正确认识世界的目的在于改造世界。把在实践中运用马克思主义排除在学习马克思主义的目的之外,是对学习马克思主义的目的的片面理解。

第三,全面提高人的素质。一个人的素质,特别是一个民族的素质,关系到一个民族和国家的前途与命运。所以,我们党特别重视全民族素质的提高。人的素质是多方面的,包括政治素质、道德素质、科学文化素质等。在各方面素质中,马克思主义理论修养起着统领作用。一个人的马克思主义修养较高,就能高瞻远瞩,就会有广阔的胸襟和恢宏的气质,就会有坚忍不拔的毅力,就会有很强的全局观念,就会有敏锐的眼光和洞察秋毫的能力,就会有开拓创新的精神和勇气。而要具备这样的马克思主义修养和高度的素质,除去在生活实践中磨炼以外,必须认真学习马克思主义。

第四,指导中国特色社会主义伟大实践。我们党开创并不断深化对中国特色社会主义的探索,离不开马克思主义的指导。党的十一届三中全会以来,我们党紧紧围绕什么是马克思主义、怎样对待马克思主义,建设什么样的中国特色社会主义、怎样建设中国特色社会主义,建设什么样的党、怎样建设党,实现什么样的发展、怎样发展等基本问题,把马克思主义同中国实际和时代特征紧密结合起来,创造性地提出了一系列新思想新观点新论断,比较系统地回答了在中国这样一个有着十几亿人口的发展中大国坚持、巩固和发展社会主义的一系列重大问题,开创了中国特色社会主义道路,形成了中国特色社会主义理论体系,建立并逐步完善了中国特色社会主义制度。回顾社会主义发展史,可以清楚地看出,社会主义的命运始终是和马克思主义联系在一起的。什么时候坚持了马克思主义基本原理,社会主义事业就兴旺发达;什么时候背离了马克思主义基本原理,社会主义事业就遭到挫折和失败。

(二)学习马克思主义的根本方法

理论联系实际是学习马克思主义的根本方法。首先,这是由马克思主义的实践性决定的。实践是马克思主义的基础,马克思主义源于实践并随着实践的发展而发展,它的科学性和旺盛的生命力的根源就在于它同实际紧密结合。其次,这是由我们学习马克思主义的目的决定的。我们学习马克思主义的目的全在于应用,不论是树立正确的世界观、人生观、价值观,还是掌握认识世界和改造世界的伟大工具,全面提高人的素质,或是指导中国特色社会主义伟大实践,都是为了在实践中更好地运用马克思主义。

所谓理论联系实际,就是把马克思主义的基本原理作为指导,去观察和分析社会实际。习近平同志在十九大报告中指出,中国特色社会主义进入新时代,我国社会主要矛盾已经转化为人民日益增长的美好生活需要和不平衡不充分的发展之间的矛盾。我国社会主要矛盾的变化,没有改变我们对我国社会主义所处历史阶段的判断,我国仍处于并将长期处于社会主义初级阶段的基本国情没有变,我国是世界最大发展中国家的国际地位没有变,我们要牢牢把握社会主义初级阶段这个基本国情,牢牢立足社会主义初级阶段这个最大实际,牢牢坚持党的基本路线这个党和国家的生命线、人民的幸福线,以经济建设为中心,坚持四项基本原则,坚持改革开放,自力更生,艰苦创业,为把我国建设成为富强民主文明和谐美丽的社会主义现代化强国而奋斗。

要做到理论联系实际,在实际工作中必须反对经验主义和教条主义两种倾向。实际工作中的经验主义片面夸大感性经验的作用,轻视理论,把局部经验当作普遍真理,到处搬用。教条主义片面夸大理论和书本知识的作用,轻视感性经验,一切从本本出发,把理论当成万古不变的教条,生搬硬套。这两种倾向都是主观主义的,都曾经给中国革命和建设带来重大损失。理论与实际的结合或联系是双向的,不是单向的。理论联系实际,分析和解决实际问题,一定要在弄清理论的基础上联系实际,不要离开理论只分析实际问题。学了理论,把它束之高阁,不去分析解决实际问题,再好的理论也是无用的;但是离开理论,只对实际问题做经验性的描述,就事论事,也不能算是理论联系实际。只讲理论,不讲实际,是理论脱离实际的一种表现;只讲实际,不讲理论,则是理论脱离实际的另一种表现。这两种倾向我们都要防止和反对。

### 三、在新的历史条件下丰富和发展马克思主义

马克思主义是时代的产物、实践的产物,所以它必然会随着时代的变化而变化,随着实践的发展而发展。马克思指出:"人们的观念、观点和概念……随着人们的生活条件、人们的社会关系、人们的社会存在的改变而改变。"① 恩格斯也曾经讲道:"每一个时代的理论思维,从而我们时代的理论思维,都是一种历史的产

---

① 《马克思恩格斯选集》第 1 卷,人民出版社 1995 年版,第 291 页。

物,它在不同的时代具有完全不同的形式,同时具有完全不同的内容。"① 列宁也明确指出:"我们决不把马克思的理论看作某种一成不变和神圣不可侵犯的东西;恰恰相反,我们深信:它只是给一种科学奠定了基础,社会党人如果不愿落后于实际生活,就应当在各个方面把这门科学推向前进。"② 马克思主义的创始人马克思、恩格斯和他们的后继者列宁、毛泽东、邓小平、习近平等都是不断把马克思主义推向前进的光辉典范。我们在前面已经扼要讲到,他们是如何根据自己所处的时代和实践的发展变化丰富和发展马克思主义的。

从第二次世界大战结束到现在的 70 多年中,世界历史发生了许多引人瞩目的重大变化。时代的变化和实践的发展,向马克思主义提出了许多新的研究课题,并提供了不少回答这些问题的实践经验。当今,马克思主义既面临着严重的挑战,又面临着极好的发展机遇。

当今时代和实践的变化向马克思主义提出的研究课题是多方面的,我们简要地列举以下几点。

第一,现实社会主义的变化向马克思主义提出的研究课题。20 世纪最后 20 年,世界社会主义运动发生了一系列重大变化。主要有两种情形:一是中国等国仍然坚定地走社会主义道路,同时举起"改革""开放""革新"的旗帜,反思现实社会主义的经验教训,继续探索和推进社会主义事业,并且取得了不同程度的成功;另一种是 20 世纪 80 年代末 90 年代初,苏联解体,东欧剧变,不仅改变了世界格局,而且社会主义和马克思主义也被一些人认为似乎到了生死存亡的关头。在这种情况面前,如何认识社会主义的前途和命运?如何说明社会主义必然代替资本主义的历史规律?这些问题需要马克思主义者根据新的实践经验做出新的说明。

第二,当代资本主义的新变化向马克思主义提出的研究课题。第二次世界大战以后,资本主义发生了一系列变化。它不仅没有在世界上消失,而且有了很大的发展。资本主义国家的经济结构和社会结构也发生了重大变化,阶级矛盾和社会矛盾有所缓和,资本主义似乎呈现出一派"繁荣"态势。我们如何正确认识资本主义的这些变化?能否从这些变化中得出资本主义的本质发生了根本改变、资本主义的内在矛盾能够通过自身最终得到解决、人类历史到资本主义就已经"终结"的结论?这些问题迫切需要马克思主义做出新的解释。

第三,经济全球化向马克思主义提出的研究课题。经济全球化向马克思主义提出很多研究课题,其中不少是有关全人类的问题,即关系到全人类的利益、需要经过全人类的共同努力才能解决的问题,诸如环境污染、生态失衡、人口膨胀、资源短缺、粮食匮乏、贫富差别扩大、贪污腐败严重、核战争威胁、恐怖主义猖

---

① 《马克思恩格斯选集》第 4 卷,人民出版社 1995 年版,第 284 页。
② 《列宁选集》第 1 卷,人民出版社 1995 年版,第 274 页。

狂以及最近几年出现的逆全球化和贸易保护主义倾向等,如何解决这些问题,需要马克思主义做出回答。

第四,世界新技术革命向马克思主义提出的研究课题。世界新技术革命本质上是知识智力革命。自20世纪中期新技术革命兴起以来,知识智力因素在经济社会发展中的作用日益增强,科学技术成了第一生产力。当代世界的竞争,在很大程度上是科技力量的竞争。在这种情况下,物质生产是否仍然是社会存在和发展的基础?生产力和生产关系的矛盾是否仍然是社会发展的根本动力?这是对历史唯物主义提出的严重挑战,历史唯物主义需要对这些问题做出令人信服的回答。

第五,我国的改革开放和现代化建设向马克思主义提出的研究课题。这方面的研究课题主要有:关于目前我国社会的性质和所处的发展阶段问题,社会主义与市场经济能否相容的问题,公平与效率的关系问题,速度与质量的关系问题,缩小地区差别和贫富差别的问题,全面深化经济体制、政治体制、医疗体制和教育体制的改革问题,建设社会主义新农村问题,坚持走中国特色社会主义法制道路、建设中国特色社会主义法制体系、实现国家治理体系和治理能力现代化问题,等等。要把我国的改革开放和现代化建设推向前进,马克思主义就必须回答这些深层理论问题。

马克思主义已经在回答这些研究课题的过程中,获得一定程度的发展。今后,它还将在实践中继续获得新的发展。邓小平指出:"世界形势日新月异,特别是现代化科学技术发展很快。现在的一年抵得上过去古老社会几十年、上百年甚至更长的时间。不以新的观点去继承、发展马克思主义,不是真正的马克思主义者。"①

要在新的历史条件下丰富和发展马克思主义,必须了解马克思主义的发展史,掌握马克思主义的已有基础,这就需要认真阅读马克思主义经典作家的原著。恩格斯在晚年的书信中,针对当时的一些年轻学者对马克思主义基本观点的歪曲,多次讲到要根据他和马克思的《关于费尔巴哈的提纲》《路易·波拿巴的雾月十八日》《资本论》《反杜林论》《路德维希·费尔巴哈和德国古典哲学的终结》等原著,来研究他们创立的理论,而不要根据第二手材料来研究。现在在有些人看来,认真、系统、全面地阅读和研究马克思主义经典作家的原著,就是保守,就是思想僵化,就是教条主义,就是不与时俱进地发展马克思主义。这种观点十分片面、有害。事实上,阅读和研究马克思主义经典原著,同与时俱进、开拓创新、发展马克思主义是完全一致的。发展马克思主义必须以已有的马克思主义理论为基础,必须与马克思主义创始人的观点前后相继、一脉相承,而不是离开这个基础和血脉另立门户、另起炉灶、另搞一套。如果我们根本没有认真读过马克思主义的经典著作,连马克思、恩格斯讲过些什么、讲到什么程度都若明若暗,甚至

---

① 《邓小平文选》第3卷,人民出版社1993年版,第291—292页。

一无所知，还谈得上什么发展马克思主义。离开马克思主义的已有基础，所谓发展马克思主义就会或者失去根本、流于空谈，或者把背离马克思主义、曲解马克思主义也称作"发展"马克思主义。恩格斯曾经说过，对于这样"发展"马克思主义的人，"马克思大概会把海涅对自己的模仿者说的话转送给这些先生们：'我播下的是龙种，而收获的却是跳蚤'。"①

在新的历史条件下丰富和发展马克思主义，对马克思主义进行理论创新，是十分严肃、十分艰巨的工作，要有毅力，要勇于探索，要持之以恒，要有百折不挠的精神。做出理论创新，不是信手拈来、轻而易举的，不能把马克思主义的理论创新简单化、庸俗化。恩格斯曾经说过："即使只是在一个单独的历史事例上发展唯物主义的观点，也是一项要求多年冷静钻研的科学工作，因为很明显，在这里只说空话是无济于事的，只有靠大量的、批判地审查过的、充分地掌握了的历史资料，才能解决这样的任务。"② 习近平同志《在纪念马克思诞辰 200 周年大会上的讲话》中指出："我们要坚持用马克思主义观察时代、解读时代、引领时代，用鲜活丰富的当代中国实践来推动马克思主义发展""不断开辟当代中国马克思主义、21 世纪马克思主义新境界"。③

## 本章小结

马克思主义是时代的产物，它产生于资本主义社会化大生产已经成为主导趋势，资本主义社会内部各种社会矛盾充分显露，无产阶级以独立的政治力量登上历史舞台争取自身和人类解放的历史时代。

马克思主义是对人类文明成果的继承与创新，德国古典哲学、英国古典政治经济学、19 世纪英法两国的空想社会主义，是它的直接理论来源，马克思主义的产生还与当时自然科学的巨大成就密切相关。

马克思主义既然是时代的产物和实践经验的总结，就必然随着时代的发展、实践的拓展、科学的进步而不断丰富和发展自身。

马克思主义是由马克思、恩格斯创立的，为他们的后继者所发展的，以反对资本主义、建设社会主义和共产主义为目标的科学的理论体系。简要地说，它是关于工人阶级和人类解放的科学。以实践为基础的科学性和革命性的统一，是马克思主义的根本理论特征。其革命性表现为彻底的批判精神和鲜明的政治立场；其科学性主要表现为它按照世界的本来面目认识世界，揭示了自然界和人类社会的发展规律。它的科学性和革命性在实践的基础上达到统一。

与时俱进是马克思主义的理论品质。与时俱进就是党的全部理论和工作要体

---

① 《马克思恩格斯选集》第 4 卷，人民出版社 1995 年版，第 695 页。
② 《马克思恩格斯选集》第 2 卷，人民出版社 1995 年版，第 39 页。
③ 习近平：《在纪念马克思诞辰 200 周年大会上的讲话》，《人民日报》2018 年 5 月 5 日。

现时代性，把握规律性，富于创造性。马克思主义的创始人和继承者都是与时俱进的典范。

理想是人生的奋斗目标。马克思主义的社会理想是推翻资本主义，实现社会主义和共产主义。最高理想与共同理想既相区别又相联系，二者是辩证统一的关系。

马克思主义不是教条，而是行动的指南。它提供研究的方法，而不提供对一切问题的现成答案。必须把马克思主义的一般原理与本国的具体实际相结合。

学习马克思主义的目的在于树立正确的世界观、人生观、价值观，掌握认识世界和改造世界的伟大工具，全面提高人的素质，指导中国特色社会主义伟大实践。理论联系实际是学习马克思主义的根本方法。

当今时代发生了许多引人注目的变化，向马克思主义提出了许多新的研究课题，并提供了不少回答这些课题的实践经验，为在实践中发展马克思主义提供了契机。

### 复习与思考

1. 如何理解马克思主义是时代的产物？
2. 如何全面认识马克思主义的理论来源？
3. 为什么说马克思主义是发展着的理论？
4. 如何正确理解马克思主义的科学内涵？
5. 如何全面理解马克思主义的根本理论特征？
6. 如何说明与时俱进是马克思主义的理论品质？
7. 如何正确认识树立科学的人生理想的意义？
8. 如何正确理解马克思主义不是教条而是行动的指南？
9. 如何正确理解学习马克思主义的目的和根本方法？
10. 如何正确认识当今时代在实践中丰富和发展马克思主义的重大意义？

### 阅读文献

1. 马克思、恩格斯：《共产党宣言》，《马克思恩格斯文集》第2卷，人民出版社2009年版。
2. 恩格斯：《在马克思墓前的讲话》，《马克思恩格斯文集》第3卷，人民出版社2009年版。
3. 列宁：《卡尔·马克思》，《列宁专题文集 论马克思主义》，人民出版社2009年版。
4. 列宁：《马克思主义的三个来源和三个组成部分》，《列宁专题文集 论马克思主义》，人民出版社2009年版。
5. 毛泽东：《改造我们的学习》，《毛泽东选集》第3卷，人民出版社1991年版。
6. 习近平：《继续推进马克思主义中国化时代化大众化》，《习近平谈治国理政》第2卷，外文出版社2017年版。
7. 习近平：《在纪念马克思诞辰200周年大会上的讲话》，《人民日报》2018年5月5日。

# 第一章
# 物质世界及其发展规律

> **本章引言**
>
> 马克思主义哲学是唯物主义和辩证法的统一。马克思主义的唯物主义认为，世界在本质上是物质的，人与世界关系的基础是实践，人生活于其中的世界是与人的实践相联系的统一的物质世界。马克思主义的唯物辩证法认为，物质世界是普遍联系和永恒发展的。联系的观点和发展的观点是唯物辩证法的总特征。唯物辩证法是关于自然、社会和思维联系与发展一般规律的科学。马克思主义哲学揭示了世界的本质和发展的基本规律，为我们正确地发挥主观能动性，即正确地认识世界和有效地改造世界提供了科学的世界观和方法论指导。
>
>  **自学学时**
>
> 11 学时

## 第一节　物质世界和实践

> 社会生活在本质上是实践的。
>
> ——马克思

### 一、物质世界的客观存在

（一）世界是统一的物质世界

1. 世界的本质问题是哲学必须回答的重大问题

哲学是世界观的理论体系。所谓世界观，就是人们对包括自然、社会和人类思维在内的整个世界的根本看法和根本观点。由于人们总是从自身的存在和发展这个基本点出发去认识世界，形成对世界的根本看法和观点，因此，世界观也是人们对人和世界关系的总体把握。人们在日常生活中形成的世界观是自发的、不系统的。哲学是系统化、理论化的世界观，它从人和世界关系的角度揭示自然、社会和人类思维最普遍的本质和发展的最一般规律。

哲学是世界观、方法论和价值观的统一。哲学是关于世界观的理论，用这种理论观点去观察、分析和解决问题，就是方法。所以哲学还为人们提供认识世界和改造世界的普遍方法。哲学既是理论化的世界观，又是方法论。哲学并不只是简单地描述现实世界，而且还批判现实世界，构想更理想的世界。哲学往往作为理想、信念从而也作为价值观对人们起着导向和激励作用。世界观、方法论与价值观的统一，使哲学与人们的生活息息相关。

世界的本质问题是世界观的重大问题，当然就是哲学必须回答的重大问题。要回答世界的本质问题，就必须说明思维和存在或意识和物质的关系。因为自人类产生之后，纷繁复杂的世界万物，归结起来无非就是两大类：一类是物质现象，一类是意识现象。思维和存在或意识和物质的关系问题是哲学的基本问题。恩格斯指出："全部哲学，特别是近代哲学的重大的基本问题，是思维和存在的关系问题。"①

哲学的基本问题包括两个方面的内容。第一方面是物质和意识哪个是本原、哪个是第一性的问题。这在哲学上属于本体论的问题，是最重要的方面。如何回答这个问题是划分唯物主义和唯心主义的标准。凡是认为物质是本原的、第一性的，意识是派生的、第二性的哲学，属于唯物主义；凡是认为意识是本原的、第一性的，物质是派生的、第二性的哲学，属于唯心主义。第二方面是思维和存在的同一性问题，主要指思维能否认识存在的问题，即世界可不可以认识的问题。这在哲学上属于认识论问题。对这个问题的不同回答，区分为可知论与不可知论。承认思维与存在的同一性，认为世界是可以认识的，属于可知论；否认思维与存在的同一性，认为世界是不可能认识或不可能彻底认识的，属于不可知论。

与哲学基本问题相一致，社会存在与社会意识的关系问题是社会历史观的基本问题。如何回答社会存在和社会意识哪个是第一性的问题，是划分历史唯物主义和历史唯心主义的标准。凡是认为社会存在决定社会意识的，是历史唯物主义；凡是认为社会意识决定社会存在的，是历史唯心主义。

物质和意识的关系问题主要是回答世界的本质是什么以及世界可不可以认识的问题，它是哲学的基本问题，但不是哲学要研究的全部问题。与这一问题相联系，还有世界如何存在的问题，即世界上的万事万物是以联系、发展的状态存在，还是以孤立、静止的状态存在的问题。对这个问题的不同回答，区分为辩证法和形而上学。辩证法认为，世界上的事物都是相互联系的、运动发展的，发展的根本原因在于事物的内部矛盾。形而上学则认为，世界上的事物都是彼此孤立的、静止不变的，否认事物内部矛盾的存在。

在哲学上，在唯物主义和唯心主义的对立中，又交织着辩证法和形而上学的对立。辩证法和形而上学的对立从属于唯物主义和唯心主义的对立，辩证法或形

---

① 《马克思恩格斯选集》第4卷，人民出版社1995年版，第223页。

而上学不是同唯物主义相结合，就是同唯心主义相结合。是辩证地还是形而上学地看世界，无论对唯物主义还是对唯心主义都有重要的影响作用。

2. 在世界的本质问题上一元论和二元论、唯物主义和唯心主义的对立

世界的本质问题，实质上是世界的统一性问题。世界上纷繁复杂、多种多样的万事万物有没有统一性，即有没有一个共同的本质或本原？如果有，世界统一性的基础是什么，即这个共同的本质或本原是什么？这就是世界的统一性问题。对这个问题的回答存在着一元论和二元论、唯物主义和唯心主义的对立。

承认世界的统一性，认为世界上的万事万物有一个共同的本质或本原，这种哲学就是一元论。

否认世界的统一性，认为世界上的万事万物有物质和精神这两个相互平行、各自独立的本原，这种哲学就是二元论。17世纪法国哲学家笛卡尔是二元论的著名代表。他认为，物质实体是有广延性的、被动的、不能思想的，心灵是没有广延性的、能动的、能思想的。物质和心灵是各自独立的。把物质和心灵结合起来的是上帝的力量。二元论虽然肯定了物质本原的存在，包含着一定唯物主义的成分，但它把精神说成是不依赖于物质的独立存在的本原，认为精神是唯一能动的力量，物质是消极被动的，二元论最终往往倒向唯心主义。

一元论有两种：唯心主义一元论和唯物主义一元论。虽然它们都承认世界的统一性，但在世界统一的基础是什么，即世界上的万事万物共同的本质或本原是什么的问题上，又有不同的回答。

唯心主义一元论认为世界的本原是精神，世界统一于精神。唯心主义有两种基本形式：主观唯心主义和客观唯心主义。主观唯心主义把人的主观精神（人的感觉、经验、思想等）夸大为唯一的实在，认为人的主观精神是第一性的，整个世界都是这种主观精神的产物。如18世纪英国哲学家贝克莱提出的"存在就是被感知""物是感觉的集合"；我国宋代哲学家陆九渊提出的"宇宙便是吾心，吾心即是宇宙"；明代哲学家王守仁提出的"心外无物""天地万物皆在吾心中"等，都是主观唯心主义的观点。客观唯心主义则把某种"客观"精神（"理念""绝对精神""天理"等）说成是世界的本原，认为现实的物质世界都是这种"客观"精神的产物。如19世纪德国哲学家黑格尔把"绝对精神"说成是世界的本原，认为世界上的一切都是"绝对精神"的体现；我国宋代哲学家朱熹提出"理在事先"，"理"乃是"天地万物之根"等，都是客观唯心主义的观点。神学唯心主义也是一种客观唯心主义。尽管主观唯心主义和客观唯心主义有这样那样的差别，但在本质上是一样的，都主张世界统一于精神。这些观点违背事实，违反科学，是根本错误的。

唯物主义一元论认为世界的本原是物质，世界统一于物质。唯物主义哲学随着社会实践和科学的发展，经历了三种基本形态：古代的朴素唯物主义，近代的形而上学唯物主义，现代的辩证唯物主义和历史唯物主义。

古代朴素唯物主义把世界的本质或本原归结为某一种或某几种具体的物质形态。古希腊的泰勒斯认为水是万物的本原。古希腊的赫拉克利特认为火是万物的始基，世界不是由任何神或人所创造的，它过去、现在和将来都是按规律燃烧的、按规律熄灭的永恒的活火。中国古代的"五行说"认为"五行杂以成百物"，天地万物是由土、金、木、水、火五种基本物质构成的。在古印度则有地、水、火、风构成万物之说。古代朴素唯物主义的最高成就，是古希腊德谟克利特的"原子论"和中国的"元气说"。德谟克利特认为世界由不可再分割的颗粒（原子）和虚空构成，原子在虚空中数量的多少构成不同的事物。中国明末清初的王夫之认为天地万物都是元气构成的，元气"聚则成形，散则成气"，一切有形物体的生长毁灭皆是元气聚散的结果。

古代朴素唯物主义从具体的物质形态中探究世界的本原，开辟了理解世界本质的唯物主义方向，其基本倾向是正确的。但是，这些观点不是建立在科学基础之上的，带有直观的、自发猜测的性质，难以解释世界的本质一元和世界的物质形态多种多样的关系。因此，它们在许多方面不能驳倒唯心主义和宗教迷信，不能把唯物主义一元论贯彻到底。

近代形而上学唯物主义以当时在自然科学中占主导地位的原子论为依据，把原子看成是世界的本原，认为原子是构成世界万物的最小物质单位。这种解释虽然以一定的自然科学材料为基础，在说明世界的本原方面比古代朴素唯物主义前进了一大步，但是，由于科学发展水平的限制和缺乏辩证思维，近代形而上学唯物主义不理解特殊和一般、个性和共性的辩证统一，把原子的个性误认为物质的共性。此外，形而上学唯物主义还有四个明显的局限性：一是机械性，它把一切运动都归结为机械运动，企图用力学原理解释一切现象，甚至把人和动物都看成受力学规律支配的机器，因此形而上学唯物主义也称机械唯物主义；二是形而上学性，它把一切事物都看作是彼此孤立的、在本质上是不发展变化的；三是直观性，它对待世界、认识，都缺乏实践的观点；四是不彻底性，它只在自然观上坚持唯物主义，在历史观上则陷入唯心主义，把精神看成是社会发展的决定力量。这些局限性决定了它必将为更高形态的唯物主义哲学所代替。

马克思、恩格斯把唯物主义和辩证法、唯物主义自然观和唯物主义历史观结合起来，创立了辩证唯物主义和历史唯物主义。辩证唯物主义和历史唯物主义是唯物主义哲学的第三个历史形态，是唯物主义哲学的最高形态。

3. 辩证唯物主义和历史唯物主义科学地说明了世界的本质问题

辩证唯物主义和历史唯物主义是彻底的唯物主义一元论，其基本思想是：第一，承认世界的统一性，坚持一元论，反对二元论；第二，认为世界统一于物质，坚持唯物主义一元论，反对唯心主义一元论；第三，认为世界是运动发展的、无限多样性的统一，克服了旧唯物主义把世界的本原归结为某一种或某几种具体的物质形态的局限性。

辩证唯物主义和历史唯物主义关于世界物质统一性的原理，是人类认识长期发展的结晶，不断地被自然科学和哲学长期的和持续的发展所证明。正如恩格斯所指出的："世界的真正的统一性在于它的物质性，而这种物质性不是由魔术师三两句话所证明的，而是由哲学和自然科学的长期的和持续的发展所证明的。"①

自然界、人类社会和人本身构成了整个世界。

自然界是客观的。科学的发展证明，自然界不是神创造的，也不是人的意识的产物，而是先于人和人的意识客观存在着的。无机自然界的微观世界、宏观世界、宇观世界是这样，生物界也是这样。科学发展和达尔文的生物进化论证明，生命物质是由非生命物质发展变化而来的，是无机自然界发展到一定阶段的产物，是物质较高级的存在形式，也是客观存在的。

人和人类社会是客观的。首先，人和人类社会的形成是客观物质过程。科学的发展证明，人是由古猿进化而来的，人类社会是由猿群演化而来的，人和人类社会的产生是在气候变化的影响和劳动的推动双重作用下发生的客观物质过程。其次，社会存在和发展的基础——生产方式是客观的。生产方式是人类向自然界谋取必需的物质生活资料的方式，是特定的生产力和生产关系的统一。生产力是一种不以人们的主观意志为转移的客观物质力量，它既是前人实践活动所创造的客观成果，又是人们现实活动的出发点。生产关系是在生产过程中形成的人们之间的经济关系，它不是由人们的主观意志决定的，而是由生产力的性质和水平决定的。社会意识虽然是精神性的东西，但它是由社会存在决定的，而且必须有物质载体作基础才能存在。

只有马克思主义哲学对世界的本质问题做出了科学的解释，指出世界的本质或本原是物质，世界是客观存在的物质世界。

（二）物质是不依赖于意识又能为意识所反映的客观实在

马克思主义哲学以前的旧唯物主义，无论是古代的朴素唯物主义还是近代的形而上学唯物主义，都不能对世界的本质问题做出科学的解释，一个重要原因是没有形成正确的哲学物质观。

马克思主义哲学继承和发扬了旧唯物主义物质观中的合理思想，克服了其中的局限性，吸取和总结了科学发展的最新成果，全面而深刻地论述了辩证唯物主义和历史唯物主义的物质观。列宁指出："物质是标志客观实在的哲学范畴，这种客观实在是人通过感觉感知的，它不依赖于我们的感觉而存在，为我们的感觉所复写、摄影、反映。"② 简言之，物质是不依赖于意识又能为意识所反映的客观实在。物质的唯一特性是客观实在性。列宁的物质定义具有十分重要的意义。

第一，它指出物质是不依赖于意识的客观实在，同唯心主义划清了界限。列

---

① 《马克思恩格斯选集》第 3 卷，人民出版社 1995 年版，第 383 页。
② 《列宁选集》第 2 卷，人民出版社 1995 年版，第 89 页。

宁从物质和意识关系的角度，肯定了物质对意识的先在性，就同把物质说成是意识的产物的唯心主义根本区别开来。

第二，它指出物质是可以被人们认识的，同不可知论划清了界限。列宁指出，物质是"人通过感觉感知的"，能"为我们的感觉所复写、摄影、反映"，这就肯定了物质的可知性。

第三，它指出客观实在性是一切物质的共性，克服了旧唯物主义物质观的局限性。物质范畴是从客观存在着的事物和现象中抽象出来的哲学范畴，体现了个别和一般、多样性和统一性的辩证统一。旧唯物主义不懂得辩证法，用个别代替一般，不能合理地说明物质世界的多样性与统一性的关系。列宁的物质定义指出物质的唯一特性是客观实在性，从个性中找到了共性，把握了物质的本质特征，克服了形而上学唯物主义把自然科学的物质结构理论与哲学的物质概念混为一谈的错误，科学地说明了物质世界的多样性和统一性的关系。

（三）运动是物质的根本属性

辩证唯物主义和历史唯物主义不仅肯定世界是物质的，而且认为物质是运动、变化、发展的。运动是物质的根本属性和存在方式。只有把世界的物质统一性原理和事物运动、变化、发展的原理相结合，才是完整的、科学的世界观。

恩格斯指出："运动，就它被理解为存在方式，被理解为物质的固有属性这一最一般的意义来说，囊括宇宙中发生的一切变化和过程，从单纯的位置变动起直到思维。"[1] "应用到物质上的运动，就是一般的变化。"[2] 这表明，运动是标志物质世界一切事物和现象的变化和过程的哲学范畴。

运动是物质的固有属性，物质和运动不可分。一方面，世界上不存在脱离运动的物质，世界上的一切事物无一不是处在运动中。人们从长期生活实践经验中和科学研究中认识到，自然界的事物、社会现象、人的思维都处于不停的运动中。物质世界的运动是无条件的、永恒的、绝对的。否认物质的运动和运动的绝对性，必然导致形而上学。另一方面，世界上也不存在没有物质的运动。物质是运动的承担者，是运动的主体，一切运动都是物质的运动。否认物质是运动的承担者或主体，必然导致唯心主义。形而上学和唯心主义的运动观，都是把物质和运动相割裂，前者主张没有运动的物质，后者主张没有物质的运动。

辩证唯物主义和历史唯物主义在承认物质绝对运动的同时，也承认事物的相对静止状态。所谓相对静止，是标志物质运动在一定条件下、一定范围内处于暂时稳定和平衡状态的哲学范畴。相对静止主要有以下两种情形。第一，一个事物对另一个事物来说没有发生位置的移动。如以地球为观察点，它上面的山川、房屋都是静止不动的。第二，事物的质没有发生根本变化，即事物质的相对稳定性。

---

[1] 《马克思恩格斯选集》第4卷，人民出版社1995年版，第346页。
[2] 《马克思恩格斯全集》第20卷，人民出版社1971年版，第591页。

如生命有机体在没有死亡之前，就保持了相对静止状态。但是，静止是有条件的、暂时的、相对的。如地球上的山川、房屋相对于别的星球而言，它们是与地球一起运动的；生命有机体生存到一定时期，也是会灭亡的，量变到一定程度就会发生质变。

承认事物相对静止的存在具有重要意义。第一，只有承认相对静止，才能理解事物的多样性，区分开不同的事物。因为事物只有处于相对静止的状态，才能保持自己质的稳定性，世界上才可能存在一个个有差别的事物。第二，只有承认相对静止，才能认识事物分化的条件和生命现象的产生。恩格斯指出："物体相对静止的可能性……是物质分化的本质条件，因而也是生命的本质条件。"① 第三，只有承认相对静止，才能理解绝对运动。人们要描述或测量物体的运动，就必须选择一个相对静止的物体作参照系，没有这个参照系，便无法描述和测量物体的运动。

总之，世界上的事物都是绝对运动和相对静止的统一，是动中有静，静中有动。形而上学把静止绝对化，否认运动；相对主义诡辩论则只承认运动，否认相对静止。二者的共同错误在于把绝对运动和相对静止相割裂。

（四）时间和空间是物质运动的存在方式

时间是物质运动的持续性、顺序性。所谓持续性是指任何一个事物的运动都要经历一个或长或短的过程；所谓顺序性是指事物的运动过程中不同阶段的出现有一个先后顺序关系。时间的特点是一维性，即时间总是朝着一个方向向前发展。既不是循环，更不是倒退，也就是具有不可逆性。人们通常说的"光阴好比河中水，只能流去不流回""失落黄金有分量，错过光阴无处寻""盛年不重来，一日难再晨"等谚语，都说的是时间的一维性特点。因为时间具有一去不复返的一维性特点，所以我们就要珍惜时间，绝不可虚度光阴。人们通常说的另一些谚语，如"一寸光阴一寸金，寸金难买寸光阴""少壮不努力，老大徒伤悲""机不可失，时不再来"等，都是要人们珍惜宝贵的时间，不要虚度年华。

空间是物质运动的广延性和伸张性。物质的空间特性通常以两种形式表现出来。第一，表现为每一个物体都有一定的体积，从大的天体星球到小的分子、原子、电子等微观粒子，都有一定的体积。第二，表现为每一个物体都处于一定的空间位置，都和它周围的物体存在上下、左右、前后的空间关系。空间的特点是三维性，即每一个物体都具有一定的长度、宽度和高度，人们用一个物体的长、宽、高三个数据测量它的体积，确定它在空间的位置。

时间和空间是内在统一不可分离的，四维时空概念就是一个表示时间和空间相统一的概念，它的意思是在长、宽、高的基础上又加上时间，人们在描述物体在空间中的运动变化时，需要把空间因素和时间因素结合起来。

---

① 《马克思恩格斯选集》第4卷，人民出版社1995年版，第363页。

时间和空间是运动着的物质的存在方式，时间和空间与运动着的物质不可分离，世界上既没有脱离时间和空间运动的物质，也没有脱离物质运动的时间和空间。因为物质及其运动是客观的，所以作为物质运动存在方式的时间和空间也是客观的。任何把时间和空间与运动着的物质割裂开来，从而否定时间和空间的客观性的观点都是错误的。

时间和空间既是绝对的、无限的，又是相对的、有限的，是绝对和相对、无限和有限的统一。时间和空间的绝对性、无限性是指整个物质世界在时间上无始无终，在空间上无边无际。恩格斯指出："时间上的永恒性、空间上的无限性，本来就是，而且按照简单的词义也是：没有一个方向是有终点的，不论是向前或向后，向上或向下，向左或向右。"① 时间和空间的相对性、有限性是指每一具体事物在时间上有始有终，在空间上有边有际。时间和空间的绝对性、无限性与相对性、有限性是不可分割的，其绝对性、无限性存在于相对性、有限性之中，无数时间和空间的相对性、有限性之总和，就构成时间和空间的绝对性、无限性。我们要通过时间和空间的相对性、有限性，去认识、把握其绝对性、无限性。

### 二、实践的本质、特点、形式和作用

马克思主义对世界本质的解释，与旧唯物主义、唯心主义的不同，不仅在于提出了正确的哲学物质观，而且在于引入了实践的观点。马克思在《关于费尔巴哈的提纲》中，明确提出实践的观点是马克思主义的基本观点，这是马克思主义哲学同旧唯物主义和唯心主义的根本区别。他说："从前的一切唯物主义（包括费尔巴哈的唯物主义）的主要缺点是：对对象、现实、感性，只是从客体的或者直观的形式去理解，而不是把它们当作感性的人的活动，当作实践去理解，不是从主体方面去理解。因此，和唯物主义相反，能动的方面却被唯心主义抽象地发展了，当然，唯心主义是不知道现实的、感性的活动本身的。"② 就是说，从古代朴素唯物主义到近代形而上学唯物主义，包括费尔巴哈的唯物主义，其主要缺陷是直观性，离开人的实践活动去理解世界，忽视了人的主体性、能动性。而唯心主义又走上另一个极端，片面夸大人的主体性、能动性，把意识看成是世界的本原，它当然也不可能坚持实践的观点。马克思主义哲学则是从人的实践活动出发来理解人生活于其中的世界的。

（一）实践是主体能动地改造和探索客体的客观物质活动

把"实践"引入哲学并非始于马克思，许多哲学家都曾讲过实践，但他们对实践的理解各不相同。唯心主义者把实践理解为纯主观、纯精神的活动。如中国明代的王守仁提出"知行合一"的主张，认为"一念发动处，便即是行了"；近

---

① 《马克思恩格斯选集》第3卷，人民出版社1995年版，第389页。
② 《马克思恩格斯选集》第1卷，人民出版社1995年版，第54页。

代德国哲学家费希特把实践看成"自我"产生、设定"非我"（客观事物）的活动；黑格尔把实践视为精神性的理念活动。旧唯物主义把实践理解为日常生活的活动。如费尔巴哈把实践看成个人的生活实践或卑污的犹太人的利己主义活动。他们对实践的理解都只是抓住了实践的某种特征，没有从整体上把握实践的各个方面，因而是片面的、不科学的。

马克思主义从主体与客体、主观与客观的关系把握实践。马克思认为，环境的改变和人的活动的一致，只能被看作是并合理地理解为革命的实践。列宁认为：主体与客体、主观与客观的交错点＝人的和人类历史的实践。毛泽东把实践规定为"主观见之于客观的东西"①。这些论述都对实践做出了科学的规定。

实践是主体能动地改造和探索客体的社会性的客观物质活动。

实践主体是指处于一定社会关系中的具有实践能力的人。人是实践活动中具有自主性和能动性的因素，他担负着提出实践目的、操纵实践工具、改造实践客体的多种任务。实践主体可以划分为个人主体、群体主体和类主体三种形式。

实践客体是主体实践活动所指向的对象。实践客体具有客观性、对象性和社会历史性。实践客体是客观存在的，坚持这一点就同唯心主义划清了界限。但是，并不是所有客观存在的事物都是实践客体，只有那些成为实践活动所指向的对象的客观存在才是实践客体。外部世界的哪些部分成为实践客体，是同一定的社会历史条件相联系的。随着社会实践的发展，被纳入实践活动范围的客体也会不断扩大。实践客体具有三种基本类型：自然客体、社会客体和精神客体。自然客体既包括同人的活动发生关系的天然的自然物，也包括经过改造和加工的人工自然物。社会客体是指人类社会。精神客体指的是成为人们实践对象的主观精神和客体化精神。主观精神是指人们的感觉、想象、思维等精神活动，它们以表情、姿态和语言表现出来。客体化精神是指以物的形式存在的精神生产的结果，如通过图像、语言文字表达出来的文学作品、理论著作等。客体的三种基本类型表明，人的实践活动不仅指向物质世界，而且也以人自身为实践活动对象，即在改造物质世界的同时进行自我改造。

一般来说，实践主要是指主体变革世界的活动，同时也包括为变革世界所必需的、以变革世界为目的的探索性活动，如天文观测、地质考察、社会调查、军事侦察等。

实践具有以下三个基本特点。

第一，客观性。实践是客观的感性物质活动。实践的主体是有血有肉的客观的人；主体所使用的工具是客观的物质的工具；实践作用的对象是可感知的客观物质世界；实践的发展过程，虽然有人的意识参与，但却是意识指导下的现实的客观过程；实践的结果是外在于人的意识的客观效果。实践的客观性表明它与纯

---

① 《毛泽东选集》第 2 卷，人民出版社 1991 年版，第 477 页。

粹的思维活动、精神活动是不同的。只有坚持实践的客观性，才能从根本上与唯心主义实践观划清界限。

第二，自觉能动性。实践是主体有意识、有目的的活动。人的实践活动不同于动物的活动。动物没有自己的主观世界，它们的活动是本能的活动。作为实践主体的人是有自己的主观世界的，人的实践都是在一定意识、目的指导下的活动。只有坚持实践的能动性，才能从根本上与旧唯物主义实践观划清界限。

第三，社会历史性。实践是社会性的、历史性的活动。作为实践主体的人，是处于一定社会关系中的人，总是在一定的社会关系中进行实践活动。尽管实践可以表现为单个人的个体活动，但这种个体活动却总是与社会中的其他人的活动联系在一起的。比如，人借助于工具同自然界相接触，而工具是他人过去劳动的成果。人们在一定社会条件下进行的实践活动，都是受社会条件限制的，并且是随着社会条件的发展而发展的，决不会永远处于同一水平上，因此实践又具有历史性。只有坚持实践的社会历史性，才能既同唯心主义实践观划清界限，又同旧唯物主义实践观区别开来。

实践的三个特点是密切联系在一起的。人们客观性的活动受着人的自觉能动性的支配，还受着一定社会历史条件的制约；反过来，人的自觉能动性的发挥和实现，依赖于人们客观性的活动和一定的社会历史条件。

人们社会实践的内容是丰富多彩的，实践的形式是多种多样的。随着社会的发展，实践的内容和形式更加多样化。归结起来，实践主要有以下三种基本形式。

第一，物质生产实践。它是处理人与自然关系的活动，是最基本的实践活动。物质生产实践解决人类生存和发展所必需的衣、食、住、行的问题，是决定其他一切实践活动产生和发展的前提。

第二，处理社会关系的实践。它是处理人与人之间关系的活动，是为了配合物质生产实践所进行的活动。处理社会关系的实践主要表现为社会管理、阶级斗争、社会革命、社会改革等。

第三，科学实验。它是从物质生产实践中分化出来的尝试性、探索性的实践活动。科学实验的目的不是直接改造世界，而是为成功地改造世界提供必要的知识。随着社会实践的发展，科学实验的作用越来越大。

除了以上三种基本实践形式外，还有其他一些实践形式，如教育实践、医疗实践、艺术实践等。正是各种各样不同内容和形式的实践相互补充、相互促进，才使人类的社会生活具有丰富的内容和多样的形式。

（二）人生活于其中的世界是与人的实践相联系的物质世界

第一，人的实践活动与自然界的二重化。一切旧唯物主义都把自然界看成是唯一的客观存在，认为人和社会只是自然界的一个组成部分，把自然界看成是与人的实践活动无关的纯粹自然，忽略了人和人的实践活动使自然界发生的巨大变化。马克思主义哲学认为，人确实首先是一种自然存在物，但人的实践活动使人脱离了动物界，人通过自己的实践活动使自然界二重化，即分化为自在自然和人化自然。自在自然一方面是指人类产生以前的自然界，另一方面是指人类实践活动目前尚未触及的自然界。人化自然是与人的实践活动相联系并且打上人的实践活动的印记的自然。既然人化自然是与人的实践活动相联系的，它就不是独立于人的实践活动之外的，而是随着实践活动发生变化的。同时随着实践活动的扩展，自在自然不断转化为人化自然。马克思在批判费尔巴哈的旧唯物主义时指出："他没有看到，他周围的感性世界决不是某种开天辟地以来就直接存在的、始终如一的东西，而是工业和社会状况的产物，是历史的产物，是世世代代活动的结果……大家知道，樱桃树和几乎所有的果树一样，只是在数世纪以前由于商业才移植到我们这个地区。由此可见，樱桃树只是由于一定的社会在一定时期的这种活动才为费尔巴哈的'感性确定性'所感知。"① 实践的观点把马克思主义自然观与旧唯物主义自然观区别开来。

第二，社会历史是人们的实践活动创造的。旧唯物主义之所以仅仅在自然观上坚持唯物主义，在历史观上却陷入唯心主义，主要就是由于它缺乏实践的观点。这样，一方面，它把人类生活于其中的自然看成是纯粹客观的自在的东西；另一方面，它又把人的实践活动看成是纯粹主观的东西，从而也就把人的实践活动所创造的社会历史看成是一种主观的过程。马克思主义认为，人们为了满足自己的需要，必须从事物质资料生产活动，为了有效地进行生产活动，人与人之间就结成一定的生产关系，在生产关系的基础上又形成一定的政治关系和思想关系，从而就形成复杂的社会关系体系。因此，人类社会发展的历史归根到底是人类物质生产活动的历史，是物质资料生产方式发展的历史。用物质资料的生产活动和生产方式的发展去说明社会历史的发展，也就是用物质的原因去说明社会历史，这才有了历史唯物主义。实践的观点是马克思主义社会历史观的基础。

第三，实践是人的存在方式。旧唯物主义只看到人是自然界的一部分，没有看到人与动物的根本区别是人不断从事实践活动。马克思主义认为，人是从自然界分化出来的，并且必须依赖自然界才能生活。但是，人的这种自然存在与一般动物的自然存在又有根本的不同。一般动物是在消极适应自然的过程中维持自己的生存的，而人对自己的自然的存在是决不满足的，他要改造外部环境以满足自己的需要。因为人既是一种肉体的、有自然力的、有生命力的自然存在物，又是一种精神的、能动的、自主的存在物。这就注定了人一方面要立足于现实，在由必然性所支配的自然界中生活；另一方面人又不甘愿受自然界的种种限制，总是要在精神世界中创造理想生活，并通过实践活动把这些理想变为现实。实践是人的存在方式。人只有不断从事各种形式的实践活动，才能生存和发展。实践的观点是马克思主义关于人的观点的基础。

---

① 《马克思恩格斯选集》第 1 卷，人民出版社 1995 年版，第 76 页。

总之，实践的观点是马克思主义哲学的基本观点。正是在实践观点的基础上，马克思主义哲学才超越了以往的全部哲学，成了科学的世界观和方法论。

### 三、社会生活在本质上是实践的

马克思主义认为，实践是人类社会产生、存在和发展的基础，是社会生活的本质。

第一，劳动实践是人类和人类社会产生的决定性环节。

现代科学研究证明，人类是由类人猿进化而来的。类人猿原来生活在茂密的原始森林中。后来由于气候的变化，林地减少，迫使类人猿到地面上活动和觅食。为了适应地面生活的需要，类人猿便把天然的树枝和现成的石块作为工具，用来获取食物、构筑巢穴、防御兽类侵袭。这种动物式的本能的劳动形式促使类人猿前、后肢分工，逐渐由使用天然工具到学会自己制造劳动工具，形成真正意义上的劳动，猿的手也就变成了人的手。打造简单的石器用于采集果实或打猎，就标志着人手的产生。人手产生以后，人才逐渐摸索出用石器钻木取火，大大推动了人类的进步。

劳动还促使了人脑的形成，推动了语言和意识的产生和发展。随着劳动的产生和发展以及人类的逐渐形成，人类的活动也由原来的动物性的自发的群体活动逐渐变为自觉的生产劳动。在生产劳动中，人与人之间结成了一定的社会生产关系。在生产劳动和生产关系的基础上，人们还从事其他社会实践活动，形成其他社会关系，如政治关系、思想关系等，从而形成了人类社会。由于劳动改变了古猿的身体结构，创造了人的手和脑，产生了语言和意识，形成了社会关系，这样就形成了人类和人类社会。

第二，物质生产实践是人类社会得以存在的基础。

马克思主义认为，生产物质生活资料的实践是一切社会历史的第一个前提。人类要生存，社会要存在，就必须解决人们吃、穿、住、行的问题，为此就必须进行物质生活资料的生产活动。如果停止生产，人类就不能生存，人类社会就会灭亡。生产活动是人们从事其他各种社会活动的基础。只有通过生产活动，解决了吃、穿、住、行问题，人们才能从事政治的、法律的、科学的、艺术的、宗教的等各种活动，形成各种复杂的社会关系。

第三，实践活动是推动社会发展的动力。

物质生产实践的持续进行，使生产力不断发展，从而推动人类社会不断发展。广大劳动群众持续进行的生产实践不仅创造了人类生存所必需的物质生活资料，而且在生产实践中不断积累经验，改进生产工具和生产技术，推动生产力的发展、生产方式的改变以及整个社会历史的进步。

处理社会关系的实践使生产力与生产关系的矛盾、经济基础与上层建筑的矛盾得到解决，推动社会不断发展。人们在从事生产实践的同时，就创造了各种社会关系（生产关系、政治关系、思想关系等），各种社会关系又反过来推动或阻碍生产力的发展。这就需要通过处理社会关系的实践活动，如社会管理、阶级斗争、社会革命、社会改革等，维持和巩固那些适合于生产力发展的社会关系，调整和改革那些不适合于生产力发展的社会关系，使生产力与生产关系的矛盾、经济基础与上层建筑的矛盾得到解决，解放和发展生产力，推动社会由低级向高级发展。

科学实验的进行推进了科技进步和生产力的发展，大大加快了社会发展的进程。科学实验是近代出现的一种实践形式。这种实践形式的出现，使科学活动成为一种相对独立的社会活动，一种专门的社会职业。19世纪中期以后，科学活动日益集中于高等学校、工业实验室和专门研究机构，出现了一大批专家学者、科技人员和各种专业工作者。科学实验越来越成为十分重要的实践活动，在社会生活中占有越来越重要的地位。在现代，科学实验的发展已经使科学技术成为第一生产力，使生产力和人类社会呈现出加速度发展的趋势。

医疗实践、教育实践、艺术实践等对社会发展也起着重要作用。医疗实践医治人们的疾病、维护人们的身体健康、提高人们的身体素质，使人们更好地从事各种实践活动。教育实践向人们，特别是向青少年传授自然科学和社会科学知识，提高他们的科学文化水平和思想道德水平，为社会输送各方面的高素质人才，使各项社会事业后继有人、加速发展。艺术实践为人们创造优秀的艺术作品和提供优美的艺术表演，给人们以美的享受、艺术熏陶和思想道德感染，提高人们的文化道德素质，促进社会的发展和进步。

"社会生活在本质上是实践的"这一思想的确立，使马克思主义哲学克服了旧唯物主义不彻底性的缺陷，把唯物主义贯彻到社会历史领域，科学地说明了社会的物质性。

## 第二节 物质世界的普遍联系和永恒发展

> 可以把辩证法简要地确定为关于对立面的统一的学说。这样就会抓住辩证法的核心，可是这需要说明和发挥。
>
> ——列宁

### 一、联系与发展的普遍性和多样性

唯物辩证法认为，物质世界是普遍联系和永恒发展的。联系的观点和发展的观点是唯物辩证法的总特征。

（一）世界联系的普遍性和多样性

世界上的万事万物是纷繁复杂的，同时又是普遍联系的。联系是指事物之间以及事物内部诸要素之间的相互影响、相互作用和相互制约。

唯物辩证法认为，事物之间既相互联系又相互区别，事物的相互联系与相互区别是互为前提的。任何事物都有它不同于其他事物的特殊本质，因而是与其他事物相区别的；同时，任何事物都不是孤立存在的，总是同其他事物联系在一起的。事物之间既相区别又相联系，这是事物的本来面貌。如果只见事物之间的区别不见联系，就会把本来有联系的事物孤立起来，孤立地看世界，这是形而上学的观点。如果只见联系不见区别，就会抹杀事物之间质的界限，把世界看成是不分彼此的混沌状态，这是相对主义的观点。这两种观点都是错误的。

联系具有客观性。事物之间的联系是客观的。联系的客观性是指事物之间的相互联系是事物本身固有的，是不以人的主观意志为转移的。不仅自然界事物之间的联系是客观的，就是人类实践活动创造出来的社会生活的各个领域之间、各种事物之间的联系也是客观的。事物联系的客观性要求人们如实地从事物本身固有的联系中把握事物，反对用主观臆想的联系代替客观的真实的联系。

联系具有普遍性。事物之间的联系是普遍的。联系的普遍性是指世界上任何事物都不能孤立地存在，都与周围的其他事物处于相互联系之中；每一事物内部各个要素也不能孤立地存在，都是与其他要素相互联系的；整个世界不是各种孤立的事物的机械堆积，而是由无数相互联系的事物构成的统一整体。

联系具有多样性。事物的联系是普遍的，事物内部或事物之间的具体联系又是复杂多样的。事物之间的联系主要有以下几种情况：直接联系与间接联系、内部联系与外部联系、本质联系与非本质联系、必然联系与偶然联系等。不同的联系对事物存在和发展所起的作用是不同的。认识事物联系的多样性，对于我们观察和处理问题具有重要意义。首先，必须坚持全面的观点，尽可能地从各个方面来把握事物之间的各种联系，不要只看到某一部分、某一方面的联系，而忽视其他部分、其他方面的联系。其次，必须抓住事物中的必然的、本质的联系。对事物的联系要具体分析，要从纷繁复杂的多种联系中找出决定事物的基本性质及其发展的基本趋向的本质的和必然的联系，避免出现对不同的联系不分主次，甚至本末倒置的倾向。

把握联系的复杂多样性，要特别注意避免只看到直接联系而忽视间接联系的片面性倾向。人们为了追求眼前的经济利益，从事一些破坏生态环境的活动，往往是因为只看到直接联系，忽视了间接联系。比如，1958 年，我们只看到麻雀吃粮食，而没有看到麻雀大量捕食害虫能保护庄稼和树木，于是大规模捕杀麻雀，造成一些地方虫灾泛滥。又如，人们为了获得经济利益，或为了保护自己的家畜家禽，大量捕杀蛇、鹰、狐狸、黄鼠狼等，这些动物被消灭殆尽，结果鼠患成灾。这种只见直接联系不见间接联系的急功近利的狭隘功利主义，给人类带来巨大的灾难，应当引起我们的警觉。

（二）世界的运动发展

世界上纷繁复杂的万事万物不仅是普遍联系的，而且是运动发展的。恩格斯指出，当我们深思熟虑地考察自然界或人类历史或我们自己的精神活动的时候，首先呈现在我们眼前的，是一幅由种种联系和相互作用无穷无尽地交织起来的画面，"其中没有任何东西是不动的和不变的，而是一切都在运动、变化、生成和消逝"①。事物的运动、变化、发展，是同事物的普遍联系紧密不可分的。事物的相互联系、相互作用必然使事物的原有状态、性质发生或大或小的改变，从而导致事物的运动、变化和发展。

唯物辩证法认为，运动、变化、发展属于同一序列的范畴，分别使用这三个范畴时，它们各有侧重。运动是物质的存在方式和根本属性，包括宇宙中发生的一切变化和过程。这是就其最一般的意义来说的。变化侧重于强调运动中所发生的具体内容的改变，包括事物性质、数量、位置、结构、形态等方面的改变。发展是指事物一种特殊的运动变化——上升性、前进性的运动变化，即事物由低级到高级、由简单到复杂的不断更替的运动变化过程。发展的实质是新事物的产生和旧事物的灭亡。

世界上的一切事物都是运动、变化和发展的，所以世界是过程的集合体。所谓过程，是指每一事物都有它的发生、发展和灭亡的历史。具体历史过程无论多么长久，总是有始有终的，是有限的。无数有限的具体过程构成无限的、永恒发展的物质世界。恩格斯说："世界不是既成的事物的集合体，而是过程的集合体"，这是唯物辩证法的一个"伟大的基本思想"②。事物总是作为过程而存在的，世界上没有永世长存的事物。恩格斯说："这种辩证哲学推翻了一切关于最终的绝对真理和与之相应的绝对的人类状态的观念。在它面前，不存在任何最终的东西、绝对的东西、神圣的东西；它指出所有一切事物的暂时性；在它面前，除了生成和灭亡的不断过程、无止境地由低级上升到高级的不断过程，什么都不存在。它本身就是这个过程在思维着的头脑中的反映。"③

唯物辩证法不仅一般地承认运动变化，而且认为世界是由低级到高级的永恒发展过程，世界的发展是新事物不断取代旧事物的前进的过程，新陈代谢是宇宙间普遍的永远不可抵抗的规律。

新事物是指符合事物发展规律、具有强大生命力和远大前途的事物。旧事物是指丧失了其存在的必然性、日趋灭亡的事物。判断一个事物是新事物还是旧事物，不能根据它在时间上出现的先后，也不能根据它的形式是否新奇，是否具有新特点，以及它的力量是否强大，它发展得是否完善。区分新旧事物的根本标志在于它是否符合事物发展的必然趋势，是否具有强大的生命力和远大的发展前途。

新事物必然战胜旧事物，是由新旧事物的本质特点和事物发展的辩证本性决

---

① 《马克思恩格斯选集》第3卷，人民出版社1995年版，第359页。
② 《马克思恩格斯选集》第4卷，人民出版社1995年版，第244页。
③ 同上书，第217页。

定的。第一,新事物符合事物发展的必然趋势,具有强大的生命力和远大的发展前途,而旧事物则不符合事物发展的必然趋势,丧失了其存在的必然性。因此,新事物能迅速成长壮大,最终战胜旧事物。第二,新事物优越于旧事物。新事物是在旧事物的"母腹"中孕育成熟的,它克服了旧事物中消极的、过时的东西,又吸收、继承了旧事物中积极的、合理的因素,并且添加了一些为旧事物所不能容纳的新内容,因而它具有旧事物所不可比拟的优越性。第三,在社会历史领域内,新事物是社会上先进的、富有创造力的人们创造性活动的产物,它从根本上符合广大人民群众的利益和要求,因而能够得到广大人民群众的拥护和支持,它必然战胜旧事物。

新事物战胜旧事物不是一帆风顺的,必然经历一个艰难曲折的过程。这是因为:新事物的成长壮大需要经历一个由弱小到强大、由不完善到比较完善的曲折发展过程;旧事物在一定时期内还有相当大的力量,总是对新事物加以压制和扼杀;社会历史领域内的新事物被广大人民群众认识和理解,得到广大人民群众的拥护和支持,也需要经过一个或长或短的历史过程。但是,不管经历怎样的艰难和曲折,新事物最终必然会战胜并取代旧事物,这是事物发展的基本趋势。

(三)两种对立的发展观

唯物辩证法和形而上学是两种根本对立的发展观,是关于世界如何存在的两种根本不同的观点。它们之间的对立主要表现在以下三个方面。

第一,联系观点和孤立观点的对立。唯物辩证法认为世界上一切事物都是互相影响、互相制约的,事物只有在一定的联系中才能存在和发展,孤立的事物是不存在的。因此它主张用联系的观点来观察事物。形而上学否认事物的普遍联系,认为世界上的事物都是彼此孤立的。因此它用孤立的观点看世界,只见局部,不见整体;只见树木,不见森林。

第二,发展变化观点和静止不变观点的对立。唯物辩证法认为,世界上一切事物都处于不停的运动中,事物的运动和变化不仅有数量的增减和场所的变更,而且有性质的根本变化。发展就是新事物不断产生、旧事物不断灭亡的过程。因而它主张用发展的观点看待一切事物。形而上学则认为世界上的事物在本质上是不变的,即使有变化,也只是数量的增减和场所的变更,一类事物只能产生同一类事物,不会有新事物的产生和旧事物的灭亡。因此它用静止不变的观点看世界,只见事物的现在,不见其过去和未来;只见一个个孤立的片段,不见总过程。

第三,承认事物内部矛盾和否认事物内部矛盾的对立。唯物辩证法认为,世界上一切事物内部都包含着矛盾,矛盾是事物运动变化发展的根本原因。因此它主张用矛盾的观点来观察问题,坚持两点论。形而上学则根本否认事物内部矛盾的存在,认为事物的运动变化发展,都是外力推动的结果,因而只看到矛盾的一个方面,看不到另一方面,坚持一点论。

唯物辩证法与形而上学的根本对立和斗争的焦点在于是否承认矛盾是事物发

展的动力。因为只有承认矛盾是事物发展的动力，才能科学地说明事物的运动变化发展，坚持发展变化的观点；而且只有坚持发展变化的观点，才能坚持普遍联系的观点。联系实际上是一事物的发展变化引起其他事物的发展变化，一要素的发展变化引起其他要素的发展变化。形而上学否认矛盾，就只能坚持孤立和静止的观点。

联系和发展是有规律的。唯物辩证法就是关于自然、社会和思维联系与发展一般规律的科学。它是由对立统一规律、质量互变规律、否定之否定规律和一系列其他范畴构成的科学体系。对立统一规律揭示了事物发展的动力和源泉，质量互变规律揭示了事物发展的状态和形式，否定之否定规律揭示了事物发展的趋势和道路。唯物辩证法的其他范畴则揭示了事物联系和发展的基本环节。

对立统一规律是唯物辩证法的实质与核心，是宇宙的根本规律。

第一，对立统一规律揭示了事物普遍联系的根本内容和发展变化的内在动力。事物普遍联系的根本内容是矛盾双方既对立又统一的联系。事物发展变化的动力、源泉就在于矛盾双方的对立统一，这是发展观的实质与核心。

第二，对立统一规律是贯穿于唯物辩证法其他规律和范畴的中心线索，是理解它们的钥匙。事物为什么会发生量变和质变？事物的发展为什么会是否定之否定的过程？最根本的原因就在于事物内在的矛盾运动。而且量变和质变、肯定和否定的关系，以及必然性和偶然性、本质和现象等一系列对偶性的范畴之间的关系，都是既对立又统一的关系。

第三，矛盾分析法是最根本的认识方法。唯物辩证法既是世界观，又是方法论，它主要是教导人们学会分析矛盾和解决矛盾。毛泽东指出："这个辩证法的宇宙观，主要地就是教导人们要善于去观察和分析各种事物的矛盾运动，并根据这种分析，指出解决矛盾的方法。"①

第四，承认不承认对立统一规律以及矛盾是事物发展的动力，是唯物辩证法与形而上学斗争的焦点和根本分歧。

## 二、世界联系与发展的基本规律

（一）对立统一规律

1. 矛盾的同一性和斗争性

对立统一规律亦称矛盾规律，其基本内容是：任何事物都包含着矛盾，矛盾双方既统一又斗争，由此推动事物运动变化发展。

矛盾是指事物内部两方面之间既对立又统一的关系，也就是事物内部两方面之间既相互排斥又相互联系的关系。简言之，矛盾就是对立统一。

矛盾双方的对立和统一这两重关系决定了矛盾具有两种基本属性，即同一性

---

① 《毛泽东选集》第1卷，人民出版社1991年版，第304页。

和斗争性。

矛盾的同一性是指矛盾双方相互联系、相互吸引的性质。它包括两方面的含义。

第一，矛盾双方相互依存。矛盾双方互为存在的前提，矛盾的一方必须以另一方的存在作为自己存在的条件，双方共处于一个统一体中。例如，正和负、化合和分解、正确和错误、剥削和被剥削，双方都是依赖对方的存在而存在的。

第二，矛盾双方相互贯通。它主要表现为以下两种情形。其一是矛盾双方的相互渗透或相互包含。例如，生产中包含着消费的因素，消费中包含着生产的因素；感性认识中包含着理性认识的因素，理性认识中包含着感性认识的因素。其二是矛盾双方在一定条件下相互转化的趋势，即矛盾双方在一定条件下向自己的对立面转化的趋势。例如，福与祸、安与危、先进与落后、胜利与失败等，无不在一定条件下相互转化。

矛盾的斗争性是指矛盾双方相互排斥、相互对立的性质。矛盾的斗争性具有无限多样的表现形式。敌对阶级之间的阶级斗争、弱肉强食的生存竞争固然属于矛盾斗争性的表现，生物体内的同化和异化的区别，社会生活当中人民内部的批评和自我批评、不同意见的争论和商讨等，也都属于矛盾的斗争性的表现。

矛盾的同一性和斗争性是既相互区别又相互联结的。

首先，矛盾的同一性和斗争性是矛盾的两种相反的基本属性，它们在矛盾运动中所处的地位是不同的。矛盾的同一性是相对的，矛盾的斗争性是绝对的。

矛盾同一性的相对性是指它的条件性。只有在一定条件下，矛盾双方才能相互依存，共处于一个统一体中，保持事物质的稳定性；也只有在一定条件下，矛盾双方才能相互转化。条件都是可变的，因此，矛盾的同一性及其所体现的静止和稳定，都是暂时的、可变的，是相对的。

矛盾斗争性的绝对性是指它的无条件性。矛盾斗争性的无条件性不是指斗争性的存在可以脱离任何具体条件，而是指无论在任何条件下，矛盾双方都会有斗争。矛盾的斗争性既存在于事物的相对稳定状态中，也存在于事物的显著变动状态中。矛盾的斗争及其所体现的事物的运动变化，都是无条件的、绝对的。

其次，矛盾的同一性和斗争性又是相互联结、不可分离的。

一方面，同一性不能脱离斗争性而存在，没有斗争性就没有同一性。同一是以差别和对立为前提的，是包含着差别和对立的具体的同一。脱离对立的同一，是绝对的同一或抽象的同一。这种同一事实上是不存在的。如果事物永远和自身绝对同一、绝对等同，也就没有矛盾，也不会有事物的发展变化。承认绝对的同一性，是一种形而上学观点。

另一方面，斗争性寓于同一性之中，没有同一性也就没有斗争性。假若对立面之间没有任何联系，它们就不能结成一个矛盾统一体，因而矛盾斗争也就无从发生。脱离同一的对立，就是绝对的对立。承认绝对对立与承认绝对同一一样，也是形而上学的观点。

矛盾的同一性和斗争性相互联结的关系,要求我们在分析和处理矛盾时,必须在对立中把握同一,在同一中把握对立。要反对只见同一不见对立或只见对立不见同一的形而上学观点。社会主义同资本主义将在一个相当长的历史时期内共存,社会主义在其发展过程中,一方面要学习和引进资本主义的先进成果,否则不利于社会主义的发展;另一方面又要警惕资本主义的干扰和挑战,否则社会主义制度就无法坚持。在新的形势下如何正确认识和处理社会主义同资本主义的对立统一关系问题,已成为中国改革开放实践中必须解决的一个新课题。

2. 矛盾是事物发展的动力

事物发展的动力和源泉是事物的内部矛盾。矛盾的同一性和斗争性在事物发展中都起着重要作用。

矛盾的同一性在事物发展中的作用主要表现在以下几个方面。

第一,矛盾双方相互依存,使事物保持相对稳定性,为事物的存在和发展提供必要的前提。只有矛盾双方相互依存,共处于一个统一体中,事物才有相对稳定性,才能存在,在此基础上,事物才能发展。如果没有矛盾双方的相互依存,事物就不能存在,更谈不上发展。例如,在资本主义社会,无产阶级和资产阶级是根本对立的,但二者也是相互依存的。如果二者之间只是相互排斥,没有相互依存,那么,这两个阶级以及资本主义社会就连一天也不能存在下去,就根本不会有无产阶级力量的壮大和社会主义制度的诞生。

第二,矛盾双方互相从对方吸取有利于自身的因素而得到发展。矛盾双方是相互渗透的,矛盾双方各自从对方吸收和利用有利于自身的因素,促进自身的发展,使矛盾统一体趋向成熟和完善。

第三,矛盾的同一性规定着事物发展的基本趋势。发展是一物转化为他物,但不是转化为任何别的他物,而是转化为自己的对立面。这一转化的基本趋势是由矛盾的同一性规定的。

矛盾的斗争性在事物发展中的作用主要表现在以下几个方面。

第一,在事物量变过程中,斗争推动着矛盾双方的力量对比和相互关系发生变化,为质变做准备。在对立面的斗争中,双方竞长争高,此消彼长,造成双方力量发展的不平衡,为对立面的转化即事物的质变进行量的准备和创造条件。

第二,在事物质变过程中,斗争突破事物存在的限度,促成矛盾的转化,实现事物的质变。当矛盾双方力量的消长达到某一限度时,只有通过矛盾双方的斗争才能突破这个限度,使旧的矛盾统一体分解,新的矛盾统一体产生,使一事物变成他事物。

在事物的发展过程中,矛盾的同一性和斗争性都有重要作用,但都不能孤立地起作用,只有二者结合在一起才能成为事物发展的动力。毛泽东指出:"有条件的相对的同一性和无条件的绝对的斗争性相结合，构成了一切事物的矛盾运动。"① 矛盾着的对立面既统一又斗争，由此推动事物的运动、变化和发展。片面夸大斗争性的作用而否定同一性的作用，或者片面夸大同一性的作用而否定斗争性的作用，都是错误的。

矛盾是事物发展的动力，说明事物发展的根本原因是事物的内部矛盾。同时，事物的外部条件对事物的发展也有重要影响作用。因此，必须正确认识事物发展的内因和外因的含义及其关系。

内因就是事物的内部矛盾。外因是一事物与他事物的相互影响和相互作用，即外部矛盾。内因和外因的关系包括以下几个方面。第一，内因是事物发展变化的根据，是第一位的原因。事物发展变化的根本原因不在事物外部，而在事物内部。第二，外因是事物发展变化的条件，是第二位的原因。任何事物都不是孤立存在的，都和周围的事物相互影响、相互作用，外因是事物发展变化不可缺少的条件，不具备一定的外部条件，事物也不会发展变化。在一定条件下，外因对事物的发展甚至起决定性作用。第三，外因通过内因而起作用。外因对事物发展变化所起的作用，表现在对事物内部矛盾的影响上，也就是通过使矛盾双方的状况和力量对比发生变化，推动事物的发展变化。外因的作用无论多大，也必须通过内因而起作用。

唯物辩证法关于事物发展的内因和外因辩证关系的原理，是我们党制定和执行独立自主、自力更生以及对外开放方针的重要理论基础。我国的社会主义现代化建设，必须首先依靠本国人民，独立自主，自力更生，艰苦奋斗，只有这样才能建立起富强、民主、文明、和谐、美丽的社会主义现代化强国。中国的发展离不开世界，对外开放是建设中国特色社会主义的一项基本国策。当代世界经济全球化深入发展，各国经济技术联系非常密切，在这种情况下闭关自守只能导致愚昧、落后，不可能实现现代化。邓小平指出："现在任何国家要发达起来，闭关自守都不可能。我们吃过这个苦头，我们的老祖宗吃过这个苦头。""长期闭关自守，把中国搞得贫穷落后，愚昧无知。"② 我国的对外开放是以独立自主、自力更生为基础的。我们必须从我国的实际出发，积极地借鉴和吸收世界各国一切文明成果，为我所用，增强我国自力更生的能力，加快我国社会主义现代化建设步伐。

3. 矛盾的普遍性和特殊性

矛盾是普遍存在的。矛盾的普遍性是指矛盾存在于一切事物的发展过程中，存在于一切事物发展过程的始终。简言之，矛盾无处不在，无时不有。

矛盾的普遍性原理，要求我们必须树立矛盾观点，无论任何时候，对任何事物，都要敢于承认矛盾，正确分析矛盾，并采取恰当的方法去解决矛盾，从而推

---

① 《毛泽东选集》第 1 卷，人民出版社 1991 年版，第 333 页。
② 《邓小平文选》第 3 卷，人民出版社 1993 年版，第 90 页。

动事物的发展；要坚持矛盾分析的方法，从矛盾的两个方面看问题，即坚持"两点论"，全面地看问题，反对形而上学"一点论"，防止片面地看问题。

矛盾是普遍存在的，但不同事物的矛盾又各不相同，都有其特殊性。矛盾的特殊性有三种情况：其一，不同事物的矛盾各有其特点；其二，同一事物的矛盾在不同发展过程和发展阶段各有不同的特点；其三，构成事物的诸多矛盾以及每一矛盾的不同方面各有不同的性质、地位和作用。

矛盾的特殊性原理具有重要的方法论意义。分析矛盾的特殊性就是坚持具体问题具体分析。一方面，分析矛盾的特殊性是正确认识事物的基础。只有分析矛盾的特殊性，才能把不同的事物区别开来，正确地认识事物。另一方面，分析矛盾的特殊性是正确解决矛盾的关键。不同的矛盾只能用不同的方法解决，只有具体地分析矛盾的特殊性，才能找到正确解决某一特殊矛盾的特殊方法，即"一把钥匙开一把锁"，从而取得成功。如果千篇一律地用一种方法解决各种不同的矛盾，那就必然失败。因此，具体问题具体分析是马克思主义的活的灵魂。

矛盾的普遍性和特殊性的关系，也就是共性与个性、一般与个别的关系，它们是辩证统一的。

第一，矛盾普遍性与特殊性是互相联结的。一方面，普遍性存在于特殊性之中，一般只能在个别中存在，只能通过个别而存在。普遍性是许许多多不同的特殊事物所共同具有的，它只能存在于各种不同的特殊事物之中，而不能脱离各种不同的特殊事物独立存在。水果只能存在于苹果、梨、桃等之中，没有离开苹果、梨、桃等独立存在的"水果"。另一方面，特殊性中包含着普遍性，特殊性与普遍性相联系而存在。世界上的事物无论怎样特殊，它总与同类事物中的其他事物有共同之处，总要服从这类事物运动的一般规律，不包含普遍性的特殊性也是不存在的。

第二，矛盾的普遍性与特殊性是互相区别的。共性只是包括了同类个别事物的共同的、本质的东西，而没有包括个别事物的全部内容和特点。一般比个别更普遍、更深刻，个别比一般更丰富、更具体，二者不能互相代替，尤其不能用普遍性代替特殊性，因为特殊事物的具体特性比普遍性丰富得多。

第三，矛盾的普遍性与特殊性在一定条件下可以互相转化。由于事物的范围极其广大和发展的无限性，在一定场合为普遍性的东西，在另一场合则变为特殊性，反过来也是一样。

矛盾的普遍性与特殊性辩证关系的原理，是矛盾问题的精髓。毛泽东指出："这一共性个性、绝对相对的道理，是关于事物矛盾问题的精髓，不懂得它，就等于抛弃了辩证法。"① 这一原理要求我们在普遍原理的指导下，对具体问题进行具体分析，通过对具体问题的分析和解决，补充和丰富普遍原理。这一原理对我们

---

① 《毛泽东选集》第 1 卷，人民出版社 1991 年版，第 320 页。

有重要意义。

矛盾的普遍性和特殊性辩证关系的原理，是我们坚持马克思主义普遍真理同中国具体实际相结合，建设中国特色社会主义的理论基础。在中国这样一个人口众多、经济文化落后的大国建设社会主义，是前无古人的崭新事业。我们面对的情况既不是马克思主义创始人设想的在资本主义高度发展的基础上建设社会主义，也不完全相同于其他社会主义国家。照抄书本不行，照搬外国也不行，必须从中国的国情出发，把科学社会主义的一般原理同中国具体实际结合起来，在实践中开辟建设中国特色的社会主义道路。邓小平指出："把马克思主义普遍真理同我国的实际结合起来，走自己的路，建设有中国特色的社会主义，这就是我们总结长期历史经验得出的基本结论。"①

4. 矛盾发展的不平衡性

坚持矛盾的普遍性和特殊性辩证关系的原理，就必须在坚持矛盾普遍性的前提下，重视研究矛盾的特殊性。矛盾发展的不平衡性是矛盾特殊性的重要表现。它主要表现为两种情形：一种是主要矛盾和次要矛盾的不平衡；另一种是矛盾的主要方面和次要方面的不平衡。

在复杂事物的发展过程中，有许多矛盾存在，这些矛盾的发展是不平衡的，其中有一种居于支配地位、起决定作用的矛盾，这就是主要矛盾，其他处于服从地位的矛盾是次要矛盾。

主要矛盾和次要矛盾的关系主要有以下几方面。首先，二者相互影响、相互作用。一方面，主要矛盾规定和影响着次要矛盾的存在和发展，对事物的发展起决定作用，主要矛盾解决得好，次要矛盾就可以比较顺利地得到解决；另一方面，次要矛盾对主要矛盾有制约作用，次要矛盾解决得如何，反过来影响主要矛盾的解决。其次，主要矛盾和次要矛盾的地位不是一成不变的，它们在一定条件下可以相互转化，即主要矛盾降低为次要矛盾，次要矛盾上升为主要矛盾。基于主要矛盾和次要矛盾的这种关系，我们在观察和处理复杂问题的时候，要首先抓住和解决主要矛盾，同时又不忽略次要矛盾，还要注意主要矛盾和次要矛盾的转化，不失时机地转移工作重点。

主要矛盾及其转化的原理，对于指导中国特色社会主义实践具有重要意义。我们党对社会主义建设规律的探索与对我国社会主要矛盾的认识有着密切的联系。当我们正确把握了社会主要矛盾时，社会主义建设事业就会顺利发展，否则就容易导致挫折。中华人民共和国成立后，特别是我国社会主义基本制度建立后，党的八大明确指出：国内的主要矛盾，已经是人民对于建立先进的工业国的要求同落后的农业国的现实之间的矛盾，已经是人民对于经济文化迅速发展的需要同当前经济文化不能满足人民需要的状况之间的矛盾。这个提法是符合当时我国实际

---

① 《邓小平文选》第 3 卷，人民出版社 1993 年版，第 3 页。

的。但是，后来由于复杂的社会历史原因，这一正确论断没有坚持下来。党的十一届三中全会以后，我们党科学分析我国社会主义初级阶段主要矛盾，对党的八大的提法做了进一步提炼，提出在社会主义改造基本完成以后，我国所要解决的主要矛盾，是人民日益增长的物质文化需要同落后的社会生产之间的矛盾。这为我们部署党和国家全局工作提供了重要指引。改革开放 40 年来，正是由于我们党根据这一主要矛盾制定和坚持了正确的路线方针政策，才使我国社会主义现代化建设取得巨大成就。

党的十八大以来，中国特色社会主义进入了新时代。在新的历史条件下，科学把握社会主要矛盾变化，对全面推动新时代党和国家事业发展、实现中华民族伟大复兴，具有重大的现实意义。我们党在牢牢把握社会主义初级阶段基本国情的基础上，准确把握我国社会主要矛盾的变化，做出了新的重大判断。党的十九大指出，中国特色社会主义进入新时代，我国社会主要矛盾已经从人民日益增长的物质文化需要同落后的社会生产之间的矛盾，转化为人民日益增长的美好生活需要和不平衡不充分的发展之间的矛盾。这种转化的客观依据是，一方面人们美好生活需要日益广泛，不仅对物质文化生活提出了更高要求，而且在民主、法治、公平、正义、安全、环境等方面的要求日益增长；另一方面我国社会生产力水平总体上显著提高，社会生产能力很多方面进入世界前列，更加突出的问题是发展不平衡不充分，这已经成为满足人民日益增长的美好生活需要的主要制约因素。这一新的主要矛盾的形成和出现，是中国特色社会主义进入新时代的重要标志和依据。在新时代，这一主要矛盾集中体现了我们所面临的诸多矛盾和问题，抓住了这一主要矛盾，我们就找到了正确理解和把握新时代的钥匙，就牵住了解决其他矛盾的"牛鼻子"。因此，我们要紧紧抓住这一主要矛盾不放，在继续推进我国经济社会发展的基础上，着力解决好发展不平衡不充分问题，大力提升发展质量和效益，以更好地满足人民对美好生活的需要，更好地推动人的全面发展、社会全面进步。这样，新时代中国特色社会主义的发展就有了可靠的保障，实现中华民族伟大复兴的目标就一定能够实现。

矛盾双方的力量也是不平衡的，其中居于支配地位、起着主导作用的方面是矛盾的主要方面，处于被支配地位的方面是矛盾的次要方面。

矛盾的主要方面和次要方面的关系主要有以下几方面。首先，矛盾的主要方面和次要方面是相互制约、相互作用的。一方面，矛盾的主要方面支配次要方面，事物的性质主要是由取得支配地位的矛盾的主要方面决定的；另一方面，矛盾的次要方面也制约和影响矛盾的主要方面。其次，矛盾的主要方面和次要方面的地位不是固定不变的，在一定条件下可以相互转化，随着矛盾双方主次地位的转化，事物的性质也就发生了变化。基于矛盾的主要方面和次要方面的这种关系，我们在分析问题时，特别是分析形势时，要分清主流和支流，抓住主流，正确认识事物的性质，同时也不能忽视支流，并且注意主流和支流的互相转化。

主要矛盾和次要矛盾、矛盾的主要方面和次要方面关系的原理，要求我们在实际工作中坚持"两点论"和"重点论"的统一。坚持"两点论"，就是在认识复杂事物的发展过程时，既要看到主要矛盾，又不忽略次要矛盾；在认识某一矛盾时，既要看到矛盾的主要方面，又不忽略矛盾的次要方面。如果只看到主要矛盾和矛盾的主要方面，忽略了次要矛盾和矛盾的次要方面，就会陷入片面性而犯"一点论"的错误。坚持"重点论"，就是在认识复杂事物的发展过程时，要着重地抓住主要矛盾；在研究某一矛盾时，要着重地把握矛盾的主要方面。如果主次不分，不抓重点，在实践中平均使用力量，就会导致形而上学的"均衡论"。"两点论"和"重点论"是互相包含、内在统一的。"两点论"中内在地包含着"重点论"，"重点论"中内在地包含着"两点论"。坚持"两点论"和"重点论"的统一，就是看问题、办事情既要全面，又要善于抓重点。我国坚持以经济建设为中心和一系列"两手抓"的方针，认识我国社会主义现代化建设的形势要分清主流和支流，既要抓住主流、坚定信心，又不忽略支流，都是坚持"两点论"和"重点论"统一的具体表现。

（二）质量互变规律

1. 质、量、度的含义

世界上的事物都有一定的质。质是指一事物区别于他事物的内在规定性。世界上的事物之所以千差万别，正是因为各种事物都具有自身特定的质。

质和事物的存在是直接同一的，特定的质就是特定事物的存在本身。不同的事物具有不同的质，质改变了，原有事物就不存在了，而变成其他事物。事物的质是通过属性表现出来的。质是事物的内在规定，属性是质的外在表现。属性是一事物和他事物发生联系时表现出来的质。

事物不仅有质的规定性，而且还有量的规定性。量是指事物存在和发展的规模、程度、速度等可以用数量表示的规定性，以及事物构成成分在空间上的排列组合。事物的量是多方面的。量的规定性与事物的存在不是直接同一的。同一事物可以有不同的量，量的变化只要不超过一定的范围和限度，就不会改变事物的质。

任何事物都是质和量的统一体。质和量是互相依赖、互相制约的。一方面，质是量的基础，规定着量的活动范围；另一方面，质总是一定量的质，量也制约着质。这种质和量的相互依赖、相互制约充分体现在"度"中。

度是指事物保持自己质的数量限度（或范围、幅度），它体现着质和量的统一。度的两端都存在着极限或界限，叫作关节点或临界点。关节点就是一定的质所能容纳的量的活动范围的最高和最低界限。事物的量在度的范围内发生变化，事物的质保持不变；量变突破关节点，超出这个范围，事物的质就发生变化。例如，在一个标准大气压下，水的"度"就是0℃—100℃，0℃和100℃就是它的两个关节点，在这个幅度内，水保持它自身不变。如果超出这个范围，水就失去自已液体状态的物理的质,而变成冰或水蒸气。

掌握事物的度具有重要的意义。在认识上,只有把握了事物的度,注意决定质的数量限度,才能准确地认识事物的质。在实践上,只有把握了事物的度,才能提出指导实践活动的正确准则,坚持适度原则,防止"过"或"不及"。当需要保持事物的相对稳定性时,人们要设法使其量变不超出度的范围。所谓"注意分寸""掌握火候""适可而止""过犹不及"等,都是要求在实践中坚持适度原则。

2. 量变和质变及其辩证关系

量变和质变是事物发展变化的两种状态。量变是事物数量的增减和场所的变更,以及事物构成成分在空间上排列组合的变化。量的变化表现为微小的、不显著的变化,是在度的范围内的延续和渐进。质变是事物根本性质的变化,是事物由一种质态向另一种质态的飞跃。质变表现为根本性的、显著的变化,是对原有度的突破,是事物渐进过程的中断。事物的变化是否超出度的范围,是区分量变和质变的根本标志。

量变和质变是辩证统一的。第一,量变是质变的必要准备。质变以量变为前提和基础,没有一定的量变,就不会发生质变。首先,质变必须有一个量变的积累过程。量变只有积累到一定程度,才能突破度的界限,引起事物的质变。其次,质变必须由量变规定其性质和方向。在事物的量变过程中,存在着两种相反的量变的彼此较量。两种相反力量的此消彼长不仅是质变的基础,而且决定着质变的性质和方向。第二,质变是量变的必然结果。单纯的量变不会永远持续下去,量变达到一定的程度必然引起质变。第三,量变和质变相互渗透。一方面,质变体现和巩固量变的成果,为在新质的基础上的量变开拓道路;另一方面,在总的量变过程中有阶段性和局部性的部分质变。阶段性部分质变是事物的根本性质未变,而比较次要的性质发生了变化,使事物的发展显现出阶段性;局部性部分质变是指事物全局性质未变,而某些局部的性质发生了变化。

割裂量变和质变的统一,就会导致激变论或庸俗进化论。激变论只承认质变,否认量变。19世纪法国科学家居维叶认为,有机界的变化是由于突然性的"灾变"所引起的,通过这种"灾变",一些由某种神迹创造的新物种代替了旧物种。激变论在社会政治上表现为冒险主义,认为社会革命无须经过积蓄革命力量的准备阶段,幻想通过突然的冒险活动取得革命胜利。庸俗进化论只承认量变,否认质变。19世纪下半期出现的庸俗进化论,对生物的进化做了庸俗歪曲的解释,认为生物的进化只有量的渐进,没有质的飞跃。庸俗进化论在社会政治上表现为改良主义,主张社会的发展只能通过一点一滴的改良,反对通过社会革命对旧的社会制度进行根本的变革。激变论和庸俗进化论都是错误的。

质量互变规律要求我们在社会主义建设和改革过程中,把远大的理想和目标同有步骤、分阶段地踏实苦干、稳步前进的精神结合起来,反对急躁冒进、急于求成。否则会欲速则不达,得到的结果往往事与愿违。

(三)否定之否定规律

1. 辩证的否定

任何事物内部都包含着肯定和否定两个方面。肯定方面是指事物中维持其存在的方面,即肯定这一事物是它自身而不是他物的方面。否定方面是指事物中促使其灭亡的方面,即破坏现存事物使它转化为他物的方面。任何事物都是肯定方面和否定方面的统一体。如果没有肯定方面,事物就不能存在;如果没有否定方面,事物就失去了变动性而成为僵死的东西。当肯定方面处于支配地位时,事物保持其原有的性质和自身的存在;一旦否定方面取得了支配地位,事物就会丧失其原有的性质而发生质的变化。

肯定和否定虽然是事物内部两个相反的方面,但它们又是辩证统一的。一方面,肯定和否定相互依存。离开了肯定就没有否定,离开了否定也没有肯定。另一方面,肯定和否定相互渗透。肯定中包含着否定,例如,在生物学上,假设生命是肯定,死亡就是对生命的否定,生命正是在不断产生又不断排除死亡因素的过程中发展的,生命中就包含着死亡。否定中包含着肯定,例如,在化学上,分解是对化合的否定,水分子分解为氢原子和氧原子的过程,也就是氢原子化合为氢分子、氧原子化合为氧分子的过程,分解中就包含着化合。唯物辩证法的否定观就是建立在对肯定和否定辩证统一的理解的基础之上的。

唯物辩证法的否定观集中体现了马克思主义哲学批判的、革命的本质。正如马克思所说:"辩证法在对现存事物的肯定的理解中同时包含对现存事物的否定的理解,即对现存事物的必然灭亡的理解;辩证法对每一种既成的形式都是从不断的运动中,因而也是从它的暂时性方面去理解;辩证法不崇拜任何东西,按其本质来说……它是批判的和革命的。"① 在辩证法看来,任何事物都不是永恒的、绝对的,总是要被否定的。否定是事物发展的推动力量。

唯物辩证法的否定观的主要内容包括以下几点。第一,辩证的否定是事物的自我否定,即通过事物内部矛盾而进行的对自身的否定。否定不是单纯外力作用的结果,而是通过事物内部否定方面战胜肯定方面来实现的。事物正是通过这种自我否定而实现自身运动、自我发展的。第二,辩证的否定是联系和发展的环节。首先,否定是事物发展的环节。事物的发展,是新事物的产生和旧事物的灭亡,是事物根本性质的变化。没有新事物对旧事物的否定,就没有事物的发展。其次,否定是事物联系的环节。新事物是在旧事物中孕育生长起来的,它对旧事物的否定不是全盘否定,而是有所保留的否定,即保留旧事物中某些积极的东西于自身之中,并把它发展到新阶段。因此,新旧事物通过否定的环节而联系起来。第三,辩证的否定是扬弃,即既克服又保留。新事物既克服旧事物中消极的东西,又保

---

① 《马克思恩格斯选集》第2卷,人民出版社1995年版,第112页。

留旧事物中的积极成果。辩证的否定是包含着肯定的否定,是连续性和非连续性的统一。

坚持辩证的否定观,就要对一切事物采取分析的态度,否定什么和肯定什么,批判什么和继承什么,都要从实际出发,进行具体分析,反对不加分析地肯定一切或否定一切。如对于中国传统文化,要采取批判地继承的态度。中华民族有悠久的历史,创造了灿烂的文化,我们必须继承这份宝贵的文化遗产,只有在这个基础上,才能创造出中国特色的社会主义新文化。当然这种继承只能是有批判的继承,批判和剔除其糟粕,吸取其精华,做到"推陈出新""古为今用"。既要反对全盘肯定传统文化的复古主义,又要反对全盘否定传统文化的历史虚无主义。对于外国文化,要采取有分析、有选择、有批判的借鉴和吸收的态度。要以博大的胸襟和开放的视野,大胆吸收外国文明中的一切优秀成果。邓小平说:"社会主义要赢得与资本主义相比较的优势,就必须大胆吸收和借鉴人类社会创造的一切文明成果,吸收和借鉴当今世界各国包括资本主义发达国家的一切反映现代社会化生产规律的先进经营方式、管理方法。"① 与此同时,又要批判和抵制外国资产阶级腐朽的、没落的东西。对于外国文化,既不应全盘照搬,也不应一概排斥,而应立足于中国文化发展的内在要求,吸纳外国文化的有益成果,建立既能体现现代世界文明水准又有自己民族特点的社会主义先进文化体系。

2. 事物的发展是前进性与曲折性的统一

事物的辩证否定不是一次完成的。事物最初是肯定因素占据主导地位,事物处于肯定阶段。矛盾进一步展开,否定因素战胜肯定因素取得主导地位,于是事物发生质变,这时事物的发展由肯定阶段进入否定阶段。新事物内部的否定方面经过斗争,对否定阶段再一次否定,使事物进入否定之否定阶段。否定之否定规律的基本内容是:事物的发展经过两次辩证的否定,由肯定阶段到否定阶段,再到否定之否定阶段,从而使事物的发展表现为螺旋式上升和波浪式前进的过程。否定之否定规律揭示了事物的发展是前进性和曲折性的统一。

否定之否定规律揭示了事物发展的总趋势是前进的、上升的。事物发展到否定之否定阶段,克服了前两个阶段的局限性和片面性,保留了前两个阶段的积极因素,又增加了更高级的新内容,从而使事物在"自己运动"中得到充分发展和完善,因而事物发展的总趋势是前进的、上升的。

否定之否定规律揭示了事物发展的具体道路是曲折的。事物经过两度否定,否定之否定阶段与肯定阶段都作为否定阶段的对立面而出现,会有某些相似之处。这样,否定之否定阶段重复肯定阶段上的某些特征,仿佛是向出发点回复,因而使事物的发展过程呈现出周期性。否定之否定阶段既是前一周期的终点,同时又是下一个周期的起点。事物的发展,就是一个周期接着一个周期,循环往复,以

---

① 《邓小平文选》第 3 卷,人民出版社 1993 年版,第 373 页。

至无穷。这样事物的发展就表现为螺旋式上升或波浪式前进。事物发展的具体道路是曲折的还由于：新事物战胜旧事物是一个反复斗争的过程；某些偶然原因的出现，可能使事物的发展出现暂时的倒退。

事物的发展是前进性和曲折性的统一。如果割裂了二者的统一，会导致循环论或直线论的错误。循环论片面夸大事物发展曲折性、回复性的一面，把一切事物的运动变化都看作是简单的周而复始，从根本上否认了事物运动变化的前进性。直线论忽视或否认事物发展道路的曲折性，把发展的道路看成是笔直又笔直的。这两种观点都是形而上学的错误观点。

否定之否定规律是世界联系与发展的普遍规律，它带有很大的总括性，它的作用要在一个较长的过程中，在事物的发展完成一个周期（即经过两次否定、三个阶段）时，才能完整地、充分地显示出来。我们必须从实际出发，具体地分析事物的发展过程，千万不能把否定之否定规律当作单纯的证明工具，不能把它当成僵死的公式，形式主义地到处乱套。

把握否定之否定规律，坚持事物的发展是前进性和曲折性统一的原理，对我们正确认识社会主义现代化建设事业具有重要意义。首先，要坚信社会主义的前途是光明的，对我国社会主义现代化建设事业充满必胜的信心，高举中国特色社会主义的伟大旗帜，坚定不移地走建设中国特色社会主义道路，不要被一时的表面现象所迷惑，不要因暂时的挫折而动摇。其次，要准备走曲折的路，有克服各种困难的精神准备。要充分认识我国社会主义现代化建设事业的艰巨性和复杂性，保持清醒的头脑，准备克服各种困难，在曲折斗争中开辟前进的道路。

### 三、世界联系与发展的基本环节

唯物辩证法的理论体系还包括一系列其他范畴，主要有原因和结果、必然性和偶然性、可能性和现实性、内容和形式、本质和现象等。它们反映了事物联系和发展的基本环节，对于指导人们的认识和实践活动具有重要的方法论意义。

（一）原因和结果

原因和结果的联系是事物或现象之间引起和被引起的联系。引起某种现象的现象就是原因，被某种现象所引起的现象就是结果。

因果联系的一个显著特点是：原因在先，结果在后。但是，并不是所有时间先后相继的现象之间的联系都是因果联系，"在此之后"并不等于"因此之故"。如白天与黑夜、春夏秋冬之间交替虽然时间上先后相继，但它们彼此之间并没有因果联系。所以，因果联系是时间上先后相继的、一种现象引起另一种现象的联系。

原因和结果之间的关系是对立统一关系。

首先，原因和结果是对立的。在具体的因果联系中，原因就是原因，结果就是结果，不能混淆和颠倒。这是原因和结果区别的确定性。如果倒因为果，或倒果为因，就会得出荒谬的结论。

其次，原因和结果又是统一的。第一，原因和结果相互依存。原因之所以成其为原因，是相对于它引起的结果而言的；同样，结果只有相对于引起它的原因来说才是结果。第二，原因和结果在一定条件下相互转化。在具体的因果联系中，原因和结果的区别是确定的，但在世界的普遍联系和永恒发展中，原因和结果的区别又是不确定的。同一现象在一种关系中是结果，在另一种关系中则是原因，反过来也是一样。例如，在摩擦生热、热引起燃烧、燃烧导致爆炸等一连串因果联系的环节中，生热既是摩擦的结果，又是引起燃烧的原因，燃烧既是发热导致的结果，又是引起爆炸的原因。第三，原因和结果是相互作用的。原因引起一定的结果，结果又反过来作用于原因并引起原因的变化。例如，生产力的发展是引起生产关系变革的原因，生产关系的变革又是推动生产力进一步发展的原因。

原因和结果之间的联系是客观的、普遍的。承认因果联系的客观普遍性和因果规律性（必然性）的哲学是唯物主义决定论。否认因果联系的客观普遍性和因果规律性（必然性）的哲学是唯心主义非决定论。唯心主义非决定论是错误的。

因果联系是普遍的，但具体表现是复杂多样的，其中几种主要的类型是：一因多果，同因异果；一果多因，同果异因；多因多果，复合因果。在分析复杂的因果联系时，一定要进行具体的、全面的分析。

掌握原因和结果辩证关系的原理具有重要意义。首先，只有找出某一事物或现象产生的原因，才能认识其本质和规律，提出解决问题的有效方法。其次，正确把握因果联系，才能很好地总结经验教训，以便更好地指导今后的行动。

（二）必然性和偶然性

必然性和偶然性是事物联系和发展中两种不同的趋势。必然性是指事物联系和发展过程中确定不移的、不可避免的趋势。必然性与本质和规律是同等程度的概念。偶然性是指事物联系和发展过程中不确定的趋势。偶然的东西可能出现，也可能不出现；可能这样出现，也可能那样出现。如新事物取代旧事物，是确定不移的必然性，而新事物战胜旧事物经过怎样的曲折道路，则是偶然的。

必然性和偶然性之间的关系是对立统一关系。

首先，必然性和偶然性是对立的，它们是事物联系和发展中两种不同的趋势，二者产生的原因不同，在事物发展中的地位和作用也不同。必然性产生于事物内部的根本矛盾，在事物发展过程中居于支配地位，决定事物发展的前途和方向。偶然性产生于事物的非根本矛盾和外部条件，在事物发展过程中居于从属地位，对事物发展的过程起影响作用，加速或延缓事物发展变化的进程，使发展的过程带有这样或那样的特点和偏差。

其次，必然性和偶然性又是辩证统一的，表现在以下几个方面。

第一，必然性通过大量的偶然性表现出来，由此为自己开辟道路，没有脱离偶然性的纯粹必然性。客观事物的每一过程都是由根本矛盾的作用决定的，都是遵循必然规律发展的，但在发展过程中还受到内部非根本矛盾和外部条件的种种影响。事物的发展不能排除偶然因素的影响，总是在无数的偶然变动中贯彻自己必然的发展趋势。在社会生活中，商品的价值决定价格这一必然性，是通过供求关系等因素的影响，商品的价格围绕着价值上下浮动表现出来的。社会发展的必然趋势是通过大量偶然现象为自己开辟道路的。马克思说："如果'偶然性'不起任何作用的话，那么世界历史就会带有非常神秘的性质。这些偶然性本身自然纳入总的发展过程中，并且为其他偶然性所补偿。"①

第二，偶然性是必然性的表现形式和必要补充，偶然性背后隐藏着必然性并受其支配，没有脱离必然性的纯粹偶然性。凡是偶然性起作用的地方，始终受必然性的支配。在生物领域和社会历史领域，直接呈现出来的是大量的偶然事件，几乎看不到必然性。然而生物进化和社会发展都是有规律的，都是从简单到复杂、从低级到高级进化和发展的。如在社会历史中出现的各种各样的历史人物和历史事件都带有偶然性，但是偶然出现的历史人物和历史事件，是受社会基本矛盾所决定的历史必然性支配的，是历史必然规律的表现和补充。

第三，必然性和偶然性在一定条件下相互转化。这里有两种情形：其一，对前一过程来说是必然的东西，对后一过程而言，则可能变为偶然的东西，反过来也是一样；其二，在小范围是必然的东西，对于大范围来说可能变为偶然的，反过来也是一样。

必然性和偶然性是辩证的统一，把二者割裂开来，只强调一方面而否认另一方面，就会导致形而上学的机械决定论或唯心主义的非决定论的错误观点。

机械决定论把世界上的一切现象都看成必然的，否认偶然性的存在。如有的哲学家说，在大风扬起的尘土旋涡里，没有任何一个尘土分子的分布是偶然的。这样，他们就把偶然性也当成了必然性。这表面上抬高了必然性，实际上是把必然性降低为偶然性。同时，如果在社会生活中，把一切都说成是必然的，就会导致"命运"决定一切的唯心主义宿命论。

唯心主义的非决定论则把一切现象都看成是纯粹偶然的，否认事物发展的必然性。这种观点否认了客观事物发展的规律性，也就取消了人们认识世界的可能性，从而使人或者消极无为，或者盲目冒险。

掌握必然性和偶然性辩证关系的原理具有重要意义。

首先，因为偶然性是受必然性支配的，必然性决定着事物发展的方向和前途，所以我们必须通过科学研究发现必然性，按必然规律办事，不要被偶然现象所迷惑。只有这样，才能使我们在实践中避免盲目性，提高行动的自觉性，取得预期的效果。决不能离开必然规律，不按客观规律办事，把希望寄托在偶然事件上。

其次，因为必然性是通过大量偶然性表现出来的，偶然性是必然性的表现形

---

① 《马克思恩格斯文集》第 10 卷，人民出版社 2009 年版，第 354 页。

式和补充，所以我们应当抓住偶然性提供的机遇，揭示偶然现象背后隐藏的必然性。在科学发展史上，电流的磁效应、X射线的发现、青霉素的发明，都是科学家通过抓住和分析偶然现象而取得的重大科学成果。这些科学发现和发明说明，重视分析偶然现象，才能揭示必然性，推动科学进步。如果排斥偶然性，就会错过科学发现的时机，不利于科学的发展。

最后，我们在实际工作中决不能忽视偶然性。要注意利用一切有利的偶然因素去推动工作，防止和消除不利的偶然因素的影响，做到有备无患，使自己立于不败之地。

### （三）可能性和现实性

必然性通过偶然性为自己开辟道路时，要经历由可能到现实的转化过程。现实性是指包含内在根据的、合乎必然性的存在，是客观事物和现象种种联系的综合。现实性和必然性是密切相关的。只有合乎必然性的东西，才是现实的，或者说，终将变为现实。现实不仅指客观存在的各种事物和现象，而且包括事物的种种联系。可能性是指包含在现实事物之中的、预示着事物发展前途的种种趋势，是潜在的尚未实现的东西。

可能性与现实性之间是对立统一关系。首先，可能性和现实性之间有着明显的区别和对立。可能性是目前尚不存在的，它还不是现实性；现实性则是已经存在的，它不再是可能性。决不能把二者等同起来。其次，可能性和现实性又是统一的。一方面，二者紧密相连、不可分割。现实性不能离开可能性，它是由可能性转化而来的，不可能的东西永远不会成为现实；可能性也不能离开现实性，它的内在根据存在于现实之中。另一方面，可能性和现实性在一定条件下可以相互转化。现实性是由可能性发展和转化而来的，同时它又包含着新的可能性，这种新的可能性又将转化为新的现实性。客观世界的发展，就是在可能性和现实性的相互转化中实现的。

掌握可能性和现实性辩证关系的原理具有重要意义。首先，可能性不等于现实性，一切工作都要从现实出发，而不要从可能出发。其次，为了使好的可能性转化为现实，我们必须在尊重客观规律的基础上自觉地发挥主观能动性，创造有利条件，改变不利条件，争取使好的可能性变成现实，避免坏的可能性实现，从坏处着想，向好处努力。

### （四）内容和形式

任何现实事物都是内容和形式的统一体。内容是指构成事物一切要素的总和，即事物的各种内在矛盾以及由这些矛盾所决定的事物的特性、成分、运动过程和发展的趋势等的总和。形式是指把内容诸要素统一起来的结构或表现内容的方式。

内容与形式是对立统一、相互作用的关系。

内容与形式是对立的统一。内容和形式是事物的内在要素和结构方式这两个不同方面，二者是有区别的、对立的。同时，内容与形式又相互依存、密不可分。

任何事物的内容都有一定的形式，任何形式都表现一定的内容。另外，内容和形式的区别和对立是相对的，在一定条件下，内容和形式可以相互转化。在某一种联系中是形式的东西，在另一种联系中可能成为内容，反过来也是一样。

内容和形式是相互作用的。第一，内容决定形式，形式依赖于内容。有什么样的内容，就要求有什么样的形式与之相适应；内容发生了变化，形式或迟或早总要发生相应的变化。第二，形式对内容又有巨大的反作用。形式对内容的反作用有两种情形：当形式适合于内容时，对内容的发展起积极的促进作用；当形式不适合于内容时，对内容的发展起消极的阻碍作用。第三，内容和形式的相互作用构成两者的矛盾运动。事物的内容是比较活跃易变的，形式则是相对稳定的，二者始终存在着矛盾。在事物发展的初期，形式与内容是基本适合的。内容发展到一定阶段，原来的形式就落后于内容，逐渐成为内容进一步发展的障碍，形式与内容变为基本不适合。这时就产生了变革原有形式以适应内容进一步发展的客观要求。经过变革，新形式代替了旧形式，形式与内容又基本适合。形式和内容之间的矛盾运动，就是这样由基本适合到基本不适合，再到新的基本适合的不断发展过程。

在内容与形式的相互作用和矛盾运动中，二者的关系是错综复杂的。首先，内容决定形式是归根到底意义上的决定，而不是僵死的决定。在一定条件下，同一内容可以采取多种形式，同一形式也可以表现不同的内容。其次，在一定条件下，新内容可以利用旧形式，旧内容也可以以新形式的面貌出现。必须坚持具体问题具体分析，全面认识事物的内容和形式及其相互关系。

掌握内容和形式的辩证关系的原理具有重要意义。我们必须自觉地运用内容决定形式、形式反作用于内容的原理，注重内容，根据内容的需要利用旧形式和创造新形式。在观察和处理问题时，要首先重视内容，反对忽视内容的形式主义；但也不能忽视形式对内容的反作用，反对抹杀形式作用的形式虚无主义。

（五）本质和现象

任何事物都是本质和现象的统一体，都具有本质和现象两个方面。本质是指事物的根本性质以及组成事物基本要素的内在联系。一事物的根本性质，对于该事物来说，就是它本身的特殊本质；对于他事物来说，就是它们之间的本质区别。本质和必然性、规律性是同等程度的概念，但比较起来，本质的含义要更宽泛一些，它是事物内部所包含的一系列必然性、规律性的综合。现象是指事物的表面特征以及这些特征的外部联系。事物的现象是复杂多样的。有些现象与本质是一致的，通常叫作真相；有些现象与本质似乎不一致，这种情况通常叫作假象。假象同真相一样，也是客观存在的。因此不能把它同主观上的错觉混为一谈。

本质和现象之间是对立统一关系。第一，本质和现象是相互区别、相互对立的。首先，现象是事物的表面特征和外部联系，暴露于事物外部，可以为人的感官直接感知；本质是事物的根本性质和内在联系，深藏于事物内部，是不能直接感知的，只有通过理性思维才能把握。其次，现象是个别的、具体的、多种多样的；本质则是同类现象中一般的、共同的东西。最后，现象是多变的、易逝的；本质则是相对稳定、相对平静的。第二，本质和现象又是相互联系、相互依存的。一方面，本质不能脱离现象，任何事物的本质都要通过这样那样的现象表现出来，不表现为现象的纯粹本质是不存在的；另一方面，现象也不能脱离本质，任何现象都从一定的方面表现着本质，真相从正面直接地表现本质，假象从反面歪曲地表现本质，不表现本质的纯粹现象是不存在的。本质和现象之间不是并列关系，本质决定现象，是现象存在的根据，现象的产生和变化归根到底是依赖于本质的。

掌握本质与现象的辩证关系的原理具有重要意义。首先，本质和现象是对立的，我们对事物的认识不能停留在表面现象上。因为本质和现象是有区别的、对立的，所以认识了事物的现象不等于把握了事物的本质，因而就有必要通过科学研究揭示事物的本质。如果事物的现象与本质是直接合而为一的，科学研究就成为多余的了。如果对事物的认识停留在表面现象上，我们对事物的认识就是肤浅的，甚至可能被一些假象所迷惑，产生错误的认识，导致行动的失败。其次，本质和现象是统一的，对大量的现象进行深入分析是揭示事物本质的正确途径。因为本质通过现象表现出来，现象表现着本质，所以只有通过分析现象才能达到对本质的认识。我们决不能离开现象去凭空构想事物的本质。认识事物本质的正确途径是，在实践的基础上掌握大量的现象，对这些现象进行深入分析和思考，揭示出决定事物现象的本质。毛泽东指出："我们看事情必须要看它的实质，而把它的现象只看作入门的向导，一进了门就要抓住它的实质，这才是可靠的科学的分析方法。"①

## 第三节 客观规律性与主观能动性

> 自由不在于幻想中摆脱自然规律而独立，而在于认识这些规律，从而能够有计划地使自然规律为一定的目的服务。
> ——恩格斯

### 一、自然规律和社会规律

（一）规律和自然规律

物质世界是永恒运动发展着的。物质的运动发展有其不确定性、无序性的一面，同时又有其确定性、有序性的一面。物质的运动发展是有规律的。规律就是物质运动发展过程中本质的、必然的、稳定的联系。

---

① 《毛泽东选集》第 1 卷，人民出版社 1991 年版，第 99 页。

首先，规律是一种本质的联系，即内在的、非表面现象的联系，它是看不见摸不着的，只有通过抽象思维才能把握。其次，规律是一种必然的联系，是事物发展过程中必定如此、确定不移的趋势。规律性与必然性是同等程度的概念。最后，规律是一种稳定的联系，它与变动不居的现象不同，只要具备一定的条件，某种合乎规律的现象就一定会重复出现。重复性是稳定性的表现。例如，在一定条件下，电流的变化必然引起磁场的变化，而磁场的变化必然引起感应电流的产生，这是电流与磁场之间本质的、必然的、稳定的联系，是电磁感应的规律。又如，只要是商品生产，商品的价值就必然由生产该商品的社会必要劳动时间来决定，这就是价值规律。

规律具有两个特点。第一，客观性。规律的客观性是指，规律是运动着的事物本身所固有的，是不以任何人的意志为转移的。不管人们是不是认识到、是不是承认，规律都客观存在着，并以一定的方式起作用。人们不能任意地创造或消灭规律，也不能任意地改变规律。人们只能认识规律、利用规律。不仅自然规律是客观的，而且由人们的活动创造的社会历史的发展规律也是客观的。如在市场经济的社会中，价值规律就是不以任何人的意志为转移的客观规律。第二，普遍性。规律的普遍性是指，规律不是只在个别的、特殊的事物和现象里起作用，而是在较大的范围和领域起作用。有的规律在某一特定范围和领域起作用，如牛顿的力学三定律反映的是在宏观低速运动领域普遍起作用的规律。有的规律在一切领域都起作用，如唯物辩证法的规律是在自然、社会和人类思维等所有领域都起作用的普遍规律。

自然规律是在自然界各个领域起作用的规律，是自然界中的物质运动发展过程中本质的、必然的、稳定的联系。自然规律的客观性和普遍性是显而易见、不容置疑的。

（二）社会发展是有规律的自然历史过程

人类社会与自然界不同。自然过程是无意识的、盲目的、不自觉的。自然规律是通过自然界各种盲目的力量相互作用形成和实现的，它是自发地起作用的，不需要人的参与。人类社会则不然。社会发展是由人的实践活动构成的，是人的实践活动的过程和结果。人的实践活动是有意识、有目的的自觉的活动。社会发展规律是通过人们的自觉活动实现的。社会发展规律并不是存在于人们的自觉活动之外的某种神秘的东西，而是在人们的自觉活动中形成的本质的、必然的、稳定的联系。如果忽略了社会生活是由有意识的人创造的这一重要特点，把社会发展过程等同于自然界的力学过程、物理过程、化学过程、生物过程，将社会规律与自然规律混为一谈，那就忽视了人类社会与自然界的本质区别。

但是，如果过分夸大社会生活中人的意识的作用，把社会意识说成是社会发展的决定因素，从而否认社会发展的客观规律性，也是十分错误的。社会的发展同自然界一样，也是客观的、有规律的辩证发展过程。人的自觉活动不能抹杀和改变社会发展的客观规律性。

第一，在社会领域，人们的自觉活动虽然都是有目的、有意识的，但各个人的自觉活动相互作用、相互冲突，形成不以他们的主观意志为转移的客观过程。社会历史是各种社会力量相互作用所形成的"合力"造成的结果。每一种社会力量在形成这种"合力"时都起了作用，但历史发展又不以任何一种社会力量为转移。

第二，支配人们自觉活动的思想动机是由社会物质生活条件决定的，而社会物质生活条件的变化是有规律的。在社会生活中，人们的自觉活动都是在一定思想动机的支配下进行的。为什么不同社会的人们会有不同的思想动机？为什么在同一社会中人们的思想动机又各不相同？这都不是用思想动机本身可以说明的。决定人们的思想动机的是社会物质生活条件，其中最重要的是生产方式。不同社会的生产方式不同，人们就会有不同的思想动机；在同一社会中，人们在生产方式特别是在生产关系中的地位不同，思想动机又各不相同。

第三，人们的自觉活动受着客观物质条件的制约，不能自由地选择生产力和生产关系。人们的自觉活动都是在一定的客观物质条件下进行的。每一代人开始其社会生活时，总是遇到前人传给他们的生产力和生产关系。这些生产力和生产关系对后继者来说就是一种不以他们的主观意志为转移的客观物质力量，他们只能以这种既得的力量为起点从事自己的历史活动。

## 二、意识及其能动作用

（一）意识的起源和本质

1. 意识的起源

首先，意识是自然界长期发展的产物。自然界的长期演化和发展，产生了人的意识。意识的产生经历了漫长而复杂的发展过程，它包括如下三个阶段。第一，从无生命物质的反应特性到生物的刺激感应性。自然界的无生命物质都具有机械的、物理的和化学的反应，即一个物体由于其他物体的作用而产生机械的、物理的或化学状态的改变。无生命物质的反应特性是生命物质反映形式的前提和基础。地球上无生命物质经过长期发展，产生了生命，出现了低等生物的反映形式——刺激感应性。刺激感应性是生物体为适应环境，维持自己的生存与发展，对外部刺激做出的"应答"。如植物的枝叶总是朝着阳光的方向生长，变形虫碰上食物就包围并吞食它，等等。第二，从低等生物的刺激感应性到动物的感觉和心理。随着生物的进化，它同周围环境的关系日益复杂，逐步产生了动物的感觉。动物感觉的物质基础，是专门反映外界刺激的感觉器官和神经系统。随着低等动物进化到高等动物，感觉器官和神经系统进一步复杂化，而且有了神经系统的指挥中心——大脑，于是出现了动物心理。猿类的大脑已相当发达，动物心理发展到了最高阶段。例如，黑猩猩能以自己的器官对天然物进行简单加工，用以获取所需的食物，能通过姿势和声音交流信息。这是意识的萌芽。第三，从动物的感觉和心理到人类意识的产生。随着从猿到人的转变，产生了复杂而完善的人脑，从而产生了以抽象思维为标志的人类意识。

其次，意识是社会性劳动的产物。意识不仅是自然界长期发展的产物，而且是社会的产物，社会性劳动在意识产生过程中起着决定性的作用。第一，劳动使猿脑变为人脑，为意识的产生提供了物质器官。距今约1500万年以前，类人猿开始到地面生活，经过很长的时间，由使用天然工具逐步发展到制造工具，它们的活动就变成了人类的劳动。劳动开阔了人们的眼界，丰富的感性材料反映到大脑中来，强化了大脑的活动，从而使脑量增多和脑组织结构更加复杂和严密。劳动又使人们获取的食物品种增加、质量提高，促进了脑髓的发展，使人脑日趋完善，从而使意识的产生具备了物质基础。第二，劳动产生了语言，为意识的内容提供了物质外壳。劳动一开始就是社会性的活动，劳动者之间经常需要相互传递信息、交流思想。如原始人集体狩猎，就需要协调行动，而捕获猎物之后，又需要协商分配。这时人类已达到了彼此有什么非说不可的地步，语言随之产生。语言是思维的工具，没有语言，就无法对事物的本质进行概括和抽象，不能形成概念，就不会有思维和意识。总之，社会性劳动是意识的物质器官和物质外壳形成与完善的基础，是由动物心理发展到人类意识的决定性力量。离开劳动，离开人类共同活动所形成的社会，意识就不可能产生。

2. 意识的本质

意识的本质包括三方面的内容。

第一，意识是人脑的机能，人脑是意识的物质器官。人类意识高于动物心理，主要在于它是以人脑为物质基础的。人脑是具有高度组织和复杂结构的物质系统，整个人脑的神经细胞多达1100亿个，其中仅大脑皮层的神经细胞就有150亿至300亿个。每一个神经细胞都同其他神经细胞相连接，并和感觉器官的神经末梢相联系，形成等级式的网络结构。人脑的不同部位分工合作，各司其职。在实践过程中，外部世界的信息通过耳、眼、鼻、舌、身各种器官转化为神经冲动，由神经传导到大脑，引起大脑皮层活动，产生感觉、知觉、表象、思维、情绪等意识活动。离开了人脑神经活动这一生理过程，就不可能有意识的存在。

现代高级神经生理学揭示了意识的产生是经过人脑对客观外界刺激的一系列反射活动实现的。反射分为无条件反射和条件反射两类。无条件反射是动物对外界刺激的一种生来就有的反射，它是一种本能活动。条件反射是在无条件反射的基础上，由动物自身活动的经验建立起来的，是经过后天学习获得的。由实物的刺激（第一信号）引起的条件反射称为第一信号系统的条件反射，它是人和动物共同具有的。人还具有动物所不具有的第二信号系统的条件反射，也就是由信号的信号——语言和文字系统引起的条件反射。人有了第二信号系统的条件反射，对外部环境刺激反射的广度和深度达到了一般动物无法比拟的程度。人在第一信号系统和第二信号系统基础上进行的复杂的神经反射活动，就是意识。

第二，意识是客观世界的主观映象，是人脑对客观世界的反映。意识是人脑的机能，但是光有人脑还不能产生意识。人脑好比一个加工厂，原材料和半成品只能来源于客观世界。人们只有在社会实践中同外部客观世界相接触，感觉器官把事物、现象的信息通过神经系统传到大脑，再经过大脑的加工制作，才能产生意识。意识是主观的，同时又具有客观性。

意识的主观性包含以下几层意思。首先，意识只是客观事物反映到人脑中形成的主观映象，而不是客观事物本身。其次，意识是通过感觉、知觉、表象等感性形式，概念、判断、推理等理性形式，以及情感、意志等非理性因素反映客观事物的，这些都是主观世界所特有的。再次，个体意识之间有差异性。人们对外部事物的反映，是受他们的主观状态影响的。由于人们的经验不同，知识结构不同，情感、兴趣不同，对同一客观事物进行反映，不同的人会产生不同的意识。最后，人的意识不仅能近似正确地反映客观世界上存在的东西，而且能够创造出客观世界中并不存在的事物的观念或形象。

意识的客观性包含以下几层意思。首先，尽管意识是客观事物的主观映象而不是客观事物本身，但它们都是对客观事物的反映，其内容来源于客观事物。其次，意识的感性形式、理性形式以及情感、意志尽管是主观世界所特有的，但都是反映着客观事物的。感性形式反映事物的现象，理性形式反映事物的本质，情感是对人的愿望与事物关系的态度的反映，意志中的目的是对人的需要与客观可能的双重反映。再次，个体意识具有差异性，但产生差异的原因是客观的。人们的经验、知识结构、情感、兴趣的不同，都是由客观原因造成的。最后，人的意识能够创造出客观世界中并不存在的事物的观念或形象，但这种创造是把客观世界中存在的事物在观念和表象中加以改造而形成的，它仍然来源于客观世界。即使是奇妙的神话故事、荒诞的迷信传说，都可以在现实物质世界中找到它们的"原型"。

意识是主观性和客观性的统一。如果抹杀意识的主观特征，把意识等同于物质或客观事物，把意识说成是人脑的分泌物，就是一种庸俗唯物主义观点。如果抹杀意识的客观性，把意识说成纯粹是主观自生的，就是一种唯心主义观点。

第三，意识是社会的产物。从起源上说，人类意识是社会性的劳动创造的。在人类意识产生之后，个人只有在一定社会环境与社会关系中生活，学习一定社会群体的语言，接受这一社会群体的意识的影响，才能形成自己的意识。有些从小就离开社会群体的狼孩、熊孩，尽管有人脑，也能对客观事物进行反映，但由于脱离了社会群体，没有接受和使用语言的能力，就不能产生意识。所以，马克思说："意识一开始就是社会的产物，而且只要人们存在着，它就仍然是这种产物。"①

### （二）意识的能动作用

辩证唯物主义认为，物质与意识的关系是：物质决定意识，物质第一性，意识第二性；意识对物质又具有能动的反作用。坚持物质决定意识，就坚持了唯物论；承认意识的能动作用，就坚持了辩证法。物质决定意识和意识的能动作用是辩证的统一。割裂这种统一，会导致唯心主义和形而上学唯物主义的错误。唯心主义片面夸大意识的能动作用，否认物质对意识的决定作用。形而上学唯物主义肯定物质对意识的决定作用，但它缺乏实践的观点，把意识仅仅看成是对物质世界被动的反映，忽视了意识的能动作用。

意识的能动性（即主观能动性）是指意识能动地反映世界和通过实践改造世界的能力与作用。意识的能动性主要表现在以下四个方面。

第一，意识活动具有目的性和计划性。人们在改造客观物质世界时，总是根据自己的意愿和需要，确定一定的目的，制订详细或粗略的计划。目的是人们行动之前在头脑中形成的想要达到的结果。计划是目的的具体化，是实现目的的具体方案。意识活动的目的性和计划性是意识能动性的重要表现。是否有目的性和计划性，也是人的活动与动物活动的重要区别之一。人建造房屋与蜜蜂建造蜂房的根本不同在于，蜜蜂的活动没有目的和计划，是一种本能的活动，而人在建房之前在头脑中已经形成了房子的用途、式样、大小、建材和施工方案等。

第二，意识活动具有主动性、创造性。意识对客观物质世界的反映不是消极被动的，而是一种积极主动的不断创造的过程。意识对世界的反映是根据主体的需要有选择地进行的。人的意识不仅能够通过感觉反映事物的外部现象，而且能够通过思维揭示事物的本质和规律；不仅能够反映事物的现状，而且能够以此为基础，追溯过去，推测未来，创造一个理想的或幻想的世界。

第三，意识对于人的生理活动具有一定影响作用。人体是一个心理和生理相互作用、相互影响的系统，意识活动依赖于神经系统的生理过程，意识（特别是其中的情感）又能对人体的生理过程产生重要影响。心胸开朗、情绪乐观有益于身体健康，心胸狭窄、心情郁闷有害于身体健康。

第四，意识能通过指导实践改造客观物质世界。这是意识的能动性最突出的表现。意识的能动性不仅在于能反映客观世界，根据需要和可能形成目的，更重要的是在一定目的的支配下，通过有计划的实践活动将观念的东西变为现实，使客观世界发生合乎人的目的的变化。这就是意识对物质的反作用。正是通过人的实践活动，人类才创造出了许许多多自然界原本没有的东西，使我们周围的世界发生了巨大变化。随着现代科学技术的迅速发展，意识的能动性将愈来愈发挥出改造客观世界的巨大作用。

---

① 《马克思恩格斯选集》第 1 卷，人民出版社 1995 年版，第 81 页。

由于意识的能动性最突出的表现是通过指导实践改造客观世界，所以，实现意识能动作用的根本途径是人的社会实践。意识是一种精神力量，把精神力量变为物质力量的唯一途径，就是主观见之于客观的活动即社会实践。离开社会实践，纯粹的精神力量是任何东西也实现不了的。意识能动作用的发挥依赖于一定的物质条件和物质手段。人们对物质世界的认识，需要一定的物质条件。人们改造物质世界的实践活动，更离不开一定的物质条件和手段。没有现实的物质材料，人的意识创造不出任何现实的物品。

意识的能动作用有两种不同的性质：正确的意识能够指导人们采取正确的行动，对客观事物的发展起积极的推动作用；错误的意识会导致人们采取错误的行动，对客观事物的发展起阻碍和破坏作用。

（三）发挥主观能动性和尊重客观规律的关系

要正确发挥人的主观能动性，必须正确处理主观能动性和客观规律性的关系。尊重客观规律和发挥主观能动性是辩证统一的。

第一，尊重客观规律是正确发挥主观能动性的前提。只有从客观实际出发，正确认识了客观规律，尊重客观规律，按客观规律办事，才能正确地发挥人的主观能动性，卓有成效地改造世界，实现人们预期的目的。如果违背客观规律，盲目蛮干，必然受到客观规律的无情惩罚。违背了规律，越是发挥主观能动性，遭受的挫折和失败就越严重。"揠苗助长"的寓言就说明了这个道理。1958年我国的"大跃进"，就是片面强调发挥人的主观能动性，不顾客观规律，提出"人有多大胆，地有多大产""不怕做不到，就怕想不到"等错误口号，结果使工农业生产遭到严重破坏，人民生活水平急剧下降。

第二，认识和利用客观规律又必须充分发挥人的主观能动性。事物的发展都是有规律的，但规律不会自动反映到人脑中来，只有充分发挥人的主观能动性，反复实践，深入研究，才能把隐藏在事物内部的必然规律揭示出来。利用规律是理论指导实践的过程，要经过许多中间环节，克服各方面的困难和阻力才能实现，所以更需要充分发挥人的主观能动性。在科学技术发展史上，任何一个科学发现、技术发明，都不是轻而易举取得成功的，都是科学家经过艰苦的研究和实践才获得的。许多科学家如牛顿、爱因斯坦、爱迪生等，把毕生的精力献给了探索自然规律的科学事业，才取得了一些科学成果和技术发明。

尊重客观规律和发挥主观能动性辩证统一的原理，具有重要的现实意义。在社会主义现代化建设和各项工作中，我们必须把发挥人的主观能动性与尊重客观规律结合起来，把高度的实践热情与科学的求实态度结合起来。既要充分发挥广大人民群众的积极性和创造性，又要踏踏实实，按客观规律办事。坚决反对片面强调发挥人的主观能动性，无视客观规律的盲目蛮干。"大跃进"的沉痛教训我们必须永远铭记。我们既要从实际出发，实事求是，按客观规律办事，又要解放思想，锐意进取，勇于开拓创新，充分发挥主观能动性。只有这样，才能把中国特色社会主义的伟大事业不断推向前进。

## 第四节 解放思想，实事求是

> "实事"就是客观存在着的一切事物，"是"就是客观事物的内部联系，即规律性，"求"就是我们去研究。
>
> ——毛泽东

### 一、实事求是是马克思主义哲学的精髓

邓小平同志指出："搞社会主义一定要遵循马克思主义的辩证唯物主义和历史唯物主义，也就是毛泽东同志概括的实事求是，或者说一切从实际出发。"① "实事"就是客观存在着的一切事物，"是"就是事物的内部联系，即规律性，"求"就是我们去进行研究。实事求是是马克思主义哲学的精髓，是马克思主义中国化所形成的重大理论成果。首先，实事求是是对辩证唯物主义和历史唯物主义的高度概括，贯穿于马克思主义哲学的唯物论、辩证法、认识论、价值观、历史观等各个组成部分之中，是马克思主义哲学的灵魂。其次，实事求是是党的思想路线的核心。邓小平同志指出："马克思、恩格斯创立了辩证唯物主义和历史唯物主义的思想路线，毛泽东同志用中国语言概括为'实事求是'四个大字。"② 党的思想路线有着丰富的内涵，这就是：一切从实际出发，理论联系实际，实事求是，在实践中检验和发展真理。这条思想路线的核心是实事求是。再次，坚持实事求是，必须求真务实。求真务实，就是正确地认识世界，把握事物的客观规律，形成真理性的认识；注重实践，脚踏实地，身体力行，追求实效，不搞形式主义。习近平同志指出："领导干部一定要求真务实，大力弘扬党优良的思想作风和工作作风，讲老实话、办老实事、做老实人，这是坚持实事求是的作风保证。坚持求真务实，既要在'求真'上下功夫，更要在'务实'上做文章，尤其是要做到讲实情、出实招、办实事、求实效。"③ 最后，实事求是是中国共产党人认识世界和改造世界的根本要求，是我们党的根本思想方法、工作方法和领导方法，是党带领人民推动中国革命、建设和改革事业不断取得胜利的重要法宝。实践反复证明，坚持实事求是就能兴党兴国，违背实事求是就会误党误国。

### 二、解放思想和实事求是的辩证统一

解放思想就是要从那种落后的传统观念和僵化的教条的束缚中解放出来。邓

---

① 《邓小平文选》第 3 卷，人民出版社 1993 年版，第 118 页。
② 《邓小平文选》第 2 卷，人民出版社 1994 年版，第 278 页。
③ 习近平：《坚持实事求是的思想路线》，《学习时报》2012 年 5 月 28 日。

小平同志指出:"我们讲解放思想,是指在马克思主义指导下打破习惯势力和主观偏见的束缚,研究新情况,解决新问题。"① 在我国社会主义初级阶段,解放思想主要是指从对马克思主义某些原则、某些本本的教条式的理解中解放出来,从对社会主义的一些不科学甚至扭曲的认识中解放出来,从那些超越社会主义初级阶段的不正确的思想中解放出来。

解放思想和实事求是是辩证统一的。

首先,实事求是是解放思想的目的,解放思想就是为了更好地做到实事求是。邓小平同志指出:"解放思想,就是使思想和实际相符合,使主观和客观相符合,就是实事求是。"② 解放思想如果离开实事求是,不可能是科学意义上的解放思想,只能是脱离实际的胡思乱想。要解放思想,真正解决实际问题,把我们的各项工作做好,就必须坚持实事求是。

其次,解放思想是坚持实事求是的前提,只有解放思想,才能切实做到实事求是。邓小平同志指出:"解放思想,开动脑筋,实事求是,团结一致向前看,首先是解放思想。"③ 只有敢于突破陈旧的思想观念的束缚,才能勇于正视现实,正确揭示事物内部的规律性,做到实事求是。如果思想僵化,拘泥于一些僵死的教条,不可能做到实事求是。

## 本章小结

哲学是系统化、理论化的世界观,思维与存在的关系问题是哲学的基本问题,物质是世界的本质或本原,世界统一于物质。物质是不依赖于意识又能为意识所反映的客观实在。运动是物质的根本属性,时间和空间是物质运动的存在方式。

把实践的观点作为根本观点是马克思主义哲学同旧唯物主义和唯心主义的根本区别。实践是主体能动地改造和探索客体的客观物质活动,它具有客观性、自觉能动性、社会历史性等基本特点,物质生产实践、处理社会关系的实践和科学实验是实践的三种基本形式。人的实践活动使自然分化为自在自然和人化自然,社会历史是人们的实践活动创造的,实践是人的存在方式,社会生活在本质上是实践的。

物质世界是普遍联系和永恒发展的,联系的观点和发展的观点是唯物辩证法的总特征。唯物辩证法和形而上学是两种根本对立的发展观。内因是发展的根据,外因是发展的条件,外因通过内因起作用。对立统一规律、质量互变规律、否定之否定规律是联系和发展的基本规律,唯物辩证法的范畴揭示了事物联系和发展的基本环节,对立统一规律是唯物辩证法的实质与核心。

---

① 《邓小平文选》第 2 卷,人民出版社 1994 年版,第 279 页。
② 《邓小平文选》第 2 卷,人民出版社 1994 年版,第 364 页。
③ 同上书,第 141 页。

物质的运动发展是有规律的。规律是物质运动发展过程中本质的、必然的、稳定的联系。规律具有客观性和普遍性两个特点。社会规律与自然规律有本质区别。社会规律同自然规律一样，也是客观的。意识是自然界长期发展的产物，意识依赖于物质。从本质上看，意识是人脑的机能，是客观世界的主观映象，是社会的产物。意识对物质具有能动的反作用。尊重客观规律和发挥主观能动性是辩证的统一。实事求是是马克思主义哲学的精髓，解放思想和实事求是是辩证的统一。

## 复习与思考

1. 结合唯心主义和唯物主义的基本观点及各自的基本形态，说明辩证唯物主义科学地解释了世界的本质问题。

2. 结合实际说明人生活于其中的世界是与人的实践相联系的物质世界。

3. 试述唯物辩证法与形而上学的对立和根本分歧，并说明我们在学习、工作和生活中怎样才能坚持唯物辩证法、克服形而上学。

4. 如何理解矛盾是事物发展的动力？结合实际说明内因和外因的关系。

5. 说明矛盾的普遍性和特殊性辩证关系的原理、"两点论"和"重点论"相统一的原理对社会主义现代化建设的指导意义。

6. 说明掌握辩证的否定观和否定之否定规律对社会主义现代化建设的重要意义。

7. 举例说明掌握必然性和偶然性辩证关系的原理、本质和现象辩证关系的原理的重要意义。

8. 说明规律的含义与特点，以及社会规律与自然规律的异同。

9. 举例说明意识的主观性和客观性以及意识是社会的产物。

10. 结合我国社会主义建设的实际，说明发挥主观能动性必须以尊重客观规律为前提。

11. 如何理解实事求是是马克思主义哲学的精髓？

12. 如何理解解放思想和实事求是的关系？

## 阅读文献

1. 马克思：《关于费尔巴哈的提纲》，《马克思恩格斯文集》第1卷，人民出版社2009年版。

2. 马克思：《资本论》，《马克思恩格斯文集》第5卷，人民出版社2009年版。

3. 恩格斯：《反杜林论》，《马克思恩格斯文集》第9卷，人民出版社2009年版。

4. 列宁：《谈谈辩证法问题》，《列宁专题文集 论辩证唯物主义和历史唯物主义》，人民出版社2009年版。

5. 毛泽东：《矛盾论》，《毛泽东选集》第1卷，人民出版社1991年版。

6.《习近平在中共中央政治局第二十次集体学习时强调：坚持运用辩证唯物主义世界观方法论，提高解决我国改革发展基本问题本领》，《人民日报》2015年1月25日。

# 第二章
# 认识的本质及其规律

> **本章引言**
>
> 从古到今，存在着各式各样关于认识的理论，只有马克思主义哲学的认识论第一次科学地揭示了认识的本质和规律。马克思主义哲学的产生是哲学发展史上的革命性变革，它不仅科学地揭示了世界的本质及其普遍联系和运动发展的一般规律，而且在实践的基础上，把辩证法与认识论统一起来，把认识世界与改造世界统一起来，克服了旧唯物主义认识论的直观性、机械性和形而上学性，创立了辩证唯物主义的能动的、革命的反映论。在整个马克思主义哲学体系中，认识论是其重要的组成部分。
>
> **自学学时**
>
> 9 学时

## 第一节 认识的本质

> 生活、实践的观点，应该是认识论的首要的和基本的观点。
>
> ——列宁

自从地球上出现人，便有了人和外部世界的关系，这种关系包括两个方面：一是人认识外部世界，一是人改变外部世界。千百年来，各派的哲学家对认识和实践的关系不断进行探索，然而并未使这个问题获得真正的解决。马克思主义哲学以实践为基础，第一次科学地解决了这个问题。马克思主义哲学正确地揭示了认识产生的过程，论述了实践对认识的决定作用，分析了认识的主客体及其相互关系，从而深刻地揭示了认识的本质及其发展规律。

### 一、实践是认识的基础

唯心主义哲学从精神出发去考察人的认识问题，虽然积累了不少思想资料，但由于出发点的错误，终究不能正确揭示认识的本质和规律。马克思主义哲学以前的唯物论，由于不了解认识的社会性和实践的科学含义，不了解认识对实践的依赖关系，因此也未能真正揭示认识的本质和规律。马克思主义哲学把实践观引入认识论中来，克服了以往唯物论在认识论上的局限性，认为实践的观点是辩证唯物主义认识论第一的和基本的观点，实践是认识的基础，从而引起了认识论的革命。马克思主义哲学认为实践对认识具有决定性的作用，具体表现在以下几个方面。

（一）实践是认识的来源

马克思主义哲学认为，认识来源于实践。实践是沟通主体和客体的桥梁，认识作为主体对客体的反映，只有在主体和客体相互接触、相互作用的情况下才能发生，而能使主体和客体相互接触、相互作用的唯一途径就是实践。外部的客观世界是人认识的对象，但是没有人的实践，客观存在的自然现象和社会现象，是不会自动反映到人的头脑中来的。只有通过实践，客观事物才会成为认识的对象，才会有对它的反映。毛泽东指出："如果要直接地认识某种或某些事物，便只有亲身参加于变革现实、变革某种或某些事物的实践的斗争中，才能触到那种或那些事物的现象，也只有在亲身参加变革现实的实践的斗争中，才能暴露那种或那些事物的本质而理解它们。这是任何人实际上走着的认识路程。"① 如果没有实践这个桥梁，主体就无法达到客体，认识也就不会发生。

人的认识能力和作为认识结果的知识，都只能来源于实践。人们在实践中不仅锻炼了体力，而且锻炼了思维的能力，使人的智力不断提高。随着实践的深入和扩展，人们获得的知识也不断丰富。实践是人的才能和知识的唯一源泉。一个生下来就完全与实践隔绝的人，既不可能有什么知识，也不可能有什么才能。唯心主义哲学主张有"生而知之者"，散布"天赋的才能""天生的心灵禀赋"等，都是没有任何科学根据的谎言。我们并不否认人与人之间在智力上先天的差别。现实中，人在生理上的确有差别，如有的人比一般人反应快，接受能力强，比较聪明；但聪明本身还不是知识，就能力而言也只是一种潜能，它只是为人们接受知识和增长才干提供了条件，要将这种条件变为真正的知识和才能，还必须经过实践。我们也不否认有杰出的天才人物，但他们的聪明才智归根到底是从社会实践中得来的，思想家的远见卓识，科学家的伟大发现，都离不开社会实践。脱离社会实践，不论何人，都将一事无成。大发明家爱迪生说得好："什么是天才？天才就是一份灵感加九十九份血汗。"所谓"血汗"就是不辞辛苦地奋斗，也就是勤于实践。

强调实践是认识和知识的唯一源泉，并不否认可以从他人和书本获得知识。应该承认，由于个人的生命和能力的限制，不可能事事都亲身实践，人的绝大部分知识和能力都是从书本和他人那里学来的。所以我们要尊重知识，尊重人才。

---

① 《毛泽东选集》第 1 卷，人民出版社 1991 年版，第 287 页。

但必须明白，书本上的、他人的知识，对我们来说是间接的，在他人、在第一次获得这种知识的人那里，仍然是直接的，是从实践中得来的。所以，我们要重视向他人、向书本学习，但尤其要重视向实践学习。著名诗人陆游曾说"纸上得来终觉浅，绝知此事要躬行"，这是很有道理的。

（二）实践是认识发展的动力

实践是推动认识发展的动力，具体表现在以下几个方面。

第一，社会实践不断提出新的需要、新的研究课题，推动认识的发展。社会生生不息，不停地发展变化着。社会实践不断开拓新领域，涌现出新的问题、新的需要，正是这些新的问题和新的需要，推动人们去进行新的探索。天文学最初是适应古代畜牧业和农业发展的需要而产生出来的。近代的物理学、化学、生物学、地质学等，都是适应近代工业社会的需要而产生的。信息论、控制论和系统论是在现代科技实践发展的推动下而产生的。正如恩格斯指出的："社会一旦有技术上的需要，这种需要就会比十所大学更能把科学推向前进。"①

第二，社会实践为认识不断提供新的经验和新的观察、研究的物质手段。首先，实践为人们认识新领域、解决新问题提供经验，既包括继承前人的实践经验，又包括当代人的实践经验。其次，实践还为人们认识新领域、解决新问题提供新的物质手段。例如：没有射电望远镜，人们不可能观察到距离地球 200 亿光年的星系；没有高能加速器和粒子对撞机，人们不可能深入到原子核内部认识微观粒子之间的相互作用和运动规律。正是这些新的物质手段，强化、延伸了人的认识器官，给了现代人的认识以巨大推动力，使得现代人的认识获得了空前的进步和发展，不断达到新的广度和深度。

第三，社会实践推动人的思维能力的发展。社会实践的发展推动人的认识能力的提高。恩格斯指出："人在怎样的程度上学会改变自然界，人的智力就在怎样的程度上发展起来。"② 人们在实践中，不仅改造客观世界，而且也改造着自身的认识能力。人们在改造客观世界的实践中，一方面，积累了丰富的思想材料和经验；另一方面，也不断地接触新开拓的领域，遇到各种各样复杂的问题和矛盾。正是这两个方面，培养和锻炼着人的思维能力，使人的思维越来越发达、越来越敏捷，不仅能够灵活地运用概念去把握事物及其本质，而且能通过思维把握本质之间的联系和关系，从而达到对事物规律性的认识。

（三）实践是检验认识真理性的唯一标准

人们从实践中获得的对客观世界的认识，是否与客观对象相符合、相一致，是否正确地反映了客观事物的本质及其规律，必须通过实践的检验，才能得到证明，唯有实践才是检验认识真理性的标准。

---

① 《马克思恩格斯选集》第 4 卷，人民出版社 1995 年版，第 732 页。
② 《马克思恩格斯选集》第 4 卷，人民出版社 1995 年版，第 329 页。

#### （四）实践是认识的目的

人们认识世界的目的在于改造世界，此外再无别的目的。人们通过实践，达到对客观世界的正确认识，然后用这种认识指导人们去实践，实现对客观世界的改造，以满足人们的需要。

总之，实践是认识的源泉、动力、标准和最终目的，这些都是实践对认识决定作用的具体表现。正是由于这种决定作用，马克思主义哲学认为，人的认识一点也不能脱离实践。

### 二、认识是主体对客体的能动的反映

人类自出现以后，就不停地从事认识活动，孜孜不倦地探索着外部世界的奥秘。然而，在很长的历史时期内，人们却很少去研究认识本身。到了近代，欧洲哲学才把主体和客体及其相互关系的问题凸显出来。但由于历史的局限性，无论是唯心主义哲学还是旧唯物主义哲学，都未能真正科学地解决这个问题。马克思主义哲学以实践为基础，把主体和客体及其相互关系作为认识论的基本问题，使得对认识论的研究达到了真正科学的水平。

#### （一）认识主体

第一，认识主体的含义。认识主体是指认识和实践活动的承担者，是处于一定社会关系中从事实践活动和认识活动的现实的、具体的人。唯心主义哲学把这个承担者说成是"精神""灵魂""自我意识"等，马克思主义哲学继承以前唯物主义的优秀传统，提出认识的主体是现实的人。认识主体只能是人，不能是人以外的其他事物。一切认识现象都是属于人的，离开了人和人的实践根本就谈不上认识。

第二，认识主体的性质和特点。首先，人作为认识主体具有自然的物质基础。人不是超自然的存在物，不是从自然界以外来的，人是自然界长期分化的产物。人具有自然属性，人的肉体和大脑都属于自然界，人生存于自然界之中，是自然界的一部分，具有自然属性，人与自然界是同一的。人的大脑是一种高度发展和高度完善的物质，具有认识功能，是只有人才具有的独特的认识器官。恩格斯指出："我们的意识和思维，不论它看起来是多么超感觉的，总是物质的、肉体的器官即人脑的产物。"① 人的自然的物质存在和作为认识器官——高度发展、高度完善的物质——人脑的存在，都是认识主体的自然物质基础，没有这个基础，人就不能存在，也就无所谓认识。

其次，认识主体不仅具有自然的物质基础，而且具有社会性。作为认识主体的人的社会性，是说这里讲的人不是抽象的人，而是具体的人，是指生活于一定社会关系中从事物质生产活动的人。劳动活动把人从自然界中提升出来，人通过

---

① 《马克思恩格斯选集》第 4 卷，人民出版社 1995 年版，第 227 页。

劳动结成一定的社会关系，形成人类社会，使人不仅是自然存在物，而且是社会存在物。马克思指出："个人是社会存在物。因此，他的生命表现，即使不采取共同的、同其他人一起完成的生命表现这种直接形式，也是社会生活的表现和确证。"① 人离不开社会，人的活动，人的享受，无论就其内容或就其存在方式来说，都是社会的，是社会的活动和社会的享受。人作为认识主体的社会性，使得人的认识必然受到所处社会条件的制约。

再次，认识主体具有历史性，认识主体的社会性和历史性是分不开的。所谓认识主体的历史性，就是指主体的认识活动不能超越特定的历史时代。每一个时代主体的认识都代表、反映那个时代的水平。每个时代主体的认识总要受到一定历史的局限。即使像马克思这样伟大的思想家也不例外。他在 19 世纪中叶创立了科学社会主义理论，揭示了社会主义取代资本主义的一般规律。但他不可能认识 20 世纪和 21 世纪社会主义在中国发展的具体规律，这个规律只能由处于这个历史阶段的中国共产党人来认识，毛泽东思想、邓小平理论、"三个代表"重要思想、科学发展观以及习近平新时代中国特色社会主义思想，就是对这种规律的认识和总结。

最后，认识主体具有能动性，这是认识主体的突出特点。所谓认识主体的能动性，是说认识主体不是消极被动地反映客体。从对认识客体的选择和设定，到主体通过认识工具对客体施加作用和影响，再到主体对客体信息在思维中的加工制作，都体现着主体的能动性。主体是一种社会存在物，他通过实践改变世界使之适应人的需要。在实践的过程中体现了主体的目的性和计划性，这是主体的能动性的突出表现。主体的能动性又称自觉的能动性，是人区别于动物的显著特点。毛泽东指出："思想等等是主观的东西，做或行动是主观见之于客观的东西，都是人类特殊的能动性。这种能动性，我们名之曰'自觉的能动性'，是人之所以区别于物的特点。"②

第三，认识主体的结构。人是唯一能担当起认识主体的存在物，这个存在物具有自身的结构，它分为个体、群体和人类整体诸层次。

人类个体就是指在一定社会关系中从事活动的个人。个体的人通过与外部世界的接触，由感官和大脑去反映外部事物，从而产生认识。个人虽是认识的最小单位，但他却是认识的直接承担者，是组成群体主体和整个人类主体不可缺少的因素。个体作为认识主体存在很大局限性，个体的认识活动受到个人的知识水平、社会地位和阅历、个人的生理状况等主观因素的限制。漫步田野，水稻专家与普通人的认识是不一样的；在月光下散步，艺术家与天文学家的感受是不同的。为什么？原因就在于作为认识主体的个人知识水平、生活经历等的不同。此外，认

---

① 《马克思恩格斯全集》第 42 卷，人民出版社 1979 年版，第 122—123 页。
② 《毛泽东选集》第 2 卷，人民出版社 1991 年版，第 477 页。

识个体还要受到活动范围、所处环境等客观条件的限制。

作为认识主体的群体虽然是由个体所构成，但群体的认识不同于个体，它的功能远远超过个体，群体具有更大的主动性、积极性和创造性。因为在群体中各个个体能摆脱他个人的某些局限性，形成一种综合的认识能力，从而对认识客观世界产生重大作用。所以，在实践中要特别重视群体认识的功能和作用。当然，群体也受到两方面的制约。一方面，受到群体自身的制约，如每个阶级都不可避免地有其局限性，这种局限性对作为阶级的群体认识主体的认识必然会产生这样那样的影响；另一方面，群体的认识也要受一定历史条件的局限，封建社会中农民的认识同资本主义制度下的无产阶级的认识绝对不能同日而语。

人类整体是最高层次的认识主体，它包括地球上的人类总体，既包括现在的人，也包括历史的人，还包括未来的人。作为认识主体的人类整体的认识能力是无限的，这种性质同客观世界的无限性正好一致。个体、群体的存在都是有限的，所获得的认识也是有限的；无数的个体、群体汇成人类整体，无数个体和群体的认识汇成无穷无尽的人类知识的长河，这是一个永无止境的过程。

由个体形成的群体，以及由个体、群体而构成的人类整体，都存在着非常复杂的情况，每一种主体作为认识的承担者所能实现的认识是不相同的，必须进行具体的、深入的分析。

（二）认识客体

第一，认识客体的含义和构成。认识客体是指人的实践活动和认识活动所指向的对象。构成认识客体的主要有自然客体、社会客体和精神客体。自然客体是指成为人们认识对象的那部分自然界。社会客体是指作为认识对象的人类社会。精神客体是指成为人们认识对象的精神活动和精神产品。精神活动指的是人的意识活动或认识活动，这种精神活动作为认识对象就构成精神客体。精神产品是指人们认识的成果，把这种认识成果作为认识对象，它们也成为精神客体。主观唯心主义把认识客体说成是主观意识或感觉，认为认识就是认识人的主观意识或感觉；客观唯心主义把认识客体说成是客观精神，认为认识就是对客观精神的认识。它们之间的区别不具有根本性，它们的共同点是把认识客体仅仅局限于精神、意识的范围。这种做法的目的就是否认把自然和社会作为认识客体。

第二，认识客体的性质。首先，认识客体具有客观性。自然客体和社会客体都是物质性的客观存在和客观过程，当然具有客观性。精神客体虽然是人的精神活动和精神活动的结果，但由于它是自然客体和社会客体的反映，其内容是物质性的客观存在，所以也具有客观性。其次，认识客体具有对象性。认识客体必须具有客观实在性，但并不是所有具有客观实在性的事物都自然而然地成为认识客体，只有那些与主体活动发生关系、成为主体活动对象的外部事物，才构成认识客体。认识客体的对象性是与主体活动的指向性分不开的，任何主体的活动总要指向某个特定的对象，无指向、无对象的认识活动是不存在的。客观世界广袤无跟，哪些事物在什么时候、什么程度上成为认识客体，不是取决于事物本身，而是取决于社会需要和实践发展的水平。当社会实践的发展还不能探索物质的原子结构的层次时，原子尽管存在着，但它并不能成为认识的客体，即它不具有对象性；只有到了 20 世纪，随着科学的进步，人的认识活动才扩展到原子结构，这时原子才成为认识的客体，即才具有了客体的对象性。社会实践的深入和发展，使得人能认识的客体不断扩大；今天人们的认识客体比古代人扩大了千万倍，未来人类的认识客体又会比现代扩大千万倍。这是社会实践发展的过程，也是人类认识发展的过程。

（三）认识主体和认识客体的关系

认识的主体和客体是一对矛盾的两个方面，它们之间存在着既对立又统一的辩证关系。对立是指二者各有自己的特点和特殊的规定性，彼此是相互区别的，上面我们已分别做了说明。然而二者又是同一的，即相互依存、相互作用，并在一定条件下相互转化。具体说来，它们的关系表现如下。

第一，认识的主体和客体的实践关系。这是指认识的主体与客体之间改造和被改造的关系，主体作用于客体，就是对客体的改造，也就是实践。通过这种改造，主体获得自身需要的满足。实践关系是一切其他关系的前提和基础，也是主体和客体之间的首要的基本关系，没有实践关系，其他任何关系都无从谈起。马克思指出："人们决不是首先'处在这种对外界物的理论关系中'。……而是积极地活动，通过活动来取得一定的外界物，从而满足自己的需要。（因而，他们是从生产开始的）"①

第二，认识的主体和客体的认识关系。这是指认识的主体与客体之间反映和被反映的关系。主客体在实践关系中，同时发生着认识关系。就是说，在改造客体的过程中，主体就在观念上、理论上去理解并把握客体，也就是达到对客体的认识。

第三，认识的主体和客体的相互作用。无论是实践关系还是认识关系，都不是主体或客体各自独立进行的，而是二者相互作用的过程。主体对客体具有改造和认识作用，这是主体能动性的表现；然而这种能动性受到客体的制约，表现为主体必须认识和遵循客体的规律，改造活动才能获得成功。一切实践只有在主体能动性和客体制约性统一的基础上，才是成功的实践。这个实践过程也是主体客体化和客体主体化的过程，也就是说，在这个过程中，一方面，主体把客体反映为观念和思想，即把客体转化为主体的观念和思想，用概念去把握客体，使客体主体化；另一方面，主体又把从实践中得来的关于客体的观念、思想，通过实践转化为新的客体，使主体客体化。

---

① 《马克思恩格斯全集》第 19 卷，人民出版社 1963 年版，第 405 页。

（四）认识的本质是主体对客体的能动反映

人的认识就是在主客体的相互作用中产生和发展的。认识的真正本质是在实践中主体对客体的能动反映，这是马克思主义哲学对认识本质的科学揭示。马克思主义哲学认识论的这一特点，不仅把马克思主义的认识论同唯心主义认识论、不可知论从根本上区别了开来，而且也同旧唯物主义认识论划清了界限。

第一，唯物论的反映论与唯心论的认识论的对立。在哲学上有两条对立的认识路线：一条是从物到感觉和思想的路线，另一条是从感觉和思想到物的路线。前一条是唯物主义的认识路线，后一条是唯心主义的认识路线。唯物主义从存在第一性、思维第二性的根本原则出发，认为认识是主体对客体的反映，人的认识归根到底是从外部世界得来的，这就在认识论上坚持了反映论的原则。就一切唯物论的认识论都是反映论这一点而言，马克思主义以前的唯物论在认识论上的基本立场是正确的，但由于这种唯物论具有形而上学的局限性，不懂得实践对于认识的决定性意义，所以，旧唯物主义未能从根本上解决认识的本质问题。

唯心主义哲学有各种表现形式，但它们的共同特征是从思维第一性、存在第二性的原则出发，以这样或那样的方式主张人的认识是先于经验而获得的，或者认为认识是从天上掉下来的，或者认为认识是人主观自生的。总之，人的认识与外部世界没有关系，同人的直接经验没有任何关系，这就是唯心论的先验论。这种认识论对认识活动进行了很多探索和研究，积累了一些有用的思想材料，对于推动认识论的研究和发展起到了一定的作用；但由于这种认识论不符合认识的实际过程，是非科学的，不可能正确解决认识的本质问题。

第二，可知论与不可知论的对立。可知论和不可知论是由对思维能不能认识存在、能不能正确地认识现实世界这个问题的不同回答而划分出来的。唯物主义哲学对这个问题的回答都是肯定的，即思维能够认识并能够正确认识现实世界，也就是说，现实世界是可知的。有些唯心主义哲学家对这个问题也给予了肯定的回答，如黑格尔。但他同唯物主义所主张的可知论是有根本区别的。因为在黑格尔那里，客观世界是绝对精神的产物，精神认识世界就是精神认识自己和自己的产物，这同唯物主义主张的客观世界的可知性是完全不同的两回事。

哲学上的不可知论是指那些认为世界不可认识或不能彻底认识的哲学认识论。在欧洲近代哲学中有两位典型代表人物，一位是英国的休谟，他认为人能知道的只是自己的感觉经验，而这种感觉经验同外部世界的关系，即这种感觉经验是不是对外部世界的反映，人是无法知道的。这就是说，外部世界本身是否存在、是否可以认识，我们是无法知道的。另一位是德国哲学家康德。康德并不否认外部世界的存在；也不否认感觉是从外部世界得来的；但他认为人们所能认识的只是客观世界的外在现象，至于现象背后的本质，人的认识是无法达到的。他把事物的本质叫作"自在之物"，"自在之物"的现象可以引起人的感觉，由于在现象与本质之间有一条不可逾越的"鸿沟"，所以，认识无法达到事物的本质，即无法达到"自在之物"。

不可知论是一种错误的、消极的理论,它怀疑人的认识能力,不承认人类知识的客观性,对人类的进步和发展起着消极的作用。马克思主义哲学把实践观引进到认识论中来,认为人在实践中能够认识,并能够正确认识客观世界。实践的观点彻底批驳了不可知论以及哲学上的一切其他怪论。恩格斯指出:"对这些以及其他一切哲学上的怪论的最令人信服的驳斥是实践,即实验和工业。既然我们自己能够制造出某一自然过程,按照它的条件把它生产出来,并使它为我们的目的服务,从而证明我们对这一过程的理解是正确的,那么康德的不可捉摸的'自在之物'就完结了。"① 马克思主义哲学认为,世界上只存在尚未被认识的事物,但不存在根本不能认识的事物;现在没有被认识的事物,随着实践和人的认识的发展,将来总会被人们所认识。

第三,辩证唯物论的能动的反映论与旧唯物论的机械的反映论的对立。在认识论上,唯物论都是反映论,但在马克思主义哲学以前的唯物论的反映论是机械的。这种反映论不懂得实践在认识中的作用,把主体看作是单纯的有生命的存在物,离开主体的社会性、实践性和能动性去考察主客体之间的关系;对于客体,旧唯物主义把它仅仅看作是消极的认识对象,完全不懂得它还是实践的对象,不能从认识主体方面去看待客体。这样认识就被理解为主体对客体的直观的照镜子式的反映。马克思指出:"从前的一切唯物主义(包括费尔巴哈的唯物主义)的主要缺点是:对对象、现实、感性,只是从客体的或者直观的形式去理解,而不是把它们当作感性的人的活动,当作实践去理解,不是从主体方面去理解。因此,和唯物主义相反,能动的方面却被唯心主义抽象地发展了,当然,唯心主义是不知道现实的、感性的活动本身的。"② 辩证唯物论是对这种唯物论的发展和超越,它把实践观引进到认识论中来,并把认识论与辩证法结合起来,科学地揭示了认识的本质,把认识看作是主体在实践中能动地反映客体的过程,从而使辩证唯物论的反映论成为能动的革命的反映论。

辩证唯物论的认识论认为,实践是认识的基础;在实践基础上产生的认识,不仅能反映外部事物的现象,而且经过人的思维对感性材料的加工,形成概念和理论,能够达到对事物本质和发展规律的认识。这个过程同时也是主体的创造的过程。概念本身就是思维加工的产物;运用概念进行推理,去探索和发现新事物,在观念中创造出自然界原来不存在的新物质形态。所以,认识的过程是反映与创造的统一,这是辩证唯物论的反映论的能动性的突出表现,也是区别于机械唯物论反映论的根本标志。

---

① 《马克思恩格斯选集》第 4 卷,人民出版社 1995 年版,第 225—226 页。
② 《马克思恩格斯选集》第 1 卷,人民出版社 1995 年版,第 54 页。

## 第二节　认识的辩证运动

> 人对事物、现象、过程等等的认识深化的无限过程，从现象到本质、从不甚深刻的本质到更深刻的本质。
>
> ——列宁

认识是在实践中主体对客体的能动的反映。这个过程是一个辩证的发展过程。在实践中，人们先是产生感性认识，在感性认识的基础上，产生了理性认识，然后在理性认识的指导下去进行新的实践，在新的实践中又产生新的认识。人的认识就是从实践到认识、再从认识到实践这样一个不断反复、无限发展的过程。

### 一、从感性认识到理性认识

#### （一）感性认识和理性认识

感性认识是认识的初级阶段，它是对事物的各个片面、现象和外部联系的反映，是具体的、丰富的、生动的；然而，它是表面的、个别的、不深刻的。感性认识分为感觉、知觉和表象三种形式。感觉是在实践中反映客观事物的开始，是对认识对象最直接的反映。感觉是人脑通过人的感觉器官眼、耳、鼻、舌、身直接反映事物个别特性的认识，例如通过视觉反映事物的颜色，通过味觉反映事物的味道等。知觉是比感觉高一级的反映形式，它是感觉的综合，是把各种感觉集中在一起并把它们组合起来，形成对对象各方面外部特性的整体的认识。例如，通过把红的颜色、圆的形状、甜的滋味等感觉的综合和组合，获得对苹果的知觉。知觉高于感觉，但它仍然属于对事物外部联系的反映。表象是事物感性形象在大脑中的再现，是指曾经作用于人的感觉器官而引起感觉的事物在离开人的感官以后，它的感性形象在人的大脑中重新浮现，例如我们头脑中再现的雅典奥运会中国女排勇夺冠军的场景。表象是在感觉和知觉的基础上产生的，是对感觉和知觉的重新组合，比感觉和知觉更高级，因为它是对象不在眼前而产生的对该对象回忆的认识。

理性认识是认识的高级阶段，它是对事物的全体、本质和内部联系的反映，是抽象的、间接的、相对稳定的；理性认识是深刻的，它反映的是事物的全体和本质。理性认识包括概念、判断和推理三种形式。概念是对事物本质、全体的反映，它包含同类事物共同的、一般的特性。概念是理性认识的细胞，有了概念就可以进行判断和推理。判断是概念的展开，是一种利用概念对事物做出某种判定的认识形式，这种判定反映了事物内部各要素和事物之间的内部联系和关系，事物的性质是在联系和关系中表现出来的，所以，判断也是对事物具有或不具有某种性质的认识。推理是从事物的联系和关系中由已知合乎规律地推出未知的认识形式，它由判断所构成，是人们获得新知识的重要手段。

（二）感性认识和理性认识的辩证关系

感性认识和理性认识是认识的两个阶段，它们既相互区别又相互联系，是对立统一的关系。

第一，感性认识与理性认识的区别。感性认识是对事物表面的、直接的、具体的、个别特性的反映，因而是不深刻的、片面的认识；理性认识是对事物本质的、全体的、间接的、概括的反映，因而是深刻的、全面的、相对稳定的认识。

第二，感性认识与理性认识的联系。表现在以下几个方面。其一，理性认识依赖于感性认识。感性认识是认识的开始，是理性认识的基础。本质是通过现象表现出来的，只有透过现象才能揭示事物的本质，只有通过对感性材料加工制作，才能形成理性认识。离开感性认识就没有理性认识。坚持了这一点，就是在认识论上坚持了唯物论。其二，感性认识有待于发展到理性认识。感性认识只是对事物外部现象的反映，尚未达到对事物本质的认识。认识的真正任务在于经过感性认识达到理性认识，揭示事物的本质和发展规律。坚持了这一点，就是在认识论上坚持了辩证法。其三，感性认识和理性认识相互渗透。一方面，感性认识中有理性认识，任何感性认识都是在理性认识指导下进行的，而且是用概念、判断等理性形式表达的；另一方面，理性认识中包含感性的成分，理性认识必须以感性材料为基础，如果没有大量的感性材料，理性认识就无法进行抽象和概括。在人的实际认识过程中既没有纯粹的感性认识，也没有纯粹的理性认识，二者之间没有绝对分明的界限。

由此可见，在认识过程中，感性认识和理性认识是不可分割的，如果将二者割裂开，就会犯经验论或唯理论的错误。在哲学史上，经验论者片面强调感性经验的重要性，认为只有感性经验才是可靠的，而抽象的理性认识是不可靠的；唯理论者则走向另一个极端，认为感性经验是靠不住的，只有理性认识才是真实可靠的。两者各执一端，各有片面的理由，而在认识的整体上，都犯了片面性的毛病，都是错误的。经验论和唯理论是实际工作中经验主义和教条主义的认识论根源。经验主义夸大个别的、局部的经验的作用，把它当作普遍真理，到处搬用，否认科学理论的指导意义；教条主义夸大理论和书本知识的作用，轻视实际经验，不是从实际出发，而是从书本出发，把理论当作万古不变的公式，生搬硬套。这两种错误都曾给我们的革命和建设事业带来重大损失，是我们在实际工作中要注意避免的。

（三）由感性认识到理性认识的飞跃

人们在实践中，最先是通过各种感觉器官同认识对象发生直接的接触，产生感性认识。由于实践的继续，感性认识积累多了，就会由量变发展到质变，出现认识的飞跃，由感性认识上升到理性认识。认识的这次飞跃非常重要，它是认识任务的真正完成。毛泽东指出："认识的真正任务在于经过感觉而到达于思维，到达于逐步了解客观事物的内部矛盾，了解它的规律性，了解这一过程和那一过程间的内部联系，即到达于论理的认识。"① 在认识过程中，感性认识非常重要，但我们不能停留于、满足于感性认识，因为"感觉到了的东西，我们不能立刻理解它，只有理解了的东西才更深刻地感觉它。感觉只解决现象问题，理论才解决本质问题"②。

感性认识向理性认识的飞跃需要具备两个条件。第一，感性材料必须十分丰富而不是零碎不全，必须合于实际而不是错觉，人们是无法根据零碎不全与不符合实际的感性材料造出正确的概念和理论来的。第二，必须有正确的思维方法。从感性认识到理性认识的飞跃必须借助于思维才能实现，也就是说，必须通过思维的加工，才能实现由感性认识到理性认识的飞跃。思维的加工是人脑的活动，极其复杂，有待于脑科学的发展才能真正搞清楚。现在人们只是知道思维加工的大致过程，这就是对感性材料进行"去粗取精、去伪存真、由此及彼、由表及里"的改造。经过这样的加工制作，才能透过现象达到对事物本质和规律的认识。这两个条件缺一不可。这就要求我们在实践中必须把调查和研究结合起来，调查就是收集大量的、合于实际的感性材料，研究就是对从实践中得来的感性材料进行加工制作。在实践中，认识由感性上升到理性的辩证运动，也就是人们的认识从现象到本质、从不深刻的本质到更深刻的本质的过程。

### 二、从理性认识到实践

马克思主义哲学认识论认为，认识由感性上升到理性，至此认识运动并未完结，这只是认识运动的一半，还有非常重要的另一半没有完成，这就是要把前一阶段获得的理论用于指导实践，实现对客观世界的改造。也就是说，还要实现由理性认识向实践的飞跃。毛泽东指出："认识的能动作用，不但表现于从感性的认识到理性的认识之能动的飞跃，更重要的还须表现于从理性的认识到革命的实践这一个飞跃。"③

认识的第二次飞跃比第一次飞跃具有更加重大的意义。

第一，只有经过第二次飞跃，才能把理论用于指导实践，实现对客观世界的改造。马克思指出："哲学家们只是用不同的方式解释世界，问题在于改变世界。"④ 马克思主义哲学以前的哲学家都未能做到把认识世界与改造世界结合和统一起来，只有马克思主义哲学做到了。认识世界和改造世界的统一，是马克思主

---

① 《毛泽东选集》第 1 卷，人民出版社 1991 年版，第 286 页。
② 同上。
③ 《毛泽东选集》第 1 卷，人民出版社 1991 年版，第 292 页。
④ 《马克思恩格斯选集》第 1 卷，人民出版社 1995 年版，第 57 页。

义哲学的特点，也是它的优点。

第二，只有经过第二次飞跃，使理性认识再回到实践中去，才能使之得到检验，得到丰富和发展。在第一次飞跃过程中获得的认识是否正确，正确到什么程度，这个问题在从实践到认识的过程中是得不到解答的。必须把这一阶段获得的认识再回到实践中去，看是不是取得了预想的结果。一般说来，如果与预想的结果一致，就证明这种认识是正确的；反之，如果与预想的结果不一致，就证明这种认识是不正确的，这就需要在实践中加以纠正或补充。通过这样的过程，人的认识得到了丰富和发展。毛泽东指出："人类认识的历史告诉我们，许多理论的真理性是不完全的，经过实践的检验而纠正了它们的不完全性。许多理论是错误的，经过实践的检验而纠正其错误。"①

### 三、认识过程的多次反复和有限与无限的辩证统一

认识在实践中产生，先是感性认识，然后上升为理性认识，再由理性认识回到实践，这是一个由实践到认识、再由认识到实践的完整的认识过程。一个正确的认识常常不是通过实践——认识——再实践一次反复就能完成的，而是要经过多次反复才能完成；另一方面，客观世界及其发展是有限和无限的统一，人类对客观世界的认识也是有限与无限的统一。简言之，一个正确的认识需要经过多次反复才能完成，整个人类的认识是有限与无限的统一。

（一）认识的反复性

认识的反复性是由以下原因决定的。首先，从认识客体方面来考察。其一，客观事物本身往往是多种矛盾的统一体，每一个矛盾的双方以及各个矛盾之间的相互作用，都有很多特点和非常复杂的情况，这就决定了事物本身的复杂性。其二，事物的矛盾有个展开和发展的过程，事物的本质并不是一开始就显露在外面，而是要经历一个过程才逐渐暴露出来。其三，任何事物都是具体的，都是存在于特定的社会历史环境中的，而一定社会所提供的科学技术条件是与那个社会生产发展的水平相联系的。这就使得人的认识必然要受到社会历史条件和科学技术条件的限制。认识客体的这些特点，决定了人们对它的认识必须经历反复的过程。其次，从认识主体来考察。人的认识受到主体的生理因素、知识水平、生活经验、认识能力及其立场、观点、方法的限制。认识主体的这些特点，决定其必须经过由实践到认识、再由认识到实践这样多次的反复，才能获得对客观事物的正确认识。

（二）认识是有限和无限的辩证统一

认识的有限性是指每个时代的个人每一次具体的认识是有限的，认识的无限性是指整个人类无止境的世代更替的认识是无限的。每个时代的个人的每一次具

---

① 《毛泽东选集》第 1 卷，人民出版社 1991 年版，第 293 页。

体的认识，由于受主客观条件的限制，都是有限的；整个人类无止境的世代更替的认识，则具有无限性。整个人类认识的无限性，存在于每个时代个人的认识的有限性中，并通过无数有限性的认识而得以实现。所以认识的有限性和认识的无限性是辩证统一的。恩格斯指出："人的思维是至上的，同样又是不至上的，它的认识能力是无限的，同样又是有限的。按它的本性、使命、可能和历史的终极目的来说，是至上的和无限的；按它的个别实现情况和每次的现实来说，又是不至上的和有限的。"① 认识的有限性和无限性的矛盾"只有在无限的前进过程中，在至少对我们来说实际上是无止境的人类世代更迭中才能得到解决"②。

毛泽东指出："实践、认识、再实践、再认识，这种形式，循环往复以至无穷，而实践和认识之每一循环的内容，都比较地进到了高一级的程度。"③ 这里讲的循环不是封闭式的循环，人的认识运动既不是简单的循环，也不是直线式的前进，而是螺旋式的上升运动。这就是认识运动发展的总规律。

（三）主观和客观、认识和实践的具体的历史的统一

首先，主观和客观、认识和实践的统一是具体的。这是指特定的主体在具体的实践中的主观认识与特定的客观实际的相一致、相符合。实践是人的具体的物质活动，认识产生于实践，因此，有什么样的实践就会产生什么样的认识。在革命和战争年代，产生了许多革命的理论和战争的学说，这些理论和学说就是对革命斗争实践和战争实践的认识。今天，我们关于改革开放和建立社会主义市场经济体制的理论，就是对我国现在进行的改革开放和社会主义建设的实践的认识。

其次，主观和客观、认识和实践的统一是历史的。这是指认识与实践的统一是变动的，随着实践的发展，认识也应随着实践的发展而发展。客观世界和人们改造客观世界的实践都是不断发展的，旧的过程结束了，新的过程又开始，从而决定了认识与实践、主观与客观的矛盾是一个不断产生——不断解决——又不断产生的过程。我们要坚持与时俱进，在新的历史条件下达到新的认识与实践的统一。

总之，实践——认识——实践的循环往复体现了认识和实践的统一是具体的、历史的。经验主义和教条主义这两种错误倾向，虽然表现形式不同，但在认识论上都是以主观和客观相分裂、认识和实践相分离为特征的，违背了认识和实践具体的、历史的统一的原理。教条主义者和经验主义者或者超越客观过程的一定发展阶段搞冒险主义，犯"左"的错误，或者思想僵化、停滞不前搞保守主义，犯右的错误。针对这种情况，毛泽东写道："我们的结论是主观和客观、理论和实

---

① 《马克思恩格斯选集》第3卷，人民出版社1995年版，第427页。
② 同上。
③ 《毛泽东选集》第1卷，人民出版社1991年版，第296—297页。

践、知和行的具体的历史的统一，反对一切离开具体历史的'左'的或右的错误思想。"① 这在今天对我们仍然具有重要的指导意义。认识和实践的具体的历史的统一，要求我们在实际工作中必须坚持一切从实际出发，实事求是，开拓创新，把马克思主义普遍原理同我国的具体实际情况相结合，坚持真理，修正错误，走中国特色社会主义道路。

## 第三节　真理与价值

> 通过实践而发现真理，又通过实践而证实真理和发展真理。
> 
> ——毛泽东

人们在实践中获得的认识是不是正确，怎样证明认识的正确性？这就是真理和真理标准的问题。认识的目的就是要达到真理。人们为什么要孜孜不倦地追求真理，真理对人类有什么意义？这就是真理的价值问题。

### 一、真理及其属性

（一）真理和谬误

在实践中，主体对客体的反映有两种情形：一种是主体正确地反映了客体，一种是主体歪曲地反映了客体。正确地反映客体的认识就是真理，歪曲地反映客体的认识就是谬误。认识和对象相一致、相符合，这是真理最根本的规定性。这里讲的相一致、相符合不仅是指与事物的现象、外部联系的相一致、相符合，更主要的是指与事物的内部联系和本质的相一致、相符合。仅仅同事物的外部联系、事物的现象相符合、相一致，不一定就是真理。因为外表的联系是不深刻的，现象中包含着假象。只有既与事物的表面联系、事物的现象又与事物的内部联系、事物的本质相一致的认识才是真理。我们在实际生活中，常常听人说"亲眼所见"，以为亲眼所见就一定是真的，其实不然。眼睛可能是吸纳信息最多最快的一种感官，但它并不能直接获得对事物真理性的认识。所以，有哲学家说："没有理性，眼睛是最坏的见证人。"与真理相反，谬误就是与事物不相一致、不相符合的认识。

真理和谬误是认识运动中既对立又统一的两个方面。它们的对立表现在相互排斥、相互否定上。真理与谬误是相互排斥的，是真理就不能是谬误，是谬误就不能是真理，真理和谬误不能混淆。这在一定范围具有绝对意义。正因为如此，坚持真理才是崇高的，修正错误才成为必要。真理和谬误是相互否定的，否定了

---

① 《毛泽东选集》第1卷，人民出版社1991年版，第296页。

真理必然导致谬误，否定谬误才可能达到真理。

真理与谬误的统一表现为它们之间的相互依存和相互转化。真理与谬误互相依存，是说真理与谬误是相比较而存在、相斗争而发展的。没有真理就无所谓谬误，没有谬误也无所谓真理。真理和谬误是认识运动中不可分割的两个方面，在认识过程中不断地开展真理对谬误的斗争，以达到人们对真理越来越深刻的认识。人之一生不可能不犯错误，每一代人总是发现了许多真理，同时也必然会发生很多错误，留给后代人去纠正，这是认识运动的规律。恩格斯指出："因为很可能我们还差不多处在人类历史的开端，而将来会纠正我们的错误的后代，大概比我们有可能经常以十分轻蔑的态度纠正其认识错误的前代要多得多。"① 人不可能不犯错误，犯错误并不可怕，问题在于犯了错误能不能及时改正。马克思主义哲学认识论认为，错误往往是正确的先导，一个人就是在不断地改正错误的过程中变得聪明起来、成熟起来的。对个人来说是如此，对一个政党来说也是如此。中国共产党之所以伟大，不在于它没有犯过错误，而在于它自己能及时纠正自己的错误。犯了错误及时改正，做到知错必改，对个人有利，对人民有利。真理和谬误不仅相互依存，而且在一定条件下可以相互转化。这是因为任何真理都是具体的，都有与之相符的特定的对象、时间和范围，一旦离开这个对象，超出特定的时间和范围，真理就会变成谬误。列宁指出："只要再多走一小步，看来像是朝同一方向多走了一小步，真理就会变成错误。"② 例如马克思主义关于阶级斗争是阶级社会发展的直接动力的观点，对于阶级社会来说它是真理；而对于阶级产生以前的社会或阶级消灭以后的社会来说，这个论断就不再是真理。谬误也可能转化为真理，这是指当人们把超出特定对象、时间和范围的认识进行纠正，使之重新与对象、时间和范围相符合，这时谬误就变成了真理。在认识和实践中，人们常常受到错误的启发，在纠正错误的过程中达到真理。

（二）真理的属性

作为正确认识的真理具有多种属性，最重要的是真理的客观性、绝对性和相对性。

1. 真理的客观性

真理的客观性有两个含义：其一，是指任何真理都包含不依赖于主体、不依赖于人类的客观内容，也就是说，真理的客观性就是承认认识的内容来自客观实际又符合客观实际。在主体之外有一个客观对象，真理就是指主体的认识与客观对象相符合、相一致。简言之，真理的客观性就是指真理的内容是客观的。但与此同时又必须明确：仅仅作为客体自身，既无所谓真亦无所谓假，也就是说，事物及其规律本身并不就是真理；真理属于认识范围，是一种与客体即认识对象相

---

① 《马克思恩格斯选集》第 3 卷，人民出版社 1995 年版，第 426 页。
② 《列宁选集》第 4 卷，人民出版社 1995 年版，第 211 页。

符合、相一致的认识。

其二，真理的客观性还在于检验真理的标准是客观的。检验真理的标准只能是实践，实践是一种感性的物质活动，实践的主体、客体、手段、结果都是客观实在，都不以人的主观意志为转移。把实践作为检验认识是否真理的标准，是真理的客观性的必然要求。

真理的客观性决定了真理的权威性，不论何人都必须尊重和服从真理，违背了真理就一定会受到惩罚。

真理都是具体的、客观的，抽象的、主观的真理是根本不存在的。唯物主义哲学坚持物质第一性、意识第二性，承认客观物质世界是认识的对象，认识的内容来自客观物质世界，这就必然承认真理的客观性，必然承认客观真理。唯心主义哲学主张意识第一性、物质第二性，否认人的认识是对客观物质世界的反映，把人的认识说成是从天上掉下来的或主观自生的，这样就必然导致否认真理内容的客观性，否认客观真理。

2. 真理的绝对性和相对性

真理是客观的，又是绝对的和相对的。承认真理的客观性，这是在真理问题上坚持了唯物论；承认真理既是绝对的又是相对的，这是在真理问题上坚持了辩证法。任何真理都是客观性、绝对性和相对性的统一，这就是真理观上唯物论与辩证法的统一。

真理具有绝对性，通常用"绝对真理"这个概念表明真理具有绝对性。真理的绝对性有两个方面的含义。第一，真理是对客观事物及其规律的正确反映，是与客观世界相符合、相一致的认识，任何真理总是包含着不依赖主体和人类的客观内容，这是无条件的、绝对的。承认真理的客观性同承认真理的绝对性是一致的。第二，无限发展着的物质世界的存在是绝对的，而人的每一个真理性认识，都是向着这个无限发展着的物质世界的接近，这也是无条件的、绝对的。恩格斯指出："对自然界的一切真实的认识，都是对永恒的东西、对无限的东西的认识，因而本质上是绝对的。"①

真理是绝对的，同时又是相对的，具有相对性，通常用"相对真理"这个概念表明真理具有相对性。真理的相对性有两个含义。第一，从广度上看，任何真理都只是对客观世界某一部分的某些方面的正确认识，这种真理性的认识在广度上是有限的，是受条件制约的，它需要进一步扩展。第二，从深度上看，任何真理都只是对客观世界某一部分一定程度、一定层次近似正确的反映，认识有待于深化。就是说，真理性的认识在深度上是有限的，是受一定条件制约的。承认真理有待于扩展和深化，也就是承认真理的相对性。

真理既是绝对的，又是相对的，是绝对性和相对性的统一。真理的绝对性和

---

① 《马克思恩格斯选集》第 4 卷，人民出版社 1995 年版，第 341 页。

相对性具有如下关系。第一，真理的绝对性和相对性相互依存。没有真理的绝对性，就无所谓真理的相对性，反之亦然。失去一方，另一方就不能存在。第二，真理的绝对性和相对性互相包含、互相渗透。一方面，任何相对真理中都包含着绝对真理的颗粒；另一方面，绝对真理通过相对真理表现出来，无数相对真理的总和构成绝对真理。第三，相对真理向绝对真理转化。人的认识是一个由相对真理向绝对真理转化的过程，每一个真理性认识都是这个转化过程中的一个环节，真理的发展过程就是由相对真理走向绝对真理的过程。客观世界的发展是无限的，人类的认识也是无限的，由相对真理走向绝对真理的过程永远不会完结。

绝对性和相对性是一切真理同时具有的两种属性，要正确地把握认识的真理性必须正确对待真理的绝对性和相对性之间的关系。在哲学上有两种对待二者关系的错误态度，即相对主义和绝对主义。相对主义片面夸大真理的相对性，否认真理的绝对性，不承认在相对真理中包含绝对真理的成分和颗粒，实际上就是否认客观真理的存在，从而最终导致否认人认识客观世界的可能性。与此相反，绝对主义则夸大真理的绝对性，否认真理的相对性，把人的认识固定化，否认认识真理是一个过程，从而导致人的认识僵化。只承认真理的绝对性否认真理的相对性或只承认真理的相对性否认真理的绝对性，都是真理问题上的片面性，都是错误的。

把握真理的绝对性和相对性相统一的原理，对于我们正确对待马克思主义有重要意义。马克思主义是真理，它也是绝对性和相对性的统一。它正确地反映了自然、社会和思维发展的普遍规律，因而具有绝对性的一面。但是，它又没有穷尽一切事物及其规律，需要随着社会实践的发展而发展，因而又具有相对性的一面。正因为马克思主义真理具有绝对性，所以我们必须坚持它并以它作为我们的指导思想；又因为它具有相对性，所以我们又必须在实践中丰富它、发展它。既坚持又发展，才是对待马克思主义的正确态度。

### 二、实践是检验真理的唯一标准

*（一）真理标准问题上的两种错误观点*

真理是与客观世界相符合、相一致的认识，如何确证这种相符合、相一致，这就是检验真理的问题；用什么作为检验的准绳，就是检验真理的标准问题。真理应当被检验，检验应当有一个标准，这些对于绝大多数哲学来说都是没有疑义的。但在什么是检验真理的标准的问题上，分歧却很大。所有的唯心主义哲学都是从意识第一性、物质第二性的前提出发，以这样或那样的方式否认物质世界是不依赖于意识的客观存在，否认客观真理，在真理标准问题上，也就不承认真理标准的客观性。唯心主义哲学在真理标准问题上的观点复杂而多样，这里仅介绍两种常见的、影响较大的观点。第一种，提出用伟人、圣人之言作为衡量真理的标准。例如，在我国古代，有人提出"以孔子之是非为是非"；在我国的"文化大革命"期间，有人提出以领袖的言论作为衡量真理的标准，认为凡是符合领袖言论的就是真理，不符合的就是谬误。这种关于真理标准的观点是不正确的。首先，这种所谓的标准没有客观实在性，因为伟人、圣人之言是主观的东西。其次，伟人、圣人之言本身是否正确还需要通过实践进一步证明。如果伟人、圣人的言论本身就是不正确的，即使与之相符合也不能说就是真理。最后，伟人、圣人之言即使是真理，也不能作为检验真理的标准。第二种，实用主义哲学提出的"有用即真理"。美国哲学家詹姆斯说：凡是有利于我们的工作，并使我们得到效果的东西就是真理，这也是真理的唯一的标准。我国的实用主义哲学家胡适就主张这种观点。他说："真理原来是人造的，是为了人造的，是人造出来供人用的，是因为它们大有用处，所以才给'真理'的美名的。"① 这种关于真理标准的观点是一种非常错误的观点。首先，检验真理是关于认识与认识对象是否一致的问题，与真理是否具有效用是不同的两个问题；其次，真理是有用的，但人们的经验表明，在现实生活中，有用的未必就是真理；最后，在现实社会中，人都是具体的人，各个人的地位、立场、经济状况等不同，对于什么是有用的也就会各有不同的理解，这样就会使得真理的标准变得极为不确定，也就失去了标准的意义。

（二）实践标准的唯一性

马克思主义哲学把实践观引进到认识论中来，提出实践是检验认识是否具有真理性的唯一标准。马克思指出："人的思维是否具有客观的真理性，这不是一个理论的问题，而是一个实践的问题。人应该在实践中证明自己思维的真理性，即自己思维的现实性和力量，自己思维的此岸性。关于思维——离开实践的思维——的现实性或非现实性的争论，是一个纯粹经院哲学的问题。"② 提出实践是检验认识真理性的唯一标准，这是马克思主义哲学真理论的特点，也是马克思主义哲学在真理问题上的革命性变革，它彻底推翻了主观真理论者在真理标准问题上的错误观点。第一，是不是真理就是要判明认识与认识对象是否相一致、相符合，主观真理论者无例外地都是从主观认识范围去解决这个问题；而马克思主义哲学提出实践标准，实践是人的主观见之于客观的活动，它能把主观认识与客观实际联系起来加以对照，来确定认识与认识对象是否相一致、相符合，从而使认识得到检验。第二，实践具有直接现实性的品格。就是说，通过实践把思想、理论在现实中实现出来，人们通过把变成现实的东西同原来的观念、思想加以对照，从而判明这个思想、观念是否正确，使认识得到检验。毛泽东同志说："一般的说来，成功了的就是正确的，失败了的就是错误的，特别是人类对自然界的斗争是如此。在社会斗争中，代表先进阶级的势力，有时候有些失败，并不是因为思想不正确，而是因为在斗争力量的对比上，先进势力这一方，暂时还不如反动势力

---

① 《胡适文存》第 2 卷，上海亚东图书馆 1922 年版，第 435 页。
② 《马克思恩格斯选集》第 1 卷，人民出版社 1995 年版，第 55 页。

那一方,所以暂时失败了,但是以后总有一天会要成功的。"①

坚持实践是检验真理的唯一标准,并不否认逻辑证明在认识和探索真理中的作用。逻辑证明是指用已有的真理性认识作为前提,通过合乎逻辑规则的推理,去证实(或证伪)另一种认识。在人们探求真理的过程中,逻辑证明是经常使用的一种方法,它为人们认识和证明真理提供了极大的帮助。即使在实践检验真理的过程中,逻辑证明也是不可少的。不能把一种认识、一种科学假说、一个重大的理论(包括计划、方案)贸然直接付诸实践,在付诸实践之前,常常先要通过逻辑证明进行筛选,对已经被逻辑证明证伪的认识、假说和理论,就不要付诸实践,这样可以减少损失。但逻辑证明的这种作用并不表明它是检验真理的标准,更不能用逻辑证明取代实践标准。这是因为逻辑证明不具有最终性。首先,逻辑证明所依赖的前提是否正确,它自身不能保证,而要经过实践的检验。其次,被逻辑证明证实或证伪了的认识,最终还要靠实践的检验,实践才具有最后的权威。

(三)实践标准的确定性和不确定性

坚持实践是检验真理的唯一标准,就是坚持了检验标准的客观性,也就是在真理标准问题上坚持了唯物论。然而,这个标准既是确定的、绝对的,又是不确定的、相对的,是确定性与不确定性、绝对性与相对性的统一。这就是在真理标准问题上坚持了辩证法。

实践标准的绝对性、确定性是指:第一,认识是否是真理,只有通过实践来检验,此外再无别的检验真理的办法;第二,实践能够对人类的一切认识做出检验,今天的实践未能证实或驳倒的认识,最终会被以后的实践所证实或驳倒。

实践标准的相对性、不确定性是指:第一,任何实践总是一定历史条件下的具体的实践,都是有局限性的,因而它不可能完全证实或驳倒现有的一切认识;第二,实践对真理的检验具有反复性,许多认识的真理性往往不是经过实践的一次检验就能被证实或驳倒,而是要经过多次反复检验,才能被证实或驳倒。实践标准的相对性表明实践对真理的检验是一个过程,随着实践的扩展和深化,实践对认识的检验也不断地深化。

实践标准的确定性和不确定性是不可分的,任何夸大一方面而否认另一方面的做法都是错误的。列宁指出:"实践标准实质上决不能完全地证实或驳倒人类的任何表象。这个标准也是这样的'不确定',以便不让人的知识变成'绝对',同时它又是这样的确定,以便同唯心主义和不可知论的一切变种进行无情的斗争。"②

### 三、真理与价值的辩证统一

研究认识是否与对象相一致、相符合,这是真理问题;研究这种与对象相一

---

① 《毛泽东著作选读》下册,人民出版社1986年版,第840页。
② 《列宁选集》第2卷,人民出版社1995年版,第103页。

致、相符合的认识有什么用，能满足人的什么样的需要，这就是价值问题。真理与价值也是认识过程中必须正确处理的一对矛盾。

（一）真理与价值的对立和统一

真理与价值的对立是指真理和价值的不同。真理体现的是认识与认识对象的关系，是认识与对象相一致、相符合；而价值是指客体对人需要的满足，表示客体具有对人有用或对主体有意义的属性。由此不难看出，真理和价值是有区别的，不可混为一谈。

然而，真理与价值又是不可分的，又有统一的一面。第一，真理能够指导社会实践，人们通过在真理指导下的实践，成功地改造世界，以这种实践的成果来满足人的需要，这就是真理所表现出来的价值属性。人们之所以孜孜不倦地追求真理，就在于它具有价值，在这个意义上，真理与其价值是不可分的。第二，真理与正确的价值观相一致，正确的价值观是在真理指导下形成的。在现实社会中，人的需要是非常复杂的，不同的人有不同的需要，追求满足需要的方式也会各异，于是便产生出这样或那样的价值观。尽管存在各种各样的价值观，但并不是所有的价值观都是正确的。我们主张与真理一致的价值观，即通过在真理指导下的实践活动去实现对客观世界的改造，从而使人的需要获得满足，这种满足对人的存在和发展具有积极意义。那种与真理相悖的价值取向，即使能满足人的某种需要，也是我们应该加以反对的。因为这种需要的满足对人的生存和发展不具有积极意义，甚至起消极或损毁的作用。例如，贪污受贿可以使人的物质需要获得某种满足，然而这种行为是违背真理、违背法律的，尽管它对贪污受贿者具有一定"价值"，而这种价值是我们所坚决摒弃的。真理与价值的统一，要求人们对价值的追求应建立在真理的基础之上，只有建立在真理基础上的价值观才是正确的价值观。

在市场经济条件下，树立正确的价值观具有特别重要的意义。在市场经济中，货币具有特殊的功能，是交换的主要手段，只要有货币就能获得所需要的一切。这极容易产生"拜金主义"，即使人拜倒在金钱的脚下，成为金钱价值观的奴隶。恩格斯指出，在资本主义社会里，"金钱确定人的价值：这个人值一万英镑（he is worth ten thousand pounds），就是说，他拥有这样一笔钱。谁有钱，谁就'值得尊敬'，就属于'上等人'（the better sort of people），就'有势力'（influential），而且在他那个圈子里在各方面都是领头的"[①]。不少人陷入罪恶的深渊，同受这种价值观的影响是分不开的。正确的价值观是正确的世界观和人生观的一部分，我们必须加强自我学习和修养，树立正确的世界观、人生观和价值观。

（二）真理的价值表现在真理的功能上

真理的价值具体表现在它的功能上。

第一，真理具有指导实践的功能。真理的价值突出地表现为它具有指导实践

---

[①]《马克思恩格斯全集》第 2 卷，人民出版社 1957 年版，第 566 页。

的功能。这个功能表现在两个方面：一方面，由于真理是一种正确的认识，在实践之前人们可以根据真理制订出正确的计划、方案，甚至制成实践模型，成为人们行动的依据，以保证实践活动取得成功；另一方面，真理渗透于实践活动的全过程，能随时校正实践活动中出现的偏差。真理指导实践的功能是真理最突出的价值，因为真理指导下的实践是最能获得成功的，这种成功能使人的需要得到满足。

第二，真理具有再认识的功能。虽然认识的源泉和动力在于实践，但每一个真理性的认识都为以后的认识提供了思想资料和理论指导，为认识的发展和达到新的真理开辟道路。所以，追求和把握真理是推动认识发展不可缺少的条件。人类认识发展的历史向我们显示：无论是对自然界的正确认识还是对社会的正确认识，总是离不开前人探索真理所取得的成果。牛顿在回顾自己取得的成功时曾讲过，这是站在巨人的肩膀上继续攀登的结果，就是说，没有前人在认识上的成就，牛顿不可能看得那样高远。

第三，真理具有教育和激励的功能。由于真理是对客观事物及其规律的正确反映，因而具有客观性。在真理面前人人平等，任何人都必须服从真理，真理对人们具有巨大说服力，真理的力量是不可抗拒的。人们常说："真理在手，所向披靡。"正是这个原因，使得真理对人们具有无可比拟的教育作用。掌握真理就是离开了谬误，科学是真理的系统，通过学习和掌握科学，使人们通晓自然规律和社会规律，减少盲目性，增加自觉性，从而获得更大的自由。

真理具有强大的激励功能。满足人们追求真理的需要，能提高人的精神境界，给人以善和美的享受，给人以力量和鼓舞，这是真理自身价值的重要体现。人类总是把追求真理看作崇高而伟大的事业。所以，从古到今，世界各国都有无数为真理而献身的人，而这些人在任何时候都会受到人们的尊敬。

### 四、培育和践行社会主义核心价值观

任何一个社会总是存在着各种各样的价值观，特别是在社会动荡和转型阶段，价值观的多元化则更为明显。但是，在这种多元的价值观格局中，总有一种价值观处于主导和支配地位，这就是核心价值观。核心价值观是社会系统得以运转、社会秩序得以维持的基本精神依托。社会主义社会同样有自己的主导价值观，即社会主义核心价值观。社会主义核心价值观表现为社会主义根本的价值理想、价值原则和价值规范，构成社会主义的本质内容。党的十八大报告提出："倡导富强、民主、文明、和谐，倡导自由、平等、公正、法治，倡导爱国、敬业、诚信、友善，积极培育和践行社会主义核心价值观。"其中"富强、民主、文明、和谐"可以说是从国家层面对社会主义核心价值观基本理念的凝练，是我国社会主义现代化的奋斗目标；"自由、平等、公正、法治"可以说是从社会层面对社会主义核心价值观基本理念的凝练，反映了社会主义社会的基本要求，是我们党矢志不渝、

长期实践的价值理念;"爱国、敬业、诚信、友善"可以说是从个人行为层面对社会主义核心价值观基本理念的凝练,是每一个公民都必须恪守的根本道德准则。这三个层次的理念相互联系、相互贯通,实现了政治理想、社会导向、行为准则的统一,兼顾了国家、社会、个人三者的价值愿望和追求。可以说,这一理念反映了社会主义制度的本质规定,体现了中国特色社会主义事业的发展要求,昭示了中国共产党长期奋斗的一贯主张,继承了中华民族传统文化的精华,汲取了人类文明的优秀成果。

社会主义核心价值观需要我们去培育、去践行。科学美好的价值理念,如果不被社会成员所认同,不被干部群众所践行,只能是空中楼阁、海市蜃楼,在实际上是毫无用处的。要把社会主义核心价值观融入各级党政机关、各种社会组织和广大人民群众的意识中去,转化为他们的自觉追求和实践,用以规范自己的言论和行动。特别是广大党员干部,更要自觉坚守和践行社会主义核心价值观,率先垂范,成为社会主义国家价值目标的奋斗者,社会主义价值导向的引导者,社会主义个人道德准则的先行者。努力做到为民、务实、清廉,使自己成为一个高尚的人,一个纯粹的人,一个有道德的人,一个脱离了低级趣味的人,一个有益于人民的人。

## 第四节 认识世界与改造世界的统一

> 哲学家们只是用不同的方式解释世界,问题在于改变世界。
> ——马克思

马克思主义哲学认为十分重要的问题,主要不在于懂得了客观世界的规律性,因而能够解释世界,而在于拿了这种对于客观规律性的认识去能动地改造世界。马克思主义哲学把实践观引进到认识论中来,从根本上解决了认识世界和改造世界的关系问题,在实践的基础上把认识世界和改造世界统一起来。人们在实践中改造客观世界的过程同时也就是认识客观世界的过程,认识世界与改造世界是同一个过程的两个方面。

### 一、认识的目的全在于运用

马克思主义哲学坚持认识和实践的统一,坚持认识世界和改造世界的统一,认为认识的目的全在于运用。所谓运用就是把对客观世界规律的认识再回到改造世界的实践中去。如果不把认识世界与改造世界统一起来,就在根本上违背了马克思主义哲学。毛泽东指出:"如果有了正确的理论,只是把它空谈一阵,束之高阁，并不实行，那末，这种理论再好也是没有意义的。"① 人的认识是一个完整的过程，在实践基础上，先是由感性认识上升为理性认识，再由理性认识回到实践。感性认识上升到理性认识的过程就是认识世界的过程；理性认识回到实践的过程就是改造世界的过程。这就是说，认识世界与改造世界的统一是马克思主义哲学认识论的内在本质和要求。

认识世界和改造世界是相互促进的，对世界的认识越是深刻、正确，改造世界就越能取得成功；而改造世界的成果越大，就越能加深和扩大人们对客观世界的认识。改造世界包括改造客观世界和主观世界。人们在改造客观世界的同时，也改造着自己的主观世界，即改造自己的认识能力，改造主观世界和客观世界的关系。

### 二、一切从实际出发、实事求是

（一）一切从实际出发是马克思主义哲学的根本要求

从"本本"出发还是从实际出发？从主观愿望出发还是从客观事实出发？这是两种根本对立的认识路线的集中表现，体现了两种完全不同的哲学世界观。从实际出发，从客观存在着的事实出发，是马克思主义哲学的根本要求。它同马克思主义哲学主张物质第一性、意识第二性，主张实践是认识的基础，是完全一致的。因此，坚持马克思主义哲学，坚持马克思主义哲学的认识路线，就必须坚持一切从实际出发。毛泽东指出："我们要从国内外、省内外、县内外、区内外的实际情况出发，从其中引出其固有的而不是臆造的规律性，即找出周围事变的内部联系，作为我们行动的向导。而要这样做，就须不凭主观想象，不凭一时的热情，不凭死的书本，而凭客观存在的事实。"② 这是在实际中坚持马克思主义哲学认识路线的具体体现。

（二）马克思主义哲学认识论与党的思想路线

马克思主义哲学为人类提供了科学的、锐利的认识世界和改造世界的理论武器，是当今时代精神的精华。作为这一哲学重要组成部分的认识论揭示了人类认识的本质和规律，我们党正是以这样的哲学认识论作为思想路线的理论基础的。

所谓思想路线，是指一个阶级及其政党作为指导思想并用以支配行动的认识路线。也就是说，思想路线是表明一个阶级及其政党用什么样的世界观和方法论去观察和分析问题，指导改造世界的行动。《中国共产党章程》规定："党的思想路线是一切从实际出发，理论联系实际，实事求是，在实践中检验真理和发展真理。"邓小平曾把这一思想路线简要地概括为"实事求是"四个大字，所以，通常也把党的思想路线称为"实事求是"的思想路线；由于解放思想与实事求是是

---

① 《毛泽东选集》第1卷，人民出版社1991年版，第292页。
② 《毛泽东选集》第3卷，人民出版社1991年版，第801页。

内在地联系在一起的，所以，我们也把党的思想路线叫作"解放思想、实事求是"的思想路线。马克思主义哲学认识论是这条思想路线的理论基础，而党的思想路线则是马克思主义哲学认识论在实际中的具体运用。党的思想路线与马克思主义哲学认识论是统一的。具体表现如下。

第一，党的思想路线坚持了一切从实际出发的原则。如前所说，一切从实际出发是马克思主义哲学的根本要求，也是马克思主义哲学认识路线在实际工作中的具体表现。在实际工作中，把客观存在的事物和客观实际情况作为认识和解决问题的根本出发点，就在根本上贯彻了马克思主义哲学关于世界物质统一性的原理，坚持了马克思主义哲学认识论的基本前提。只有从实际出发，从客观存在着的事实和实际情况出发，才能正确地认识世界，才能获得改造世界的成功。如果从书本、从主观想象出发，必然会陷入唯心主义的泥潭，招致实践的失败。正是这个缘故，无论改造自然、变革社会和科学研究，都必须坚持从实际出发。

第二，党的思想路线坚持了理论联系实际的原则。马克思主义哲学认识论始终坚持理论联系实际，坚持认识和实践的统一。认为脱离实践的理论是空洞的理论，而空洞的理论是什么用处都没有的；没有理论指导的实践是盲目的实践，盲目的实践是不能取得改造世界的积极成果的。所以，马克思主义哲学认识论既反对一切脱离实际的抽象的、空洞的理论，又反对拒绝正确理论指导的盲目的实践。马克思主义哲学认为，人们之所以追求符合客观实际的科学认识，归根到底是为了用这种科学的认识去指导人们的实践，达到改变世界的目的。离开这个目的，就是背离了马克思主义的认识论。现实生活中的教条主义者，只知道背诵理论条文，在他们那里，理论被看作是僵化的教条，完全不顾变化了的客观实际，总是用理论去"裁剪"实际，生搬硬套；他们不是从实际出发，实事求是地去研究问题和解决问题，而总是埋怨实际不符合他们所认定的条条框框。这种理论与实际相脱离的作风必然会导致工作的失误，应该努力加以避免。

第三，"实事求是"这四个大字是党的思想路线的核心，也是马克思主义哲学的精髓和活的灵魂，它充分地体现了马克思主义认识论的根本原则。从实际出发、理论联系实际，必须做到实事求是。只有实事求是，才能保证从实际出发、理论联系实际的正确性和科学性。

"实事求是"最早出现于东汉班固《汉书》中的《河间献王传》。文中写道，河间献王"修书好古，实事求是"。毛泽东在把马克思主义普遍真理同中国革命实际相结合的过程中，对"实事求是"做了新的解释，赋予了它新的含义。他说："'实事'就是客观存在着的一切事物，'是'就是客观事物的内部联系，即规律性，'求'就是我们去研究。"[①] 毛泽东的这个解释包含两个基本含义：一是从认识论角度讲，认识要从实际、事实出发，在认识中要发挥人的主观能动性，要善

---

[①] 《毛泽东选集》第 3 卷，人民出版社 1991 年版，第 801 页。

于透过现象抓住事物的本质，即规律性；二是从行动、实践角度讲，同样要从实际、事实出发，发挥人的主观能动性，把通过探索和研究而掌握的客观规律用于指导实践，实现对客观世界的改造。

实事求是，是我们党取得革命和建设事业胜利的重要保证。邓小平指出："实事求是，是无产阶级世界观的基础，是马克思主义的思想基础。过去我们搞革命所取得的一切胜利，是靠实事求是；现在我们要实现四个现代化，同样要靠实事求是。"①

第四，党的思想路线坚持了实践是检验真理的唯一标准。马克思主义哲学认识论认为，实践是检验真理的唯一标准。我们的思想、观点和行动是不是从实际出发，是不是实事求是，不能靠主观感觉，也不能凭自己的言说，而是要看客观的实践。马克思主义哲学是科学的，它坚持从实际出发，实事求是；马克思主义哲学是彻底的唯物主义，它坚持用实践来检验一切认识和理论。是否坚持了从实际出发、实事求是，也要经过实践的检验才能确定其真伪。许多人口头上讲一切从实际出发、实事求是，可在实践中并不真正实行，这就必须把实践标准拿来，从结果、从客观存在着的业绩，来看他是不是用从实际中获得的真理性的认识来指导自己的行为和活动。这是最有效的办法，它使一切脱离实际的官僚主义和形式主义毫无藏身之处。我们的认识、思想是不是正确，也不靠主观评说，而是要通过实践的检验。通过这种检验来确定真伪，凡是正确的就要坚持，不正确的就要纠正，这就是真理在实践中发展的过程。人的正确思想只能从社会实践中来，只有在实践中才能不断发展。

党的思想路线是一个整体，是指导我们党各项工作的认识路线。是否坚持这条思想路线，关系到党和国家的前途和命运。邓小平指出："只有解放思想，坚持实事求是，一切从实际出发，理论联系实际，我们的社会主义现代化建设才能顺利进行，我们党的马列主义、毛泽东思想的理论也才能顺利发展。"② 他还指出："一个党，一个国家，一个民族，如果一切从本本出发，思想僵化，迷信盛行，那它就不能前进，它的生机就停止了，就要亡党亡国。"③

（三）马克思主义哲学认识论与党的群众路线

我们党的群众路线是：一切为了群众，一切依靠群众，从群众中来，到群众中去。这条路线是我们党取得革命和建设事业胜利的重要法宝，也是我们党的领导路线和工作路线。毛泽东指出："在我党的一切实际工作中，凡属正确的领导，必须是从群众中来，到群众中去。这就是说，将群众的意见（分散的无系统的意见）集中起来（经过研究，化为集中的系统的意见），又到群众中去作宣传解释，

---

① 《邓小平文选》第 2 卷，人民出版社 1994 年版，第 143 页。
② 同上。
③ 同上。

化为群众的意见，使群众坚持下去，见之于行动，并在群众行动中考验这些意见是否正确。然后再从群众中集中起来，再到群众中坚持下去。如此无限循环，一次比一次地更正确、更生动、更丰富。这就是马克思主义的认识论。"① 毛泽东在这里讲的是群众路线执行的过程，"从群众中来"就是从实践到认识的过程，"到群众中去"就是从认识到实践的过程，"从群众中来，到群众中去"不断循环往复的过程，也就是实践——认识——实践不断循环往复的过程，这表明群众路线同马克思主义哲学认识论是完全一致的，是马克思主义哲学认识论在实际工作中的运用。

## 本章小结

实践的观点是马克思主义认识论之第一的和基本的观点。马克思把实践观点引入认识论，引起了认识论的革命。实践是认识的基础，认识是主体对客体的反映，马克思主义认识论是革命的能动的反映论。

感性认识是认识的初级阶段，包括感觉、知觉、表象三种形式。理性认识是认识的高级阶段，包括概念、判断、推理三种形式。认识的辩证过程包括从感性认识到理性认识和从理性认识到实践两个阶段。一个正确的认识需要经过实践——认识——实践多次反复才能完成，整个人类的认识是有限和无限的辩证统一。

真理是主体对客体的正确反映，谬误是主体对客体的歪曲反映。真理和谬误是认识运动中既对立又统一的两个方面。真理是客观的，既有绝对性又有相对性，是绝对性和相对性的统一。人的认识通过相对真理而走向绝对真理。实践是检验真理的唯一标准。真理与价值是统一的。培育和践行社会主义核心价值观。

认识世界与改造世界是紧密联系在一起的。马克思主义认识论是党的思想路线的理论基础。党的群众路线是马克思主义认识论在实际工作中的运用。

## 复习与思考

1. 如何理解实践的观点是辩证唯物主义认识论之第一的和基本的观点？
2. 为什么说马克思主义认识论是革命的能动的反映论？
3. 为什么说认识过程的第二次飞跃比第一次飞跃意义更加重大？
4. 如何正确理解真理的绝对性和相对性的含义以及二者的辩证关系？
5. 为什么说实践是检验真理的唯一标准？
6. 如何正确认识真理和价值的关系？
7. 如何正确理解社会主义核心价值观的含义和内容？
8. 如何正确理解认识世界和改造世界的关系？
9. 为什么说马克思主义认识论是党的思想路线的理论基础？

---

① 《毛泽东选集》第3卷，人民出版社1991年版，第899页。

10. 如何理解党的群众路线是马克思主义认识论在实际工作中的运用？

## 阅读文献

1. 马克思：《关于费尔巴哈的提纲》，《马克思恩格斯文集》第 1 卷，人民出版社 2009 年版。

2. 恩格斯：《路德维希·费尔巴哈和德国古典哲学的终结》，《马克思恩格斯文集》第 4 卷，人民出版社 2009 年版。

3. 列宁：《唯物主义和经验批判主义》，《列宁专题文集 论辩证唯物主义和历史唯物主义》，人民出版社 2009 年版。

4. 毛泽东：《实践论》，《毛泽东选集》第 1 卷，人民出版社 1991 年版。

5. 邓小平：《解放思想，实事求是，团结一致向前看》，《邓小平文选》第 2 卷，人民出版社 1994 年版。

6. 习近平：《在哲学社会科学工作座谈会上的讲话》，人民出版社 2016 年版。

# 第三章
# 人类社会及其发展规律

> **本章引言**
>
> 本章论述历史唯物主义的基本原理。学习这一章，要掌握社会的基本结构，包括社会存在与社会意识的关系，生产力与生产关系的矛盾，经济基础与上层建筑的矛盾；掌握社会形态的划分法和社会形态更替的规律，弄清社会形态的发展是一种自然历史过程；要深刻认识社会发展的各种动力，包括社会基本矛盾是社会发展的基本动力，阶级斗争是阶级社会发展的直接动力，以及革命和改革在社会发展中的作用；要正确理解人的本质及人与社会的关系，人民群众和个人在历史上的作用，无产阶级政党的群众观点和群众路线的工作方法。
>
> **自学学时**
>
> 11学时

## 第一节 社会基本矛盾及其运动规律

> 物质生活的生产方式制约着整个社会生活、政治生活和精神生活的过程。
>
> ——马克思

生产力和生产关系之间的矛盾、经济基础和上层建筑之间的矛盾是人类社会的基本矛盾。社会存在和社会意识的关系以及社会形态的划分和更替，与社会基本矛盾运动紧密相连。

### 一、社会存在与社会意识

（一）社会存在

社会存在是指社会物质生活条件的总和，包括地理环境、人口因素和物质生活资料的生产方式。

1. 地理环境及其在社会发展中的作用

地理环境是指人类生存和发展所依赖的诸种自然条件的总和，它由大气圈、水圈、岩石圈构成，适合生物生存的范围叫生物圈。大气圈是指从地球表面到几十公里以至近一千公里的高空覆盖着的由多种气体成分组成的大气层。水圈指地球上的水体，包括江、河、湖、海、地下水等。岩石圈包括岩石和地表的岩石经过长期的侵蚀和风化作用逐渐形成的各种不同类型的土壤，以及地下埋藏着的煤、铁、石油等多种矿藏。大气圈、水圈、岩石圈之间通过气流、蒸发及降水等作用，经常进行能量交换和物质循环，使生物圈具有一定限度的平衡调节机能，保持自然生态平衡。

地理环境是人们的物质生活的必要条件之一，人类生存依赖着地理环境。这种依赖性主要表现在以下两个方面。第一，地理环境是人类生存的场所。离开适合人类生存的地理环境，人类便无法生存。到目前为止，地球仍然是我们所知道的适合人类生存的唯一场所。因此，我们必须十分爱惜、妥善保护、合理利用我们所处的地理环境。第二，地理环境为人类提供生活资料和生产建设的资源。这些资源可以分为三类：（1）生态资源，如太阳辐射、气温、水分等，它们不依人类意志为转移，可以长久使用；（2）生物资源，如森林、草原、鸟兽鱼虫、菌类等动植物和微生物，此类资源具有再生机能；（3）矿物资源，包括煤、铁、石油、天然气等各种矿藏，此类资源储量有限，而且属于非再生资源。

人类生存既然依赖地理环境，地理环境就必然影响社会的发展。这种影响作用主要表现在两个方面。第一，地理环境通过对生产的影响，加速或延缓社会的发展。地理环境影响劳动生产率的高低和生产部门的分布，在一定程度上决定不同国家经济发展的特点，制约一个国家经济发展的潜力和前景。第二，地理环境还可以通过对军事、政治的影响，在一定程度上制约不同国家社会的发展。如中国地大物博、人口众多的特点，对于抗日战争坚持持久战、取得最后胜利具有重要意义。

地理环境虽然对社会发展起制约和影响作用，但对社会发展不起主要的决定作用。这是因为地理环境不能决定社会制度的性质和社会形态的更替，地理环境在社会发展中的作用受社会因素，主要受生产力和生产关系的制约。

2. 人口因素及其在社会发展中的作用

所谓人口因素，是一个包括人口数量、质量、密度、构成，人口的发展，人口分布和迁移，人口的自然变动和社会变动等各种因素的综合范畴。

人口因素也是社会物质生活的必要条件之一，对社会发展起着制约和影响作用，主要表现在以下两个方面。第一，一定数量的人口是社会物质生产的必要前提。没有物质生产，社会就不能存在和发展，而人口是物质生产的自然基础。没有一定数量的最低限度的人口，就不能进行物质生产，人类社会当然就无法存在和发展。第二，人口状况能加速或延缓社会的发展。在社会发展的不同时期，人口状况对社会发展有不同的影响。一般说来,在生产力水平比较低下的古代,生产的发展主要依靠劳动力的增加。因此,这时人口生产能否提供足够数量和密度的人口充做劳动力,就对物质生产的发展,从而对整个社会的发展具有重要作用。随着生产力的发展和科学技术的进步,社会主要依靠科学技术的进步提高劳动生产率以促进物质生产的发展,这时对人口数量的需求相对减少,对人口质量的要求相对增强,因而要求对人口增长的速度适当加以限制,并通过发展科学教育提高人口的素质。由此可见,既不能抽象地说人口数量越多、密度越大、增长越快越好,也不能反过来说人口数量越少、密度越小、增长越慢越好。只有与物质生产相适应的人口状况,才最有利于促进社会的发展。

人口因素虽然对社会发展具有制约和影响作用,有时甚至起非常重要的作用,但它不是社会发展中起决定作用的因素,因为它不能决定社会制度的性质和社会制度的更替,而且它受到物质生产的制约,物质生产从根本上决定了人口生产的发展方向和基本趋势,每一种生产方式下都有与其相适应的人口规律。

人口问题是我国现代化建设中一个十分严重的问题,突出表现为人口数量多,在一段时间内增长速度过快,人口生产与物质生产比例严重失调,从而导致了人口生产与物质生产的尖锐矛盾,并且带来了一系列的社会问题。目前,我国人口的老龄化趋势和出生婴儿男女比例失调,也十分引人关注。我们要充分认识我国人口问题的严重性,坚持正确的人口政策,采取切实可行的措施加以解决。

3. 生产方式及其在社会发展中的作用

生产方式是人类借以向自然界谋取必需的生活资料的方式,包括生产力和生产关系两个方面,是特定的生产力和生产关系的统一。生产方式在社会发展中起决定作用,主要表现在以下几个方面。

第一,生产方式或生产活动是人类从动物界分离出来的根本动力和人类区别于动物的根本标志。劳动创造了人本身。人类与动物的根本区别,如制造和使用工具的本领、社会关系、自觉能动性、抽象思维和语言等,都是在生产劳动中形成的。

第二,生产方式或生产活动是人类和人类社会得以存在和发展的基础。人类要生存,就要解决吃喝住穿的问题,为此就必须进行物质资料的生产活动。若停止生产,人类就不能生存,人类社会就要灭亡。人类要从事政治、司法、科学、艺术、宗教等活动,也必须首先解决吃喝住穿问题,所以生产活动又是从事其他各种社会活动的基础。

第三,生产活动是形成人类一切社会关系的基础。生产活动不仅创造了人类生存所必需的物质资料,而且创造了人与人之间的生产关系。在生产关系的基础上,又形成了人与人之间的政治关系和思想关系等其他社会关系,从而形成了整个人类社会。

第四,生产方式决定社会制度的性质和社会制度的更替。有什么性质的生产方式,就有什么性质的社会制度。一种生产方式被另一种生产方式所代替,就意味着新的社会制度代替了旧的社会制度。

(二)社会意识

社会意识指社会的精神生活过程,它具有复杂而精微的结构,由诸多因素和层次构成。从反映社会存在的程度和特点来看,社会意识包括社会心理和思想体系,而各种思想体系由于对经济基础的关系不同和反映社会存在的方式不同,可以分为意识形态和非意识形态两类。从社会意识主体的范围来看,社会意识可以分为个体意识和群体意识。

1. 社会心理和思想体系

社会心理是社会意识的低级层次,它是特定阶级、民族、社会集团或个人,在日常生活和交往中自发形成的、不定型、不系统的社会意识,表现在人们的情感、情绪、愿望、要求、风俗、习惯、传统、自发倾向和社会风气等之中。思想体系是社会意识的高级层次,亦称社会意识形式,它以相对稳定的形式反映社会存在,具有抽象化、系统化的特性。

2. 意识形态和非意识形态

属于意识形态范围的思想体系,包括政治思想、法律思想、道德、宗教、艺术、哲学和绝大部分社会科学,它们是上层建筑的重要组成部分,反映特定的经济基础并为之服务,在阶级社会里具有一定的阶级性。属于非意识形态范围的思想体系,包括自然科学、语言学、逻辑学等,它们不是特定经济基础的反映,其自身没有阶级性,可以一视同仁地为各个阶级和各种经济基础服务。

3. 个体意识和群体意识

个体意识即社会成员的个人意识,其内容主要有社会成员个人的自我意识和个人对生活于其中的社会环境和自然环境的反映的对象意识。不同个人的个体意识千差万别,各具特点,个性鲜明而丰富。群体意识是指各种社会群体的意识,其内容是群体的自我意识和群体对其所处社会关系的反映的对象意识。人类的社会群体是复杂多样的,群体意识也是复杂多样的,有家庭意识、集体意识、团体意识、阶层意识、阶级意识、民族意识、人类整体意识等。不同的群体意识具有不同的特点,同时彼此之间又相互包含、相互渗透,形成错综复杂的联系。

(三)社会存在和社会意识的关系

1. 社会存在决定社会意识

所谓社会存在决定社会意识,是指社会意识是社会存在的反映,社会意识依赖于社会存在。主要表现在以下三个方面。

第一,社会意识的内容来源于社会存在。人们的社会意识既不是从天上掉下来的,也不是头脑里主观自生的,而是在实践的基础上对社会存在的反映。有什么样的社会存在,就会产生什么样的社会意识。正确的意识其内容来源于客观实际,这是显而易见的。即使是错误的意识,甚至荒诞的观念,也不是纯粹主观臆造的，仍然可以从社会存在中找到根源，它是对社会存在歪曲的、虚幻的反映。

第二，社会意识随着社会存在的发展变化而发展变化。生产方式、地理环境和人口因素的变化，特别是生产方式的变化，必然引起社会意识的变化，不存在永恒不变的社会意识。

第三，社会意识受反映者（意识主体）的立场、观点、方法的影响和制约，而反映者的立场、观点、方法是由人们在社会存在中的地位决定的。

#### 2. 社会意识反作用于社会存在

社会意识对社会存在的反作用，是指社会意识这种精神力量，在一定条件下可以反作用于社会存在，转化为物质力量，影响社会发展的进程。社会意识对社会存在的反作用表现为两种情况：先进的或正确的社会意识对社会存在的发展起积极的推动作用，促进社会向前发展；落后的或错误的社会意识对社会存在的发展起消极的阻碍作用，延缓社会的发展进程。社会意识对社会存在的反作用，必须通过人民群众的实践活动。先进的社会意识一旦被群众所掌握，变成群众的自觉行动，就会变成改造世界、推动社会前进的巨大物质力量。落后的社会意识对社会发展的阻碍作用，也要通过它在群众中的影响得以实现。所以，用先进的社会意识，用马克思列宁主义、毛泽东思想、中国特色社会主义理论体系教育群众，对推动社会进步具有十分重要的意义。

社会存在决定社会意识，社会意识反作用于社会存在，就是社会存在与社会意识的辩证关系。

#### 3. 社会意识的相对独立性

社会意识的相对独立性是指社会意识在反映社会存在、被社会存在所决定的同时，还具有自身的能动性和独特的发展规律，它的发展与社会存在的发展并不总是保持着一致和平衡。社会意识的相对独立性主要表现在以下几个方面。第一，社会意识与社会存在变化发展的非完全同步性。社会意识往往落后于社会存在，但先进的社会意识能在一定程度上预见社会发展的趋势，成为社会变革的先导。第二，社会意识与社会经济发展水平具有不平衡性。社会经济发展水平较高的国家，某些社会意识形式的发展水平可能较低；社会经济发展水平较低的国家，某些社会意识形式的发展水平可能较高。第三，社会意识的发展具有历史继承性，任何时代的社会意识都和以前时代的社会意识有联系，它的产生和发展要以前人所积累的思想材料为前提，继承前人的思想成果。第四，社会意识各种形式之间相互作用、相互影响。第五，社会意识对社会存在具有反作用或称能动性，这是社会意识相对独立性的重要表现。

#### 4. 社会存在和社会意识的关系问题是历史观的基本问题

社会存在和社会意识的关系问题之所以是历史观的基本问题，主要是因为以下几个方面。首先，社会存在和社会意识这对范畴，是高度概括、高度抽象的范畴，它们包括了人类社会的一切物质现象和精神现象。因此，二者的关系问题，是任何一种历史观都无法回避的首要问题,它们总是要自觉或不自觉地、直接或间接地对这个问题做出自己的回答。其次,社会存在和社会意识的关系问题,是划分历史唯物主义和历史唯心主义的根本标准。凡是认为社会存在决定社会意识的,属于历史唯物主义;凡是认为社会意识决定社会存在的,属于历史唯心主义。两种历史观的斗争,归根结底是围绕着对这个问题的不同回答展开的。最后,社会存在和社会意识的关系问题,也是人们在实践中的重大问题。人们在改造客观世界的实践活动中,要想达到预想的目的,就要使社会意识符合社会存在,否则就会遭受挫折和失败。

## 二、生产关系必须适合生产力性质的规律

### (一)生产力和生产力系统

生产力是人类利用自然、改造自然、从自然界获取物质资料的能力,生产力范畴反映的是人与自然界的关系。生产力的要素或成分,按照一定的比例和形式结合起来,形成生产力的整体功能,就构成生产力系统。现代生产力系统包括四类要素。

(1)独立的实体性因素。这是以物质实体形式相对独立存在的因素,包括劳动者、劳动资料和劳动对象。劳动者包括体力劳动者和脑力劳动者。劳动资料亦称劳动手段,它包括十分复杂的内容。生产工具是劳动资料的主要内容,是生产力发展水平的主要标志。此外,劳动资料还包括生产的运输设备、灌溉设备、仓储设备、包装设备、劳动对象的容器等。在现代化生产中,生产的动力系统、自动控制系统和信息传递系统,在劳动资料中占有重要的地位。劳动对象是劳动过程中被加工的东西。劳动对象分为两大类:一类是天然存在的劳动对象,如矿藏、原始森林、江河湖海里非人工养的鱼、空气等;另一类是经过劳动加工的劳动对象,如做衣服用的布、织布用的棉纱、纺纱用的棉花、炼油厂用的原油、炼钢用的铁等。经过劳动加工的劳动对象叫原料。劳动资料和劳动对象合称生产资料。

(2)运筹性的综合因素,包括分工协作、经济管理、预测决策等。这类因素的作用,在于通过对生产力系统的其他因素的选择、调动、处置、匹配等手段,在数量和比例上做到合理结合,从而形成生产力的整体功能。

(3)渗透性因素,主要指自然科学。自然科学在应用于现实的生产过程之前,并不形成现实的生产力,只有把它应用于现实的生产过程之中,渗透到生产力的其他各类因素中去,才能转化为现实的生产力。

(4)准备性因素,主要指教育。教育本质上属于上层建筑,它是为经济基础服务的。但教育可以通过培养人才,为生产力的继承和发展做准备,因此把它称为生产力系统中的准备性因素。

我们没有把技术单独列为生产力的要素,因为技术表现为两个方面:一是生产的物质设备,即"硬件",属于劳动资料和劳动对象;二是人的生产经验和劳动

技能，即"软件"，属于劳动者。技术已经包含在生产力系统的三个独立的实体性因素之中，所以没有必要再单独列出来。

马克思主义十分重视科学技术在生产中的作用，认为生产力中也包括科学，科学在工艺上的应用赋予生产以科学的性质。邓小平总结了新的科技革命以来生产发展的新趋势和新经验，继承并发展了马克思主义关于科学技术是生产力的观点，提出"科学技术是第一生产力"的著名论断。这是一个反映时代精神的科学真理，它主要有以下三层含义。

第一层含义：科学渗透于现代生产力系统的各类要素之中。当科学还没有应用于生产过程时，它只是一种潜在的生产力；当科学应用于生产过程，引起劳动资料和劳动对象的变革，以及劳动者技能的提高，管理者管理水平的提高，即渗透到生产力系统的其他各要素中去时，它便转化为直接的现实的生产力。

第二层含义：在现代化生产中，出现了"科学——技术——生产"的过程，使科学对物质生产具有了主导作用和超前作用。其表现是，科学不只是作为生产和技术的结果，跟在生产活动和技术活动的后面总结、概括实践经验，而是能够走在生产活动和技术活动的前面，为技术和生产的发展开辟新的途径，准备各种前提条件，引导技术和生产的发展。

第三层含义：科学技术已经成为推动生产力发展的重大杠杆。首先，由科学技术因素造成的劳动生产率和经济增长率越来越高。其次，自然科学从理论突破到新产品试制成功的周期日益缩短，即从提出自然科学理论到在生产过程中加以应用所间隔的时间越来越短。最后，科学技术在生产上的广泛应用，使生产力的发展明显地呈现出加速度的趋势。有人在20世纪70年代估计，当今物质生产力三年内的变化，相当于20世纪初三十年内的变化，牛顿以前时代三百年内的变化，石器时代三千年内的变化。

(二) 生产关系和生产关系体系

生产关系是指人们在物质生产过程中结成的经济关系。它包括三项内容：(1) 生产资料的所有制形式；(2) 人们在生产中的地位及其相互关系（包括交换）；(3) 产品的分配方式。这三项内容相互联系、相互制约，形成生产关系体系，其中生产资料所有制形式起着决定作用，它是整个生产关系的基础，主要表现在以下几个方面。

第一，生产资料所有制形式是生产劳动得以进行的前提。要进行生产劳动，必须具备劳动者和生产资料两项因素，而且二者在彼此分离的情况下无法进行生产劳动，只有二者以一定的方式结合起来，才能进行生产劳动。而劳动者与生产资料结合的社会形式，就是生产资料所有制形式。原始公有制的、奴隶制的、封建制的、资本主义的和共产主义的生产资料所有制形式，就是劳动者和生产资料相结合的五种主要社会形式。

第二，生产资料所有制形式决定整个生产关系的性质。与历史上依次经历的五种生产资料所有制形式相适应，有五种性质不同的生产关系。它们可以分为两大类型：一类是以生产资料公有制为基础的生产关系，包括原始公有制的生产关系和共产主义公有制的生产关系；另一类是以生产资料私有制为基础的生产关系，包括奴隶制的生产关系、封建制的生产关系和资本主义的生产关系。此外，还有劳动者个人占有生产资料的个体小生产的生产关系，它不能成为独立形态的生产关系，而是依附于当时占统治地位的生产关系。

第三，生产资料所有制形式决定人们在生产中的地位及其相互关系。在生产资料公有制中，由于劳动者平等地共同占有生产资料，因而在生产劳动过程中人与人之间的关系是平等的，没有人剥削人的现象。在奴隶制、封建制、资本主义制等生产资料私有制中，由于生产资料掌握在少数剥削者手里，广大被剥削的劳动者没有或者只有很少的生产资料，因而生产的指挥权和管理权掌握在少数剥削者及其代理人手中，广大劳动者无权参加管理，受到各种形式的剥削和压迫。在劳动者个人占有生产资料的个体小生产的生产关系中，劳动者个人既是生产者又是管理者，劳动和管理是合为一体的。

第四，生产资料所有制形式决定产品的分配方式。生产和生产资料的所有制形式，对产品的分配方式起决定作用。马克思指出："分配的结构完全决定于生产的结构。分配本身是生产的产物，不仅就对象说是如此，而且就形式说也是如此。就对象说，能分配的只是生产的成果，就形式说，参与生产的一定方式决定分配的特殊形式，决定参与分配的形式。"① 这说明，生产资料所有制形式不同，产品的分配方式也就不同。

（三）生产力和生产关系之间的矛盾

生产力决定生产关系，生产关系反作用于生产力，生产力和生产关系之间的矛盾运动，这三项内容构成生产关系必须适合生产力性质的规律。这是人类社会发展最基本、最普遍的规律。

1. 生产力决定生产关系

生产力和生产关系之间的矛盾是物质生产过程的内部矛盾，其中生产力是矛盾的主要方面，生产关系是矛盾的次要方面，生产力对生产关系起着决定作用、支配作用。这种决定作用表现在以下两个方面。

第一，生产力的性质决定生产关系的性质。一定的生产力要求一定的生产关系与它相适应，生产力的性质不同，建立起来的生产关系也就不同。一定的生产关系只能依据一定的生产力发展水平建立起来，任何生产关系都是一定的生产力发展的必然结果。例如，在原始社会，生产力水平极低，人们使用极其简陋的石木工具，从事捕鱼、打猎、采集等生产活动。在这种情况下，要想获得生活资料，就必须采取集体劳动的形式。这就决定了社会成员共同占有生产资料、平均分配

---

① 《马克思恩格斯选集》第 2 卷，人民出版社 1995 年版，第 13 页。

产品的原始公有制的生产关系。

第二，生产力的发展决定生产关系的改变。生产力的性质决定生产关系的性质，那么，如果生产力的性质发生了变化，生产关系的性质就必然会随之发生变化。历史上，生产关系的每一次变革，都是由生产力的发展引起的。原始社会末期，随着生产力的发展，出现了社会分工和剩余产品，使私人占有生产资料成为可能，原来的生产资料集体占有制就被生产资料私人占有制所取代。但是当时的生产力水平仍然很低，劳动者只能提供少量的剩余产品，只有采取最残酷的奴隶制剥削形式，才能从他人劳动中榨取剩余产品，所以就产生了奴隶制的生产关系。以后，封建制生产关系代替奴隶制生产关系，资本主义生产关系代替封建制生产关系，社会主义生产关系代替资本主义生产关系，都是生产力发展到一定阶段引起的。

生产力的发展引起生产关系的改变，是不依人的主观意志为转移的客观过程。马克思指出："无论哪一个社会形态，在它所能容纳的全部生产力发挥出来以前，是决不会灭亡的；而新的更高的生产关系，在它的物质存在条件在旧社会的胎胞里成熟以前，是决不会出现的。"① 理论界把马克思这段话称为"两个决不会"原理。这个原理是说，一种生产关系的消灭，另一种生产关系的产生，都是以生产力发展的一定程度为基础的。一种生产关系，当它还能使生产力以较快的速度发展时，是不会灭亡的。在没有具备一定程度的生产力发展水平以前，新的更高的生产关系是建立不起来的；即使在某种情况下建立起来了，也是不巩固的。只有生产力发展到相应的程度，才能巩固起来，其间要经历不少艰难和曲折。

生产力的发展引起生产关系的改变是一种客观过程，但却不是纯粹自发的过程，而是自发过程与人的自觉活动的统一。当新的生产关系在旧社会内部逐步孕育成熟，或新生产关系的物质存在条件基本具备的时候，人们就会或是通过革命，或是通过改革的方式，消灭旧的生产关系，建立或确立新的生产关系。

2. 生产关系反作用于生产力

生产关系虽然是被生产力性质决定的，但它对生产力的发展不是消极被动的，而是具有巨大的反作用。这种反作用表现为两种情况：第一，适合生产力性质和发展要求的先进的生产关系，促进生产力的发展；第二，不适合生产力性质和发展要求的落后的生产关系，阻碍生产力的发展。其促进与阻碍的程度，又依适合与否的程度而定。

对于适合生产力性质和发展要求的先进生产关系促进生产力的发展，要有正确理解。它并不是说，先进的生产关系一经建立，生产力就会自然而然地向前发展了；而只是说，先进的生产关系能为生产力的发展开辟道路、扫清障碍、提供可能性，要使这种可能性成为现实，还需要根据生产力发展的客观规律，选择适

---

① 《马克思恩格斯选集》第 2 卷，人民出版社 1995 年版，第 33 页。

当的经济体制，采取正确的方针政策和各项发展生产的有效措施，否则生产力还是不能得到较快的发展。

对于不适合生产力性质和发展要求的落后的生产关系阻碍生产力的发展，也要辩证地理解，不能简单化。这里所说的"不适合"，只是基本不适合，并不是没有任何适合的部分或方面。而且一种社会制度没有被推翻，统治阶级就不可能通过这种社会制度本身从根本上解决生产力和生产关系之间的矛盾，但它能对生产关系和上层建筑做某些局部的调整，使其在一定程度上适合生产力性质和发展要求，从而推动生产力有某种程度的发展。

生产力决定生产关系，生产关系反作用于生产力，就是生产力和生产关系的辩证关系。这个辩证关系从连续的动态过程来看，就是生产力和生产关系之间的矛盾运动。

3. 生产力和生产关系之间的矛盾运动

生产力和生产关系之间的矛盾，在生产发展的不同阶段具有不同的情况。在一种生产关系产生和确立起来后的一段时间内，它与生产力性质和发展要求是基本适合的，促进生产力以前所未有的速度向前发展。虽然这时生产力和生产关系之间也有矛盾，但却不会引起生产关系的根本变革。而当生产力发展到一定程度，原来的生产关系逐渐变得陈旧，它与生产力性质和发展要求变得基本不适合，从而阻碍生产力的发展时，就要求变革旧的生产关系，建立新的生产关系。而新的生产关系一旦产生和确立起来，就又出现了生产关系与生产力性质和发展要求之间在新的基础上的基本适合，开始了生产力和生产关系之间的新的矛盾运动。生产关系与生产力性质和发展要求之间这种由基本适合到基本不适合、再到新的基础上的基本适合，是一个川流不息、万古常新的循环过程，每一次这样的循环，都把人类社会提高到一个新的阶段。

生产关系必须适合生产力性质的规律，是无产阶级政党制定正确的路线、方针、政策的理论依据。正确理解和运用这个规律，对于我国正在进行的改革开放和社会主义现代化建设，具有重大的指导意义。我国社会主义初级阶段实行以公有制为主体、多种所有制经济共同发展的基本经济制度，就是以这一规律为理论依据的。

### 三、上层建筑必须适合经济基础发展要求的规律

（一）经济基础

经济基础是指一个社会中占统治地位的生产关系各个方面的总和，即生产资料所有制形式、各种不同的社会集团在生产中的地位及其相互关系、产品分配方式三个方面的总和。马克思在《〈政治经济学批判〉序言》中指出："这些生产关系的总和构成社会的经济结构，即有法律的和政治的上层建筑竖立其上并有一定

的社会意识形式与之相适应的现实基础。"①

经济基础和生产关系是两个术语，但内容相同。相对于生产力而言，叫生产关系；相对于上层建筑而言，占统治地位的生产关系叫经济基础。人类社会有三个基本层次：生产力、生产关系（经济基础）、上层建筑。生产力和生产关系构成一对矛盾，占统治地位的生产关系作为社会的经济基础，又和上层建筑构成一对矛盾。

（二）上层建筑

上层建筑是与经济基础相对应的范畴，指社会的政治、法律、艺术、道德、宗教、哲学等意识形态以及与这些意识形态相适应的政治法律制度和设施的总和，分为政治上层建筑和观念上层建筑两部分。政治上层建筑亦称实体性上层建筑，指政治法律制度以及军队、警察、法院、监狱、政府机关等设施，以及与之相适应的一套组织。观念上层建筑又称思想上层建筑，包括政治、法律、艺术、道德、宗教、哲学等各种服务于统治阶级的意识形态。相对于政治上层建筑以"有形"实体的形式存在来说，观念上层建筑是非物质实体形态的"无形"存在。

政治上层建筑与观念上层建筑之间既相互区别，又互相依赖、互相渗透、互相作用、互相转化。首先，观念上层建筑决定政治上层建筑。政治上层建筑是在一定的思想理论指导下建立起来的，是统治阶级的有意识的行动的产物，它随观念上层建筑的变化而变化。正是从这个意义上，我们把政治上层建筑看作是观念上层建筑的物质附属物或物质设施。其次，政治上层建筑一旦形成，又会成为一种强大的、既成的物质力量，反过来影响观念上层建筑。例如，社会主义的政治法律制度建立起来以后，就广泛地宣传马克思主义，用科学的世界观和方法论武装人们的头脑。在上层建筑各种因素中，政治居于主导地位；在阶级社会里，国家政权和领导国家政权的政党是上层建筑的主要组成部分。国家是阶级矛盾不可调和的产物和表现，是统治阶级压迫被统治阶级的暴力工具。随着阶级的消灭，国家也将随之消亡。

（三）经济基础和上层建筑之间的矛盾

经济基础决定上层建筑，上层建筑反作用于经济基础，经济基础和上层建筑之间的矛盾运动，这三项内容构成上层建筑必须适合经济基础发展要求的规律。

1. 经济基础决定上层建筑

经济基础和上层建筑之间的矛盾，是人类社会的一对内部矛盾。在这对矛盾中，经济基础是矛盾的主要方面，起着决定作用；上层建筑是矛盾的次要方面，处于被支配地位。经济基础对上层建筑的决定作用表现在以下两个方面：

第一，经济基础决定上层建筑的产生和上层建筑的性质。任何上层建筑都不是凭空建立起来的，而是在一定经济基础之上产生的。经济基础是上层建筑的物

---

① 《马克思恩格斯选集》第2卷，人民出版社1995年版，第32页。

质根源，上层建筑是适应经济基础的需要产生的。一定的上层建筑，是一定经济基础的反映和表现。所以经济基础的性质决定上层建筑的性质，有什么样的经济基础，就必然有什么样的上层建筑与之相适应。恩格斯指出："每一时代的社会经济结构形成现实基础，每一历史时期的由法的设施和政治设施以及宗教的、哲学的和其他的观念形式所构成的全部上层建筑，归根到底都应由这个基础来说明。"[①] 例如，在原始社会，由于人们在经济上没有剥削和被剥削的关系，在政治上也就没有统治和被统治的关系。在奴隶社会、封建社会和资本主义社会，由于在经济上存在着剥削和被剥削的关系，在政治上就存在着统治和被统治的关系。在经济上占统治地位的阶级，在上层建筑领域也居于统治地位。将来，在经济上剥削和被剥削的关系消灭以后，在政治上也就会不再存在统治与被统治的关系。

第二，经济基础的变化决定上层建筑的变化。一定社会的经济基础不是凝固不变的，而是随着生产力的发展不断变化的。当某一社会的经济基础发生某些局部变化时，上层建筑也要相应地发生局部变化；而当经济基础发生根本变革，即旧经济基础被新经济基础代替时，旧的上层建筑也必然被新的上层建筑所代替。然而，在新的上层建筑代替旧的上层建筑的过程中，上层建筑的各个部分并不是随着经济基础的变化而立即变化或消灭的，而是变化或消灭得有快有慢、有迟有早，国家政权、政治法律制度变化得最早最快，道德、艺术、宗教、哲学等意识形态变化得较晚较慢，而哲学则变化得最慢。

2. 上层建筑反作用于经济基础

上层建筑是被经济基础决定的，但它不只是消极地反映和适应经济基础，上层建筑一经建立起来，就对经济基础产生巨大的反作用。这种反作用集中表现为它是为经济基础服务的。当一定社会的经济基础是先进的经济基础的时候，这一社会的上层建筑就帮助它确立、巩固和发展，从而促进生产力的发展，推动社会的进步；当这一社会的经济基础变为腐朽落后的经济基础的时候，这一社会的上层建筑就极力维护它，妄图使其免于灭亡，这时它就阻碍生产力的发展和社会的进步。由此可见，上层建筑反作用的性质（即它是起进步作用还是起反动作用），不是由它自身决定的，而是由它为之服务的经济基础的性质决定的。

因为上层建筑是为经济基础服务的，所以在阶级社会里，任何一个统治阶级，为了巩固和维护自己在经济上的统治地位，总要建立和加强自己在上层建筑领域的统治地位。被统治阶级为了推翻旧的经济基础，确立、巩固、发展新的经济基础，也总是首先在上层建筑领域发动革命。而最根本的是要推翻旧的国家政权，建立新的国家政权。由此可见，经济上的解放只有通过政治上的革命才能实现。

经济基础决定上层建筑，上层建筑反作用于经济基础，就是经济基础和上层建筑的辩证关系。这个辩证关系从连续不断的过程来看，就是经济基础和上层建

---

① 《马克思恩格斯选集》第 3 卷，人民出版社 1995 年版，第 365 页。

筑之间的矛盾运动。

3. 经济基础和上层建筑之间的矛盾运动

在一个社会的上升时期，上层建筑与经济基础是基本适合的，这时虽然二者之间也有矛盾，但这种矛盾可以在这个社会制度本身的范围内，通过调整上层建筑不适合经济基础的部分加以解决。当这个社会发展到没落时期，上层建筑与经济基础基本不适合了，这种矛盾就不能通过这种社会制度本身得到解决，需要通过先进阶级的革命，消灭旧的经济基础和上层建筑，建立或确立新的经济基础和上层建筑，才能从根本上加以解决，而新的经济基础和上层建筑一旦建立或确立起来，上层建筑和经济基础之间就达到了新的基础上的基本适合，开始了上层建筑和经济基础之间新的矛盾运动。上层建筑和经济基础之间这种由基本适合到基本不适合、再到新的基础上的基本适合，是一个川流不息、万古常新的循环过程，而每一次这样的循环，都把人类社会推进到一个较高的阶段。

上层建筑必须适合经济基础发展要求的规律，是无产阶级政党制定正确的路线、方针、政策的理论依据。正确理解和运用这个规律，对于我国正在进行的经济体制改革和政治体制改革以及其他方面的改革，具有重大的指导意义。在中国特色社会主义新时代，深入理解上层建筑必须适合经济基础发展要求的规律，必须进行上层建筑领域的改革，构建系统完备、科学规范、运行高效的党和国家机构职能体系。党的十九届三中全会审议通过的《中共中央关于深化党和国家机构改革的决定》和《深化党和国家机构改革方案》，充分体现了这次改革与以往历次机构改革不同的是，更加注重改革的系统性、整体性、协同性，强调统筹推进党政军群机构改革，既要解决当前最突出的矛盾和短板，又要关注基础性和长远性的体制和框架建设；既要深化党政机构改革，又要同步推进群体组织、企事业单位、社会组织的机构改革；既要推动中央层面的改革，又要促进地方和基层的改革。改革力度之大，影响面之广，触及的利益关系之复杂，都是历史上少有的，是一场系统性、整体性、重构性的改革。这种改革必将对完善社会主义经济基础、推动生产力的发展起极大的促进作用。

### 四、社会形态的划分和社会形态的更替与发展

（一）社会形态的划分

人类社会是一个内容丰富、结构复杂的巨系统。我们可以根据研究问题的不同需要，运用不同标准划分社会形态。最基本的划分法有两种：一种是经济社会形态划分法，另一种是技术社会形态划分法。

1. 经济社会形态划分法

经济社会形态是直接或间接以生产关系的性质为标准划分的社会形态。在经济社会形态的范围内，又有两种基本的划分方法：一种是五种社会形态划分法，另一种是三种社会形态划分法。

（1）五种社会形态划分法

五种社会形态划分，是根据生产关系的不同性质划分社会形态。人类历史上有五种不同性质的生产关系依次占统治地位，因而人类历史就相应地划分为依次更替的五种社会形态，即原始社会、奴隶社会、封建社会、资本主义社会、共产主义社会（社会主义社会是它的第一阶段）。我们从五种社会形态划分的角度把经济社会形态定义为：经济社会形态是由历史上一定的生产力、生产关系、上层建筑等全部社会要素组成的完整的社会体系，是按照本身特有的规律运动、发展、变化着的活的社会有机体。

（2）三种社会形态划分法

马克思在1857—1858年写的《经济学手稿》中说："人的依赖关系（起初完全是自然发生的），是最初的社会形态，在这种社会形态下，人的生产能力只是在狭窄的范围内和孤立的地点上发展着。以物的依赖性为基础的人的独立性，是第二大形态，在这种形态下，才形成普遍的社会物质交换，全面的关系，多方面的需求以及全面的能力的体系。建立在个人全面发展和他们共同的社会生产能力成为他们的社会财富这一基础上的自由个性，是第三个阶段。第二个阶段为第三个阶段创造条件。"① 在这里，马克思根据作为社会主体的人的发展状况，把人类历史划分为人的依赖性社会、物的依赖性社会、个人全面发展的社会三种依次更替的社会形态。这三种社会形态是分别由历史上存在的三种宏观的经济运行形式，即自然经济、商品经济、产品经济决定的。因此，它们属于经济社会形态的范围。也可以说，以这三种宏观的经济运行形式为基础，形成自然经济社会、商品经济社会、产品经济社会在历史上依次更替的三种社会形态。这两个三种社会形态序列是内在统一的。人的依赖性社会即自然经济社会，物的依赖性社会即商品经济社会，个人全面发展的社会即产品经济社会。所谓三种社会形态划分法，就是指这两个序列的三大形态的划分法。

（3）三种社会形态划分法和五种社会形态划分法的关系

三种社会形态划分法和五种社会形态划分法，都是马克思提出来的，它们各自从不同的角度和不同的侧面说明了人类历史发展的进程和社会发展阶段的划分，共同揭示了人类社会发展的一般规律。二者在马克思主义体系中的作用是互补的，而不是互相排斥的，而且这两种划分法本质上是统一的。人的依赖性社会或自然经济社会包括原始社会、奴隶社会、封建社会三种社会形态；物的依赖性社会或商品经济社会在马克思、恩格斯那里指的就是资本主义社会，中国的社会主义初级阶段也属于商品经济社会；个人全面发展的社会或产品经济社会，则指的是未来的社会主义社会和共产主义社会。我们既不能只讲五种社会形态划分法，不讲三种社会形态划分法，也不能用三种社会形态划分法否定或取代五种社会形态划分法。

---

① 《马克思恩格斯全集》第46卷上，人民出版社1979年版，第104页。

2. 技术社会形态划分法

五种社会形态划分法和三种社会形态划分法，都是直接或间接以生产关系性质为标准划分的，因而都属于经济社会形态的范围。除此之外，我们还可以以生产力和技术发展水平以及与此相适应的产业结构为标准划分社会形态。这样划分开来的社会形态，我们把它称为技术社会形态。换句话说，技术社会形态就是以生产力和技术发展水平以及与此相适应的产业结构为标准划分的社会形态。在石器时代，人们靠捕鱼、狩猎和采集为生，主要的产业是渔业和狩猎业，因而可以把这个时代称为渔猎社会。在铜器时代和铁器时代，农耕有了很大的发展，农业在产业结构中占了主导地位，因而可以称之为农业社会。在蒸汽时代和电气时代，机器大工业有了很大的发展，工业在产业结构中占了主导地位，因而可以称之为工业社会。在电子时代，信息技术和信息产业在技术体系和产业结构中占了主导地位，因而可以称之为信息社会。这样，人类历史就有了一个技术社会形态序列：渔猎社会——农业社会——工业社会——信息社会。

（二）社会形态的发展是自然历史过程

马克思在《资本论》第1卷第一版序言中说："我的观点是：社会经济形态的发展是一种自然历史过程。"①"社会经济形态"即经济社会形态。马克思这句话是说，人类社会的发展或者说社会形态的演变也像自然界一样，是客观的、物质的、辩证的过程，具有不依人的意志为转移的客观规律性。同时又应看到，人类的活动是有意识、有目的的。正是人类有意识、有目的的实践活动，构成了人类社会的历史，形成了人类社会历史的发展规律。社会历史规律不是别的，就是人的活动的规律。那么，究竟如何说明社会历史规律的客观性和人的自觉活动之间的关系呢？亦即如何把承认人的自觉活动在社会发展中的作用和承认社会形态的发展是一种自然历史过程这二者统一起来呢？列宁指出，马克思、恩格斯所用的方法"就是从社会生活的各个领域中划分出经济领域，从一切社会关系中划分出生产关系，即决定其余一切关系的基本的原始的关系"②。又说："只有把社会关系归结于生产关系，把生产关系归结于生产力的水平，才能有可靠的根据把社会形态的发展看作自然历史过程。"③ 为什么呢？

第一，因为每一代人在社会上开始生活时，所遇到的都是现成的生产力和生产关系，任何人都不能自由地选择生产力和生产关系。每一代人开始其社会生活时，总是遇到并接受前人传给他们的生产力和生产关系。每一代人遇到什么样的生产力和生产关系，是不以他们的意志为转移的。而且这种既得的生产力和生产关系，还预先规定了这一代人的生活方式和活动方式。

---

① 《马克思恩格斯全集》第 23 卷，人民出版社 1972 年版，第 12 页。
② 《列宁选集》第 1 卷，人民出版社 1995 年版，第 8—9 页。
③ 同上。

第二，人们不能自由地选择生产力和生产关系，这并不是说他们不可以按照自己的目的和需要去改变原有的生产力和生产关系。但是，人们按照自己的目的和需要所从事的社会活动将引起什么样的社会结果，自己是意识不到的。这是因为，这种社会结果是由各个个人和各种社会力量相互作用所形成的"合力"造成的。每一个个人和每一种社会力量在形成这种"合力"时都起了作用，但历史的发展却又不以任何个人和任何一种社会力量为转移。每一个个人和每一种社会力量都具有偶然性，但由这些个人和社会力量的相互作用所产生的"合力"（即社会结果）却体现了历史必然性。马克思主义的"合力论"思想，最清楚、最令人信服地说明了为什么人的活动是有意识、有目的的自觉活动，而这种自觉活动所形成的社会历史及其发展规律却是客观的、不依人的意志为转移的。

第三，把社会关系归结于生产关系，把生产关系归结于生产力的水平，就是认为生产力决定生产关系，生产关系作为社会的经济基础又决定上层建筑，这是历史发展中的唯物主义因果决定论，或称历史决定论。马克思、恩格斯的历史决定论把物质决定意识这个一般的唯物主义基本原理，应用于研究人类社会历史，明确了社会历史领域里什么是物质的东西，什么是精神的东西，什么是客观的东西，什么是主观的东西，什么是本原的东西，什么是派生的东西，说明在社会历史领域里，也是物质的东西决定精神的东西，客观的东西决定主观的东西，社会存在决定社会意识，从而建立起历史唯物主义的基本原理。

（三）社会历史发展的决定性与选择性

社会历史发展的决定性是指历史决定论，社会历史发展的选择性是指主体选择的作用。承认历史决定论和承认主体选择的作用是一致的，人们对社会历史发展的客观规律的揭示，正是为探寻作为历史主体的人的选择活动开辟广阔的天地，使人的主体特性能得以更自由、更充分地发挥，从而能以日益合乎客观规律的活动，更加自觉地创造自己的历史。由此可见，承认历史决定论和承认主体选择的作用是一致的、不矛盾的。

首先，在历史决定论看来，纯粹的必然性只存在于逻辑中。在现实生活中，规律是非直接的，只是作为一种趋势、一种平均数而存在。恩格斯在谈到利润率和一般经济规律的本质时指出："它们全都没有任何其他的现实性，而只是一种近似值，一种趋势，一种平均数，但不是直接的现实。其所以如此，部分地是由于它们所起的作用被其他规律同时起的作用打乱了，而部分地也由于它们作为概念的特性。"[①] 例如价值决定价格的规律，并不是说价格在任何一个个别场合都与价值相一致，而是说通过价格围绕价值上下波动，在总的平均数中，价格近似地符合价值。这样，人们在制定价格政策、规定商品价格上就有了选择的余地和可能。

其次，在历史决定论看来，社会规律所揭示的社会过程之间的联系，不是单

---

① 《马克思恩格斯选集》第 4 卷，人民出版社 1995 年版，第 745 页。

值对应的线性因果联系,即单义决定,而是多值的、或然的、非线性的因果联系,即或然决定。因此,社会规律给人的活动所提供的并不是一种唯一的现实可能性,而往往是提供一个由多种现实可能组成的可能性空间,这是由各种社会因素"交互作用"造成的。在这一可能性空间中,何种可能性成为现实,取决于人的自觉活动和主体选择。例如,在 20 世纪 40 年代末,在中国进行两种前途和命运大决战的时刻,中国共产党和中国人民选择了社会主义道路,并且取得了胜利。

最后,每一种可能性的实现,又会有多种多样的形式,即各种具体的模式和途径。人们对具体模式和途径的选择,可以表现出巨大的能动性。例如,我国在建国初期,在特定的历史条件下,选择了高度集中的计划经济体制。后来由于这种体制的弊端日益暴露,改革开放以来,我们又逐步建立和完善了社会主义市场经济体制。

主体选择与客观规律的接近和符合,是人们在认识和实践中长期而艰难的探索过程,是人的认识和实践不断深入的过程,是人们不断发现真理和修正错误的过程。人们探索的时间越长,探索的范围越广,认识和实践的水平越高,人的选择与客观规律相符合的程度就越大。

(四)社会形态发展的统一性和多样性

社会形态发展的统一性是指处于同一社会形态的不同国家和民族的历史发展具有的共同性、普遍性,即具有大致相同的生产力发展水平,大致相同的生产关系体系,大致相同的上层建筑。社会形态发展的统一性,并不意味着各个国家和民族的历史发展过程是整齐划一,按照同一模式进行的,它仅仅指明各个国家和民族历史发展过程的共同性质、一般规律、客观必然性,并不能概括它们各自历史发展的全部内容,不能反映它们各自历史的全部变化和全部细节,不能说明它们彼此之间的各种差别。因此,我们既要研究社会形态发展的统一性,又要研究社会形态发展的多样性。所谓社会形态发展的多样性,是指不同国家和民族的历史发展具有不同的特点,在经济、政治、文化发展上都有自己民族的特色,各国的历史可以说是千差万别的。社会形态发展的多样性主要表现在以下几个方面。

第一,处于同一社会形态的不同国家和民族的历史具有各自的特点。以奴隶社会为例,在西欧,社会分工程度比较高,商品生产和交换比较发达;在东方,社会分工的发展程度比较低,商品生产和商品交换不够发达,属于农业和手工业结合的自给自足的自然经济。

第二,各个国家在不同的社会形态中所具有的典型意义不同。例如,古希腊、罗马是奴隶制社会形态发展的典型,近代英、法两国是资本主义社会形态发展的典型,而中国则是封建社会形态发展的典型。

第三,人类社会在由较低的社会形态向较高的社会形态转变时,不同国家和民族采取的过渡形式各有特点。例如,从封建社会向资本主义社会过渡,法国 1789 年的资产阶级大革命最为典型,反封建最为彻底;而德国和日本向资本主义社会过渡主要是通过改良的办法，反封建不彻底，过渡不典型。又如，俄国的十月革命采取的是城市武装起义的道路，中国的新民主主义革命采取的则是农村包围城市的道路。

第四，有些国家和民族由于特殊的社会历史条件，在社会形态转变过程中，可能超越某一个或某几个社会形态。例如，美国跨越了奴隶社会和封建社会两个社会形态，由原始社会直接过渡到资本主义社会；欧洲的日耳曼民族没有经过奴隶社会，从农村公社通过征服奴隶制的罗马帝国，在罗马帝国的废墟上直接建立起封建社会；在中华人民共和国成立初期，藏、彝等少数民族还处在奴隶制或农奴制社会形态，东北的鄂伦春族甚至还处在原始公社的部落所有制阶段，经过民主改革，他们超越了几个社会形态，直接进入了社会主义初级阶段。上述几种"超越"情况，就世界范围而言，不仅不违背五种社会形态依次更替的规律，反而是以这个规律的存在为前提的。五种社会形态划分法是就世界范围而言的，不是说每一个国家和民族都一定依次经历五种社会形态。

## 第二节 社会历史发展的动力

> 革命是解放生产力，改革也是解放生产力。
>
> ——邓小平

推动社会历史发展的动力是多方面的，构成人类社会的一切要素和矛盾，都可以构成推动社会历史发展的动力。这些动力不是彼此孤立、毫不相干的，而是紧密联系、互相制约的，构成一个社会历史发展的动力体系。这里主要从社会基本矛盾、阶级斗争、革命和改革几个方面论述社会历史发展的动力。

### 一、社会基本矛盾在社会发展中的作用

社会基本矛盾指生产力和生产关系之间的矛盾、经济基础和上层建筑之间的矛盾。

（一）两对社会基本矛盾之间的关系

生产力和生产关系之间的矛盾、经济基础和上层建筑之间的矛盾这两对基本矛盾，不是互相孤立、互相平行的，而是相互制约、有主次之分的。

首先，由于生产力决定生产关系、生产关系作为社会的经济基础又决定社会的上层建筑，所以生产力与生产关系之间的矛盾对于经济基础与上层建筑之间的矛盾起着主导作用。这种主导作用表现为生产力与生产关系之间的矛盾的性质和状况决定着经济基础与上层建筑之间的矛盾的性质和状况。当生产关系适合生产力的性质时，上层建筑也适合经济基础的发展要求；当生产关系由生产力发展的

形式变为生产力发展的桎梏时,上层建筑与经济基础的变革要求之间便发生尖锐的矛盾;当生产力冲破旧生产关系的束缚,确立了新生产关系的时候,旧上层建筑的各个部分也或快或慢地被新的上层建筑所代替,形成在新的条件下的经济基础与上层建筑之间的矛盾。由此可见,上层建筑与经济基础之间的矛盾根源于生产力与生产关系之间的矛盾。

其次,由于生产关系对生产力有反作用,上层建筑对经济基础有反作用,经济基础是联系上层建筑和生产力的中间环节,所以生产力和生产关系之间的矛盾的解决,又有赖于经济基础和上层建筑之间的矛盾的解决。当生产关系阻碍生产力的发展、上层建筑阻碍经济基础变革的时候,革命阶级就会首先制造革命舆论,组织革命队伍,发动社会革命,消灭旧的国家政权,建立新的国家政权,从而使新的生产关系得以确立或建立起来,使新的上层建筑适合经济基础的发展要求,这就解放了生产力,解决了生产力和生产关系之间的矛盾。由此可见,上层建筑和经济基础之间的矛盾的解决,制约着生产力和生产关系之间矛盾的解决。

(二)社会基本矛盾是社会发展的基本动力

生产力和生产关系之间的矛盾、经济基础和上层建筑之间的矛盾,存在于一切社会形态之中,贯穿于每一个社会形态的始终。这两对矛盾制约和决定着其他各种社会矛盾,决定着整个社会的面貌,决定着社会发展的必然阶段和客观趋势,决定社会形态由低级到高级的演进。所以社会基本矛盾是社会发展的基本动力。这一点,可以从社会历史发展的各种动力之间的相互关系中,看得十分清楚。阶级斗争是阶级社会发展的直接动力,但是,阶级矛盾和阶级斗争是社会基本矛盾的表现,社会基本矛盾决定着阶级矛盾和阶级斗争的发展阶段和发展状况,制约着阶级矛盾和阶级斗争的特点及其解决方式。革命和改革是推动社会发展的重要动力,但社会基本矛盾的尖锐化是革命和改革的最深刻的根源,社会基本矛盾的性质决定着革命和改革的性质,社会基本矛盾的发展状况决定着革命和改革的具体状况。科学在社会发展中具有重要作用,但物质生产是科学发展的基础,一旦有物质生产上的技术需要,就会比十所大学更能推动科学的发展。人民群众是推动历史发展的伟大动力,但人民群众推动历史发展的作用,是在解决生产力和生产关系、经济基础和上层建筑的矛盾中实现的。

## 二、阶级斗争在阶级社会发展中的作用

(一)阶级的产生和实质

阶级是一个历史范畴,它不是从来就有的,也不会永远存在下去。阶级是生产发展到一定阶段的产物。在原始社会,生产力十分低下,没有剩余产品,人们只能勉强维持生存。因此,这时没有生产资料私有制,没有人剥削人的现象,也就没有阶级划分。到原始社会末期,生产力有了一定的发展,出现了剩余产品,为阶级的产生提供了可能性。社会分工以及随之而来的产品交换,出现生产资料

私有制，使阶级产生的可能变为现实。

恩格斯说："分工的规律就是阶级划分的基础。"① 这里所说的分工，指的是旧式分工或自发分工，即具有固定专业划分的分工。为什么说分工的规律是阶级划分的基础呢？首先，有分工就必然有产品交换，而有了产品交换，就会加剧财产的积聚和集中，使财富日益掌握在少数人手中，从而促进私有制的形成和发展。而有了生产资料私有制，就把社会成员一分为二，即分为占有生产资料的剥削阶级和不占有生产资料的被剥削阶级。其次，分工的进一步发展，出现了体力劳动和脑力劳动的分工与对立。由于这种分工，出现了只消费不生产、只享受不劳动的人。这些脱离生产劳动的人，专门从事生产的管理以及政务、司法等活动，成为剥削阶级的组成部分。阶级是生产力有了一定发展而又发展不足的情况下产生和存在的。当生产力高度发展，社会财富可以充分满足每一个人的需要，任何人都没有必要占有别人的剩余劳动的时候，阶级就必然消灭。在阶级完全消灭以后，国家也必将消亡。

历史上最初产生的两个阶级是奴隶主阶级和奴隶阶级。奴隶制生产关系的出现和奴隶主阶级与奴隶阶级的形成，使原始社会过渡到奴隶社会。奴隶社会代替原始社会，符合历史发展的客观规律，具有历史的必然性，是历史发展中的进步。奴隶主残酷地剥削压迫奴隶，当然应该从道义上加以谴责，但不能因此而否定这个历史进步。首先，奴隶制保存了大量的劳动力，把奴隶用于生产劳动，推动了生产力的发展。其次，奴隶制甚至对受剥削受压迫的奴隶本身也是一种进步，因为作为奴隶来源的战俘，以前是被杀掉，有时甚至被吃掉，现在至少能保全生命了。最后，社会有了阶级划分以后，体力劳动和脑力劳动的分工固定下来并不断强化和发展，有一部分人专门从事科学、文化、教育事业，促进了古代科学文化的繁荣。

在马克思主义产生以前，某些资产阶级历史学家已经叙述过阶级斗争的历史发展，某些资产阶级经济学家曾经对社会各阶级做过经济上的分析。但是由于历史和阶级的局限，他们都不能揭示阶级的本质。马克思主义第一次揭示了阶级的本质。马克思曾说，他对阶级斗争学说的新贡献有如下几点："（1）阶级的存在仅仅同生产发展的一定历史阶段相联系；（2）阶级斗争必然导致无产阶级专政；（3）这个专政不过是达到消灭一切阶级和进入无阶级社会的过渡……"② 列宁给阶级下了一个较为完整的定义。他说："所谓阶级，就是这样一些大的集团，这些集团在历史上一定的社会生产体系中所处的地位不同，同生产资料的关系（这种关系大部分是在法律上明文规定了的）不同，在社会劳动组织中所起的作用不同，因而取得自己支配的那份社会财富的方式和多寡也不同。所谓阶级，就是这样一

---

① 《马克思恩格斯选集》第 3 卷，人民出版社 1995 年版，第 632 页。
② 《马克思恩格斯选集》第 4 卷，人民出版社 1995 年版，第 547 页。

些集团，由于它们在一定社会经济结构中所处的地位不同，其中一个集团能够占有另一个集团的劳动。"① 列宁这个定义，全面说明了阶级的本质。简单地说，阶级就是在以生产资料私有制为基础的社会生产体系中处于不同地位的各个社会集团，其中一个集团能够占有另一个集团的劳动。

上述的阶级定义表明，阶级首先是一个经济范畴，是一些经济集团，划分阶级的唯一标准是经济标准，不能用政治标准和思想标准划分阶级。同时，阶级又不仅是一个经济范畴，而且是一个更广泛的社会范畴。阶级的产生是由于经济的原因引起的，但阶级一旦产生出来，就会在经济关系的基础上，派生出各个阶级的政治立场和意识形态。所以，阶级不仅是一个经济集团，而且是一个社会集团和社会组织。一个阶级的经济地位、政治立场、意识形态这几个方面的总和构成这个阶级的全部特征，阶级是这些方面的有机统一体。

（二）阶级斗争是阶级社会发展的直接动力

列宁指出："什么是阶级斗争？这就是一部分人反对另一部分人的斗争，就是广大无权者、被压迫者和劳动者反对特权者、压迫者和寄生虫的斗争，雇佣工人或无产者反对私有主或资产阶级的斗争。"② 这就是说，阶级斗争是指各对抗阶级之间的斗争，其中包括剥削阶级和被剥削阶级之间的斗争，如奴隶主和奴隶、地主和农民、资产阶级和无产阶级之间的斗争；也包括上升时期的剥削阶级和腐朽没落的剥削阶级之间的斗争，如奴隶社会末期和封建社会初期新兴封建主阶级反对没落奴隶主阶级的斗争，封建社会末期和资本主义社会初期新兴资产阶级反对没落封建主阶级的斗争。在同一社会形态中存在的两个被剥削的劳动阶级（如农民阶级和工人阶级）之间也有差别、有矛盾，但它们之间矛盾的解决，一般不取阶级斗争的形式。

物质利益的对立是阶级斗争的根源。在以生产资料私有制为基础的社会里，剥削阶级利用占有的生产资料，占有被剥削阶级的剩余劳动，使它们处于被剥削、被压迫的地位。哪里有剥削、有压迫，哪里就有反抗、有斗争。被剥削阶级只有进行斗争，才能改善自己的经济地位和政治地位，求得自身的解放。阶级斗争归根结底是由于物质利益的对立引起的，都是直接或间接为了某种物质利益而进行的。阶级斗争的具体形式是多种多样的，归结起来主要有三种形式：经济斗争、政治斗争、思想斗争。

阶级斗争在阶级社会的发展中起着重要作用，它是阶级社会发展的直接动力。

首先，阶级斗争推动社会发展的作用，最明显地表现在社会形态更替的过程中。上面讲过，生产关系必须适合生产力性质、上层建筑必须适合经济基础发展要求的规律，是人类社会发展的普遍规律。这些规律不能自发地实现，只有通过

---

① 《列宁选集》第4卷，人民出版社1995年版，第11页。
② 《列宁全集》第7卷，人民出版社1986年版，第169页。

人的活动，在阶级社会里只有通过阶级斗争，才能实现。就是说，在阶级社会里，当生产关系阻碍生产力发展、上层建筑阻碍经济基础变革时，必然引起革命阶级和反动统治阶级之间的矛盾尖锐化，直至爆发以推翻旧政权、建立新政权为目标的政治革命，而政治革命一旦成功，就实现了社会形态的更替，把人类社会从一个较低的社会形态推进到一个较高的社会形态。

其次，阶级斗争推动社会发展的作用，还表现在同一个社会形态的量变过程中。在以生产资料私有制为基础的阶级社会里，剥削阶级出于它的本性，总是残酷地剥削和压迫劳动群众，无偿地占有他们的剩余劳动，有时甚至侵吞他们的必要劳动，使劳动群众无法生活下去，社会再生产无法正常进行。在这种情况下，被剥削阶级只有起来进行反抗，才能迫使剥削阶级做些让步、减轻一点剥削程度，以保证社会再生产正常进行，从而推动社会在各种不同程度上向前发展。

我们要正确认识和处理阶级和阶级斗争问题，既不要否认阶级矛盾，掩盖阶级斗争，又要防止夸大阶级矛盾，搞阶级斗争扩大化。特别要注意防止以阶级斗争的名义，整干部、整群众。我们一定要接受这方面的沉痛教训。

### 三、革命和改革在社会发展中的作用

社会革命和社会改革是社会运动的两种基本形式。社会革命是社会制度的根本质变，是用新的社会形态代替旧的社会形态；社会改革是同一社会制度（社会形态）总的量变过程中的部分质变。社会革命和社会改革都是推动社会发展的动力。

（一）社会革命及其在社会发展中的作用

社会革命是阶级斗争的最高表现。阶级斗争有三种基本形式：经济斗争、政治斗争、思想斗争。社会革命不是一般的经济斗争，也不是单纯的思想斗争，而且不是一般的政治斗争，而是指夺取国家政权的斗争。革命的首要的基本的标志是国家政权从反动阶级手里转移到革命的进步的阶级手里。正如列宁所说："无论从革命这一概念的严格科学意义来讲，或是从实际政治意义来讲，国家政权从一个阶级手里转到另一个阶级手里，都是革命的首要的基本的标志。"[①] 根据列宁这段话可以看出，同一阶级内部不同阶层和社会集团之间的政权更替（如中国封建社会的改朝换代），反动阶级对革命政权的篡夺（复辟），都不能算社会革命。只有进步的革命的阶级反对反动统治阶级的国家政权的斗争，才是社会革命。

社会革命是社会基本矛盾的必然产物。马克思指出："社会的物质生产力发展到一定阶段，便同它们一直在其中运动的生产关系……发生矛盾。于是这些关系便由生产力的发展形式变成生产力的桎梏。那时社会革命的时代就到来了。随着

---

① 《列宁选集》第 3 卷，人民出版社 1995 年版，第 25 页。

经济基础的变更，全部庞大的上层建筑也或慢或快地发生变革。"① 这就是说，社会革命的最深刻的根源，就在于生产力和生产关系之间的矛盾以及经济基础和上层建筑之间的矛盾。当生产关系成为生产力发展的桎梏时，生产力的发展就要求革命的进步的阶级消灭过时的旧生产关系，建立适合生产力发展的新生产关系，以解放被束缚的生产力。但旧的上层建筑，特别是国家政权，总是要维护旧的生产关系。要解决生产力和生产关系之间的矛盾，就必须首先解决经济基础和上层建筑之间的矛盾，即改变旧的上层建筑，最主要的是消灭旧的国家政权，建立新的国家政权。所以说革命的根本问题是国家政权问题。

社会革命有多种类型，主要有：新兴封建主阶级推翻没落奴隶主阶级的革命；新兴资产阶级推翻没落封建主阶级的革命；无产阶级推翻资产阶级的革命；在奴隶社会，奴隶反对奴隶主阶级的革命；在封建社会，农民反对地主阶级的革命；在殖民地半殖民地国家进行的民族民主革命；等等。

从历史上看，暴力革命是社会革命的基本形式。这是由国家的本质决定的。国家是统治阶级压迫被统治阶级的暴力工具。反动统治阶级不会自动让出政权、放弃自己的统治。当被统治阶级进行反抗的时候，反动统治阶级总是用暴力加以镇压。这就迫使被统治阶级不得不进行暴力革命，用革命的暴力反对反革命的暴力。我们说暴力革命是社会革命的基本形式，并不意味着否定在特定的社会历史条件下，有革命和平发展的可能性，如果能够用和平的手段过渡到新社会，那对人民群众是有好处的。在发达资本主义国家，随着经济、政治的发展和阶级结构的变化，以及阶级矛盾的相对缓和、其内部孕育和形成的新社会因素日益增多等情况，革命和平发展的可能性在增长。

马克思说"革命是历史的火车头"②，这句话形象而深刻地说明了社会革命在社会发展中的重大作用。

首先，社会革命是阶级社会由低级向高级发展的决定性手段。当生产关系和生产力、上层建筑和经济基础发生尖锐冲突的时候，只有通过社会革命，才能推翻或摧毁旧的国家政权，建立革命阶级的政治统治，消灭旧的生产关系，确立或建立新的生产关系，从而用较高的社会形态代替较低的社会形态，为解放和发展生产力扫清道路。

其次，人民群众在革命时期能发挥出创造历史的巨大的主动性和积极性。革命是被剥削者和被压迫者的盛大节日，人民群众在任何时候都不能像在革命时期那样以新社会秩序的积极创造者的身份出现。列宁曾经指出："人民的、特别是无产阶级的以及农民的组织者的创造性，在革命旋风时期比在所谓的安定宁静的

---

① 《马克思恩格斯选集》第2卷，人民出版社1995年版，第32—33页。
② 《马克思恩格斯文集》第2卷，人民出版社2009年版，第161页。

(牛车似的）历史进步时期强烈、丰富、有效千百万倍。"①

最后，革命阶级在革命斗争中受到锻炼和改造，成为建设新社会的基础。革命不仅要破坏一个旧世界，而且要建设一个新世界。革命阶级只有在革命实践中，才能学会建设新社会的本领。马克思、恩格斯指出："革命之所以必需，不仅是因为没有任何其他的办法能够推翻统治阶级，而且还因为推翻统治阶级的那个阶级，只有在革命中才能抛掉自己身上的一切陈旧的肮脏东西，才能成为社会的新基础。"②

(二) 社会改革及其在社会发展中的作用

1. 社会改革的实质和作用

社会改革是在一定社会制度下，为了解决生产关系不适合生产力、上层建筑不适合经济基础的某些部分或环节，使该社会制度得到持续存在与发展或自我完善，而对社会体制进行的改善与革新。

社会革命与社会改革都是为了解决生产力与生产关系、经济基础与上层建筑的矛盾，从而推动社会发展的历史运动形式。同时，二者之间又有明显的区别。

首先，社会革命是人类社会的根本质变，是用新的进步的社会制度代替旧的落后的社会制度；社会改革则是同一社会制度总的量变过程中的部分质变，不改变社会制度的根本性质。

其次，社会革命是由被统治阶级发动的，目的是推翻反动统治阶级的国家政权，建立新的革命阶级的政权；社会改革则是由统治阶级或统治阶级内部的某种社会势力、社会集团发动的，目的是维护和巩固统治阶级的统治地位。因此，社会革命一般是由下层群众首先发动的，社会改革则是自上而下展开的。

最后，从历史上看，社会革命往往要通过暴力革命的形式；社会改革虽然也要付出代价，甚至流血牺牲，但一般不需要采取大规模的武装斗争和暴力冲突的形式。

社会改革推动社会发展的作用，主要表现在以下几个方面。

第一，社会改革可以巩固新生的社会制度或使原有的社会制度持续存在并获得一定程度的发展。一种新社会制度建立的初期，总是存在着大量的旧社会制度的残余。这时的社会改革，在改善新社会的社会体制的过程中，还包含着消灭旧制度残余的任务，奴隶社会、封建社会、资本主义社会初期以及社会主义社会的改革，都具有这种作用。在一个社会制度的中后期所进行的改革，虽然为的是使这种社会制度持续存在，但由于对生产关系和上层建筑做了某些局部调整，因而能在一定程度上推动生产力的发展和社会进步。

第二，在社会主义社会以前，社会改革为新社会制度的诞生做量变和部分质

---

① 《列宁全集》第12卷，人民出版社1987年版，第302页。
② 《马克思恩格斯选集》第1卷，人民出版社1995年版，第91页。

变的准备。在一定社会制度的后期，向新社会制度过渡的趋势越来越明显，同时还出现了新社会制度的萌芽或因素。这时的社会改革，虽然以维护旧社会制度为主旨，但往往又包含着承认甚至促进新社会制度的因素发展的内容。

第三，在社会经济、政治等社会体制改革的过程中，必然伴随着人们思想观念和价值取向的变更。新的思想观念和价值取向，既是对改革及其发展要求的反映，又为改革开拓道路，推动改革向纵深发展。社会改革具有在一定程度上破除旧思想、旧观念、旧风俗、旧习惯，树立新思想、新观念、新风俗、新习惯，提高精神文明水平的作用。

总之，社会改革是生产力与生产关系、经济基础与上层建筑矛盾运动的必然产物，通过对一定社会制度下的不合理的社会体制的改善与革新，巩固、完善一定的社会制度或使其持续存在，从而推动社会经济、政治和文化有某种程度的发展。

2. 社会改革的普遍性和特殊性

社会改革的普遍性是指社会改革不仅存在于社会主义社会中，而且存在于有史以来的各种社会制度中。在世界古代史上，公元前8世纪亚述国王提格拉特帕拉尔三世以铁的出现和生产为基础对军事建制、组织体制和武器装备等方面的改革；公元前6世纪波斯国王大流士一世适应帝国扩张和加强专制主义的中央集权的需要，对政治机构、军事组织和税收等制度进行的改革；公元前5世纪雅典的最高统治者伯里克利以当时的经济发展为背景，对雅典的民主政治体制、移民以及平民就业制度等方面所做的改革，都在一定程度上推动了当时社会经济文化的繁荣与发展。近代和现代的资本主义国家，也在不断进行经济、政治体制方面的改革。在中国古代史上，战国时代秦国的商鞅变法，导致中国历史上第一个统一的中央集权的封建主义国家的建立；汉朝初年的改革带来封建社会前期的"文景之治"和汉武帝强盛时期；唐朝前期的改革带来了"贞观之治"和"开元盛世"，使我国封建社会的经济、政治和文化达到了极盛时期。后来，宋朝王安石的改革，以及元、明、清时期的各次改革，都对生产力的发展和社会的进步起了一定的推动作用。

社会改革的特殊性，是指不同时期、不同国家的改革具有自己的特点，特别是指社会主义社会的改革与阶级社会的改革相比较，具有根本不同的性质和特点。

第一，社会主义社会的改革是主动的、自觉的，剥削阶级占统治地位的社会的改革是被动的、自发的，统治阶级往往是在被统治阶级强烈反抗的条件下，不得已而对经济基础和上层建筑进行某些调整的。

第二，社会主义社会的改革，是从广大人民群众的利益出发，为了满足广大人民群众的要求而进行的，因而得到广大人民群众的支持和拥护，有广阔而深厚的群众基础；剥削阶级占统治地位的社会的改革，虽然也能满足群众的某些利益和要求，但从根本上说是从统治阶级的利益出发、为了维护统治阶级的统治地位而进行的,因而不能广泛地唤起民众,缺乏深厚的群众基础。

第三,社会主义社会的改革,可以在社会主义制度本身的范围内,使各种矛盾不断地得到解决;剥削阶级占统治地位的社会的改革,只能暂时缓和一下社会的矛盾,但不能在旧社会制度本身的范围内最后解决它的固有矛盾。

3. 社会主义社会的改革

社会主义社会的根本任务是以经济建设为中心,大力发展生产力。我国的社会主义改革就是立足本国国情,总结实践经验,根据生产力的现实水平和进一步发展的客观要求,自觉调整生产关系与生产力、上层建筑与经济基础不相适应的部分,从而使社会主义制度自我完善,推动生产力的发展和社会各方面的进步。所以邓小平说:"革命是解放生产力,改革也是解放生产力。"①

我国的改革之所以是社会主义制度的自我完善,是由社会主义社会基本矛盾的性质和特点决定的。它是非对抗性的矛盾,可以通过社会主义制度本身不断地得到解决。这就是说,改革并不是改变社会主义的根本经济制度和政治制度,不是改变社会制度的根本性质,不是否认社会主义制度的强大生命力和巨大优越性,而是革除社会主义生产关系中不适合生产力发展、社会主义上层建筑中不适合经济基础发展要求的部分和环节。改革的目的是兴利除弊,使社会主义制度的优越性更加充分地发挥出来。

我国的改革是在中国共产党的领导下社会主义制度的自我完善过程。中国共产党是我国社会主义建设和改革开放的领导核心。改革必须在党的领导下,按照党的路线、方针、政策有计划、有步骤地进行。

我国的改革必须正确处理坚持四项基本原则和坚持改革开放这个党的基本路线的"两个基本点"之间的关系。四项基本原则是立国之本,改革开放是强国之路,两个方面存在着不可分割的联系。社会主义如果不改革开放,必然窒息自身的生机和活力;改革开放如果不以坚持四项基本原则为前提,必将导致资本主义,把中国纳入西方资本主义体系。

中共十八届三中全会通过的《中共中央关于全面深化改革若干重大问题的决定》,确定了全面深化改革的总目标是:"完善和发展中国特色社会主义制度,推进国家治理体系和治理能力现代化。必须更加注重改革的系统性、整体性、协同性,加快发展社会主义市场经济、民主政治、先进文化、和谐社会、生态文明,让一切劳动、知识、技术、管理、资本的活力竞相迸发,让一切创造社会财富的源泉充分涌流,让发展成果更多更公平惠及全体人民。"

当前中国的改革是一场深刻而全面的社会变革,它是一项系统工程,每一项改革都会对其他改革产生重要影响,每一项改革都需要其他改革协同配合。随着改革的不断深化和拓展,改革的关联性和互动性也日益增强。这就需要把政治、

---

① 《邓小平文选》第3卷,人民出版社1993年版,第370页。

经济、文化、社会、生态建设等方面的改革有机衔接起来，紧紧围绕使市场在资源配置中起决定作用深化经济体制改革，紧紧围绕坚持党的领导、人民当家作主、依法治国有机统一深化政治体制改革，紧紧围绕建设社会主义的核心价值体系、社会主义文化强国深化文化体制改革，紧紧围绕更好保障和改善民生、促进社会公平正义深化社会体制改革，紧紧围绕建设美丽中国深化生态文明体制改革，紧紧围绕提高科学执政、民主执政、依法执政水平深化党的建设制度改革。

当前中国的改革不仅是全面的，而且是持久的。在中国特色社会主义制度不断发展完善的过程中，必须持续不断地推进改革。改革只有进行时没有完成时。在全面建成小康社会的进程中，必须以更大的政治勇气和智慧，不失时机地深化重要领域改革，破除一切妨碍科学发展的思想观念和体制机制的弊端，构建系统完备、科学规范、运行有效的制度体系，使各方面制度更加成熟、更加定型。

当前中国的改革是和发展、稳定相统一的过程。改革、发展、稳定是我国社会主义现代化建设的三个重要支点。稳定是前提，只有社会稳定，改革、发展才能不断推进；改革是动力，只有通过改革，才能解决发展过程中出现的问题，社会稳定才能获得可靠的保障；发展是关键，只有通过发展才能从根本上解决所有经济社会问题，才能使改革得以持续进行下去，才能使稳定获得坚实的物质基础。当前，我国处于发展的重要战略机遇期，同时又是改革的攻坚期、社会矛盾凸显期，在社会稳定中深化改革、推进发展尤为重要。为此，必须加强改革措施、发展措施、稳定措施的协调性，把握好当前利益与长远利益、局部利益与全局利益、个人利益与集体利益的关系，营造良好的促进改革、发展、稳定相统一的社会氛围；把改革的力度、发展的速度和人们可承受的程度结合起来，把改善人民生活作为正确处理改革、发展、稳定的结合点，在保持社会稳定中深化改革、推进发展，通过改革、发展维护社会稳定。

当前，我国发展进入新阶段，改革进入攻坚期和深水区。必须以强烈的历史使命感，最大限度集中全党全社会智慧，最大限度调动一切积极因素，敢于啃硬骨头，敢于涉险滩，以更大的决心冲破思想观念的束缚、突破利益固化的藩篱，推动中国特色社会主义制度自我完善和发展。

## 第三节 人民群众在历史发展中的作用

> 历史活动是群众的事业，随着历史活动的深入，必将是群众队伍的扩大。
>
> ——马克思

## 一、人的本质和人与社会的关系

（一）人性和人的本质

古今中外的思想家都十分重视人性和人的本质的研究，而不同思想家的看法又极不相同。古代中国的思想家偏重于从伦理道德的角度论述人的本性。孟子主张性善说，认为"人之初，性本善"。荀子主张性恶论，认为"人之性恶，其善者伪也"。"伪"即人为，是后天加工的结果。告子主张人性无善恶之分，认为"人性之无分于善不善也，犹如水之无分于东西也"。董仲舒则持"性三品"说，把人性分为"圣人之性""中民之性""斗筲之性"三等。杨雄则持善恶相混说，认为"人之性，善恶混，修其善则为善人，修其恶则为恶人"。古希腊的思想家十分关心人及人在世界中的地位。德谟克利特提出了"人是一个世界"，看到了人的复杂性；普罗泰戈拉提出"人是万物的尺度"，意识到人在世界中的重要地位；亚里士多德已经把人和社会联系起来，提出"人天生是社会动物""人天生是政治动物"的论断。欧洲文艺复兴时期的思想家把人看作是有理性、有自由意志、追求享乐的，认为理性、自由、享乐是人的本性。18世纪法国启蒙思想家冲破了神学世界观的束缚，用人性反对神性，用人权反对神权，提出了"天赋人权"说，认为人的权利不是神赐的，而是与生俱来的；人是生而自由、平等的，自由、平等、追求幸福是人的本性。这些思想家的共同点是脱离人的社会关系和历史发展看待人性，把人性看作先天的、抽象的、不变的。他们的思想虽然包含某些合理因素，但总的说来，是建立在历史唯心主义基础上的，因而是不科学的。

马克思主义认为，人有自然属性和社会属性两种属性。自然属性是指人的肉体存在及其特性；社会属性是指在社会实践活动中人与人结成的各种社会关系。自然属性是人存在的基础，但从根本上讲，人之所以是人，不在于人的自然属性，而在于人的社会属性。人的本质不是由人的自然属性决定的，而是由人的社会属性决定的。马克思从三个方面对人的本质做了界定。

1. 劳动是人的本质

马克思在《资本论》第1卷中，提出人的本质有两个层次的观点：一是"人的一般本性"，即一切人所共有的本性，我们把它称为人的一般本质；另一个是"每个时代历史地发生了变化的人的本性"[①]，即不同历史时期的人和同一历史时期处于不同社会地位的人各自具有的特殊本性，我们把它称为人的具体本质。所谓劳动是人的本性，是指劳动是一切人所共有的一般本质。为什么说劳动是人的一般本质呢？这主要是因为劳动是人从动物界分化出来的基本标志和人区别于动物的根本特征。人与动物有很多区别，如人有自我意识，动物没有自我意识；人有宗教信仰，动物没有宗教信仰；人使用文字符号，动物不会使用文字符号等。

---

① 《马克思恩格斯全集》第44卷，人民出版社2001年版，第704页。

但这些都不是人区别于动物的根本标志和特征。人区别于动物的根本标志和特征，是能制造和使用生产工具从事生产劳动，以获取自己所必需的物质生活资料。马克思、恩格斯指出："可以根据意识、宗教或随便别的什么来区别人和动物。一当人开始生产自己的生活资料的时候……人本身就开始把自己和动物区别开来。""这些个人把自己和动物区别开来的第一个历史行动不在于他们有思想，而在于他们开始生产自己的生活资料。"①

2. 人的本质是一切社会关系的总和

劳动是人的本质这一界定，只涉及人与动物的区别，尚未涉及不同时代的人和同一时代处于不同社会地位的人的本质的区别。马克思在《关于费尔巴哈的提纲》中说："人的本质不是单个人所固有的抽象物，在其现实性上，它是一切社会关系的总和。"②"人的本质是一切社会关系的总和"这一对人的本质的界定，讲的不是人与动物的区别，而是人与人之间的区别，既包括不同时代的人之间的区别，又包含同一时代处于不同社会地位的人之间的区别。所以它讲的不是一切人所有的共同本质，而是不同的人所具有的不同的本质，即人的具体本质。由于人的具体本质在其现实性上是一切社会关系的总和，即它是由社会关系决定的，所以它就不是先天的，而是后天的；不是抽象的，而是具体的；不是不变的，而是随着社会关系的变化发生相应变化的；在阶级社会里不是超阶级的，而是有阶级性的。

3. 人的需要即人的本质

马克思、恩格斯在《德意志意识形态》中说："任何情况下，个人总是'从自己出发的'，但由于从他们彼此不需要发生任何联系这个意义上来说他们不是唯一的，由于他们的需要即他们的本性，以及他们求得满足的方式，把他们联系起来（两性关系、交换、分工），所以他们必然要发生相互关系。"③"他们的需要即他们的本性"，讲的是人的需要是人的具体本质。马克思主义认为，个人的具体本质的形成，与个人的需要密切相关。因为每个人都是根据自己的需要从事社会活动，积极地实现自己的存在；每个人都是为了满足自己的需要，去与其他人发生社会交往和社会联系。而每个个人具体的社会联系即具体本质的形成，是由他们特定的需要决定的，所以说人的需要即人的本质。

上述关于人的本质的三个界定，不是彼此孤立、互不相干的，而是有其内在联系的。只有从这三个界定及其内在联系考察人的本质，才能全面深刻地理解马克思主义关于人的本质的理论，才能把握人的本质的丰富内涵。

---

① 《马克思恩格斯选集》第 1 卷，人民出版社 1995 年版，第 67 页。
② 《马克思恩格斯选集》第 1 卷，人民出版社 1995 年版，第 56 页。
③ 《马克思恩格斯全集》第 3 卷，人民出版社 1960 年版，第 514 页。

## （二）人与社会的关系

人与社会紧密相连、不可分割，社会是人的社会，人生活在社会之中。在现实世界里，既没有离开社会的人，也找不到没有人的社会。马克思、恩格斯在自己的著作中总是把人与社会统一起来加以理解。马克思、恩格斯在《德意志意识形态》中说："社会关系的含义在这里是指许多个人的共同活动。"① 马克思在1846年致帕·瓦·安年科夫的信中说："社会——不管其形式如何——是什么呢？是人们交互活动的产物。"② 马克思在1857—1858年的《经济学手稿》中说，社会"不过是处于相互关系中的个人"，"社会本身，即处于社会关系中的人本身"。③ 社会就是以一定的物质生产活动为基础而互相联系的人们的总和。人与社会是具体的、历史的统一，主要表现在以下几个方面。

第一，人的出现与社会的产生是一致的。如果说社会是复杂的活生生的有机体，那么每一个现实的人就是它的一个细胞，二者互为前提，互相依赖。正如恩格斯所说，"随着完全形成的人的出现又增添了新的因素——社会"④。

第二，人的活动与社会结构及其发展变化是一致的。生产力就是人的自主活动的能力，生产关系就是人们在生产活动中不断生产和再生产出来的社会关系。同样，社会的政治制度、意识形态等，也都是人们社会活动的产物。这就是说，人类社会的生产力、生产关系、政治制度、社会意识以及它们之间的相互关系，都不仅是人类生活的条件，而且是人类活动的产物。

第三，社会的本质和人的本质是一致的，这种一致的基础是实践。"社会生活在本质上是实践的。"⑤ 人的本质是一切社会关系的总和，而这种社会关系是在实践中建立起来的；人的本质是生产劳动，而物质生产劳动是社会存在和发展的基础。

第四，个人的解放与社会的解放是一致的。共产主义社会是人类的自由王国，体现了个人的解放与社会的解放的统一。因此，"要不是每一个人都得到解放，社会也不能得到解放"⑥。人类历史从原始社会经过阶级对抗的社会向社会主义社会、共产主义社会的发展过程，也就是人类从必然王国向自由王国的发展过程，马克思、恩格斯认为，共产主义社会，就是"每个人的自由发展是一切人的自由发展的条件"的自由人的联合体。⑦

---

① 《马克思恩格斯选集》第1卷，人民出版社1995年版，第80页。
② 《马克思恩格斯选集》第4卷，人民出版社1995年版，第532页。
③ 《马克思恩格斯全集》第46卷下，人民出版社1980年版，第226页。
④ 《马克思恩格斯选集》第4卷，人民出版社1995年版，第378页。
⑤ 《马克思恩格斯选集》第1卷，人民出版社1995年版，第60页。
⑥ 《马克思恩格斯选集》第3卷，人民出版社1995年版，第644页。
⑦ 《马克思恩格斯选集》第1卷，人民出版社1995年版，第294页。

## 二、人民群众是历史的创造者

（一）历史观上两种根本对立的观点

是广大人民群众还是个别英雄人物是历史的创造者，即推动历史发展的决定力量，历史唯物主义和历史唯心主义在对这个问题的看法上，存在着根本分歧。

在马克思主义产生以前，历史唯心主义关于英雄创造历史的观点一直占据统治地位。历史唯心主义从社会意识决定社会存在的前提出发，片面夸大极少数英雄人物及其思想、意志在社会发展中的作用，认为历史是由英雄豪杰、帝王将相、立法者、思想家创造的，否认广大人民群众是推动历史发展的决定力量。这种观点是根本错误的。列宁指出，以往的历史理论在历史的创造者问题上有两个主要缺陷："第一，以往的历史理论至多只是考察了人们历史活动的思想动机，而没有研究产生这些动机的原因，……没有把物质生产的发展程度看作这些关系的根源；第二，以往的理论从来忽视居民群众的活动，只有历史唯物主义才第一次使我们能以自然科学的精确性去研究群众生活的社会条件以及这些条件的变更。"① 列宁这段话不仅揭示了历史唯心主义在历史创造者问题上的根本缺陷，而且指出了它长期存在的根源。

同历史唯心主义相反，历史唯物主义从社会存在决定社会意识和物质资料的生产方式是人类社会存在和发展的基础的基本原理出发，认为人类历史首先是生产发展的历史，是物质生产的承担者劳动群众的历史，于是得出了人民群众是历史的创造者的结论。马克思指出："历史活动是群众的事业，随着历史活动的深入，必将是群众队伍的扩大。"② 毛泽东指出："人民，只有人民，才是创造世界历史的动力。"③

（二）人民群众在历史上的作用

人民群众是指推动历史发展的绝大多数社会成员的总和。这个范畴既有量的规定性，又有质的规定性。从量的规定性来看，它是指社会成员的大多数，是相对于个人而言的；从质的规定性来看，它是指一切推动历史发展和社会进步的社会力量。人民群众是一个历史范畴，在不同国家或同一国家的不同历史时期有不同的内容。我国现阶段人民群众的内容是：包括知识分子在内的工人阶级和广大农民，始终是推动我国先进生产力发展和社会全面进步的根本力量；一切赞成、拥护和参加社会主义建设的社会集团及拥护社会主义和赞成祖国统一的爱国者，也都属于群众的范围。在社会变革中出现的民营科技企业的创业人员和技术人员、受聘于外资企业的管理技术人员、个体户、私人企业主、中介组织的从业人员、

---

① 《列宁选集》第2卷，人民出版社1995年版，第425页。
② 《马克思恩格斯全集》第2卷，人民出版社1957年版，第104页。
③ 《毛泽东选集》第3卷，人民出版社1991年版，第1031页。

自由职业人员等社会阶层，都是中国特色社会主义的建设者，因而都属于人民群众的范畴。人民群众推动历史发展的作用，主要表现在以下三个方面。

第一，人民群众是物质财富的创造者。人民群众之所以成为推动历史发展的决定力量，从根本上说来，在于他们是社会发展的最终决定力量——社会生产力的体现者，是推动历史前进的最伟大的物质力量。人类和人类社会要存在和发展，就要有吃喝住穿等物质生活资料，这一切都是劳动群众创造的。人们若不首先获得这些物质生活资料，就无法从事政务、司法、科学、艺术等其他社会活动，也就无所谓人类社会生活和人类历史。同时，劳动群众在物质生产活动中，不断积累经验，改进生产工具和生产技术，推动生产力的发展、生产方式的改变以及整个社会历史的进步。

第二，人民群众是精神财富的创造者。首先，人民群众的物质生产活动，创造了科学家、思想家、艺术家从事精神活动的物质前提，没有人民群众的物质生产活动提供的物质生活资料和其他物质条件，人们便不能进行社会的精神活动。其次，人民群众的实践活动，是一切精神财富创造的源泉。科学知识文化本身是人民群众实践经验的概括和总结，科学家将群众的实践经验概括为系统的规律性的知识，文学艺术家的文艺作品则以具体的、典型的形象表现人民的实际生活。最后，在历史上的各个时代，都有许多知识分子，虽然出身于剥削阶级家庭，但按其所处的社会地位和所表现的社会作用，则应当归属于人民群众的范围之内。我国现在的知识分子，更是人民群众的重要组成部分。从这个意义上说，许多精神财富成果，是人民群众直接创造的。

第三，人民群众是实现社会变革的决定力量。人民群众不仅以平时的辛勤劳动创造了物质财富和精神财富，而且以革命时期的历史主动性，推动了社会形态由低级到高级的发展。在阶级社会里，生产关系的变革、上层建筑的革新、社会制度的新旧交替，都是由人民群众发动的推翻反动统治阶级的社会革命实现的。人民群众是社会革命的主体，一切真正的革命运动，都必须广泛地唤起民众才能取得胜利。人民群众不仅是社会革命的主体，而且也在社会改革中发挥着重要作用。历史上的各次改革，人民群众都不同程度地参加了，并得到了他们的支持。我国当前进行的改革，更是以人民群众为主体的。改革力量的最深厚的源泉存在于人民群众之中，人民群众是社会主义社会的主人，也是改革的主人。群众要求改革，改革离不开群众。必须依靠人民群众的实践，创造出适合生产力发展的生产关系的具体形式，以及上层建筑有效地为经济基础服务的合理体制。

既然人民群众是历史的创造者，我们就必须坚持以人为本。全心全意为人民服务是党的根本宗旨，党的一切奋斗和工作都是为了造福人民。要始终把实现好、维护好、发展好最广大人民的根本利益作为党和国家一切工作的出发点和落脚点，要以人民为中心，尊重人民主体地位，发挥人民首创精神，保障人民各项权益，走共同富裕道路，促进人的全面发展，做到发展为了人民、发展依靠人民、发展成果由人民共享。

历史是人民群众创造的，但人民群众却不能随心所欲地创造历史，人民群众创造历史的活动受既定的历史条件的制约。在不同的历史时期和不同的社会历史条件下，人民群众创造历史的具体作用和具体结果是不同的。在剥削阶级占统治地位的社会里，人民群众创造历史的积极性和主动性受到了极大的压抑。社会主义制度的建立，极大地调动了人民群众创造历史的积极性和主动性。到了共产主义社会，人们就可以完全自觉地创造自己的历史了。

### （三）无产阶级政党的群众观点和群众路线

#### 1. 群众观点是马克思主义政党的根本观点

群众观点是马克思主义政党的根本观点。中国共产党把人民群众创造历史的观点运用于革命、建设和改革的实践中，形成了党的群众观点。群众观点是由党的基本性质决定的。作为马克思主义政党，它在理论上确认人民群众的历史主体地位，在实践上把全心全意为人民服务作为党的根本宗旨。中国共产党之所以能够领导人民群众，正因为而且仅仅因为它是人民群众的全心全意的服务者，它反映人民群众的利益、愿望和要求，并且努力帮助人民群众组织起来为自己的利益而斗争。群众观点是马克思主义中国化的重要成果，是对唯物史观的重要贡献。党的群众观点主要包括以下四个方面的内容。

第一，人民群众自己解放自己的观点。人民群众是历史的主人，是创造历史的决定力量。无产阶级的各项事业，都是人民群众自己的事业。只有依靠人民群众自觉的努力和斗争，才能取得革命和建设事业的胜利。党对人民群众的领导作用，就是给人民群众指出斗争的方向，帮助人民群众自己动手，争取和创造自己的幸福生活。因此，无产阶级政党应当相信人民群众的伟大创造力，依靠人民群众，尊重人民群众的首创精神，反对恩赐观点和包办代替。

第二，全心全意为人民服务的观点。全心全意为人民服务是无产阶级政党的宗旨。人民的利益高于一切。无产阶级政党是人民利益的代表者和维护者。除了广大人民群众的利益，无产阶级政党没有自己的私利。一切为了人民群众的利益，是无产阶级政党活动的根本出发点。因此，无产阶级政党及其成员决不能谋一己之私利，不能搞特权，不能贪污腐败，不能当贵族老爷。

第三，向人民群众负责的观点。人民群众的利益，就是无产阶级政党的利益。无产阶级政党及其成员，要把向人民群众负责作为自己言行的最高准则，要为人民群众的利益坚持真理、修正错误，把对党的领导机关负责和对人民群众负责统一起来，坚决反对视人民群众的利益于不顾、对人民群众的疾苦漠不关心的官僚主义和对群众敷衍塞责、不负责任的工作作风。人民群众对美好生活的向往，就是共产党的奋斗目标。

第四，向人民群众学习的观点。要坚信人民群众是真正的英雄，人民群众是智慧和力量的源泉，人民群众中蕴藏着无穷无尽的创造力，个人的才能和能力总是有限的。习近平同志 2013 年 12 月 26 日《在纪念毛泽东同志诞辰 120 周年座谈会上的讲话》中指出:"在人民面前,我们永远是小学生,必须自觉拜人民为师,向能者求教,向智者问策;必须充分尊重人民所表达的意愿、所创造的经验、所拥有的权利、所发挥的作用。我们要珍惜人民给予的权力,用好人民给予的权力,自觉让人民监督权力,紧紧依靠人民创造历史伟业,使我们党的根基永远坚如磐石。"

习近平同志《在第十三届全国人民代表大会第一次会议上的讲话》,极大地丰富和发展了马克思主义的群众观点。他指出:"人民是历史的创造者,人民是真正的英雄。波澜壮阔的中华民族发展史是中国人民书写的!博大精深的中华文明是中国人民创造的!历久弥新的中华民族精神是中国人民培育的!中华民族迎来了从站起来、富起来到强起来的伟大飞跃是中国人民奋斗出来的!"① 中国人民是具有伟大创造精神的人民,只要 13 亿多中国人民始终发扬这种伟大创造精神,我们就一定能够创造出一个又一个人间奇迹;中国人民是具有伟大奋斗精神的人民,只要 13 亿多中国人民始终发扬这种伟大奋斗精神,我们就一定能够达到创造人民更加美好生活的宏伟目标;中国人民是具有伟大团结精神的人民,只要 13 亿多中国人民始终发扬这种伟大团结精神,我们就一定能够形成勇往直前、无坚不摧的强大力量;中国人民是具有伟大梦想精神的人民,只要 13 亿多中国人民始终发扬这种伟大梦想精神,我们就一定能够实现中华民族伟大复兴。

2. 群众路线是党的根本工作路线

群众路线是无产阶级政党的生命线和根本工作路线,是我们党永葆青春活力和战斗力的重要传家宝,是群众观点在实际工作中的贯彻和应用。无产阶级政党实现对人民群众的正确领导,必须有一条正确的政治路线、思想路线和组织路线,而群众路线则是贯穿于党的政治路线、思想路线和组织路线之中的根本的工作路线,它是我们党一切工作中克敌制胜的法宝。离开了群众路线,就不可能有正确的政治路线、思想路线和组织路线。党的群众路线的内容是:一切为了群众,一切依靠群众,从群众中来,到群众中去。

"一切为了群众",这是群众路线的基本出发点和最终归宿。这是由无产阶级政党的性质决定的。无产阶级政党是人民群众利益的代表者,除了人民群众的利益以外没有自己的私利,它的一切工作都是为了广大人民群众、服务于广大人民群众的,这是党的根本宗旨。

"一切依靠群众",这是群众路线的根本要求。无产阶级政党的一切工作,必须紧紧地依靠广大人民群众,依靠他们的智慧和力量,依靠他们的信任和支持,离开广大人民群众必将一事无成。

---

① 习近平:《在第十三届全国人民代表大会第一次会议上的讲话》,《人民日报》2018 年 3 月 21 日。

"从群众中来，到群众中去"，这是无产阶级政党的领导方法，也是群众路线的基本工作方法。这一领导方法要求一般号召和个别指导相结合、领导和群众相结合。一般号召与个别指导相结合离不开群众路线。任何工作任务，如果没有一般的普遍的号召，就不能动员广大群众行动起来。但如果领导干部只限于一般号召，而没有具体地直接地在某些单位中加以实施和个别指导，变为群众的行动，突破一点，取得经验，再利用这种经验去指导其他单位，就无法检验自己所提出的一般号召是否正确，也无法充实和修正其内容，就会最终使一般号召落空。

领导与群众相结合更离不开群众路线。在任何工作中，领导机关和党员干部都必须善于团结广大人民群众一起行动，打开局面。只有领导机关和党员干部的积极性，而没有与广大群众的积极性相结合，其结果就只是少数人的空忙；反过来，如果只有广大群众的积极性，而缺乏有力的领导去恰当地组织和引导群众的积极性，群众的积极性就不可能持久，甚至可能偏离正确的方向。发动群众和组织群众，就是引导和启发广大群众的自觉性与主动性；只有广大群众有了觉悟和有了热情并行动起来的时候，才能把各项工作做好。

坚持群众路线，就是要坚持人民是决定我们前途命运的根本力量；坚持群众路线，就是要坚持全心全意为人民服务的根本宗旨；坚持群众路线，就是要保持党同人民群众的血肉联系；坚持群众路线，就是要真正让人民群众来评判我们的工作。

在改革开放和现代化建设的新形势下，坚持党的群众路线，具有十分重大的意义。推进党的作风建设，核心是保持党同人民群众的血肉联系。我们党的最大政治优势是密切联系群众，党执政后的最大危险是脱离群众。在任何时候任何情况下，都必须坚持党的群众路线，坚持全心全意为人民服务的宗旨，把实现人民群众的利益作为一切工作的出发点和归宿。为此，要坚持反对和防止腐败。不坚决惩治腐败，党同人民群众的血肉联系就会受到严重损害，党的执政地位就有丧失的危险，党就有可能走向自我毁灭。最大多数人的利益和全社会全民族的积极性创造性，对党和国家事业的发展始终是最具有决定性的因素。在我国社会深刻变革、党和国家事业快速发展的进程中，妥善处理好各方面的利益关系，至关重要。

### 三、个人在历史发展中的作用

（一）普通个人和历史人物

马克思主义在肯定人民群众是历史的创造者的前提下，也承认历史人物在历史上的作用，坚持二者的辩证统一。在人类历史上，每一个人都生活在社会之中，都是历史活动的参与者，都在历史发展中起一定的作用。但这决不意味着每一个人的作用都是一样的，更不意味着每一个人都对历史发展起积极的推动作用。事实上，不同的个人在历史发展中的作用有大小之分，有积极与消极之别。个人按其对历史发展作用的大小，可以区分为普通个人和历史人物。普通个人在历史上的作用较为一般，但决不能忽视；历史人物的作用比普通个人的作用要大得多，他们在历史进程中留下明显的印记。按照历史人物的作用是积极的还是消极的，又可以将他们区分为正面人物和反面人物。正面人物亦称杰出人物，是指在一定历史阶段对社会发展起促进作用的伟大人物，包括杰出的政治家、思想家、军事家、科学家和文学艺术家等。反面人物则主要指那些逆历史潮流而动、阻碍历史发展的反动阶级和反动社会势力的代表人物。

（二）杰出人物在历史上的作用

杰出人物在历史发展中的作用，主要表现在以下几个方面。

第一，一般地说，先进阶级的政治代表人物能够反映他们所处的那个时代的发展趋势，比同时代、同阶级的人站得高，看得远，能够提出社会发展的先进思想和主张。这些思想和主张，常常是社会发展的先导。他们在革命和建设事业中，起着倡导者和发起人的作用。

第二，先进阶级的政治代表人物，能够根据他们的先进思想和主张，制定具体的纲领、路线、政策和战略、策略，并动员和组织本阶级成员与广大人民群众同阻碍社会进步的反动阶级、反动社会势力进行斗争。他们在斗争中起着核心和中流砥柱的作用。特别是在复杂的阶级斗争中，没有他们的组织和领导，不可能取得胜利。

第三，在历史发展的一定阶段，某些占统治地位的剥削阶级的代表人物，在特定的社会条件下，可能成为"开明的政治家"，他们的一些主张和改革措施，也对社会发展起某些促进和推动作用。

第四，杰出的科学家、思想家、理论家、教育家、文学艺术家等的创造性活动及其成果，对于人类科学文化教育事业的发展和社会的物质文明与精神文明水平的提高起着重要的作用，有力地推动了历史的发展和社会的进步。

正确认识和评价杰出人物的历史作用，是一个十分复杂的问题，需要掌握以下几个基本观点和方法。

第一，杰出人物是一定历史条件下的产物，要正确认识杰出人物的历史作用，必须深入了解他们所处的历史条件，坚持历史主义原则。任何一个杰出人物的出现，都是时代的需要。马克思指出："如爱尔维修所说的，每一个社会时代都需要有自己的大人物，如果没有这样的人物，它就要把他们创造出来。"[①] 既然任何杰出人物都是一定历史条件的产物，他们的作用也就必定受这种历史条件的制约。

第二，在阶级社会里杰出人物，特别是政治家、思想家、理论家、军事家，总是一定阶级的代表，他们的历史作用同他们所代表的那个阶级的历史作用是分不开的。因此，要正确认识杰出人物的历史作用，必须对他们做阶级分析。

---

① 《马克思恩格斯选集》第 1 卷，人民出版社 1995 年版，第 432 页。

第三，杰出人物的出现及其历史作用都是必然性与偶然性的辩证统一，因此必须用必然性与偶然性辩证统一的观点来分析杰出人物及其历史作用。

第四，任何杰出人物都有巨大的历史功绩，也必然会有这样那样的缺点或错误。因此，对他们的历史作用要做全面的分析与评价，既不能肯定一切，也不能否定一切。

习近平同志《在纪念毛泽东同志诞辰 120 周年座谈会上的讲话》对如何全面评价历史人物的作用和功过是非作了全面的论述。他指出："对历史人物的评价，应该放在其所处时代和社会的历史条件下去分析，不能离开对历史条件、历史过程的全面认识和对历史规律的科学把握，不能忽略历史必然性和历史偶然性的关系。不能把历史顺境中的成功简单归功于个人，也不能把历史逆境中的挫折简单归咎于个人。不能用今天的时代条件、发展水平、认识水平去衡量和要求前人，不能苛求前人干出只有后人才能干出的业绩来。"①

（三）无产阶级领袖的历史作用

无产阶级领袖也是杰出人物，但他们又与历史上的杰出人物不同，他们的历史作用是历史上其他杰出人物的作用无法比拟的。他们是人类历史上最先进、最革命的阶级即无产阶级的优秀代表，肩负着领导无产阶级和广大人民群众彻底埋葬资本主义制度、建立社会主义和共产主义制度的伟大历史使命；他们具有高度的理论素养，通晓社会发展规律，能为无产阶级和广大人民群众争取彻底解放的斗争提供理论指导，指明方向和道路；他们是在无产阶级和广大人民群众的革命斗争和建设事业中涌现出来的，能与人民群众同命运、共呼吸、血肉相连，真正代表他们的利益，并为之奋斗终生；他们善于科学地总结群众斗争的经验，集中群众的智慧，制定正确的路线、纲领、方针、政策和战略、策略，领导和组织无产阶级和人民群众不断取得新的胜利和成功。历史证明，无产阶级和人民群众取得的每一个胜利，都是和无产阶级领袖的杰出贡献分不开的。因此，他们在群众中享有崇高的威信。我们要热爱无产阶级领袖，维护他们的威信。

同时我们也要看到，无产阶级的领袖是人不是神。尽管他们拥有很高的理论水平、丰富的斗争经验、卓越的领导才能，但这并不意味着他们的认识和行动可以不受历史条件限制。正如习近平同志所说："不能因为他们伟大就把他们像神那样顶礼膜拜，不容许提出并纠正他们的失误和错误；也不能因为他们有失误和错误就全盘否定，抹杀他们的历史功绩，陷入虚无主义的泥潭。"② 一个马克思主义政党对自己的错误所抱的态度，是衡量这个党是否真正履行对人民群众所负责任的一个最重要最可靠的尺度。我们党对自己包括领袖人物的失误和错误历来采取

---

① 习近平：《在纪念毛泽东同志诞辰 120 周年座谈会上的讲话》，人民出版社 2013 年版，第 11 页。

② 同上书，第 12 页。

郑重的态度，一是敢于承认，二是正确分析，三是坚决纠正，从而使失误和错误连同党的成功经验一起成为宝贵的历史教材。

## 本章小结

社会存在和社会意识的关系问题是历史观的基本问题，社会存在决定社会意识，社会意识对社会存在具有相对独立性和能动的反作用，生产方式是社会存在和发展的基础。

科学技术是第一生产力，生产资料的所有制形式是整个生产关系的基础。生产关系必须适合生产力性质的规律包括生产力决定生产关系、生产关系反作用于生产力、生产力和生产关系之间的矛盾运动三项内容。

经济基础是指一个社会中占统治地位的生产关系各个方面的总和，上层建筑分为政治上层建筑和观念上层建筑两部分。上层建筑必须适合经济基础发展要求的规律包括经济基础决定上层建筑、上层建筑反作用于经济基础、经济基础和上层建筑之间的矛盾运动三项内容。

社会形态最基本的划分法有两种，即经济社会形态划分法和技术社会形态划分法。社会形态的发展是一种自然历史过程。社会形态的发展既具有统一性，又具有多样性。

生产力和生产关系之间的矛盾、经济基础和上层建筑之间的矛盾是人类社会的基本矛盾，这两对矛盾互相制约，互相影响。社会基本矛盾是社会发展的基本动力。

物质利益的对立是阶级斗争的根源，阶级斗争是阶级社会发展的直接动力。阶级斗争推动社会发展的作用，既表现在社会形态更替的过程中，也表现在同一社会形态的量变过程中。

社会革命是社会制度的根本质变，社会改革是同一社会制度量变过程中的部分质变。革命的根本问题是国家政权问题，社会主义社会的改革是社会主义制度的自我完善。

马克思从三个方面对人的本质做了界定，即劳动是人的本质，人的本质是一切社会关系的总和，人的需要即人的本质。人与社会是具体的历史的统一。

历史唯物主义和历史唯心主义在谁是历史创造者的问题上的观点是根本对立的。人民群众是物质财富和精神财富的创造者，是实现社会变革的决定力量。坚持无产阶级政党的群众观点和群众路线的工作方法。

个人分为普通个人和历史人物，历史人物又区分正面人物和反面人物，正面人物即杰出人物。杰出人物在历史发展中起着重要作用，要用正确的观点和方法分析和评价杰出人物的历史作用。正确认识和评价无产阶级领袖的作用。

## 复习与思考

1. 如何理解"科学技术是第一生产力"?
2. 如何理解"社会形态的发展是一种自然历史过程"?
3. 为什么说社会基本矛盾是社会发展的基本动力?
4. 为什么说我国的改革是社会主义制度的自我完善?
5. 如何理解当前我国的改革是一场全面而深刻的社会变革?
6. 如何全面理解马克思主义关于人的本质的观点?
7. 如何认识人民群众在历史发展中的决定性作用?
8. 如何正确认识和评价杰出人物的历史作用?
9. 如何正确认识和评价无产阶级领袖的历史作用?

## 阅读文献

1. 马克思:《〈政治经济学批判〉序言》,《马克思恩格斯文集》第 2 卷,人民出版社 2009 年版。
2. 列宁:《共产主义运动中的"左派"幼稚病》,《列宁专题文集 论无产阶级政党》,人民出版社 2009 年版。
3. 毛泽东:《关于正确处理人民内部矛盾的问题》,《毛泽东文集》第 7 卷,人民出版社 1999 年版。
4. 邓小平:《改革是中国的第二次革命》,《邓小平文选》第 3 卷,人民出版社 1993 年版。
5.《习近平在中共中央政治局第十一次集体学习时强调:推动全党学习和掌握历史唯物主义更好认识规律更加能动地推进工作》,《人民日报》2013 年 12 月 5 日。
6. 习近平:《在纪念毛泽东同志诞辰 120 周年座谈会上的讲话》,人民出版社 2013 年版。

# 第四章
# 资本主义制度的形成及其本质

> **本章引言**
>
> 本章的中心是分析资本主义制度的形成及资本主义经济和政治的本质。资本主义经济制度是在封建社会末期，随着小商品生产者的两极分化而逐渐产生和发展起来的，学习本章首先就应把握商品经济理论，通过对商品经济的分析，掌握劳动价值理论，从而了解资本主义生产关系产生和资本主义经济制度形成的历史过程，并为分析剩余价值规律打下理论基础。应深刻认识资本是带来剩余价值的价值，资本主义生产的实质是剩余价值的生产，资本家通过雇佣劳动制度，实现了价值的增殖。要掌握资本积累理论，了解资本积累的形成、实质、后果，以及资本积累的历史作用和历史趋势。要把握资本的流通理论，资本的流通过程即资本的运动过程，资本只有在运动过程中，才能连续不断地生产出剩余价值。要了解资本和剩余价值的各种具体形式，资本主义社会生产出来的全部剩余价值，要在资产阶级各个集团和土地所有者之间进行分配。要了解与资本主义经济制度相适应的资本主义政治制度和意识形态，把握其基本内容和阶级本质。
>
> **自学学时**
>
> 12 学时

## 第一节 资本主义制度的形成

> 现代资产阶级本身是一个长期发展过程的产物，是生产方式和交换方式的一系列变革的产物。
>
> ——马克思、恩格斯

### 一、商品经济

资本主义经济是在封建社会末期，随着商品经济的发展，以及在小商品生产者两极分化的条件下，逐渐产生和发展起来的，商品是资本主义的经济细胞。研究资本主义经济关系，需从分析商品和商品经济开始。

（一）商品经济及其产生

商品是为市场交换而生产的有用产品。以交换为目的而进行的生产活动，就是商品生产。商品的交换或以货币为媒介的买卖就是商品交换。而以商品生产和商品交换为内容，直接以交换为目的而进行生产的经济形式就是商品经济。所以，商品经济是商品生产和商品交换的总称。

在人类社会历史发展的长河中，商品经济并不是从来就有的，也不会永远存在，它是在一定历史条件下才产生、发展和存在的。

商品经济的产生和存在需要两个基本经济条件。第一个条件是社会分工的产生和存在。社会分工是指社会生产划分为不同行业和不同部门的分工，它是在原始社会末期才出现的。随着社会分工的产生和逐渐发展，形成了专门生产各种不同产品的生产者或经济单位，他们互相联系和依赖，彼此都需要对方的产品以满足自身的生产和生活需要，因而有必要相互交换自己所生产的产品。所以，社会分工是商品经济产生和存在的一般条件和基础。但是，只有社会分工这一个条件，还不会产生商品经济。

商品经济产生和存在的第二个也是决定性的条件，是生产资料和劳动产品属于不同的所有者。不同的所有者都有自身的经济利益，他们相互之间在交换各自的产品时，在市场上处于权利平等的地位。为了维护自身的经济利益，他们要求在相互交换产品时遵循对等的原则，即按照商品价值的大小进行等价交换。这样，他们的生产和交换便会采取商品生产和商品交换的形式，从而导致商品经济的产生。商品经济产生和存在的这个决定性条件，在人类社会发展历史上，首先是伴随着生产资料私有制的产生而出现的。

所以，最初的商品经济，是在社会生产力发展的基础上，随着社会分工和生产资料私有制的产生而出现的。商品经济是几种不同生产方式中共有的经济形式，从它所附着的不同生产方式来看，历史上存在简单商品经济（即以个体私有制为基础的小商品经济）、资本主义商品经济和社会主义商品经济。在奴隶社会和封建社会中，占统治地位的经济形式是自给自足的自然经济，小商品经济在社会经济中只处于从属的地位。到了资本主义社会，商品经济成为占统治地位的、最普遍的经济形式。

（二）商品的二因素：使用价值和价值

商品具有使用价值和价值两个因素或两种属性。

使用价值是一种物品能够满足人们某种需要的属性，即物品的有用性。如粮食可以充饥，衣服能够遮体，房屋可供居住等。使用价值是商品的自然属性，它是由物品的物理、化学、生物等特性所决定的。商品的使用价值千差万别，不同物品有不同的使用价值，同一物品可具有多种使用价值。

具有使用价值的物品并不一定就是商品，有用物品要成为商品，必须是通过市场交换满足他人需要的物品。而具有不同使用价值的各种商品，之所以能够按照一定量的比例相交换，是因为它们之间存在着某种共同的、同质的可以在数量上相互比较的东西，这就是生产商品时凝结在商品中的无差别的一般人类劳动，即人们的脑力和体力的支出。这种无差别的一般人类劳动的凝结，形成商品的价值。价值的实体就是无差别的一般人类劳动。使用价值不同的商品之所以可以按照一定比例相交换，就是因为它们都具有价值。商品的价值在质上是相同的，不同商品所包含的价值，没有质的差别，只有量的差别，因而可以相互比较。所以，价值反映商品生产者之间的关系，是商品的社会属性。

商品必然同时具有使用价值和价值两个因素。没有使用价值的物品，不可能有价值，使用价值是价值的物质承担者，而价值则寓于使用价值之中；有使用价值但没有价值的物品，也不是商品，价值是商品的最本质因素。

（三）生产商品的劳动的二重性：具体劳动和抽象劳动

商品是通过人的劳动生产出来的，商品的使用价值和价值二因素是由生产商品的劳动的二重性所决定的。这种劳动的二重性就是具体劳动和抽象劳动。

生产商品的劳动从一方面来看是具体劳动。各种商品具有不同使用价值，是由各种性质和形式不同的具体劳动所生产出来的。如木匠的劳动生产出木器，铁匠的劳动生产出铁器。区分各种不同性质和不同具体形式的劳动，是根据各种劳动的目的、劳动对象、操作方法、所使用的工具以及劳动成果的不同来划分的。这种生产一定使用价值，具有特定性质、目的和形式的劳动，就是具体劳动。具体劳动创造出使用价值，不同的具体劳动创造出不同的使用价值。

生产商品的劳动从另一方面来看又是抽象劳动。生产各种商品的劳动尽管其具体形式千差万别，但其共同点都是人们的体力和脑力的消耗，即无差别的一般人类劳动的支出。这种撇开一切具体形式的、无差别的一般人类劳动，就是抽象劳动。商品的价值是无差别的一般人类劳动的凝结，也就是抽象劳动的凝结。抽象劳动是商品价值的实体。所以，生产商品的抽象劳动创造了商品的价值。

具体劳动和抽象劳动是商品生产者的同一劳动过程的不可分割的两个方面，它们在时间上和空间上是统一的，并不是各自独立存在的两种劳动或两次劳动。商品生产者在从事具体劳动的同时，也就支出了抽象劳动。具体劳动是生产商品劳动的自然属性，抽象劳动是生产商品劳动的社会属性。

（四）商品价值的构成与创造

根据生产商品的劳动具有二重性的特点可以看到，生产商品的劳动作为具体劳动，在创造商品使用价值的同时，将生产商品过程中所消耗掉的生产资料的原有价值转移到新生产出的商品中，构成新商品价值的一部分。生产商品的劳动作为抽象劳动，它凝结到新生产出的商品中，形成商品的新价值，抽象劳动所创造的新价值，是商品价值的重要构成部分。由此可见，任何一个商品的价值都是由两部分价值所构成的：一是由生产该商品时所消耗掉的生产资料的原有价值转移而来的新价值,二是在生产该商品时新创造的价值。

在生产商品过程中所消耗掉的生产资料的原有价值,是以物化劳动形式存在的价值,物化劳动又称过去的劳动,它是指以生产品形式存在的已经凝结在产品中的劳动。在生产商品过程中新创造的价值,是由活劳动所创造的。活劳动就是指在生产商品过程中劳动者所新消耗的抽象劳动。

在商品生产过程中,物化劳动不能创造价值,只能将物化劳动已经凝结在生产资料中的原有价值通过生产商品的具体劳动转移到新商品中,其所转移的价值量只是相当于已消耗掉的生产资料的原有价值量,不会发生价值的增殖。在商品生产过程中,只有活劳动才能创造出新的价值。马克思的科学劳动价值论的核心就在于揭示了,在商品生产过程中价值的创造是由活劳动实现的,价值的唯一源泉是活劳动,即活的抽象劳动。

必须明确,随着商品经济的发展、科学技术的进步,以及劳动协作关系的不断扩大,创造价值的生产劳动以及生产劳动者的范围也相应逐步扩大。马克思曾指出,在社会化生产条件下,要从"总体工人"的角度来考察创造价值的劳动。马克思说:"随着劳动过程本身的协作性质的发展,生产劳动和它的承担者即生产工人的概念也就必然扩大。为了从事生产劳动,现在不一定要亲自动手;只要成为总体工人的一个器官,完成他所属的某一种职能就够了。"① 所以,作为价值唯一源泉的活劳动,不能仅仅理解为直接进行生产操作的生产工人的体力劳动,而是既包括直接进行生产操作者的活劳动,也包括生产管理者和工程技术人员的活劳动;既包括体力劳动,也包括脑力劳动;既包括简单劳动,也包括复杂劳动。这些劳动作为"总体工人"的劳动组成部分,都属于生产性劳动,共同创造了价值。

(五)商品的价值量

各种商品的价值在质上是相同的,都是无差别的一般人类劳动即抽象劳动的凝结,它们只存在量上的差别。那么,商品的价值量是怎样决定的呢?

1. 社会必要劳动时间决定商品的价值量

商品价值是人类一般劳动的凝结,因而商品价值量的大小取决于生产商品所耗费的劳动时间的多少。但是,各个商品生产者生产商品的主观和客观条件不同,他们生产同种商品各自所耗费的个别劳动时间也就不同。而商品的价值量不能由各个商品生产者生产商品时各自所耗费的个别劳动时间来决定,否则,越是劳动不熟练、劳动越差的人,生产同一商品耗费的劳动时间越多,他生产的商品的价值就越大,同一种商品也就不会有相同的价值量,这显然不符合商品经济规律。实际上,商品的价值量是由生产商品的社会必要劳动时间所决定的。"社会必要劳动时间是在现有的社会正常的生产条件下,在社会平均的劳动熟练程度和劳动强

---

① 《马克思恩格斯全集》第23卷,人民出版社1972年版,第556页。

度下制造某种使用价值所需要的劳动时间。"① 这就表明，社会必要劳动时间由两个条件所决定。第一，由生产的客观标准条件，即现有的社会正常生产条件所决定，也就是现时某一生产部门中大多数同类商品的生产所使用的生产资料条件，以及所达到的技术装备水平所决定。第二，由生产的主观标准条件，即由社会平均的劳动熟练程度和平均的劳动强度所决定。劳动熟练程度是指人们的劳动经验和技术精湛的程度，劳动强度是指人们在单位劳动时间内劳动消耗的程度。在同样数量的劳动时间内，熟练劳动和强度大的劳动可以比非熟练劳动和强度小的劳动创造出更多的价值。而社会必要劳动时间则是由平均的劳动熟练程度和平均的劳动强度所决定的。

由社会必要劳动时间所决定的商品价值量，叫作商品的社会价值；而由各个商品生产者的个别劳动时间所形成的价值量，是商品的个别价值。我们通常所说的商品价值，凡不指明是个别价值时，都是指的社会价值。

商品交换是按照其社会价值进行的。如果某个商品生产者生产单位商品的个别劳动时间少于社会必要劳动时间，其商品的个别价值就小于社会价值，但该商品仍能按其社会价值进行交换，他就可以获得较多盈利，并在市场竞争中处于有利地位；反之，如果某个商品生产者所生产的单位商品的个别价值大于社会价值，他就会亏本甚至破产。

2. 商品价值量同简单劳动和复杂劳动的关系

简单劳动是指不需要经过专门训练和培养，一般劳动者都能从事的劳动。复杂劳动是指需要经过专门训练和培养，具有一定文化知识和技术专长的劳动者所从事的劳动。形成商品价值的劳动，是以简单劳动为尺度的。复杂程度不同的劳动所生产的各种商品，其价值量的确定，是通过把一定量的复杂劳动换算为多倍的简单劳动来实现的。少量复杂劳动所创造的价值量，可以等于多量简单劳动所创造的价值量。复杂劳动还原为倍加的简单劳动，是通过市场交换而自发实现的。

3. 商品价值量同劳动生产率的关系

劳动生产率是指劳动者的生产效率或能力，通常由单位劳动时间内生产的产品数量或生产单位产品所耗费的劳动时间来表示。劳动生产率越高，一定时间内所生产的产品数量就越多，但所形成的价值总量却不变，从而平均到单位商品内的价值量就越少；反之，劳动生产率越低，单位商品的价值量就越大。所以，单位商品的价值量，与包含在商品中的社会必要劳动量成正比，而与生产该商品的劳动生产率成反比。这是商品价值量同劳动生产率之间的基本关系。

但是，如果一个部门的平均劳动生产率不变，只有该部门中的个别企业的劳动生产率发生变化，则生产单位商品的社会必要劳动时间不会发生变化，从而单位商品的价值量也不变。这是因为，决定商品价值量的社会必要劳动时间，取决

---

① 《马克思恩格斯全集》第 23 卷，人民出版社 1972 年版，第 52 页。

于该部门的平均劳动生产率,而不取决于个别企业的劳动生产率。只要部门平均劳动生产率没有发生变化,单位商品的社会价值量就不会发生变化。而当个别企业的劳动生产率提高时,由于单位商品的社会价值量不变,随着该企业在同一时间内所生产的商品数量增多,其创造的社会价值总量也会相应增加,盈利随之上升。这就是个别企业总是力求提高其劳动生产率的原因所在,也是商品经济能够促进社会生产发展的一个重要原因。

(六)货币的本质和职能

1. 货币的产生和货币的本质

人们最初的商品交换,是物与物的直接交换,并没有货币作为交换的媒介。要了解货币的产生和本质,必须了解价值表现形式的发展。

商品的价值从单个商品本身是表现不出来的。某种商品的价值只有与另一种商品相交换时,才能通过另一种商品表现出来。最初的商品交换只是偶然进行的,一种商品的价值只是表现在同它相交换的另一种商品上。如 1 只绵羊同 2 把斧子相交换,绵羊的价值只能依靠斧子相对地表现出来。即 1 只绵羊的价值表现为 2 把斧子,斧子充当了表现绵羊价值的材料,所以,斧子起着等价物的作用。后来,商品交换发展成为一种经常的现象,这时一种商品经常地和许多别种商品相交换,从而使一种商品的价值表现在许多其他商品上,因而起着等价物作用的商品就不是一种商品,而是许多商品,这些不同的多种商品就成为特殊等价物。随着商品交换的进一步发展,为了便于商品交换的进行,逐渐从商品世界中分离出一种商品,其他所有商品都习惯地通过这一种商品来表现自己的价值。任何商品只要首先换成这种商品,就能用这种商品换回自己所需要的东西,因而这种商品就成为商品价值的一般代表,即成为一般等价物。后来,随着商品交换的进一步发展和交换规模的扩大,就要求一般等价物在时间上和地区上具有统一性,固定地由某一种商品来充当。当一般等价物的职能最终被固定在某一种商品上时,这种商品就成为货币,如贝壳、毛皮等都曾充当过货币商品。以后,货币的职能才逐渐固定在黄金、白银等贵金属上。贵金属之所以能固定地充当货币,一方面因为它本身也是包含一定价值的商品,另一方面因为它具有体积小而价值大、质地均匀、易于分割、不易腐烂、便于保存和携带等自然属性,便于执行货币的职能。

从上述商品价值的表现形式发展过程可见,货币的产生和起源是商品交换长期发展的产物,并不是聪明人的发明,也不是人们协商的结果。通过货币产生的过程可以看出,货币的本质是固定充当一般等价物的商品,它体现着商品经济条件下商品生产者之间的社会经济关系。

2. 货币的职能

货币的本质是通过它的职能得到体现的,货币的职能是指货币在社会经济生活中的作用。在发达的商品经济中,货币有价值尺度、流通手段、贮藏手段、支付手段、世界货币五种职能,其中价值尺度和流通手段是货币最基本的职能。

货币的价值尺度职能是指货币是衡量和计算一切商品价值量大小的社会尺度。商品的价值用货币来表现就是商品的价格。价值是价格的基础，价格是价值的货币表现。为了用货币来衡量和计算各种商品的价值量，货币本身也要确定其计量单位，例如中国货币以元为单位，1元等于10角，1角又等于10分。

货币的流通手段职能是指货币起着商品交换媒介的作用。货币作为商品交换的媒介，就使商品交换分解为卖（商品—货币）和买（货币—商品）两个过程。以货币为媒介的商品交换，就是商品流通。货币在商品流通中的不断运动，称为货币流通。货币作为流通手段发挥职能，在一定时期内，流通领域中就需要有一定数量的货币。货币最初采取的是贵金属条块形式，随着商品经济的发展，逐渐产生了铸币，后来又产生了由国家发行的纸币。纸币是代替金属货币执行流通手段的职能。纸币的发行量如果与流通中所需要的金属货币数量相适应，则单位纸币就能按照所代表的金属货币的价值正常流通，物价也就能保持稳定。如果纸币的发行量超过了流通过程中所需要的金属货币量，纸币发行过多，则单位纸币所代表的金属货币价值就相应减少，这时就会发生纸币贬值和物价随之上涨的现象，这种现象就叫作通货膨胀。

货币的贮藏手段职能，是指货币退出流通领域，作为社会财富的一般代表而被保存起来。

货币的支付手段职能，是指在商品赊购赊销过程中，当到期偿还货款时货币所执行的还款职能，以及用于清偿债务，支付赋税、租金、工资等所执行的职能。

货币的世界货币职能，是指货币越出一国的范围，在世界市场上发挥一般等价物的作用。

### 二、以私有制为基础的商品经济的基本矛盾

以生产资料私有制为基础的商品经济的基本矛盾，是社会劳动和私人劳动的矛盾。

（一）社会劳动和私人劳动双重属性形成的条件

在以私有制为基础的商品经济中，由于存在着社会分工，各个商品生产者之间是相互联系、相互依存的，彼此需要交换所生产的商品。这样，每个商品生产者的劳动，都是提供给社会的，构成社会总劳动的组成部分，因而他们的劳动是具有社会性质的社会劳动。

另一方面，由于生产资料私有制的存在，每个商品生产者作为私有者，他的劳动又是具有私人性质的私人劳动。所谓私人劳动，就是指商品生产者的劳动是按照自己私人的意愿和利益所进行的，具有私人性质。

总之，在以私有制为基础的商品经济中，生产资料私有制和社会分工这两个条件的存在，客观上决定着商品生产者的劳动必然具有私人劳动和社会劳动的双重属性。

（二）社会劳动与私人劳动的矛盾及其表现

生产商品劳动的社会性，要求商品生产者所生产的商品在数量、品种、结构、规格等方面符合社会的需求。但是，在以私有制为基础的商品经济条件下，生产商品劳动的私人性，往往使商品生产者生产的商品不能与社会的需求相符，从而导致私人劳动与社会劳动发生矛盾。这个矛盾有两种表现：一是如果商品生产者生产的商品不符合社会需要，全部销售不出去，他的劳动不被社会所承认，其私人劳动就不能转化为社会劳动；二是如果商品生产者所生产的商品只能部分销售出去，或者他生产商品的个别劳动时间大于社会必要劳动时间，其私人劳动就只能有一部分转化为社会劳动，其余的部分则得不到社会承认，不能转化为社会劳动。

（三）社会劳动与私人劳动的矛盾是以私有制为基础的商品经济的基本矛盾

社会劳动与私人劳动的矛盾，之所以是以私有制为基础的商品经济的基本矛盾，是因为这一矛盾决定着以私有制为基础的商品生产者的命运。商品生产者的私人劳动能否转化为社会劳动，或者其私人劳动在多大程度上转化为社会劳动，决定着商品生产者在竞争中的地位，以及盈利或亏损的程度，从而决定着他们在两极分化中的命运。有的商品生产者生产的商品数量和品种符合市场需求，或者他们生产商品的个别劳动时间低于社会必要劳动时间，耗费较少的个别劳动却形成较多的社会价值，这样的商品生产者就会发财致富。而有的商品生产者所生产的商品不符合或不完全符合市场需求，或者他们生产商品的个别劳动时间高于社会必要劳动时间，所耗费的私人劳动不能或者不能全部被社会所承认，他们就会发生亏损，甚至陷于破产。这种两极分化现象，在以私有制为基础的商品经济条件下是经常发生的。

### 三、商品经济的基本规律及其作用

以私有制为基础的商品经济中，在纷繁、复杂、多变的商品经济活动背后，是价值规律支配着商品经济的发展和运动，价值规律是商品经济的基本经济规律。

（一）价值规律的内容和要求

1. 价值规律的内容

价值规律的基本内容和要求是：商品的价值由生产商品的社会必要劳动时间所决定，商品交换以价值为基础，实行等价交换。概括地表述，价值规律就是商品按照由社会必要劳动时间决定的价值进行交换的规律。这个规律体现着商品经济发展运动过程的必然趋势。它在商品经济条件下，必然存在和起作用，是商品经济的基本经济规律。

2. 价值规律作用的表现形式

按照价值规律的要求，在商品交换中价格应该与价值相一致。但在商品经济的现实中，经常存在着供求的不平衡：当某种商品供过于求时，商品销售者竞相出售商品，价格就降到价值以下；反之，某种商品供不应求时，购买者竞相购买商品，价格就涨到价值以上。因此，随着商品供求关系的变化，价格有时高于价值，有时低于价值，价格总是围绕着价值上下波动。

商品价格经常与价值不相一致，并不意味着违背了价值规律，更不表明价值规律失去作用。这是因为：首先，商品价格波动的中心是价值，价格无论怎样变动，总是以价值为基础而变动的，价格波动的幅度不会偏离价值太远。其次，从较长期和全社会总体来看，同一种商品价格的上涨部分和下降部分可以互相抵消，因而一定时期之内在总体上价格与价值相等，商品的平均价格和价值是相一致的。

这就表明，商品价格的变动归根到底受价值所制约，价格是以价值为基础的。因此，价格围绕价值上下波动，不但没有违背价值规律，反而正是价值规律作用的表现形式。商品按照其价值进行交换，正是通过价格的波动而作为一种必然趋势得到实现的。

（二）价值规律在私有制商品经济中的作用

价值规律在私有制商品经济中的作用，可以从两个方面来考察：一方面是价值规律自身的作用，另一方面是价值规律对社会经济的发展所起到的作用。

价值规律自身的作用，就是商品按照由社会必要劳动时间决定的价值进行交换的客观必然性的实现。这种必然性越是得到贯彻和实现，越是表明价值规律在有效地发挥作用，也就意味着商品经济得到正常顺利的发展。如果这种必然性被干扰或破坏，比如出现了价格垄断，限制价格的合理波动，实行不等价交换，甚至强行无偿索取，等等，都意味着否定了价值规律的作用。而在商品经济条件下，忽视或否定价值规律的客观作用，就会阻碍商品经济的发展，导致社会经济发展的迟滞。

在以私有制为基础的商品经济中，价值规律对社会经济的发展有以下几方面作用。

（1）价值规律自发地调节生产资料和劳动力在社会生产各部门之间分配的比例，即调节社会资源的配置。在任何社会，特别是以社会化大生产为基础的社会中，为了保持国民经济的协调顺利发展，客观上要求将生产资料和劳动力等社会资源（或称为生产要素），按照一定比例合理分配到国民经济的各个部门。在商品经济社会中，按比例合理分配社会资源的客观要求，是通过价值规律的作用而得到实现的。当某种商品因供不应求而导致价格上涨，以至价格高于价值时，生产这种商品就比较有利可图，某些商品生产者就会把生产资料和劳动力转投到这个生产部门；反之，当某种商品因供过于求而导致价格下降时，生产这种商品的利益受损，甚至无利可图，某些商品生产者又会将生产资料和劳动力从这个生产部门抽出，转移到别的有利可图的生产部门。这样，根据商品价格变动的信息，商品生产者在利益驱动下调整自己的生产方向和规模，从而自发地调节着社会资源的配置。

(2) 价值规律自发地促进社会生产力的发展。在商品经济条件下，商品是按照由社会必要劳动时间所决定的社会价值进行交换的。如果有的商品生产者改进了生产技术，改善了生产经营管理，提高了劳动生产率，他生产商品的个别价值低于社会价值，就可获得较多盈利；反之，就会收入较少，或不能盈利，甚至亏本。商品生产者所生产的商品的个别价值只要低于社会价值，他即使按照其低于社会价值的个别价值出售商品，即低价竞售，也能获得正常收益，因而他在市场竞争中就处于有利地位。所以，商品生产者为了降低其生产商品的个别价值，以获取更多的经济利益和在竞争中取胜，便力求采用先进技术，改进生产方法，改善经营管理，提高劳动生产率，从而促进了社会生产力的发展。

(3) 价值规律会引起和促进商品生产者的分化。各个商品生产者生产的客观条件和主观条件存在很大差别。生产条件好的商品生产者，劳动生产率较高，其商品的个别价值低于社会价值，在竞争中处于有利地位，因而有可能发财致富。而那些生产条件差的商品生产者，劳动生产率比较低，其商品的个别价值高于社会价值，在竞争中就处于不利地位，因而有可能亏本，甚至破产。这样，就不可避免地造成富者愈富，贫者愈贫，引起商品生产者的贫富两极分化。此外，当商品的价格发生剧烈波动时，也会造成有的商品生产经营者由于某种商品价格上涨而致富，有的商品生产经营者由于某种商品价格下降而亏损甚至破产，导致商品生产经营者的贫富两极分化。这种两极分化现象，在私有制的商品经济中，是经常发生、屡见不鲜的。

## 四、资本主义生产关系的产生和资本主义经济制度的形成

(一) 资本主义生产关系的产生和形成

1. 在封建社会末期小商品生产者两极分化条件下资本主义生产关系产生

小商品经济即简单商品经济，它是建立在生产资料个体私有制基础上，以手工劳动进行商品生产的经济。典型的小商品经济是个体手工业和个体农民经济。在封建社会末期，小商品经济有了很大发展。随着手工作坊的发展，一些生产条件比较优越的作坊主日益富裕，他们逐渐脱离生产劳动，把帮工和学徒变为雇佣工人，自己成为剥削雇工劳动的资本家。而一些生产条件差的手工作坊，由于资金短缺、经营不善而破产，其作坊主和帮工都沦为雇佣工人。同时，农业中的少数富裕的个体农民，不断扩大生产规模并雇用一些人员；而贫困和破产的农民则沦为农业雇佣劳动者，于是逐渐产生了资本主义性质的富农经济。因此，在封建社会末期，随着社会生产力和商品经济的发展，在小商品生产者两极分化的条件下，便产生出最初的以资本和雇佣劳动相结合为基础的资本主义生产关系。

2. 商业的发展对资本主义生产关系的产生起了重要促进作用

早期的商业起着小商品生产者之间交换商品的中介作用。在封建社会末期，随着市场的扩大和商业的发展，一些商人通过向小商品生产者收购商品和提供原

材料而成为包买主,进而控制小商品生产者,使之逐渐丧失生产资料而沦为受雇于包买主的雇佣工人,而包买主则逐渐变成产业资本家,从而促进了资本主义生产关系的产生。

### 3. 资本原始积累加速了资本主义生产关系的形成

资本主义生产关系的形成在经济上需要具备两个基本条件:一是大量的有人身自由但失去生产资料的劳动者;二是少数人手中积累起为组织资本主义生产所需要的大量货币财富。这两个条件通过小商品生产者的两极分化已逐渐准备着,但是,单纯依靠小商品生产者的两极分化来实现这两个条件,是一个相当缓慢的过程。新兴资产阶级为了促进资本主义的发展,便采取暴力手段加速这两个条件的形成。这个过程发生在资本主义经济制度确立之前,所以叫作资本的原始积累。

资本原始积累的实质是用暴力手段剥夺小生产者的生产资料,强迫劳动者同生产资料相分离,使生产资料和货币财富在少数资本家手中迅速积累起来,并使劳动者沦为出卖劳动力的雇佣工人。资本原始积累在历史上以英国最为典型。英国从15世纪末到19世纪初的300多年期间,为了大量生产发展纺织业所需要的羊毛,一些资产阶级化的贵族地主,通过"圈地运动",强占农民的租地,捣毁农民住宅,将大片耕地变为牧场,并通过国家制定的各种法律,强迫失去土地和家园的农民到资本主义工厂中充当雇佣劳动者。这就是在英国发生的"羊吃人"的资本原始积累的血腥历史。

新兴资产阶级为了加速货币财富的积累,还用暴力手段在海外推行殖民主义,掠夺殖民地的金银财富,贩卖奴隶,进行殖民贸易;在国内则大肆掠夺本国劳动人民,采取发行国债、增加税收、保护关税等手段,聚敛货币财富,从而积累起大量货币资本。

资本原始积累过程,是为资本主义制度的建立而加速准备条件的过程。马克思说:"这种剥夺的历史是用血和火的文字载入人类编年史的。"①

### (二) 资本主义制度的确立

### 1. 资产阶级革命的胜利初步确立了资本主义制度

资本主义生产关系在封建社会内部产生和初步形成后,并不意味着资本主义制度已经得到确立。资本主义制度的确立,必须排除封建制度对资本主义发展的重重障碍和束缚,在政治上实现资产阶级革命,推翻封建统治,建立起资产阶级政权。

封建社会末期,在封建地主阶级和农民阶级之间的斗争中,广大农民是反封建制度的主力军,他们不断进行起义斗争,从根本上动摇了封建统治,为推翻封建制度创造了极为有利的条件。然而,由于农民不是新的生产方式的代表者,他们所向往的是建立在个体小生产基础上的自给自足的自然经济,这已完全不适合

---

① 《马克思恩格斯全集》第23卷,人民出版社1972年版,第783页。

商品经济和生产社会化逐渐发展的趋势。所以，反封建的领导者就自然地由代表新生产方式的新兴资产阶级来担当，17世纪中叶以后，源于欧洲并扩展到世界各地的资产阶级革命风起云涌，新兴资产阶级领导各种反封建力量进行了武装革命，经过反对封建复辟的反复斗争，推翻了封建制度，建立了资产阶级政权，确立了资产阶级的政治统治，为资本主义生产关系的发展扫清了道路，从而使资本主义制度得到初步确立。

2. 产业革命使资本主义制度完全确立

资产阶级革命的胜利，虽然初步确立了资本主义制度，但其物质技术基础仍是手工生产，还处在工场手工业发展阶段，远远不能适应日益扩大的国内外市场和商品经济发展的需求，迫切要求通过科学技术革命发展社会化大生产，建立资本主义制度的物质技术基础。这个历史任务是通过产业革命实现的。从18世纪下半叶到19世纪中叶，主要资本主义国家先后进行了产业革命。产业革命又称工业革命，即从手工生产过渡到机器生产，从工场手工业过渡到机器大工业的生产技术革命。通过产业革命，一方面实现了生产技术的根本变革，使资本主义生产方式获得了与其相适应的物质技术基础，促进了生产力的迅速发展；另一方面，它又巩固与发展了资本主义生产关系，使雇佣工人丧失了依靠手工技术而独立劳动的可能性，成为资本家掌握的机器的附属物，巩固了资本主义雇佣剥削制度。因此，产业革命使资本主义制度取得完全胜利和最终确立。

## 第二节 资本主义经济制度的本质特征

> 资本主义生产——实质上就是剩余价值的生产，就是剩余劳动的吮吸。
>
> ——马克思

### 一、资本主义经济制度的本质

资本主义经济制度是以生产资料资本主义私有制为基础，通过雇佣劳动制度剥削工人所创造的剩余价值的经济制度。为了深入揭示资本主义经济制度的本质，必须阐明劳动者是怎样转化为劳动力的出卖者，从而形成了雇佣劳动制度；还应阐明资产阶级的货币财富是怎样转化为资本，从而在此基础上，揭示资本的本质和生产剩余价值是资本主义生产的实质。

（一）货币转化为资本和劳动力成为商品

1. 货币转化为资本

从资本主义经济制度的历史和现实来看，资本最初都表现为一定数量的货币。任何一个资本家，首先必须筹集和掌握一定数量的货币，用以购买生产资料和雇用工人，然后才能开始资本主义的生产经营活动，并由此赚钱盈利，获取收益。但是，货币并非从来就是资本，作为货币的货币和作为资本的货币，二者有本质的区别。作为货币的货币，只是在商品交换过程中起着媒介的作用，不会发生价值的增殖。而作为资本的货币，是由资本家先用货币购买一定数量的商品，然后再将商品卖出，换回更多的货币，实现了价值的增殖。这个增殖额就是剩余价值（m）。正是发生了这种价值增殖，产生了剩余价值，从而使货币转化为资本。所以，资本就是能够带来剩余价值的价值。

那么，为什么资本家手中的货币会带来更多的货币，发生价值增殖，产生出剩余价值，从而使货币转化为资本呢？其原因就在于，资本家在市场上购买到一种特殊的商品，这种商品具有特殊的使用价值，通过对它的使用不仅能创造出价值，而且能创造出比它自身价值更大的价值，即创造出剩余价值。这种特殊商品就是劳动力。劳动力成为商品，是货币转化为资本的前提。

2. 劳动力成为商品

劳动力是指人的劳动能力，是人的体力和脑力的总和，它存在于活的人体中。劳动力成为商品必须具备两个基本条件。一是劳动者有人身自由。劳动者必须有权支配自己的劳动力，才可能把它作为商品出卖。二是劳动者丧失了一切生产资料和生活资料，除了自己的劳动力以外一无所有，必须靠出卖劳动力为生。这两个基本条件是在封建社会解体，小商品生产者日益分化，特别是在资本原始积累过程中形成的。

劳动力作为商品同样具有价值和使用价值。但是，劳动力是特殊商品，它的价值和使用价值也具有不同于普通商品的特点。

劳动力商品的价值也和其他商品的价值一样，是由生产和再生产劳动力商品的社会必要劳动时间决定的。而生产和再生产劳动力的社会必要劳动时间，可还原为生产出劳动者所消费的生活资料所需要的社会必要劳动时间。因此，劳动力商品的价值包括以下三部分生活资料的价值：一是维持劳动者自身生存所必需的生活资料的价值，用以再生产他的劳动力；二是劳动者繁育后代所必需的生活资料的价值，用以延续劳动力的供给；三是劳动者接受教育和训练所支出的费用，用以培训适合资本主义再生产所需要的劳动力。

劳动力的价值决定还有一个重要的特点，就是它包括历史和道德的因素。这就是说，雇佣劳动者的必要生活资料的种类和数量，要受一定历史条件下的经济和文化发展水平以及各个国家风俗和习惯的制约。随着社会经济和文化的发展，必要生活资料的种类和数量也会增加，质量和结构会发生变化，劳动力价值的物质内容会不断扩大。但是，在一定国家的一定历史时期，必要生活资料是一个可以确定的量。

劳动力商品的使用价值也具有重要的特点。普通商品在消费或使用时，随着使用价值的消失，价值也消失或转移到新产品中去。劳动力的使用价值是进行生产劳动的能力，它的消费或使用就是劳动。而劳动凝结在商品中则形成价值。因此，劳动力商品的使用价值的特殊性在于它不仅能创造出价值，而且能够创造出比劳动力自身的价值更大的价值，从而能为劳动力的购买者带来剩余价值，这对于剩余价值的生产具有决定性的意义。因此，劳动力成为商品是货币转化为资本的前提。

（二）资本主义的生产过程

资本家在购买了劳动力之后，就离开流通领域，进入生产过程。在生产过程中，资本家消费所购买的劳动力和生产资料结合起来，生产出具有一定使用价值的商品，并使预付的资本发生价值增殖。资本主义生产过程是劳动过程和价值增殖过程的统一。在资本主义生产方式下，劳动过程是价值增殖过程的手段。

1. 劳动过程

劳动过程是人们通过有目的的活动，运用劳动资料对劳动对象进行加工，创造具有特定使用价值的产品的过程。这个过程是一切社会所共有的。但是，资本主义的劳动过程具有以下两个重要特点。一是工人在资本家的监督下劳动。工人出卖劳动力给资本家，劳动力在一定时间内的使用权就属于资本家。资本家为使工人的劳动合乎自己的目的，就要对工人的劳动进行监督，迫使工人紧张地劳动，并节省生产资料的耗费。二是劳动产品归资本家所有。资本主义劳动过程是资本家的各种生产要素相结合的过程，因而劳动成果也就归资本家所有。

2. 价值增殖过程

在资本主义的生产过程中，工人所消耗掉的生产资料的价值，转移到新生产出的产品中，成为产品价值的一部分；同时，工人所支出的活劳动创造出新价值，这个新价值也构成产品价值的一部分。工人的活劳动所创造的新价值如果等于劳动力的价值，那么资本家就不可能获得剩余价值，达不到实现价值增殖的目的，这样的生产过程对资本家毫无意义。实际上，生产过程不会到此结束。

那么，资本家是怎样实现价值增殖过程，也就是剩余价值是怎样生产出来的呢？实际上，在资本主义生产过程中，资本家购买工人一天的劳动力，支付的是一天劳动力的价值，于是作为买者的资本家就取得劳动力一天的使用权。假定一天劳动力的价值工人只需要 4 小时就能生产出来，但这并不能限制资本家把工人的劳动时间延长到 4 小时以上。假定让工人再继续劳动 4 小时，这继续劳动的 4 小时就是工人为资本家所提供的无偿劳动，它为资本家创造出剩余价值。由此可见，剩余价值的产生是由于资本家把雇佣工人的劳动时间延长到补偿劳动力价值所需要的劳动时间以上，从而劳动力所创造的全部价值，超过了劳动力的价值，价值增殖过程就实现了，这就是资本价值增殖的秘密。所以，剩余价值就是由雇佣工人创造的、被资本家无偿占有的超过劳动力价值的价值。

从上述分析可见，在生产过程中，工人一天的劳动时间实际上分为两部分：一部分是必要劳动时间，用以再生产劳动力的价值；另一部分是剩余劳动时间，为资本家生产剩余价值。在生产过程结束后，雇佣工人所创造的全部新价值超过了劳动力本身的价值，超过的部分即剩余价值，从而实现了资本增殖的使命。

综上所述，随着劳动力成为商品，货币转化为资本，广大劳动者沦为雇佣工人，生产资料和劳动力相结合的形式采取了资本与雇佣劳动相结合的特殊形式，从而形成了资本主义雇佣劳动制度。通过这种雇佣劳动制度，资本家利用雇佣工人的剩余劳动，在生产过程中生产出大量剩余价值，实现了资本价值的增殖。

（三）资本的本质及不变资本和可变资本

1. 资本的本质

在现实生活中，资本总是表现为一定的物，如厂房、机器、设备、原材料等。但是，这些物本身并不就是资本。资本家的生产资料之所以是资本，不是因为它可以用于生产，而是因为它被用于榨取工人的剩余劳动，从而为资本家带来剩余价值。生产资料只有在资本主义条件下，成为剥削雇佣工人创造的剩余价值的手段时，才成为资本家手中的资本。因此，在资本主义制度下，资本的本质不是物，而是体现在物上的资本主义生产关系，即被物的外壳所掩盖的资产阶级和无产阶级之间剥削和被剥削的生产关系。正如马克思所指出的："资本不是物，而是一定的、社会的、属于一定历史社会形态的生产关系，它体现在一个物上，并赋予这个物以特有的社会性质。"①

2. 不变资本和可变资本

资本在生产过程中以两种形式存在：生产资料形式和劳动力形式。根据这两部分资本在剩余价值生产中所起的作用不同，资本区分为不变资本和可变资本。

以生产资料形式存在的这部分资本，其物质形态在生产过程中被消耗，生产出新产品。其价值则转移到新产品中去，不会发生量的变化。由于以生产资料形式存在的资本，在生产过程中不发生价值量的变化，所以叫作不变资本（c）。

以劳动力形式存在的资本，它的价值在生产过程中不会转移到产品中去。因为，资本家在购买劳动力时所支付的价值，由工人用于个人消费了。劳动力的价值是由工人的劳动创造的新价值中的一部分来补偿的。而劳动力在生产过程中发挥作用的结果，不仅再生产出劳动力的价值，而且生产出剩余价值。这样，以劳动力形式存在的这部分资本的价值，在生产过程中发生了量的变化，实现了价值增殖，所以叫作可变资本（v）。

不变资本和可变资本的区分，是马克思的重要理论贡献。第一，它进一步揭露了剩余价值的源泉和资本主义的剥削实质。通过区分不变资本和可变资本，说明剩余价值不是由全部资本产生的，不是由不变资本产生的，而是由可变资本产生的，工人的剩余劳动是剩余价值的唯一源泉。第二，它为揭示资本家对工人的剥削程度提供了科学根据，正确地表明资本主义剥削程度的是剩余价值率。

---

① 《马克思恩格斯全集》第 25 卷，人民出版社 1972 年版，第 920 页。

3. 剩余价值率

剩余价值是可变资本产生的，为准确地表明资本家对工人的剥削程度，应该用剩余价值同可变资本相比。剩余价值率就是剩余价值和可变资本的比率。用 $m'$ 表示剩余价值率，则 $m'=m/v$。雇佣工人的工作日分为必要劳动时间和剩余劳动时间两部分，剩余价值率因而也可以用另一种形式表示，即 $m'=$剩余劳动时间/必要劳动时间。用 M 代表剩余价值量，则 $M=m/v\times v=m'\times v$。可见，资本家要获得更多的剩余价值，可以通过两条途径：一是提高剩余价值率，即提高对工人的剥削程度；二是增加可变资本总量，以雇用更多工人，扩大剥削范围。

## 二、生产剩余价值是资本主义生产方式的基本规律

(一) 剩余价值生产的基本方法

资本家提高对工人剥削程度的方法多种多样，概括起来有两种基本方法：绝对剩余价值生产和相对剩余价值生产。

1. 绝对剩余价值的生产

在雇佣工人的必要劳动时间不变的条件下，由于工作日的绝对延长而生产的剩余价值，叫作绝对剩余价值。例如，一个工作日为 8 小时，必要劳动时间 4 小时，剩余劳动时间 4 小时，则 $m'=4/4=100\%$。如果必要劳动时间不变，工作日延长到 10 小时，则剩余劳动时间延长到 6 小时，$m'=6/4=150\%$，剥削程度提高 50%。资本家除了用延长工作日的方法以外，还用提高劳动强度的方法加强对工人的剥削。个别企业工人由于提高劳动强度而生产的剩余价值，也属于绝对剩余价值。因为在这种情况下，提高劳动强度等于在一个工作日中劳动支出增加了，是变相地延长工作日。

2. 相对剩余价值的生产

延长工作日要受到工作日界限的限制，而且会遭到工人阶级的反抗。因此，资本家还会采取另外一种提高剥削程度的方法，这就是在工作日既定的条件下，改变工作日中必要劳动时间和剩余劳动时间的比例，以增加剩余价值的生产。在工作日长度不变的条件下，由于缩短必要劳动时间、相应延长剩余劳动时间而生产的剩余价值，叫作相对剩余价值。例如，工作日为 8 小时，其中必要劳动时间和剩余劳动时间各 4 小时，$m'=4/4=100\%$。如果工作日长度不变，必要劳动时间缩短至 2 小时，剩余劳动时间就相应延长到 6 小时，则 $m'=6/2=300\%$，剥削程度提高了两倍。

生产相对剩余价值，必须缩短必要劳动时间。而要缩短必要劳动时间，就需要降低劳动力价值。而劳动力价值是由工人及其家庭必要的生活资料价值所构成，因而就需要降低这些生活资料的价值。我们知道，商品价值与劳动生产率成反比，所以，为降低生活资料的价值，就必须提高生活资料生产部门的劳动生产率。由于与生活资料生产有关的生产资料的价值也影响生活资料的价值，因此，为降低

生活资料的价值需要提高相关生产资料部门的劳动生产率。当上述生产部门的劳动生产率普遍提高即整个社会劳动生产率提高后，单位商品价值便会下降，劳动力价值随之下降，再生产劳动力价值的必要劳动时间便会缩短，剩余的劳动时间则相应延长，从而生产出相对剩余价值。由此可见，相对剩余价值生产是以社会劳动生产率提高为条件的。

在现实生活中，劳动生产率的提高，总是从个别企业开始的。个别企业率先采用先进的生产设备和技术，提高了劳动生产率，使生产商品的个别劳动时间低于社会必要劳动时间，商品个别价值低于社会价值，这个企业的资本家就会由于按社会价值出售商品，而能够比其他资本家获得更多的剩余价值，即获得超额剩余价值。超额剩余价值就是商品的个别价值低于社会价值的差额。

为了追求超额剩余价值，各个资本家之间进行激烈竞争。少数企业不可能长期垄断先进生产条件，当先进技术得到普及以后，该部门的平均劳动生产率将会提高，从而导致商品的社会价值下降，个别价值低于社会价值的差额便会消失，原来的超额剩余价值就不存在了。但是，由于劳动生产率普遍提高，单位商品价值降低，劳动力价值也相应降低，必要劳动时间缩短，剩余劳动时间相应延长，从而生产出相对剩余价值。因此，超额剩余价值虽然在个别资本家那里消失了，但所有的资本家却都可以由于劳动生产率的普遍提高而得到相对剩余价值。由此可见，相对剩余价值生产是在各个资本家追求超额剩余价值的过程中实现的。

随着资本主义的发展，相对剩余价值生产日益成为资本家提高剥削程度的主要方法。

（二）剩余价值规律是资本主义的基本经济规律

资本主义的基本经济规律是剩余价值规律。剩余价值规律的内容，就是资本通过组织雇佣劳动进行生产，占有工人的剩余劳动，并不断提高对雇佣工人的剥削程度来达到获取剩余价值的目的。

第一，剩余价值规律体现着资本主义的生产目的。资本主义生产的目的是由资本主义私有制决定的。资本主义私有制的特点在于生产资料被资本家占有，劳动者有自己的劳动力，生产资料和劳动者处于分离状态，二者的结合是通过资本家购买劳动力在生产过程中实现的，这种生产过程的使命是实现价值增殖，因而资本主义的生产目的必然是为了获取剩余价值，对剩余价值的追求是资本主义生产发展的动力。正如马克思所说："生产剩余价值或赚钱，是这个生产方式的绝对规律。"[1]

第二，剩余价值规律决定着资本主义生产的一切主要方面和主要过程，支配着资本主义的生产、分配、交换和消费的各个环节。资本主义的生产是为了生产尽可能多的剩余价值；资本主义的分配是资本家对剩余价值的瓜分；资本主义的

---

[1]《马克思恩格斯全集》第23卷，人民出版社1972年版，第679页。

流通既是为生产剩余价值做准备，又是为了实现剩余价值；资本主义的消费也从属于剩余价值的生产。

第三，剩余价值规律决定着资本主义生产方式产生、发展和衰亡的全部过程。资本是带来剩余价值的价值，资本主义生产方式的产生就紧紧伴随着对剩余价值的盘剥。随着资本主义的发展，对剩余价值的追逐，推动着生产有无限扩大的趋势；但在资本主义生产规模不断扩大的同时，资本家为了获取尽可能多的剩余价值，总是竭力加强对劳动者的剥削，造成劳动人民有货币购买力的需求存在日益相对缩小的趋势。这两种对立的趋势导致生产和消费之间的尖锐矛盾，这个矛盾是资本主义基本矛盾的表现，从而充分暴露出资本主义生产方式的局限性。资本主义发展到最后阶段，将走向衰亡，最终必然要被社会主义制度所代替。

剩余价值规律是资本主义的基本经济规律，它深刻表明了资本主义经济制度的本质及其发展的趋势。

### 三、资本积累

（一）资本积累的必然性及其实质

一个社会任何时候都不能停止消费，因而也就不能停止生产。社会生产总是连续不断、周而复始地进行。这种不断重复和不断更新的生产，就是再生产。

在资本主义制度下，资本家生产出剩余价值以后，如果把全部剩余价值都用于自己的个人消费，再生产只是在原有的规模上重复进行，这就是资本主义的简单再生产。通过资本主义简单再生产，不仅生产出商品和剩余价值，而且再生产出资本家的全部资本和仍然要依靠出卖劳动力为生的雇佣工人，即再生产出资本主义的生产关系。

资本主义再生产的特点不是简单再生产，而是扩大再生产。资本主义扩大再生产是指资本家把生产出来的剩余价值，并不全部用于自己的个人消费，而是把其中一部分剩余价值转化为资本，用来购买追加的生产资料和劳动力，使生产在扩大的规模上重复进行。把剩余价值再转化为资本，或者说，剩余价值的资本化，就叫作资本积累。剩余价值是资本积累的源泉，而资本积累是资本主义扩大再生产的重要源泉。通过资本主义扩大再生产，不仅生产出更多的商品和剩余价值，而且还再生产出拥有更多资本的资本家和仍然要出卖劳动力的大量雇佣工人，从而使资本主义生产关系在扩大规模的基础上被再生产出来。

在资本主义制度下，资本积累具有客观必然性，这是由两方面原因所决定的。一方面，资本主义的生产目的决定了资本家对剩余价值的追求是无止境的。为了获取尽可能多的剩余价值，资本家必须不断进行资本积累来增加资本总额，以扩大生产规模。所以，对剩余价值的无限追求是资本家不断进行资本积累的内在动力。另一方面，市场竞争作为一种强制力量，迫使资本家不断进行资本积累，以便改进生产技术和扩大生产规模，增加竞争力，特别要避免因竞争失败带来破产的命运。所以，竞争是资本家不断进行资本积累的外在压力。

剩余价值是资本积累的源泉，如果剩余价值分为积累部分和资本家个人消费部分的比例不变，那么资本家获取的剩余价值越多，资本积累的规模也就越大；而资本积累的规模越大，就可获得更多的剩余价值。因此，资本积累的实质就是，资本家用无偿占有工人创造的剩余价值，进行资本积累来增大资本的规模，以便继续占有更多的剩余价值，从而占有不断增大的资本来扩大对工人的剥削和统治。

（二）资本积累的后果

1. 资本有机构成的提高

资本的构成可以从两方面来考察。一方面，从物质形态看，资本是由一定数量的生产资料和劳动力所构成，它们之间的比例是由生产技术水平所决定的。这种反映生产技术水平的生产资料和劳动力之间的比例，叫作资本技术构成。另一方面，从价值形态看，资本是由一定数量的不变资本和可变资本构成的，它们之间的比例叫作资本价值构成。资本技术构成决定资本价值构成，资本价值构成的变动通常反映资本技术构成的变动。这种由资本技术构成所决定，并且反映资本技术构成变化的资本价值构成，叫作资本有机构成，可用 $c/v$ 来表示。

在资本积累过程中，由于追求更多剩余价值的内在动力和迫于竞争的外在压力，资本家必然会不断改进企业的生产技术装备，提高劳动生产率，企业中生产资料的增长要比使用这些生产资料的劳动力相对增长得快，结果在全部资本中，不变资本所占比重增大，可变资本所占比重缩小，从而导致资本有机构成的提高。所以，资本有机构成的不断提高，是资本主义经济发展的必然趋势。

2. 相对过剩人口的形成

相对过剩人口即失业人口，它的经常存在是资本主义国家极为普遍的现象。庞大的失业人口成为资本主义国家严重的社会问题。

相对过剩人口的形成，同资本积累过程中资本有机构成的不断提高密切相关。一方面，资本有机构成的不断提高，意味着在全部资本中，可变资本所占比重日益减少，由于资本对劳动力的需求是由总资本中可变资本的大小所决定的，因而可变资本所占比重的减少，必然导致资本对劳动力的需求日益相对地减少，有时还会绝对地减少。

另一方面，随着资本积累的进行，劳动力的供给却日益绝对地增加。这主要是因为，大量妇女和童工涌进工厂，大批破产的农民和手工业者加入雇佣劳动队伍，同时人口的绝对数量从而劳动者的人数有时也会增加。

这样，在资本积累过程中，出现了两种完全对立的现象：一方面是资本对劳动力的需求日益相对地有时甚至绝对地减少，另一方面则是劳动力对资本的供给却日益绝对地增加。其结果，不可避免地产生大量失业人口，形成相对人口过剩。所谓相对过剩人口，是指劳动力的供给相对于资本对劳动力的需求来说而过剩，并不是人口的绝对过剩。相对过剩人口是由资本主义制度所造成的。

资本主义社会存在的大量相对过剩人口,不仅是资本主义制度的必然产物,而且是资本主义生产方式存在和发展的必要条件。这是因为:第一,相对过剩人口的存在,可以起到劳动力的蓄水池作用,以满足资本对劳动力有时增加有时减少的需要;第二,相对过剩人口的存在,可以迫使在业工人接受较低的工资和较差的劳动条件,有利于资本家加强对工人的统治与剥削。

正因为相对过剩人口既是资本主义生产方式的产物,又对资本主义生产方式的存在和发展具有重要作用,所以,资本主义国家虽然可以采取一些措施缓解失业,但不可能也不真正愿意消灭失业人口,资产阶级国家所宣扬的实现"充分就业",是不可能兑现的空话。

3. 严重的贫富两极分化

随着资本积累的进行,一方面,资本的规模不断扩大,社会财富越来越集中在少数资本家手中;另一方面,创造社会财富的广大工人阶级,却只拥有社会财富的极少部分,遭受着失业和贫困的折磨,生活极不安定。资本主义积累的一般规律,就是随着资本积累的不断进行,必然产生两个对立的方面,即财富在资产阶级一方积累,贫困在无产阶级一方积累,形成严重的贫富两极分化。这个规律深刻地揭示了资本主义生产方式内在的对抗性矛盾,无产阶级所创造的财富虽然越来越多,但他们始终处于被剥削和贫困的境地,这是资本主义制度存在严重社会危机的深刻经济根源。

(三)资本积累的历史作用和历史趋势

通过资本的原始积累,资本主义生产方式取代了封建主义生产方式,使社会生产力从封建制度的束缚下解放出来,获得迅速发展。随着资本积累的不断增长,生产资料以空前的速度和规模集中起来,社会分工和生产专业化广为发展,手工生产劳动转变为大机器工业生产,从而促进了生产规模进一步迅速扩大和产品数量的急剧增长。而商品经济的迅速发展,不仅促使分散的地方市场逐渐汇合成统一的国内市场,而且进一步向国外扩展,形成了世界市场。所有这一切,都极大地提高了生产社会化的水平,使社会生产力获得了空前迅猛的发展。列宁曾充分评价了资本主义的历史进步作用,他说:"资本主义的进步的历史作用,可以用两个简短的论点来概括:社会劳动生产力的提高和劳动的社会化。"①

资本积累的不断发展,促进了社会化生产的发展。生产的社会化,表现为出现了规模巨大的社会化生产企业。企业中集中了大量工人共同生产劳动,生产资料由许多人共同使用而形成生产资料使用的社会化,生产过程成为由许多人协同进行的社会化生产过程,劳动产品也是由许多人共同协作生产出来的社会化产品;社会分工和专业化生产的不断发展,形成了日益密切的社会化分工协作关系;由地方市场到国内市场再到世界市场的发展形成了社会化的市场。生产社会化的发

---

① 《列宁全集》第 3 卷,人民出版社 1984 年版,第 549 页。

展，客观上必然要求由整个社会占有生产资料，以便对社会化的生产按照社会需要由社会实行有效的宏观调控和计划管理，并按照社会需要配置社会资源和分配劳动产品。这样，生产关系才能适应生产力的社会性质。但是，资本家凭借对生产资料的私人占有，却把社会化的生产力变成资本家高效生产剩余价值的资本生产力，把已经社会化的生产过程由私人资本家按照追求剩余价值的一己私利进行控制和管理，把劳动者共同创造的已经社会化的劳动成果的大部分攫为己有，变成他们的私人财产。这样就产生了资本主义的基本矛盾即生产社会化和生产资料资本主义私人占有的矛盾，这是生产力与生产关系之间的矛盾在资本主义社会中的具体表现。随着生产社会化程度的不断提高和在资本积累过程中生产资料越来越集中在少数私人资本家手中，资本主义的基本矛盾日益加剧。这个矛盾的日益尖锐化，表明生产资料资本主义私有制严重束缚了社会化生产的发展，因而，用和生产社会化性质相适应的生产资料社会主义公有制代替资本主义私有制，就成为资本积累发展的必然历史趋势。

## 第三节 资本的流通过程和剩余价值的分配

> 资本作为自行增殖的价值，……只能理解为运动，而不能理解为静止物。
> ——马克思

> 剩余价值……转化成它的具体形式——利润、利息、商业赢利、地租等。
> ——恩格斯

资本的流通过程即资本的运动过程。资本只有在不断流通运动过程中，才能源源不断地生产出剩余价值，资本流通包括单个资本的流通和社会资本的流通。单个资本的流通即单个资本的循环和周转。考察单个资本的循环和周转，是对资本流通过程的微观分析。考察资本循环，重点是分析单个资本运动的连续性，揭示通过资本的循环运动如何连续不断地生产出剩余价值。考察资本周转，重点是分析资本运动的速度，揭示单个资本的周转速度对生产的剩余价值数量的影响。社会资本的流通即社会资本再生产。考察社会资本再生产，是对资本流通过程的宏观分析，着重分析社会资本再生产的实现问题，阐明社会资本再生产的顺利进行在宏观方面所需具备的基本比例关系，揭示社会资本正常流通所需要的基本条件以及资本主义的经济危机。考察剩余价值的分配，在于揭示资本主义社会中资本的各种具体形式和各个剥削集团如何共同瓜分剩余价值。在分析产业资本（包括工业资本和农业资本）、商业资本、借贷资本等资本的各种具体形式的基础上，相应地考察作为剩余价值的各种具体形式的产业利润、商业利润、借贷利息、银行利润和农业地租，进一步揭示资本主义剥削关系的实质。

### 一、单个资本的循环和周转

资本是在不断的循环周转运动中实现着价值的增殖，而能够发生价值增殖的资本是产业资本，它包括工业、农业、运输业等各个物质生产部门的资本。

资本主义社会中的每个生产企业的资本，都在生产过程中独立地进行循环和周转运动，实现着价值的增殖。这种独立发挥资本职能的资本就是单个资本。

（一）单个资本的循环

单个产业资本在其现实循环运动过程中，依次经过三个阶段，即购买阶段、生产阶段、销售阶段；与这三个阶段相适应，产业资本依次采取货币资本、生产资本、商品资本三种职能形式。

产业资本循环的第一阶段——购买阶段。在这个阶段，产业资本家为了从事生产经营活动，首先必须到市场上用货币购买劳动力和生产资料，为剩余价值的生产准备条件。产业资本循环的购买阶段，就是从货币资本转化为生产资本的阶段。

产业资本循环的第二阶段——生产阶段。产业资本家购买了劳动力和生产资料以后，经过资本主义的生产过程，生产出包含着剩余价值的一定数量的新商品。生产阶段是生产剩余价值的阶段，它在资本循环中是决定性的阶段。生产阶段是由生产资本转化为商品资本的阶段。在这个阶段，资本不仅发生了形态上的变化，而且资本在数量上也发生了变化，实现了价值增殖。

产业资本循环的第三阶段——销售阶段。在这个阶段上，把生产出的新商品销售出去，换回一定数量的货币。但是换回的货币数量大于最初购买生产资料和劳动力所垫支的货币数量，其中包含着剩余价值，因而它是已经发生价值增殖的货币资本。销售阶段就是由商品资本转化为增殖了的货币资本的阶段。

产业资本循环的第一阶段和第三阶段，是资本的流通过程，第二阶段是资本的生产过程。所以，资本的循环过程是流通和生产的统一。产业资本循环过程中起决定作用的是生产过程，因为价值和剩余价值是在生产过程中创造出来的，流通过程并不能发生价值的增殖，只能使资本发生形态的变化。

产业资本的全部循环运动依次经过购买、生产、销售三个阶段，与这三个阶段相适应，产业资本依次采取三种不同的职能形式，即货币资本、生产资本、商品资本。这三种资本，并非三种独立的资本形态，而是产业资本在循环运动过程中所采取的三种职能形态。它们分别具有不同的职能，起着不同的作用。货币资本的职能是购买劳动力和生产资料，为剩余价值的生产准备条件；生产资本的职能是使劳动力和生产资料相结合，在生产过程中生产出包含着价值和剩余价值的商品；商品资本的职能是通过商品的销售，使包含在商品中的价值和剩余价值得到实现。

产业资本依次经过三个阶段，采取三种职能形式，实现价值增殖，最后又回到原来出发点的全部运动过程，就是资本的循环。

（二）单个资本的周转

产业资本家为了达到获取最大限度的剩余价值、实现资本价值不断增殖的目的，产业资本的运动不能经过一次循环就停止，而必须连续不断地进行循环运动。这种不断重复、周而复始的资本循环过程，就是资本周转。

产业资本周转速度的快慢，对剩余价值的生产具有重要影响。影响资本周转速度的快慢有两个因素：一是资本周转时间的长短，包括生产时间和流通时间的长短；二是生产资本的构成，即生产资本中固定资本和流动资本的比例，以及固定资本和流动资本自身的周转速度。

资本周转速度的快慢，受生产时间和流通时间的重要影响。生产时间和流通时间越短，资本周转速度就越快；反之，生产时间和流通时间越长，资本周转速度就越慢。产业资本家为了使一定数量的资本带来尽可能多的剩余价值，总是竭力缩短生产时间和流通时间，以加速资本的周转。

生产资本的构成是生产过程中影响资本周转速度的重要因素。生产资本的不同构成部分，依据其价值周转方式的不同，划分为固定资本和流动资本两个部分。

固定资本是指产业资本家用于机器、工具、厂房、设备等劳动资料上的那部分生产资本。这部分资本的价值并非在一次生产过程中全部转移到新产品中去，而是按照它在每次生产过程中的使用磨损程度，其价值一部分一部分逐渐地转移到新产品中去，经过多次生产过程，才把它的价值全部转移完毕；而转移到新产品中去的价值，随着商品的销售，又以货币资本的形态一部分一部分逐渐地周转回到产业资本家手中。依据这部分资本价值周转方式是多次转移、多次收回的特点，把它称为固定资本。

流动资本是指产业资本家用于原料、材料、辅助材料等劳动对象和用于劳动力的那部分生产资本。这部分资本价值是在生产过程中一次全部投入生产过程，并随着商品销售，又以货币资本的形式一次全部回到产业资本家手中。依据这部分资本价值周转方式是一次投入、一次收回的特点，把它称为流动资本。

流动资本与流通资本是不同的，流通资本是处于流通领域中的资本，即货币资本与商品资本，它是同生产资本相对而言的资本。而流动资本是生产资本的一个组成部分，它是与固定资本相对而言的资本。

生产资本的构成对产业资本家预付的全部资本的周转速度具有重大影响，这种影响来自两个方面。一是生产资本中固定资本和流动资本的比例。在生产资本中固定资本所占的比重越大，预付总资本的总周转速度就越慢；在生产资本中流动资本所占的比重越大，预付资本的总周转速度就越快。这是因为，固定资本价值要经过多次生产和销售过程才能周转回来，而流动资本价值经过一次生产和销售过程即可周转回来。二是固定资本和流动资本本身的周转速度。在生产资本中的固定资本与流动资本的比例一定的条件下，预付资本的总周转速度与固定资本和流动资本本身的周转速度成正比变化。

产业资本周转速度的快慢，影响到一定数量的预付资本在一定时期内（一般以年为单位）所能带来的剩余价值量的多少。在一年之内，资本周转的速度越快，带来的年剩余价值总量就越多，年剩余价值率也越高；反之，带来的年剩余价值总量就越少，年剩余价值率也越低。年剩余价值率为一年内生产的剩余价值总量与一年内预付的可变资本总量的比率。

由于加速资本周转可以增加年剩余价值量和提高年剩余价值率，因此产业资本家从剥削尽可能多的剩余价值的目的出发，总是在生产经营中竭力加速其资本的周转速度。

## 二、社会总资本的再生产

（一）社会总资本再生产的实现

在资本主义的现实经济运动过程中，每个资本都不可能孤立地存在和运动，各个单个资本是彼此互相联系、互相依存的。这种相互联系、相互交错的各个单个资本的总和，就是社会总资本，或称社会资本。单个资本运动的总和就是社会总资本的运动。社会总资本的运动，在现实经济生活中表现为社会资本的再生产。

考察社会总资本的运动即考察社会资本再生产，核心问题是要分析在社会资本再生产过程中，社会总产品的各个构成部分是如何实现的。

社会总产品就是社会各个物质生产部门在一定时期（一般以年为单位）内所生产的全部物质资料的总和。社会总产品的构成包括两个方面。一方面，社会总产品从实物形态上按其最终用途区分为两大类，即生产资料和消费资料。与此相适应，整个社会生产划分为两大部类，第一部类是制造生产资料的部类（用Ⅰ来表示），第二部类是制造消费资料的部类（用Ⅱ来表示）。另一方面，社会总产品从价值形态上区分为三个构成部分，即不变资本价值（c）、可变资本价值（v）、剩余价值（m）。

社会总产品的实现，也就是社会总产品的补偿，它有两个方面。一方面是社会总产品的价值补偿，即社会总产品的各个构成部分的价值，包括不变资本价值、可变资本价值和剩余价值，如何由商品形式转化为货币形式，即如何通过商品的销售以货币形式收回，以便补偿预付资本的价值，并获得剩余价值。另一方面是社会总产品的物质补偿，即社会总产品的各个构成部分的价值转化为货币形式以后，如何再转化为所需要的产品，其中，相当于不变资本的价值从哪里和怎样重新获得所需要的生产资料，相当于可变资本的价值和资本家用于个人消费的剩余价值从哪里和怎样获得所需要的生活资料。只有使社会总产品既从价值上得到补偿，又从物质上得到补偿，才能保证整个社会总资本再生产得以正常顺利进行。

### (二) 社会总资本再生产的比例关系

社会总资本再生产的顺利实现,要求在社会总资本再生产过程中的两大部类之间保持一定的比例关系。这种比例关系有两个基本方面。一是第一部类所生产的全部生产资料,既要能够补偿两大部类对生产过程中已经消耗掉的生产资料的需求,又要能够补偿两大部类在进一步扩大再生产规模中对追加的生产资料的需求。这就表明,第一部类所生产的全部生产资料,必须同第一部类和第二部类在生产过程中所需要的生产资料保持协调的比例关系。二是第二部类所生产的全部消费资料,既要能够补偿两大部类的劳动者和资本家对消费资料的需求,又要补偿两大部类在进一步扩大生产规模中劳动者和资本家对追加的消费资料的需求。这就表明,第二部类所生产的全部消费资料,必须同第一部类和第二部类在生产过程中所需要的消费资料保持协调的比例关系。

社会总资本再生产的顺利进行,要求两大部类之间必须保持一定的比例关系,但是,在资本主义制度下,资本主义基本矛盾以及其他一系列内在矛盾,经常导致这种比例关系和社会总产品的实现条件遭到破坏,社会总产品的实现经常发生困难,甚至周期性地爆发经济危机,致使资本主义再生产不可能持续顺利地进行。

## 三、剩余价值的分配

资本主义经济在其实际运行过程中,资本和剩余价值都以各种具体形式存在着。资本的具体形式有产业资本(工业资本和农业资本)、商业资本、借贷资本(包括银行资本)等;与此相适应,剩余价值也采取了各种具体形式,包括产业利润(工业利润和农业利润)、商业利润、借贷利息、银行利润、农业地租等形式。剩余价值的各种具体形式表明,资本主义社会所生产出来的全部剩余价值,要在工业资本家、农业资本家、商业资本家、借贷资本家(包括银行资本家)、土地所有者等各个剥削集团之间进行分配,由他们共同瓜分全社会劳动者所创造出来的全部剩余价值。

### (一) 剩余价值转化为利润

在资本和剩余价值的各种具体形式中,产业资本和产业利润是其他各种资本和剩余价值具体形式的基础。所以,我们首先要考察产业资本的剩余价值是怎样转化为产业利润的。

我们知道,产业资本的剩余价值本来是由可变资本生产的,并不是由全部资本生产的,可变资本是剩余价值的唯一源泉。但是,从资本主义经济的表面现象来看,剩余价值表现为资本家全部预付资本的产物。在资本家看来,他的全部预付资本都参加生产过程,都是获取剩余价值所必需的物质要素,所以,都是他获得剩余价值的源泉。这样,当剩余价值被看作全部预付资本产物时,剩余价值就取得了利润的形态。所以,利润是剩余价值的转化形式。

剩余价值转化为利润后,掩盖了剩余价值的真实来源。这是因为,剩余价值转化为利润后，剩余价值被作为全部预付资本的产物，掩盖了剩余价值与雇佣工人的剩余劳动的相互联系，因而也就掩盖了剩余价值的真实来源。

利润是剩余价值的转化形式，它表现为全部预付资本的产物，因此，剩余价值与预付总资本的比率就是利润率。利润率是剩余价值率的转化形式。

（二）利润转化为平均利润

资本主义社会的各个生产部门的资本有机构成和资本周转速度存在着差别。所以在不同的生产部门中，投入同等数量的资本，即使剩余价值率等其他条件相同，那些资本有机构成较高或资本周转速度较慢的生产部门，在一定时间内获得的剩余价值较少，利润率就比较低；反之，那些资本有机构成较低或资本周转速度较快的生产部门，在一定时间内获得的剩余价值较多，利润率就比较高。在资本主义发展的初期，曾经存在过这种等量资本获得不等量利润的情况。但是，随着资本主义经济发展到较高阶段，各个资本家无论把资本投入何种生产部门，等量资本的投入，大体上都能得到等量利润，出现了等量资本获得等量利润的趋势，也就是形成了平均利润。这是因为随着资本主义发展到较高阶段，商品经济有了较高程度的发展，市场竞争较为充分地展开，投资于不同生产部门的资本家，围绕取得有利投资场所和争夺较高利润率而展开竞争。竞争的手段是资本在不同生产部门之间的转移，即资本家把资本由利润率较低的部门抽出，转投入利润率较高的部门。

通过部门之间的竞争，资本向利润率高的部门转移，必然导致各部门利润率的变化。一方面，原来利润率较低的生产部门，由于资本数量减少，生产规模缩小，生产的商品数量相应减少，在社会需求不变的情况下，商品便会供不应求，从而引起商品价格上涨，随着商品价格上涨，盈利就会增加，利润率因而逐步提高；另一方面，原来利润率较高的生产部门，由于大量资本转移进来，生产规模扩大，生产的商品数量大为增加，在社会需求不变的情况下，便会形成商品供过于求，从而引起商品价格下降，随着商品价格下降，盈利就会减少，利润率因而逐步降低。

在不同生产部门的利润率发生了这种由低到高和由高到低变化的情况下，资本家为了追逐较高利润率，其资本又会向相反的方向转移。资本在不同生产部门之间的转移，一直要继续到通过不同生产部门价格变动的自发调整，使各个生产部门的利润率大体趋于平衡，即形成平均利润时，资本的转移才会趋于停止。所以，不同生产部门之间平均利润的形成，是部门之间竞争的结果。

平均利润率是全社会的剩余价值总量与社会总资本的比率。平均利润率不是各个生产部门的不同利润率的绝对平均；平均利润率形成后，并非各个生产部门的利润率毫无差别。利润率的平均化是在部门之间竞争过程中形成的一种总的发展趋势，具有客观必然性。所以，平均利润率规律是资本主义的客观经济规律。

平均利润本质上是全社会的剩余价值在各生产部门资本家之间的重新分配，

体现着整个资产阶级剥削整个工人阶级的经济关系。这就表明，整个工人阶级和整个资产阶级之间的利益是完全相对立的。

平均利润进一步掩盖了资本主义剥削关系。当利润转化为平均利润以后，在各个生产部门投入等量资本都可获得等量利润，许多生产部门获得的平均利润与本部门所创造的剩余价值在数量上也不相等了，因而利润在性质和数量上，都表现得与剩余价值不相同，利润的多少似乎完全取决于预付资本的数量，资本似乎是利润的源泉，这样就使利润的本质和源泉以及资本主义的剥削的关系进一步被掩盖起来。

由于社会平均资本有机构成会逐步提高，在剩余价值率不变的情况下，同量预付资本所获得的利润量会逐渐减少，从而导致平均利润率的下降。从资本主义的较长发展时期来看，平均利润率存在着下降的趋势。利润率趋向下降规律是资本主义的客观经济规律。

（三）商业资本和商业利润

商业资本是在资本主义社会的流通领域中发生作用的职能资本。商业资本家预付一定数量的货币资本从事商业活动的目的，是取得商业利润。商业利润就是商业资本家从事商业经营活动所获得的利润。但是，商业利润不能来源于纯粹的商品买卖。在全部商业活动中，除了生产过程在流通领域内的继续，如商品的运输、保管、包装等活动外，纯粹的商品买卖活动不能创造价值和剩余价值。

商业资本家获得商业利润的具体途径是商品的销售价格高于商品的购买价格，其间的差额就包含着商业利润。商业利润是产业资本家让渡给商业资本家的一部分剩余价值，它的来源是产业部门的工人创造的剩余价值。

产业资本家之所以要把一部分剩余价值让渡给商业资本家，是因为商业资本家为产业资本家提供的服务，使产业资本家获得更多的剩余价值，因而产业资本家就必须，而且也愿意把剥削来的剩余价值的一部分转让给商业资本家，这比他自己兼营商业更为有利。

商业资本是一种与产业资本并列的独立的资本形式，因而也要和产业资本一样获得平均利润。商业利润的多少，同样受平均利润率规律的支配，这取决于产业资本家和商业资本家之间的竞争，竞争手段是资本在商业部门和产业部门之间的相互转移，通过这种竞争，最终在商业资本家和产业资本家之间形成了统一的平均利润率，商业资本家因而也获得平均利润。

（四）借贷资本和利息、银行资本和银行利润

借贷资本是从职能资本（产业资本和商业资本）的运动中分离出来的特殊资本形式。在资本主义再生产过程中，职能资本家手中暂时闲置的货币资本，成为借贷资本的主要来源。从职能资本的运动过程中暂时闲置而游离出来的货币资本，为获取利息而借贷出去时，就转化为借贷资本。

借贷资本的本质是为了取得利息而暂时贷给职能资本家使用的货币资本。

借贷资本的产生，意味着资本的所有权和使用权发生分离。借贷资本家拥有自己的货币资本的所有权，他将其货币资本贷给职能资本家使用时，职能资本家就获得这部分货币资本的使用权。但是，职能资本家不能无偿使用这部分货币资本，必须向借贷资本家支付利息。利息就是职能资本家使用借贷资本而让给借贷资本家的一部分剩余价值，它是剩余价值的特殊转化形式。

职能资本家通过使用借到的货币资本从事生产经营活动，可以获得平均利润。但是，这个平均利润不能由职能资本家独占，而必须分割为两部分：一部分是借贷资本家获得的利息，另一部分是职能资本家获得的企业利润。

在资本主义社会，货币资本的借贷主要是通过银行进行的。资本主义银行是专门经营货币资本的企业。银行资本由两个部分构成：一是银行资本家自己投入的资本，即自有资本，它只占银行资本的一小部分；二是银行吸收的存款，即借入资本，它占银行资本的大部分。银行所掌握的自有资本和借入资本的总和即银行资本。

银行资本家向银行业投资，目的也在于获取利润，而且所获得的利润也应相当于平均利润，不过这个平均利润是相对于银行资本家的自有资本来说的，即银行资本家所获得的银行利润与其自有资本的比率，应相当于平均利润率。银行向外贷款所收取的贷款利息，大于吸收存款所支付的存款利息，两者的差额再减去经营银行的业务费用，就形成银行利润。银行利润在数量上相当于银行资本家自有资本所获得的平均利润。

（五）农业资本和农业利润及地租

在资本主义农业生产中，曾长期存在三个阶级：大土地所有者、农业资本家、农业工人。农业资本家租种土地所有者的土地，雇用农业工人从事农业生产经营，农业工人所创造的剩余价值划分为两部分：一部分以平均利润形式由农业资本家所占有，另一部分超额利润以地租形式由农业资本家缴纳给土地所有者。在当代发达资本主义国家，农业生产经营状况有所变化，如美国的农业生产以家庭农场为主体，自有自营，农业收入全归农民自己所有。

## 四、资本主义经济危机

（一）资本主义经济危机的实质和根源

资本主义经济危机是在资本主义经济发展过程中，周期性爆发的生产过剩危机。经济危机期间最根本的现象和典型特征是商品生产过剩。其他许多现象，如商品滞销、物价下跌、生产下降、工厂倒闭、工人大量失业等，都是直接或间接地由生产过剩这个根本特征所引起的，都是生产过剩在社会经济生活各方面的具体体现。

经济危机的根本特点是商品生产过剩，但并非与劳动者的实际需要相比的生产绝对过剩，而是与劳动者有支付能力的需求即与劳动者的货币购买力相比的相对过剩。因而，资本主义经济危机实质上是生产相对过剩的危机。

经济危机产生的根源在于资本主义生产方式的基本矛盾，即生产的社会化与生产资料私人资本主义占有形式之间的矛盾。当这个矛盾达到十分尖锐的程度，就会引起经济危机的爆发。资本主义基本矛盾是经济危机爆发的根源。

资本主义基本矛盾有两种主要表现形式。一种表现是个别企业内部生产的有组织性和整个社会生产无政府状态之间的矛盾。在资本主义发展过程中，这个矛盾使社会资本再生产基本比例关系的失调发展到十分严重的程度，引起大量商品过剩时，便会导致经济危机的爆发。当代资本主义国家采取实行经济计划、政府调节等手段，缓和其经济运行中的矛盾，从而对其周期性经济危机的爆发起了一定的减缓作用。

资本主义基本矛盾的另一种表现是资本主义生产无限扩大的趋势和劳动人民有支付能力的需求相对缩小之间的矛盾。当这个矛盾发展到尖锐程度时，市场上大量商品积压，社会资本再生产的实现条件遭到破坏，便会导致经济危机的爆发。

(二) 经济危机的周期性及其原因

资本主义社会并不是时刻都处在经济危机之中，经济危机是周期性爆发的，即每隔若干年才爆发一次。

经济危机之所以周期性爆发，其原因在于资本主义基本矛盾运动的阶段性。资本主义的基本矛盾并非始终处于尖锐激化程度，而是有时较为缓和，有时尖锐激化，只有在矛盾尖锐激化时才会爆发经济危机。

经济危机既是资本主义基本矛盾尖锐激化的结果，同时通过危机使生产被迫进行调整，又能使这个矛盾得到暂时的、强制性的缓解，使社会资本再生产的比例关系暂时达到平衡，从而便会逐渐渡过危机，使经济重新恢复和发展。然而，经济危机并不能消除资本主义基本矛盾，在渡过危机和经济得到恢复及发展后，经过一定时期，资本主义所固有的矛盾又会重新激化，从而导致经济危机再一次爆发。所以经济危机总是周期性地、不断重复地爆发。

(三) 资本主义再生产周期的阶段

经济危机的周期爆发，使资本主义再生产也具有了周期性。从一次危机的开始到下一次危机的开始，其间所经历的时间便是一个再生产的周期。资本主义再生产周期一般来说包括危机、萧条、复苏、高涨四个阶段。

危机阶段是再生产周期的决定性阶段。这个阶段的特点是，商品销售困难甚至被销毁，企业开工不足甚至倒闭，生产下降，工人大批失业，货币信用制度被破坏，整个社会经济生活陷于瘫痪和混乱，生产力遭到严重破坏。

萧条阶段的特点是，生产不再下降，企业停止倒闭，失业人数不再增加，但商品销售仍很困难，信贷关系呆滞。

复苏阶段的特点是，市场销售扩大，生产逐渐回升，企业利润增加，就业日益增多，信贷关系逐渐活跃，当社会生产赶上和超过危机前的最高点时，便过渡到高涨阶段。

高涨阶段的特点是，市场繁荣，生产上升，企业规模扩大，增加新建企业，就业人数明显增加，社会购买力提高，信贷关系兴旺。整个社会经济呈现一片繁荣景象。

随着社会生产的发展，当资本主义基本矛盾又重新激化，市场上的商品又再度过剩时，就不可避免地再一次爆发经济危机。

## 第四节　资本主义的政治制度和意识形态

> 资产阶级民主同中世纪制度比较起来，在历史上是一大进步，但它始终是而且在资本主义制度下不能不是狭隘的、残缺不全的、虚伪的、骗人的民主，对富人是天堂，对被剥削者、对穷人是陷阱和骗局。
>
> ——列宁

### 一、资本主义的政治制度及其本质

一定的政治制度是在一定的经济基础上产生和建立起来的上层建筑，它是为巩固和保卫其经济基础服务的。在资本主义制度中，经济上占统治地位的资产阶级，为了维护其根本经济利益，必然要建立与其经济制度相适应并为其服务的政治制度，实现资产阶级对整个社会的阶级统治和治理。

资本主义政治制度就是资产阶级为实现其阶级专政而采取的统治方式和方法及各种相关制度的总和。它主要包括资本主义的国家制度、政党制度、选举制度、三权分立制度、民主制度等，其中国家制度是资本主义政治制度的核心。

（一）资本主义的国家制度

资本主义的国家是掌握基本生产资料的资产阶级实行阶级统治的工具。资本主义国家制度有国体和政体两个方面。

在资本主义制度下，掌握基本生产资料的资产阶级占据统治地位，而广大无产阶级和劳动人民处于受剥削和被统治的地位，这种基本的阶级关系决定了资本主义国家的国体是资产阶级专政，即资产阶级对无产阶级和劳动人民的专政。资产阶级专政的实质是资产阶级凭借其所掌握的国家机器，包括政府、军队、警察、法庭、监狱等，对无产阶级和劳动人民实行强力统治。无论哪个资本主义国家，其国体都是相同的，都是实行资产阶级专政。

资本主义国家的政体是指资本主义国家的政权机构的构成形式。政体是与国体相适应的，它为国体服务，体现资产阶级专政的要求。但是，各资本主义国家由于经济发展状况、阶级力量对比、历史文化传统、国家制度沿革、民族地区特色等许多因素的差异，其政权机构的构成形式不尽相同，主要有君主立宪制和民主共和制两种形式。

### 1. 君主立宪制

君主立宪制是以君主（或国王、皇帝、天皇等）为国家的世袭元首，其所掌握的国家最高权力受国家宪法所制约的政权组织形式。一般来说，君主立宪制存在于资产阶级革命不彻底的国家中，是资产阶级与封建势力相互妥协、分享权力的产物。

君主立宪制分为议会君主制和二元君主制两种类型。

议会君主制的议会在国家政权结构中处于主导地位，它既是立法机构，又是国家最高权力机构。君主作为国家元首只有象征意义，并无实际权力，所谓"临朝而不理政"，其行动受议会所严格约束。国家的实际行政权力控制在由议会根据宪法所产生的内阁（或称政府）手中，内阁由议会中占多数席位的政党所组成。内阁对议会负责，由首相（或总理）担任内阁领导人。目前世界上实行君主立宪制的资本主义国家，大多数都实行议会君主制，英国和日本是其典型代表。

二元君主制是由君主和议会共同掌握国家政权，君主是国家的最高统治者，掌握国家的实际权力。君主有权任命内阁，内阁只对君主负责，不对议会负责。议会有立法权，并享有宪法所赋予的职能，宪法对君主的权力有一定制约作用。但君主有权批准和颁布法律，召集和解散议会。在历史上，有不少资本主义国家曾实行二元君主制，随着资本主义的发展和政治制度的演变，目前世界上只有少数资本主义国家实行二元君主制，如约旦等国。

### 2. 民主共和制

民主共和制是由选举所产生的政权机构和国家元首掌握权力，并有一定任期的政权组织形式。在资产阶级革命比较彻底的资本主义国家，广泛实行民主共和制，它是比较完备、成熟和典型的资本主义国家的政体形式。

民主共和制分为议会共和制与总统共和制两种类型。

议会共和制又称内阁共和制，它是以议会为国家最高权力机构，政府由议会所产生。在议会中占有多数席位的政党或几个政党联盟组成内阁，并确定内阁总理。内阁掌握实际行政权力，并对议会负责，称为责任内阁。在这类国家中，虽有由选举所产生的国家元首（总统），但一般只具有虚位而无实权，属于"虚位元首"。现今的德国、意大利等国就是实行议会共和制的国家。

总统共和制是由选举产生的总统担任国家元首，并担任政府首脑。议会是最高立法机关，总统掌握国家行政权力。政府由总统组织和领导，政府只对总统负责，不对议会负责。总统在名义上对选民负责，不对议会负责，但要定期向议会报告政府工作。议会对总统的严重违宪行为可提出弹劾，但不能罢免总统。美国是实行总统共和制的典型国家。

民主共和制除了议会共和制与总统共和制两种基本类型以外，还有少数资本主义国家实行半总统制与委员会制。

半总统制是介于议会制和总统制之间的一种政权组织形式,兼有二者的特征。实行半总统制的国家,形式上设有两名政府首脑,一是总统,一是政府总理。它保留了政府内阁总理对议会负责的制度,因而具有议会制的特点,但议会的权力被缩小;由选举产生的总统并非"虚位元首",而是掌握了很大的实际行政权力,因此又具有总统制的特点。法国是实行半总统共和制的典型国家。

委员会制又称合议制,它由议会所产生的委员会集体行使最高行政权力。议会是最高立法机关,由议会选举产生的各位委员组成委员会(即政府)。各委员地位平等、权力相当,分别担任各行政部门的部长。国家不设总统和总理,而是由委员会的各位委员轮流担任委员会主席,委员会主席实际上为国家元首兼政府首脑,但任期仅一年,职权有限。一切重要事务均由委员会合议(即集体讨论)决定,集体负责。委员会对议会负责,实际上是议会的执行机构。目前世界上有瑞士等少数国家实行委员会制。

3. 专制独裁制

资本主义国家的政权机构的构成形式,除了君主立宪制和民主共和制两种主要形式以外,在 20 世纪 20 年代至 40 年代的德国、意大利、日本等资本主义国家,还曾出现过专制独裁的政权组织形式。这种专制独裁政权完全抛弃了资产阶级议会制度,由主张独裁极权的政党头目担任政府首脑,集立法权和行政权于一身,实行个人独裁统治。对内剥夺了人民的民主权利,践踏法治原则,实行残酷统治;对外鼓吹强权政治,推行霸权扩张,发动侵略战争。随着第二次世界大战的结束,德、意、日成为战败国,这种专制独裁政权目前已不存在。

综上所述,资本主义国家的政体形式多种多样,不同国家可采取不同的政体,同一个国家在不同时期的政体形式也会发生变化。但是,无论各个资本主义国家的政体有什么差别和变化,万变不离其宗,本质上都是资产阶级所采取的最有利于实现其阶级专政、巩固其政权、保障其根本经济利益的政治统治形式。

(二)资本主义的政党制度

资本主义国家的资产阶级政党是代表资产阶级并为实现其阶级利益的政治组织,它有自己的组织机构和纲领,其主要政治目的是执掌资产阶级政权,维护资产阶级的利益和统治。

资产阶级政党作为资产阶级专政的重要工具,其主要职能在于:一是主导资产阶级议会和国家领导人的选举,使选举结果有利于资产阶级或由本党所代表的某个资产阶级利益集团;二是由本党代表资产阶级控制议会和政府,执掌或参加国家政权;三是将某资产阶级政党的纲领和政见上升为议会制定的法律和政府的政策,并利用政权的力量加以推行。

资本主义国家的政党制度主要有三种类型,即一党制、两党制和多党制。

1. 一党制

一党制是指一个国家中长期由一个资产阶级政党执掌国家政权的政党制度。

在一党制条件下，国家政权由一个资产阶级政党所垄断，其他政党或不允许其合法存在，或只是作为陪衬，不能执掌政权。这种政党制度曾在一些资本主义国家的一段历史时期中实行。

2. 两党制

两党制是一个国家中的两个最主要资产阶级政党轮流执掌国家政权的政党制度。通过议会选举或国家领导人选举获胜的政党执掌国家政权，是为执政党。另一政党则作为在野党或反对党，监督和牵制执政党。两个主要政党以外的其他政党，也只是作为一种陪衬而已。两个主要资产阶级政党的阶级本质完全相同，其区别只在于维护资产阶级利益的方式方法不同，或分别代表资产阶级内部不同的利益集团。执政党和在野党在资产阶级专政体系中分别扮演不同角色，在权力分配和利益分割中，表面上两党彼此对峙，甚至相互攻击和指摘，或者迫使执政党进行一些不触动资本主义根本制度的调整和改革，借以调节资产阶级内部利益关系及缓和阶级矛盾，造成一种民主表象。所以，两党制是维护资产阶级统治的有力工具。目前实行两党制的典型资本主义国家是美国。

3. 多党制

多党制是指由两个以上的主要资产阶级政党联合执政或轮流执政的政党制度。多党制的存在是由于国内代表各个资产阶级利益集团的政党彼此势均力敌，某一个政党很难在议会中获得多数席位，或很难在国家领导人选举中单独获胜，因而通过相互妥协而联合执政或轮流执政。多党制的本质仍是实行整个资产阶级统治的工具，但它容易引起政府人员的频繁更迭和政局动荡。目前实行多党制的有法国、意大利等资本主义国家。

尽管资本主义国家的政党制度形式多样，尽管一国的各个资产阶级政党在争权夺利方面存在矛盾，而且各党往往标榜自己"代表民众利益"，把各党之间的矛盾斗争曲解为"争取民众的权利"，但是，各个资产阶级政党在维护资产阶级根本利益方面是完全一致的，各种政党制度的阶级本质都是资产阶级统治的工具。当然应当看到，资产阶级政党作为资产阶级利益集团的政治工具，政党之间围绕争权夺利进行博弈是资本主义政党制度的显著特征。由于资产阶级各个政治集团和经济集团的权力和利益的矛盾斗争，多党制或两党制往往造成党派之间相互掣肘、彼此攻讦、纷争恶斗、互相倾轧，使西方政党制度所设计的政党制衡体系，演变成为相互否决制，民众的真实利益被漠视，甚至导致政策任性、信口许诺、社会撕裂、内乱频发，社会生活纷乱失序，极不安定。这种现象在当今美国的共和党和民主党的"两党斗争"中表现得尤为明显。

（三）资本主义的普选制度

资本主义国家的普选制度是指公民普遍具有选举权和被选举权的制度。普选制的选举对象，有议会议员的选举、国家首脑的选举，以及其他官员的选举等；选举的范围有全国性选举、地方性选举等。各资本主义国家的选举方式不尽相同，但都宣扬普遍平等、直接选举和秘密选举的原则，在形式上承认劳动人民有选举权和被选举权。

普选制的作用在于：通过选举使上台的资产阶级统治者获得合法外衣；有利于资产阶级的代表人物进入统治机构，遏制某些政绩恶劣政党的活动；使劳动人民有一定程度的参与政事和国家管理的表面权利，以缓和阶级矛盾；起到巩固资产阶级统治的作用。

资产阶级在实行普选制过程中，通过各种途径、采取各种措施使劳动人民的选举权和被选举权受到种种限制。一是有些资本主义国家对选民的资格做了许多不利于劳动人民的限制，如财产限制、定居时间限制、教育程度限制、种族限制等。二是公民必须交纳高额保证金才能充当候选人，而且参加竞选者在竞选中要花费高额竞选费用进行宣传和拉票等活动。所以选举实际上是"富人的游戏和钱袋的民主"，只有少数富人或受富人资助的代理人才可能当选。三是选举中往往实行有利于资产阶级政党的计票方法，或利用不合理的选区划分方式和候选人提名办法，以及其他手段来操控选举，以利于资产阶级及其代理人在选举中获胜，排斥民主力量和进步人士当选。

所以，资本主义的普选制度的平等权利具有虚伪性，从本质上看，它是资产阶级进行统治的工具，是实行资产阶级专政的一种手段。

(四) 资本主义的"三权分立"制度

资本主义国家的"三权分立"制度，又称"分权制"，它是资本主义国家权力机构体系进行组织和活动的一种制度，特别是在实行民主共和制的国家中，三权分立是其政权机构组织形式的显著特征。所谓三权分立是将资本主义国家的最高权力分为立法权、行政权和司法权三部分权力，三者分别由不同的国家机构行使。一般来说，议会掌握立法权，政府掌握行政权，法院掌握司法权。

资本主义国家的议会又称为国会或议院，它一般是资本主义国家的最高立法机关，通常由定期选举产生的议员所组成，由议长担任领导。议会的主要职权是立法权、财政权和监督权。立法权主要是制定、修改、通过和废止法律的权力，这是议会的首要职权。财政权主要是审议和批准政府的财政预算和决算的权力。监督权主要是监督政府的权力，包括质询权、调查权、倒阁权、弹劾权等。议会作为实现资产阶级专政的工具，其主要作用在于：通过立法来实现资产阶级的统治意志和保护资产阶级的财产与利益；保证资产阶级代表人物在资本主义政权机构中占统治地位；调节资产阶级内部关系。

资本主义国家的政府（有的国家称为内阁）是资本主义国家的最高行政机关，属于资本主义国家权力机构体系中的执行机构。政府由总理或首相负责领导，而在总统共和制国家中，一般由总统直接担任政府首脑。资产阶级政府对社会的日常管理由政府所设立的各个职能部门来进行，同时政府还依靠军队、警察、特工等暴力手段来完成政府的职能。资产阶级政府的职能有对内和对外两个方面。对内的基本职能，一是对无产阶级和广大劳动人民实行专政，按照资产阶级统治的需要约束他们的行为；二是对社会实行管理，保持资本主义社会经济和文化生活的运转和发展。对外的基本职能，一是保卫本国安全，防止和反对外来侵略；二是开展对外交往，甚至进行对外扩张和发动侵略。资产阶级往往将其政府描绘为替人民群众服务的机构，实质上它是资产阶级专政的重要工具。

资本主义国家的司法机关通称法院，它是行使审判权的国家机关，一般由法官所主持的各个审判法庭所组成。资本主义国家的法院的主要职权是执行资产阶级的法律和法令，并对违反宪法的各种法律、法令、法规具有审查权。法院的经常职能是行使审判权，对违法的人员进行审判和制裁，惩罚犯罪分子，保证被害者的权益。资本主义的法院作为行使审判权的机构，是维护资产阶级统治、保证资产阶级宪法和各种基本法律贯彻实行的专政机关。

一般来说，资本主义国家的议会、政府、法院地位平等、各行其职，同时又互相制衡，这就是所谓的"分权制衡"原则。在各资本主义国家中，"分权制衡"原则的实施方式和程度不尽相同，但在资本主义国家的政治制度中，"分权制衡"原则备受推崇和广泛运用，标榜它是民主制度的体现，成为资本主义的一项重要政治制度。

实际上，所谓"三权分立"只是资产阶级内部的权力分立，而绝不是与劳动人民或其他阶层分享权力。无论是立法权，还是行政权或司法权，都由资产阶级所掌握，由他们所享有，三权具有鲜明的阶级性。即使有少数劳动者的代表进入这些权力机构，也不可能担任主要职务，更谈不到掌握实权。所谓"分权制衡"，既不是资产阶级与劳动者分权，更不是劳动者对国家机构的监督与制衡。

资产阶级的国家权力，是体现统治阶级意志的权力整体，是为资产阶级总体利益服务，统一而不可分割。所以，所谓"三权分立"，实际上不过是资产阶级为了更好地实现其整体阶级利益，而采取的一种权力分工方式。恩格斯曾明确指出："事实上这种分权只不过是为了简化和监督国家机构而实行的日常事务上的分工罢了。"① 资产阶级国家力图通过这种权力分工，来调节资产阶级各利益集团之间在国家权力分配和利益分割方面的矛盾，在分权和制衡过程中，求得权力和利益的平衡，找到一种最能体现资产阶级整体利益的应对策略。因此，"三权分立"是巩固和稳定资产阶级统治而采取的一种政治制度。当然，在资产阶级内部矛盾尖锐、各种政治势力和利益集团激烈角逐、资产阶级各个政党纷争严重时，分权制也会导致相互掣肘，效率低下，甚至出现"政府无能"，社会群体对立和分裂，政治、经济和社会生活不稳定的局面。

（五）资本主义的民主制度

资产阶级在反对封建专制主义的斗争中，提出了"自由、平等、博爱""主

---

① 《马克思恩格斯全集》第5卷，人民出版社1958年版，第224—225页。

权在民"等民主要求,这些民主要求在抨击和摧毁封建统治、教育和动员资产阶级和劳动人民推翻封建制度、加速从封闭保守的自然经济向资本主义商品经济的转化中,起过积极和进步的历史作用。

资产阶级民主制作为资本主义国家的一种政治制度,是在17世纪和18世纪资产阶级取得政权后逐步建立的。此后,资产阶级民主制成为巩固资产阶级统治的政治手段,并通过宪法和法律形式,把资产阶级民主制原则加以确定。

资产阶级民主制以议会制为核心和主要标志,以三权分立制、普选制、两党制(或多党制),以及公民享有各种权利为主要内容。这些制度被资产阶级作为民主制的标志而加以推崇和颂扬。

实际上,民主从来就是一定阶级的民主,没有抽象的、超阶级的所谓"一般民主"。资产阶级民主表面上以全民普遍民主的形式出现,宣扬人人享有自由平等,甚至在法律上承认公民的某些民主权利。特别是在第二次世界大战后,资本主义国家的劳动人民争取民主权利的斗争广泛开展,迫使资产阶级国家采取一些改良主义措施,使资本主义国家的民主制得到一定程度的发展,劳动人民所获得的民主权利有所增加。但是,劳动人民实际上只是在资产阶级的统治范围内,在不危及资本主义私有制和雇佣剥削制,不影响资产阶级利益和政权的前提下,享有某些有限的权利,不可能改变其被统治的地位。资产阶级民主从来没有也不会从根本制度上保障劳动人民的根本权利和自由,劳动人民由于受物质条件和资产阶级法律条件的限制,实际上也不可能享受他们应有的民主权利。资产阶级民主制实质上是资产阶级国家的一种统治方法和手段,其本质是维护资产阶级的阶级利益,为资产阶级对无产阶级和劳动人民的专政服务。正如列宁所说:"资本主义社会里的民主是一种残缺不全的、贫乏的和虚伪的民主,是只供富人、只供少数人享受的民主。"[①]

特别是当今的垄断资本主义国家,以多党竞争政治和选举政治为核心的资本主义民主制中,赤裸裸的权力和利益之争占据主导地位,民众的切身根本利益被严重践踏,资本主义民主制度已无法有效协调各种社会力量和利益关系,日益丧失其为国家发展提供保障的社会功能。

## 二、资本主义的意识形态及其本质

资本主义意识形态是资产阶级对世界和社会的系统看法和见解,它在资本主义社会中是占统治地位的思想体系,具有鲜明的阶级性。资本主义意识形态包括资产阶级的政治法律思想、哲学思想、经济思想、教育思想、文学艺术思想等各种理论与思想形式,涵盖人生观、价值观、道德观、宗教观等各种思想观念,它们相互有机联系,构成一个网络状的社会意识形态体系,渗透到资本主义社会生

---

[①] 《列宁选集》第3卷,人民出版社1995年版,第191页。

活的各个方面。

（一）资本主义意识形态的历史进步性和阶级局限性

资本主义意识形态是在资产阶级反对封建主义的斗争中逐步萌芽和产生，并随着资本主义生产方式的建立而逐步发展形成的。资本主义意识形态在反对封建专制的斗争中，以及在资本主义生产方式产生与发展的上升时期，反映了社会进步的要求。早期的资产阶级启蒙学者和思想家，在政治、哲学、法律、经济、文化、艺术、教育、道德等方面，提出了许多富于进取精神的先进思想、理论和观念，继承和发扬了人类优秀的思想文化成果，是人类思想的一次大解放，具有历史进步意义。马克思主义历来充分肯定资产阶级思想家的历史贡献，并对资产阶级学说中有科学价值的理论成果和思想观点加以继承和借鉴。

资本主义意识形态毕竟是建立在资本主义经济基础之上，是为资本主义私有制和雇佣劳动制度服务的，因而资本主义意识形态本质上是维护资本主义剥削制度的思想体系。即使在资本主义上升时期，资本主义意识形态的基本功能也是为资产阶级服务的。而在资产阶级掌握了政权、资本主义制度确立以后，特别是无产阶级作为独立的政治力量登上历史舞台以后，随着无产阶级同资产阶级之间斗争的展开，资本主义意识形态在整体上逐渐丧失其历史进步性，日益演变成公开为资本主义剥削制度辩护、竭力反对马克思主义、反对社会主义的理论思想体系，从而充分暴露出资本主义意识形态的阶级本质和阶级局限性。

（二）利己主义是资本主义意识形态的核心

利己主义是生产资料私有制的必然产物，是一切以私有制为基础的剥削阶级所共有的观念，"人不为己，天诛地灭"，是私有者的至理信条。资本主义经济制度是生产资料私有制的最高和最后形态，因而利己主义也发展到了顶峰，成为资本主义意识形态的核心。马克思在揭示资产阶级利己主义的根源时曾指出："你们的观念本身是资产阶级的生产关系和所有制关系的产物，……你们的利己观念使你们把自己的生产关系和所有制关系从历史的、在生产过程中是暂时的关系变成永恒的自然规律和理性规律，这种利己观念是你们和一切灭亡了的统治阶级所共有的。"①

在资本主义社会中，金钱成为财富和权力的象征，成为主宰资产阶级的灵魂，拜金主义成为至高无上的准则。马克思在揭示资本主义的金钱至上的利己主义时指出，资产阶级"使人和人之间除了赤裸裸的利害关系，除了冷酷无情的现金交易，就再也没有任何别的联系了。它把宗教虔诚、骑士热忱、小市民伤感这些情感的神圣发作，淹没在利己主义打算的冰水之中"②。所以，资本主义利己主义的主要特征就是为一己私利而获取金钱。这种以获取金钱为特征的利己主义，成为

---

① 《马克思恩格斯选集》第1卷，人民出版社1995年版，第289页。
② 《马克思恩格斯选集》第1卷，人民出版社1995年版，第275页。

资产阶级一切思想和行动的出发点和最终归宿。

（三）资产阶级的人生观、价值观和道德观

资产阶级利己主义作为资本主义意识形态的核心，体现在资产阶级的人生观、价值观、道德观和思维方式以及社会生活的各个方面。

1. 资产阶级的人生观

人生观是人们对于人生目的和意义的根本看法和态度，它是在一定历史条件下的社会关系的产物。在阶级社会里，人生观具有阶级性，各个阶级都有其自身的人生观。资产阶级作为资本主义私有制的代表者，其人生观必然是从维护其一己私利出发，主张个人至上。他们以个人利益作为人们行动的唯一推动力，宣扬"人人为自己，上帝为大家"的原则，奉行利己主义，追求个人享乐的人生哲学。

资产阶级主张利己主义的人生观，其论据是人的"自然本性"就是从感性出发而趋乐避苦，总是从生理本能的需要而追求于己有利的事物，从而得出人的本性是极端利己的结论。实际上，人固然有其自然属性，但更重要的在于人之所以区别于一般动物，是因为人具有社会属性。在阶级社会中，这种社会属性表现为人的阶级性。自私自利的利己主义，并不是人的本性，更多表现为私有制社会中剥削阶级的本性。

资产阶级的利己主义人生观，宣扬人生的目的就是谋求个人利益，追求个人的幸福和享乐。为此就要采取各种手段获取实现其个人利益和享乐的金钱，因而赚钱成为实现其人生利益的最好手段。正如恩格斯所指出的："在资产阶级看来，世界上没有一样东西不是为了金钱而存在的，连他们本身也不例外，因为他们活着就是为了赚钱，除了快快发财，他们不知道还有别的幸福，除了金钱的损失，不知道有别的痛苦。"① "活着就是为了赚钱"，这是对资产阶级人生观的深刻写照。

2. 资产阶级的价值观

价值观是指对于人及其社会实践活动的价值（意义、作用）进行评价的根本观点。价值观受人生观所影响和制约，在阶级社会中，价值观同样具有鲜明的阶级性，不存在适用于一切时代和一切人的所谓"普世价值观"。不同的人们所处的社会地位、追求的经济利益、代表的经济关系不同，从而对各种社会现象、社会事务、社会活动的价值认识和价值判断也互有差异，一定的价值观总是一定的社会历史条件和一定的社会经济关系的产物。

资产阶级抹杀价值观的阶级性，宣扬价值观的主观性，认为价值观是由个人的主观意志和心理感受出发来加以判断，是由人的兴趣、爱好、欲望、目的等主观因素所决定的，大肆宣扬什么"普世价值观"，这是以一种超阶级的价值观来掩盖价值观的阶级性。实际上，资产阶级的阶级本性决定他们是从维护资产阶级的

---

① 《马克思恩格斯文集》第1卷，人民出版社2009年版，第476页。

阶级地位和利益出发，以极端利己的观点来认识和判断人及其实践活动的价值，建立起资产阶级的价值观。他们表面上强调要维护人的价值、人的尊严、人的权利，但他们言行不一，实际上是要求尊重资产者的价值和尊严，实现和保障他们在政治和经济上的权利。在资产阶级心目中，广大劳动者被视为卑微的下等人，他们除了具有作为资产阶级赚钱的工具的价值外，在政治、经济、社会等各方面没有其他平等权利可言。资产阶级的价值观是立足于利己主义之上，是以自私自利的个人主义为原则的价值观，他们把这种资产阶级价值观美化为"普世价值观"，并妄图以此来否定和取代社会主义价值观。正如马克思、恩格斯所说，"资产者的假仁假义的虚伪的意识形态用歪曲的形式把自己的特殊利益冒充为普遍的利益"①，资产阶级"赋予自己的思想以普遍性的形式，把它们描绘成唯一合乎理性的、有普遍意义的思想"②。

资产阶级价值观的重要特征是以金钱作为价值判断的重要标准，以获取金钱作为人及其实践活动的价值的体现，把是否能获取金钱和获取金钱的多少看作有无价值和价值大小的真实尺度。对这种拜金主义的价值观，恩格斯曾深刻指出，在资本主义社会中，"金钱确定人的价值……谁有钱，谁就'值得尊敬'，就属于'上等人'，就'有势力'，而且在他那个圈子里在各方面都是领头的"③。"金钱确定人的价值"，这是对资产阶级价值观的深刻写照。

### 3. 资产阶级的道德观

道德观是指有关人们共同生活及其行为准则的观念体系。在阶级社会里，道德也是有阶级性的。资产阶级的道德观是为维护和巩固资产阶级的统治地位和经济利益服务的。它以尊重和增进个人利益作为人们行为的准则和规范，利己主义成为资本主义道德的基本原则。

当代资本主义社会中，伦理道德观念出现十分混乱的现象，享乐主义、颓废主义、孤立主义、消费主义等形形色色的腐朽道德观泛滥，社会上各种荒诞怪异的寻欢作乐、情欲发泄成为资产阶级生活的重要内容，而各种犯罪事件更是层出不穷。这反映出垄断资本主义时期各种社会矛盾日益加剧，导致社会道德观念走向腐朽和堕落。

应当明确，在资本主义社会中，占统治地位的道德观是资产阶级道德观。但是，由于道德观本身还受道德传统、文化素养、民族习俗等多种因素的影响，特别是广大劳动人民在历史发展和长期社会生产与生活实践中所形成的健康和优秀的道德观念与行为准则，仍被传承发扬，而且无产阶级的集体主义道德观念的影响日益增大，因而在资本主义社会生活中，也保留和存在着一些好的社会风尚，

---

① 《马克思恩格斯全集》第3卷，人民出版社1960年版，第195页。
② 《马克思恩格斯文集》第1卷，人民出版社2009年版，第552页。
③ 《马克思恩格斯全集》第2卷，人民出版社1957年版，第566页。

如文明礼貌、遵守社会公共秩序、勤劳奋进、互助友好等。这些优秀的社会风尚，是人类精神文明的共同财富，是人类社会文明进步的积极成果，不能与资产阶级道德观混为一谈。

## 本章小结

资本主义经济是在封建社会末期，随着商品经济的发展，小商品生产者两极分化的条件下产生和发展起来的，商品经济成为资本主义社会中占统治地位的和最普遍的经济形式。建立在分析商品货币关系基础上的科学劳动价值论，深刻阐明了劳动二重性、商品价值构成与创造、货币本质与职能、商品经济基本矛盾，以及价值规律等一系列重要经济理论问题。

资本主义生产关系最初是在封建社会末期的小商品生产者两极分化条件下产生的，商业的发展促进了资本主义生产关系的产生，而资本原始积累则大大加速了资本主义生产关系的形成。资产阶级革命的胜利初步确立了资本主义制度，产业革命使资本主义制度完全确立。

资本主义经济制度是以生产资料资本主义私有制为基础，通过雇佣劳动制度剥削工人创造的剩余价值的经济制度。资本主义生产过程的本质是价值增殖过程，生产剩余价值是资本主义生产方式的基本规律。

资本积累的实质是资本家利用无偿占有的剩余价值进行资本积累，从而占有更多的剩余价值。资本积累的进行，必然造成大量失业人口和严重的贫富两极分化。资本积累的历史趋势是资本主义私有制必然会被社会主义公有制所取代。

资本是带来剩余价值的价值，资本只有在不断的流通运动过程中，才能源源不断地带来剩余价值。资本的流通运动包括单个资本的循环和周转，以及社会资本的再生产。

资本和剩余价值采取了各种具体形式，剩余价值的各种具体形式表明资本主义社会所生产出来的全部剩余价值，要在资产阶级的各个剥削集团之间进行瓜分和分配。

资本主义的政治制度是资产阶级为实现其阶级专政而采取的统治方式和方法及各种相关制度的总和，它主要包括资本主义的国家制度、政党制度、选举制度、三权分立制度、民主制度等，其中国家制度是资本主义政治制度的核心。

资本主义的意识形态是资产阶级对世界和社会的系统看法和见解，具有鲜明的阶级性。利己主义是资本主义意识形态的核心。利己主义体现在资产阶级的人生观、价值观、道德观等各个方面。

## 复习与思考

1. 资本主义生产关系是怎样产生和形成的？
2. 商品经济是怎样产生的？

3. 商品的二因素同生产商品的劳动二重性的相互关系是怎样的？
4. 如何理解商品价值的构成与创造？
5. 商品的价值量是如何决定的？
6. 货币的本质和职能是什么？
7. 什么是以私有制为基础的商品经济的基本矛盾？
8. 价值规律在私有制商品经济中有什么作用？
9. 怎样认识资本主义经济制度的本质？
10. 为什么劳动力成为商品是货币转化为资本的前提？
11. 如何理解资本主义生产过程是劳动过程和价值增殖过程的统一？
12. 资本的本质是什么？划分不变资本和可变资本的依据和意义是什么？
13. 资本家生产剩余价值的两种基本方法是什么？
14. 如何理解剩余价值规律是资本主义的基本经济规律？
15. 资本主义积累的实质、后果、作用和历史趋势是什么？
16. 为什么资本只有在流通运动过程中才能源源不断地生产出剩余价值？
17. 单个资本的循环周转与社会资本的再生产怎样影响剩余价值生产？
18. 资本主义经济危机的实质和根源是什么？
19. 资本和剩余价值有哪些具体形式？
20. 资本主义社会的剩余价值是怎样在资产阶级各个剥削集团之间进行分配的？
21. 资本主义政治制度的内容和本质是什么？
22. 为什么说利己主义是资本主义意识形态的核心？

### 阅读文献

1. 马克思：《资本论》第1卷，《马克思恩格斯文集》第5卷，人民出版社2009年版。
2. 马克思：《资本论》第2卷，《马克思恩格斯文集》第6卷，人民出版社2009年版。
3. 马克思：《资本论》第3卷，《马克思恩格斯文集》第7卷，人民出版社2009年版。
4. 恩格斯：《卡·马克思〈资本论〉第一卷书评——为〈民主周刊〉作》，《马克思恩格斯文集》第3卷，人民出版社2009年版。
5. 恩格斯：《家庭、私有制和国家的起源》，《马克思恩格斯文集》第4卷，人民出版社2009年版。

# 第五章
# 资本主义的发展及其趋势

> **本章引言**
>
> 资本主义社会有一个产生、发展和走向衰亡的过程。迄今为止，资本主义社会的发展大体可分为自由竞争资本主义和垄断资本主义两个阶段。上一章分析的是自由竞争阶段资本主义社会的经济关系、政治制度、意识形态和经济运行的基本规律。总的来说，这些原理对垄断资本主义阶段也是适用的，但垄断资本主义阶段又有其不同于自由竞争阶段的社会经济特征。本章的主要内容包括资本主义发展阶段、垄断资本主义阶段的社会经济特征及其发展变化、垄断资本主义的实质，以及资本主义的历史趋势和历史地位。通过本章的学习，要理解和把握马克思主义关于资本主义发展进程的基本原理，正确理解和认识垄断资本主义的社会经济特征和实质。
>
> **自学学时**
>
> 9学时

## 第一节 垄断资本主义的形成与发展

集中发展到一定阶段，可以说就自然而然地走到垄断。

——列宁

### 一、资本主义从自由竞争到垄断

（一）资本主义的发展阶段

迄今为止资本主义社会的发展，大体可分为两个大的阶段，即自由竞争资本主义和垄断资本主义两个阶段。这两个阶段资本主义社会经济的基本制度没有变，无产阶级和资产阶级之间的基本经济关系没有变，但在生产力发展程度、生产关系各方面的具体特征、市场经济体制的发展与完善、政治和法律制度的变迁乃至资本主义国际经济政治关系等方面，还是有很多不同特点的。本章主要考察垄断资本主义阶段的经济特征及其发展变化。

自资本主义经济制度产生到 19 世纪末 20 世纪初垄断资本主义形成之前，资本主义的发展处于自由竞争阶段。在这个阶段，生产力水平和生产社会化程度逐步提高，资本主义经济关系逐步确立和发展，资产阶级成为社会的统治阶级，但还没有形成垄断的局面和垄断资产阶级。在这个阶段，资本主义以自由竞争为特征的市场经济体制建立和发展起来，自由竞争成为市场经济运行的基本原则和基本规律。资本主义经济在部门内部与部门之间的自由竞争中发展和壮大，在各个部门和各个企业资本家追逐更高利润的竞争中，社会生产力得到前资本主义社会不可比拟的加速发展，市场经济体制及其相关的各种制度建立和逐步规范起来，资本主义的政治和法律制度也逐步发展和建立起来。当然，由资本主义基本矛盾所决定的资本主义社会中的各种弊端也同时产生和发展起来。

从资本主义制度建立到 19 世纪末 20 世纪初，资本主义社会在经济上的一个重要特征就是自由竞争。自由竞争打破了封建社会的等级制度，冲破了自给自足的自然经济对生产力发展的束缚，调动起商品生产者的积极性，逐步建立起适应商品经济发展内在要求的市场经济体制，并成为市场经济得以顺利运行的重要规则和机制。因此，无论从生产关系的层面还是市场经济发展的角度，自由竞争都是这个时期资本主义的一个重要特征。

19 世纪后半叶开始，主要资本主义国家相继出现垄断现象，在社会经济生活中，垄断日益成为一种常态而非偶然现象，无论在经济发展、生产关系变化还是市场经济体制变迁方面，垄断的出现并成为常态，都使资本主义社会出现了一些自由竞争时期所没有的新现象、新特征。19 世纪末 20 世纪初资本主义发展进入到垄断阶段。1916 年列宁在《帝国主义是资本主义的最高阶段》中把垄断资本主义的基本经济特征概括为五点：垄断在经济生活中占统治地位；金融资本和金融寡头的统治；资本输出在经济生活中占重要地位；国际垄断同盟在经济上瓜分世界；垄断资本主义列强瓜分和重新瓜分世界。一百多年来，垄断资本主义在主要资本主义国家有很大发展，特别是第二次世界大战以后，垄断资本主义又有了一些新的发展变化。这以前的垄断主要是私人垄断，或称一般垄断，第二次世界大战后出现了国家垄断资本主义，国家或者说政权的力量日益深入地介入到社会经济生活的各个领域，国家垄断取代私人垄断成为西方发达国家当代资本主义发展的新形式、新特征。

（二）垄断的形成

从上一章对价值规律的作用、资本对剩余价值的追求、资本积累的规律等问题的分析中可以看到，资本主义促进了生产力发展和生产社会化程度的提高，这种社会化生产力的发展又从客观上要求生产和资本不断扩大规模、日益集中。这是生产力发展的内在要求，也是垄断产生的物质条件和基础。

垄断是从自由竞争中产生的。在自由竞争资本主义阶段，社会中从事生产和流通活动的经济主体，主要是私人资本家所有的资本主义企业。各个企业在市场上是平等独立的经济实体，它们都要在市场上的激烈竞争、优胜劣汰中求生存、求发展。一般说来，总是那些资本雄厚充实、技术设备先进、劳动生产率高的企业，在市场竞争中处于优势地位。因此，资本主义企业在自由竞争中，会不断通过资本积聚和集中来扩大规模，从而引起生产和资本的不断集中。也就是说，自由竞争必然会引起生产和资本的集中。这个时期资本主义社会中信用制度的发展、股份公司和联合制企业（若干在生产上有联系的小企业为了在市场上获得更大优势而联合成一个大企业）这样一些新型的现代企业组织形式的出现，在经济危机中企业破产和商品生产者之间两极分化的加剧，都进一步促进了生产和资本的集中。

当生产和资本集中发展到一定程度时，就会自然而然地走向垄断。垄断是指一个或几个大型企业占有一个经济部门的全部或绝大部分的生产或流通份额，并因此达成协议，垄断该部门的生产或流通，控制相关商品的价格，从而获取高额垄断利润的情况，垄断也可称作独占。垄断或独占是排斥自由竞争的，一旦在某个部门形成了垄断局面，其他企业再进入这个部门就非常困难甚至不可能了。企业规模巨大，形成对竞争的限制，也会产生垄断。本来，生产和资本的集中是在自由竞争中产生、在自由竞争规律的作用下实现的，可是一旦垄断形成，事情就走到了其出发点的反面。因为，在一个部门的大部分生产或流通为一个或几个大企业所控制的情况下，竞争的格局会发生变化，因竞争对手之间势力强大或势均力敌，继续竞争可能会导致两败俱伤，不如放弃竞争，通过协商达成协议，形成垄断，并可坐享因垄断而带来的高额利润。这样，垄断就出现了。当社会经济生活中垄断成为一种较为普遍的现象时，资本主义制度就由自由竞争阶段发展到了垄断阶段。

（三）垄断组织的形成与发展

大资本对社会经济生活的垄断主要是通过一定的垄断组织实现的。垄断组织是指若干资本主义大企业联合起来操纵和控制某一部门或几个部门绝大多数产品生产和销售及原料市场，以保证获得高额垄断利润的组织。最初的垄断组织形式较为简单，也不很固定，垄断统治的力量还不很强。当时主要是通过一些临时的、短期的垄断协议，例如以价格协定暂时地控制某地某种商品的市场销售或收购价格，以期获得高额垄断利润。随着生产和资本的进一步集中，垄断势力的增强，垄断组织也逐步发展、规范和完善起来。到20世纪上半期，较为重要的垄断组织形式有：卡特尔、辛迪加、托拉斯和康采恩。卡特尔，即通过生产或经营同类产品的一些大型垄断企业之间较稳定的垄断协议形成的、在生产或流通的某个或某些环节实行垄断的组织形式；辛迪加，即把一些在法律上和生产上还是独立的大垄断企业在流通环节上统一起来，进行垄断经营的组织形式；托拉斯，即垄断了某种商品生产和经营全过程的独立的大型垄断企业；康采恩，即由一两个特大型垄断企业为核心，联合了各方面各领域一大批企业所形成的超大型垄断集团。20

世纪后半叶，垄断组织的形式又有较大发展，主要特征是混合联合企业的兴起。这种混合联合公司规模巨大，它们的生产经营项目已不仅限于同类或相关产品的生产和经营活动，而是跨行业跨部门进行混合联合生产与经营，在社会生产和生活中的各个产业都有所涉足。这一方面可以保证一定时期内最大限度地提高公司的利润率，另一方面还可在经济结构不断变化、新产业部门层出不穷、市场行情不断波动的条件下，通过混合经营规避风险，并稳定、持久地保持垄断地位和获得高额利润。显然这种大型垄断企业在社会经济生活中的作用和垄断统治的力量，也是极大地增强了。无论何种垄断组织形式，其实质都是垄断资本家通过垄断生产和市场，更多地榨取劳动者的血汗，以获取高额利润的工具。

第二次世界大战后，由于新的科学技术革命的发展，资本主义竞争进一步加剧，生产和资本进一步集中，使垄断统治进一步加强，这主要表现在以下几个方面。

第一，企业兼并速度加快，混合兼并占主导地位。在自由竞争资本主义阶段和垄断资本主义形成的初期，虽也存在资本集中和企业兼并现象，但战后以来企业兼并的速度大大加快了。以美国为例，20 世纪 30 年代的十年间兼并案大约为两千多宗，50 年代增加到四千多宗，60 年代则猛增加到一万两千多宗，直到世纪交替之际，企业之间的兼并购并风起云涌。从兼并的形式看，二战前的兼并多为横向兼并或纵向兼并，二战后的兼并则更多的是不同部门之间的混合兼并。例如，美国国际电话电报公司原来的主营业务就如其名称所表示的，主要是与电话电报相关的业务及其器材制造，战后经过多次混合兼并，它已变成了一个经营许多种与电报电话无关业务的混合联合公司，其业务范围涉及食品、人造纤维、建筑、金融保险、计算机、煤炭、石油、卫生用品、肥料等多个相互没有什么直接联系的部门与行业。

第二，企业规模扩大，垄断程度提高。随着生产的发展，巨型企业不断涌现，垄断程度也不断提高。以美国为例，20 世纪之初资本上亿美元的企业屈指可数，上十亿美元的企业只有美国钢铁公司一家，但战后几十年来，经济"航母""巨无霸"式的大型企业不断涌现，到 20 世纪 70 年代十亿美元以上资本的企业就有上百家，而如今的美国不但有上百亿美元资本的大公司，上千亿美元资本的超大型企业也出现了。随着企业规模的扩大，其垄断势力必然大大增强，现代大型垄断企业对市场乃至整个国民经济、世界经济的影响力是战前的垄断企业不可比拟的。

第三，垄断组织的生产经营多样化，混合联合企业大量涌现。如上所述，混合联合公司是战后垄断组织发展的一个主要方向，混合联合经营能增强实力，化解风险，更有利于长期稳定地获得垄断利润和保持垄断地位。这种混合联合经营的发展方向是：主要向一些垄断程度低的部门扩展，向一些新兴产业部门发展，以及向军工等特殊产业部门扩展。

第四，垄断组织向国际化方向发展，跨国公司迅速增加。随着生产社会化与国际化程度的提高，世界经济和世界市场的发展，在经济全球化的过程中，垄断组织不但规模扩大，而且将其生产经营的范围扩展到本国国界以外，形成了新的垄断组织形式和垄断资本国际经济组织的载体——跨国公司，它使垄断资本的势力越出国界，将垄断统治延伸到地球的各个国家和地区。

（四）金融资本和金融寡头的形成及其统治

当生产领域中的生产与资本集中不断增强，垄断逐渐形成时，在金融领域里，银行业的集中也在同步进行。因为银行之间也在市场经济的发展中不断相互竞争，也处于一种优胜劣汰、不进则退的生存环境中。而往往是大银行，才有较强实力抗拒和防范风险，有能力吞吐大量的货币资金。无论是大企业家还是一般的储蓄者对大银行的信任也远远超过小银行，这就使得大银行能吸纳更多的社会资金，从而有可能大量向外放贷。当银行业的集中发展到一定程度时，同生产领域中一样，也会走向垄断。因为，当银行业的垄断未形成时，各银行之间只能通过在借贷优惠等方面的相互竞争来求生存求发展。而一旦银行业的集中发展到只剩了若干大银行在金融领域中活动的时候，与其继续进一步恶性竞争，不如通过协议达成垄断，这样不但能保持银行的高利润，而且可以形成对货币市场、工业企业乃至整个国民经济的控制。

在资本主义市场经济的发展中，近现代金融体系和信用制度的建立与发展，对生产力的发展、市场经济体制的顺利运行和规范完善，都起到了生长剂、加速剂、催化剂的作用，也可以说，现代银行体系是发达市场经济机体内敏感的神经系统。由于信贷关系的不断发展和深化，资本主义经济得以加速度地扩展和膨胀，利用各种信用手段，通过借贷关系，既刺激了生产也推动了消费。大银行的作用也越来越重要。当商品经济还不很发达的时候，银行只是一个简单的借贷中介人，它的作用主要是为借贷双方提供货币方面的服务，一般情况下并不能对借贷的任何一方产生决定性影响。但随着生产规模的扩大和生产社会化程度的提高、商品经济的发展、借贷数额的不断增大以及借贷关系的复杂化，银行，特别是大银行的作用就日益重要，甚至到了可以左右生产企业命运的程度。资本主义企业大多是负债经营、借贷经营的。在现代市场经济中，每一个有活力的企业都需要大量流动资本来维持运转，并在需要时有足够的资本用于扩大生产或向新的方向投资。这样，只靠自有资本不可能维持正常的生产经营，更不可能把握市场时机，大规模、迅速地扩大生产，赢得竞争胜利。这种条件下的大企业，特别是大型的垄断组织，往往与大银行形成较为固定的借贷关系，而大银行给不给企业贷款、给予何种条件的贷款，往往能决定企业的生存还是破产。由于大垄断企业与大银行之间形成了较为固定的金融关系，银行还因此掌握了企业的往来账目和经营情况，能对企业进行及时有效的监督。垄断资本主义阶段大企业与大银行之间的这种关系，在 20 世纪初即已出现，列宁用一句话非常形象地概括了这种银企关系，即在垄断阶段,"银行就由中介人的普通角色发展成为势力极大的垄断者"①。

在这种条件下,垄断资本主义国家内出现了一种新的资本形式——金融资本,它是由垄断的工业资本和银行资本,通过金融联系、资本参与和人事参与,融合或混合生长构成的一种新的资本形式,是垄断资本主义国家中社会经济生活各个方面实际上的统治者。在垄断的银行资本由普通的借贷关系中介人变为社会经济生活中万能的垄断者的同时,也开始了垄断的工业资本与银行资本的融合,这包括了日益紧密、相对固定的银企关系的形成,工业企业与银行之间相互持股以便实现对对方的控制和操纵,乃至银企之间人事上的相互融合。这样,金融资本就掌握了社会上数额巨大的资本,形成了能对社会生产和生活的各个方面施加直接或间接影响的经济实力,从而成为垄断资本主义社会中事实上的统治力量。我们把掌握了金融资本,操纵国民经济命脉,并在实际上控制国家政权的少数垄断资本家或垄断资本家集团称为金融寡头。他们支配了大量的社会财富,控制了整个国家的经济命脉和上层建筑,是垄断资本主义国家事实上的主宰者。

金融寡头在经济上的统治主要是通过实行"参与制"实现的,参与制是通过控制一定数量的股票从而层层控制许多企业的经济上的统治方式。在分析股份公司问题时已经讲到,虽然从理论上讲,只有控制了一个股份公司一半以上的股份才能对这个股份公司有控制权,但由于事实上股份公司的股东较为分散,往往控制了一个股份公司 1/3、1/4 甚至更少的股份,就能取得公司的控制权。金融资本正是这样,先利用手中的资本控制一些大型的母公司,然后再由母公司向其他公司投资,取得其他公司一定的股份和控制权,把这些公司作为子公司,再由这些子公司继续发展控制更多的公司,作为孙子公司,由此类推,金融寡头就可运用手中的巨额资本并通过层层控制进而在事实上掌握、操纵和控制更多的资本,从而实现在经济上的统治。不仅如此,在掌握了经济上的控制权后,金融寡头还必然要在政治上进一步控制国家的上层建筑,利用政权的力量来加强其统治地位。金融寡头在政治上的统治主要是通过"个人联合"的方式实现的。资本主义的政治生活和竞选活动,是以金钱为工具和经济实力为基础的。金融寡头可以直接出马或者把自己的代理人送进政府和议会,通过掌握政权利用政治力量为其垄断统治服务;或者是把政府的高官拉下水,让他们在其政治活动中为金融寡头的利益服务。此外,金融寡头还可以通过建立政策研究咨询机构等方式来对政府的政策施加影响,通过掌握舆论工具、新闻媒介来对社会生活施加影响,从而实现其对社会经济生活的统治。

战后发达资本主义国家银行业的集中和垄断又有了新的发展,主要表现是:第一,银行规模不断扩大,银行资本积累和资本集中的速度也在加快;第二,资本主义国家中少数大银行的资产在全国商业银行总资产中所占比重不断提高,银

---

① 《列宁选集》第 2 卷,人民出版社 1995 年版,第 597 页。

行的集中和垄断程度在不断提高;第三,各大银行的分支机构迅速增长,这同上一点是相互关联的,大银行规模大必然网点增多,分支机构遍布城乡乃至国内外。这些又必然导致金融资本和金融寡头实力的进一步增强。

战后各主要资本主义国家的垄断财团随着金融资本的发展也得到更大增强,主要表现在以下几个方面。第一,垄断财团实力的迅速增长。在各资本主义国家,金融资本和金融寡头多以垄断财团(财阀)的形式存在,如垄断组织战后的发展一样,各主要资本主义国家大财团的实力在战后也急剧膨胀,不但美、英、法等二战的战胜国是如此,日本、联邦德国、意大利等二战的战败国的大财团虽在战后初期有所分解、削弱,但很快也发展壮大了起来。第二,垄断财团的经营向多样化方向发展。这同垄断组织向混合联合经营方向发展相一致。例如,原以石油著称的美国洛克菲勒财团和以钢铁著称的摩根财团,都早已走上了混合经营的道路。第三,垄断财团经营日益国际化。当代的大多数垄断财团都是跨国经营的,大财团同时也是大跨国公司。第四,大财团的资本结构日益社会化。一方面是大财团之间相互渗透,另一方面是股权的分散,使得大财团原有的家族色彩淡薄,日益成为社会化的资本形式。

(五)垄断和竞争

从历史发展的脉络来看,是自由竞争引起生产集中,生产集中发展到一定程度就会自然而然地走向垄断。但这并不是说,垄断产生后,竞争就不存在了。首先,竞争是商品经济存在和发展的基本条件和核心机制,有商品经济就必然存在竞争。资本主义经济是发达的商品经济和市场经济,竞争当然不会消失。其次,从垄断资本主义社会中现实的经济主体来看,虽然在某些部门存在着垄断组织,但也还存在未形成垄断的部门及大量的非垄断企业,这些经济主体之间必然存在着激烈的竞争关系,即使是已形成垄断的部门,也绝大部分是几个垄断企业并存,它们之间本质上依然是相互竞争的关系。因此,垄断资本主义阶段不但存在着竞争,而且竞争的主体、形式、内容和激烈程度,都较之自由竞争资本主义阶段有新的发展。从竞争的范围来说,大体有垄断组织之间的竞争、垄断与非垄断企业之间的竞争、垄断组织内部的竞争、非垄断企业之间的自由竞争等。

垄断阶段同自由竞争阶段竞争的不同点主要表现在以下几个方面:第一,竞争的目的不同,垄断时期竞争的目的是获取高额垄断利润;第二,竞争的手段有了新的变化,不但以前的各种竞争手段在继续使用,而且由于垄断的存在,各种凭借垄断地位采取的新的竞争手段层出不穷、花样翻新;第三,竞争的激烈程度和后果不同,由于垄断组织的实力及其所采用的手段与自由竞争阶段的企业是不可同日而语的,竞争的激烈和持久及其造成的破坏,也大大超过了自由竞争阶段;第四,竞争的范围不同,垄断阶段的竞争不仅存在于国内,而且扩展到了国外,除了经济领域的竞争外,还在政治、军事、文化等领域展开激烈的竞争。

（六）垄断利润及其来源

垄断资本在经济乃至政治上统治的目的，归根到底是经济利益驱使的，是为了获取高额垄断利润。垄断利润即垄断资本凭借其在生产和流通中的垄断地位所获得的大大超过平均利润的高额利润。垄断利润是垄断统治在经济上的实现形式。垄断资本的形成及其在经济上的统治为的是获取高额垄断利润，而大量垄断利润的攫取，又进一步加强了垄断资本的实力及其统治力量。但垄断本身不能创造价值和剩余价值，垄断资本所获得的高额利润，归根到底来自工人阶级和劳动人民所创造的剩余价值。具体说来，垄断利润的来源大体有以下几个方面：第一，来自对本国无产阶级和其他劳动人民的剥削；第二，垄断资本可以通过垄断高价和垄断低价来控制市场，从而可以获得一些其他企业，特别是非垄断企业的利润；第三，通过加强对其他国家劳动人民的剥削和掠夺，获取的海外利润；第四，通过资本主义国家政权进行有利于垄断资本的再分配，从而将劳动人民创造的国民收入的一部分变成垄断资本的收入。

垄断利润主要是通过垄断组织制定的垄断价格来实现的。垄断价格是垄断组织在销售或购买商品时，凭借其垄断地位规定的、旨在保证获取最大限度利润的市场价格。垄断价格大体可分为垄断高价和垄断低价两种。垄断高价是指垄断资本在出售自己产品时规定的超过商品价值和生产价格的垄断价格；垄断低价是指垄断资本在购买生产资料时规定的低于其价值和生产价格的垄断价格。垄断价格的出现，并没有否定价值规律的作用，垄断本身并不能创造一个价值原子。首先，垄断价格的制定不能完全脱离价值，或者说归根到底价值是价格的基础，即使是垄断价格也不例外，垄断高价不能无限抬高；其次，垄断的形成并不能增加价值总量，全社会商品价格的总额仍然只能等于商品价值总额，垄断价格对价值的偏离，必然和另外一些非垄断企业或小生产者生产的商品价格对价值的反向偏离相对应；最后，通过垄断价格所获取的垄断利润，归根到底是雇佣工人创造的剩余价值和其他劳动者创造的一部分价值。所以说，垄断价格和垄断利润的出现，并没有否定价值规律，相反，是价值规律在垄断资本主义阶段作用的具体体现。

## 二、垄断资本主义的发展

资本主义由自由竞争阶段进入垄断阶段后，随着科学技术的进步和生产社会化程度的进一步提高，私人垄断资本与社会化大生产之间的矛盾日益尖锐，以致严重阻碍生产力的进一步发展。这在客观上必然要求生产资料在社会范围内的集中。在这样的背景下，国家垄断资本主义应运而生。

（一）国家垄断资本主义的产生和发展

1. 国家垄断资本主义的产生

进入垄断资本主义阶段后，先出现的是一般垄断或者私人垄断，经过一定时期的发展，又出现了垄断资本同国家政权相结合的国家垄断资本主义。第二次世界大战后，国家垄断资本主义在主要发达资本主义国家有很大发展，成为社会经济生活中一个非常重要的现象。同一般垄断或私人垄断相比，国家垄断资本主义有很多新的特点，其经济关系和经济运行方式较之一般垄断时期也有很大变化。因此，可以把垄断资本主义阶段以第二次世界大战结束为界，再划分为私人垄断与国家垄断两个发展阶段，国家垄断资本主义是垄断资本主义发展的一个新阶段。

国家垄断资本主义的产生，归根到底仍然是社会生产力发展的要求和结果。一般垄断的产生，虽然未能从根本上解决资本主义的基本矛盾，但大大促进了生产社会化的发展。社会化大生产本质上要求按照生产力发展的客观规律，在全社会范围内组织、计划、协调各种社会经济活动，但私人垄断资本仍然是从其私利的角度做出决策，进行社会经济活动的。他们一般不会重视社会利益，以及如何在社会范围内协调经济活动的问题，这就必然会与社会化大生产的本质要求不断发生越来越激烈的冲突。在这种条件下必须由国家出面，利用政权的力量来协调各方面的关系，维持资本主义社会经济的运行。于是就出现了国家政权与垄断资本相结合的国家垄断资本主义。

早在第一次世界大战期间，资本主义交战国的政府就借助国家的力量扩军备战，推行国民经济军事化，普遍加强了对社会经济和人民生活的统治和管理，对全部生产实行最严格的统计和监督，国家垄断资本主义由此得以产生。对此，列宁曾指出："以自由竞争为基础的旧资本主义已被这场战争彻底摧毁，它已经让位于国家垄断资本主义。"① 国家出面干预经济，在第二次世界大战前的一些时期，在一些资本主义国家中就已存在，但那时国家垄断资本主义的产生和发展还刚刚开始，许多时候是作为应付经济危机或战时经济而采取的临时措施。到了战后，特别是 20 世纪 60 年代以来，第三次工业和科技革命以后，主要发达资本主义国家的生产社会化程度提高很快，国家垄断资本主义得到广泛的发展。由私人垄断资本主义发展到国家垄断资本主义，说到底，是私人垄断资本不能适应生产社会化程度进一步提高的要求，必须利用国家垄断资本主义这样的形式来驾驭日益发展的社会化大生产，从而使得资本主义制度得以继续维持和发展下去。

2. 战后国家垄断资本主义大发展的原因

战后国家垄断资本主义大发展的原因具体说来有下面几点。

第一，仅靠私人垄断资本的力量，无法满足大规模经济建设所需要的巨额资金。在科技革命推动下，新兴产业和部门不断涌现，社会分工不断深化，生产能力不断扩大，在这种条件下，无论是投资于新的产业，还是对旧产业进行革新改造，甚至仅仅维持住已有的生产规模和市场份额，所需的资本额都是越来越大的。私人垄断资本的实力虽然也在增长，但在许多领域，特别是高精尖的新兴产业部门，以及对国民经济有举足轻重作用的支柱产业和部门，私人垄断资本的实力往

---

① 《列宁全集》第 34 卷，人民出版社 1985 年版，第 330 页。

往是不够的，必须依靠国家的力量来筹集大规模建设所需的巨额资本。

第二，在一些大规模公共设施的建设上，私人垄断资本无能为力或不愿进行投资建设。随着经济社会的发展和进步，对公共设施的需要会越来越多、要求越来越高，例如对道路交通、通信邮电、环境保护和治理等方面的需要，多是投资巨大，往往需很长时间才有可能收回投资，甚至不可能有经济收益的项目。私人垄断资本当然不会在这些领域进行投资，这些作为现代社会文明进步产物的设施也只有通过国家的力量来建设。

第三，一些大型、基础性、前导性的科学研究项目，也是私人垄断资本不愿涉足的领域。虽然科技成果在转化为现实的生产力之后，会带来极大的经济效益，但在基础研究阶段，是没有立竿见影的投入回报的，私人资本也因此不愿投资于这些领域。而当代各国间经济上的竞争，很大程度上是科技力量的竞争，不下大力气发展基础科学研究，就有可能落后于人、受制于人。因此，发达资本主义各国都把科研列为重要的社会经济发展项目，给予高度重视，由国家投资支持。

第四，日益严重的生产过剩问题仅靠私人垄断资本难以解决。资本主义基本矛盾的具体表现之一就是，生产无限扩大的趋势与劳动人民有支付能力的需求之间的矛盾，这导致资本主义经济中经常性地出现市场上商品过剩的问题。私人垄断资本在这个问题上也是无能为力的，它们要求国家出面，进行干预和调节，靠国家的力量开拓国内国际市场，缓解生产过剩问题。

第五，社会化大生产的发展要求国家出面进行某些宏观经济调控。资本主义基本矛盾的另一个具体表现：个别资本主义企业生产的有组织性同整个社会生产的无政府状态之间的矛盾。这个矛盾在当代表现得更为明显：一方面私人垄断企业的规模越来越大，其内部组织也越来越高效而严密，生产力水平越来越高，经济实力越来越强；另一方面，这种条件下私人垄断企业的决策失误可能造成的对社会经济秩序的破坏，以及可能引起的经济波动和危机，也会更剧烈。在这种情况下，必须借助国家的力量，靠政府的干预来调节社会生产，克服经济波动和危机的影响。

第六，在经济利益关系的调整方面，国家的再分配功能也越来越重要。私人垄断资本聚集了大量的社会财富，金融寡头成为垄断资本主义国家事实上的统治者。在这种情况下，资本主义国家中的阶级矛盾、分配不公现象必然会引起社会的不安定，乃至威胁到资本主义国家政权的稳固。所以，无论从加强垄断资本的统治还是缓和社会各阶级阶层之间矛盾的角度说，都要求资本主义国家介入国民收入再分配领域，进行私人垄断资本所不可能承担的利益再分配的调节活动。这种再分配一方面是为垄断资本服务、为增强其实力与统治而进行的再分配，另一方面也是为缓和社会矛盾而采取的必要措施。

从以上的分析可以看出，国家垄断资本主义的出现，有其特定的历史条件和根源。归根到底是生产力的发展，特别是生产社会化程度的提高，要求资本主义国家介入到社会经济生活中，起到私人资本不能起的一些作用，以维持资本主义社会的存在和发展，维护垄断资本的利益和统治。国家垄断资本主义是以"理想的总资本家"的形式出现，为资产阶级特别是垄断资产阶级利益服务的。它具有资本势力雄厚、社会化程度高、调节社会经济活动的能力较强等特点，使它在某些方面、某种程度上突破了私人垄断资本主义的局限性，缓和了生产社会化的发展和私人垄断资本不相适应的矛盾。这样，垄断资本和国家政权的结合日益紧密，国家垄断资本主义在资本主义社会再生产的各个环节各个领域的地位和作用日益增强，在当代发达资本主义各国广泛、高度地发展起来。

3. 国家垄断资本主义的基本形式

国家垄断资本主义即资本主义的国家与垄断资本相结合的资本主义，这种结合有多种形式，并且这些具体形式还会随着社会经济的发展而发展变化，但其基本的、主要的形式则可归纳为以下三种类型。

第一，国家直接掌握的垄断资本，也就是资本主义国家中的国有经济、国有企业。随着生产的发展和科技的进步，许多大型企业的投资，特别是一些公共设施的建设，私人资本无力或不愿承担，这时就要由国家来兴建这些企业和设施，国有经济就产生和发展了起来。国有经济可以通过国家利用财政收入投资建立起来，也可以通过国有化的方式，将一些私人企业变成国有企业。国家直接投资建立的国有经济、国有企业，往往是需要资本量很大、私人资本无力兴建的一些大型、超大型的新兴产业、支柱产业，或一些投资巨大但收回投资需要很长时间的公共产品的生产或基础设施的建设，或是一些从事高新技术开发研制的企业，或是为了国防等方面的需要而建立的军工企业，等等。私人垄断资本需要这些经济部门或企业生产的产品或提供的服务，但又不愿自己直接投资于这些部门和产业，资本主义国家就担负起这样一些任务。说到底，这些国有经济都是为垄断资本的根本利益服务的。

第二，国家和私人资本在企业内部的结合，也即资本主义国家中的国有资本与私人资本结合在一个企业中的经济形式。这种国有经济和私人经济的结合，既可以是国家和私人资本共同投资于一个新的企业，也可以是国家通过出售一部分国有企业的股份，从而形成国家和私人资本共有的企业，还可以通过国家收购一部分原私有企业的股份而形成国家与私人资本相结合的企业。国家和私人资本在企业内部的结合，仍然是为了解决单纯的私人资本所难以解决的一些问题，如资本、市场、社会等方面的一些需要由国家在一定程度上介入的问题。股份制企业为国家与私人资本在一个企业内部的结合提供了可行的方式。

第三，国家和私人资本在企业外部的结合，也就是国家垄断资本主义在资本主义私人企业的外部起作用，通过种种方式来促进、诱导私人企业向既定的方向发展，从而实现国家对经济的管理和调节。这种类型的具体形式多种多样，主要是对私人企业即微观经济主体进行规范和管制（微观规制），对社会经济总量进行宏观管理与调节。资本主义经济制度是以私有制为基础的，对资本主义私人企业的内部决策，政府无权直接干预。但国家可以通过法律手段来规范私人企业的市场行为，使其运行符合国家垄断资本的要求。可以用经济手段来间接地调节私人企业的经济活动，诱导私人企业向国家希望的方向发展。如通过财政政策，以增税、减税或是补贴的方式，可以引导私人企业增加生产或是减少生产；也可以通过货币金融政策，如放松还是收紧银根，实行差别利率等方式，引导企业的行为和发展方向；还可以通过国家向私人企业加工订货来维持企业的生存和发展；通过实行国民经济计划化，引导私人企业的发展；等等。在现实的资本主义国家中，国有以及国家和私人资本共有的经济成分所占比重不是很大，占主体地位的还是私人资本，国家垄断资本主义正是主要通过这种在私人企业外部的规范管理、调节控制，实现其经济职能的。

4. 国家垄断资本主义条件下的宏观经济调控

第一，国家干预经济的必要性。早期的资本主义经济理论认为，国家或政府不应过多地干预经济，应该让资本主义私人企业自主地进行生产和经营决策，国家至多在企业的外部为其正常运行提供一个安全的环境。但是，现实的资本主义经济运行中，经济危机周期而至，并越演越烈，终于在20世纪30年代造成了空前的大危机、大萧条。资本主义国家不得不出面干预经济生活，1933年美国总统罗斯福推行"新政"，加强政府对经济生活的干预。1936年凯恩斯的《就业、利息与货币通论》发表，在经济理论上主张国家干预。几十年来，西方经济学中产生了很多种宏观经济理论和政策，在实践中，国家或政府的经济职能也日益发展。按照马克思主义的观点来考察资本主义国家干预经济的问题，归根到底是社会生产力的发展，社会化大生产在资本主义制度内部存在和发展的内在要求，使得资本主义国家必须在一定程度上承担起管理与调节社会经济生活的任务。同时，从市场经济运行条件的角度来看，一些私有制市场经济主体所不愿或不能承担的社会经济任务，也必须由国家来完成。

第二，资本主义国家宏观经济管理与调节的任务、目标。资本主义国家宏观经济管理与调节的总任务，是促进市场总供给和总需求的平衡。从马克思主义关于社会资本再生产的理论中我们已经了解到，社会再生产必须按客观决定的比例进行，而在资本主义条件下，这种社会再生产的比例是在各个私人资本追逐剩余价值的无序竞争中，通过经济波动、破坏和危机的方式，强制地实现的。在社会生产力日益发展、生产社会化程度不断提高的情况下，如果没有一定的宏观调控，社会再生产比例将被严重地破坏，会造成社会资源的极大浪费，甚至威胁到整个社会的存在和发展。从市场经济体制的角度看，维持和保证总供给和总需求大体平衡，也是市场经济正常运行的必要条件。资本主义国家宏观经济管理与调节的主要目标，包括保持经济的稳定和一定程度的增长，保持币值和物价的稳定，实现充分就业，保持国际国内收支的大体平衡等。

第三，资本主义国家对经济的调控方式与手段。资本主义国家对经济的调控方式，一个是国家对国民经济的直接调节、控制和介入，如对国有企业和国有私人合营企业的经营、管理和调控，这在整个国家垄断资本主义的经济调控中所占比重不大。另一个是国家对国民经济的间接调节与控制，主要是运用经济手段，通过经济政策的制定、经济杠杆的运用，还可以通过计划的指导，间接地引导私人资本按照国家垄断资本主义所希望的方向发展。这是国家垄断资本主义对国民经济进行调控的主要方式。资本主义国家对经济的调控手段，主要是经济手段和法律手段，在个别时候、特定情况下，还可能使用某种行政手段对国民经济进行直接的干预。资本主义国家对经济的管理、调节和控制的对象，既包括各个微观经济主体，也包括作为整体的国民经济宏观全局。国家垄断资本主义宏观经济管理和调控目标的实现，主要是通过国家调节市场、市场引导企业这样一种经济调节机制实现的，这也是国家对经济的管理调控以经济手段为主的具体体现。发达市场经济中国家调节的主要是四大市场，即商品市场、资本市场、劳动力市场和外汇市场。国家主要通过调控这四大市场的总供求和相关的经济指标，并运用财政政策、货币政策等经济政策手段进行干预，以求实现总供给和总需求的平衡，经济的稳定和适度增长。

第四，国家垄断资本主义宏观经济调控的主要政策。当代国家垄断资本主义对宏观经济的调控，主要是通过财政政策、货币政策以及在一定程度上实行国民经济计划化实现的。下面就这三方面的具体情况做些简要的介绍：

财政政策。财政是国家进行国民收入再分配的工具，通过财政把一部分国民收入集中起来进行分配，从而对生产资源的使用、个人收入的分配以及整个宏观经济运行都有巨大的影响。当代资本主义国家的财政规模越来越大，财政支出占国内生产总值的比重，美国在 $1/3$ 左右，英国、法国、德国等已超过 $40\%$。因此，财政的作用和财政政策的运用越来越广泛，其地位越来越重要。财政政策主要包括财政收入和财政支出两方面。

货币政策。货币币值的稳定，是市场经济正常发展运行的必要条件。金融信贷业务的发达，更能促进市场经济的加速发展。因此，货币金融政策一直是国家垄断资本主义宏观调控的一项重要政策。同无偿向社会收取贡赋的财政不同，货币金融借贷关系是有借有还，且要还本付息的；与财政政策相比，货币政策更具有经济手段、利益诱导的特征。在货币资本运动的过程中实现宏观经济调节，一是对利率的调节，二是对货币流通量的调节。

利率调节主要是通过利率高低和差别利率来实现某些宏观经济目标。例如，对国家支持的产业或企业给予优惠的信贷条件，鼓励其发展；相反，对国家要控制的经济活动则用较严格的信贷条件来制约。在经济过热时，适当提高利率，给经济降温；相反，在需要刺激经济发展、走出萧条与不景气阴影的时候，则适当降低利率来刺激投资与消费。这就是所谓的逆经济方向的货币政策调节。

对货币流通量的调控，对市场经济的正常运行更为重要。因为流通中所需的货币量是由客观规律决定的，在纸币流通的情况下，如果不顾客观规律的要求，过多增发货币，必然会引起通货膨胀和物价上涨。过高的通货膨胀率不仅会造成经济的不稳定，还会从根本上破坏市场经济的运行机制，甚至导致整个国民经济的崩溃。发达市场经济国家在调控货币量方面，主要运用所谓三大手段或三个法宝。一是公开市场业务，即由中央银行在货币资本市场上公开出售或收购有价证券，若是中央银行大量收购有价证券，则意味着一般商业银行手中的货币就有所增加，因而流通中的货币量就多了，反之则相反。二是最低准备金率政策。在发达市场经济国家有法律规定的储备金制度，即商业银行要把一定比例的资金存入中央银行，以保证金融秩序的稳定，这个法定准备金率若是提高了，商业银行须向中央银行上缴更多的货币资金，则流通中的货币就会减少，反之则相反。三是再贴现利率政策，商业银行可以把手中的未到期有价证券拿到中央银行去再贴现，如果再贴现利率降低，商业银行就会拿出更多的有价证券去贴现，这样流通中的货币就会增加，反之则相反。

资本主义经济中的计划管理也起着重要作用。计划和市场都是经济手段，某些资本主义国家，如法国、日本和北欧等国家，在计划管理上都有自己的特色。资本主义经济制度是以私有制为基础的，国家不能对私人资本直接进行计划管理。而市场经济本身又存在着某种自发性、盲目性，特别是资本主义无法克服的基本矛盾，会不断造成经济的震荡。为了在资本主义制度内解决这些矛盾，许多资本主义国家实行了一定程度的国民经济计划化。例如，利用国家的力量有计划地集中一定的社会资源进行关键部门企业事业的建设，对经济结构进行必要的调整，对资源配置进行一定的引导，对经济周期进行适当的调节，等等。

5. 国家垄断资本主义的实质

无论国家垄断资本主义采取哪些具体形式、进行何种宏观调控和微观管制，其实质都是为了资本主义社会经济制度的存在和发展。通过对国家垄断资本主义的三种具体形式所起作用的简要分析，就可清楚地看出它的实质。

第一，从国有资本的作用看。资本主义的国有资本，特别是国有企业，固然有生产公共产品、提供公共服务，为社会化生产提供一些私人资本不愿干、不能干的基础设施等功能。但从其本质来说，垄断资本主义国家的国有企业仍然是垄断资本主义性质的企业，是为整个资产阶级服务、为资本主义国家的生存发展服务的。这些国有企业，有的是资产阶级政府利用向社会收取的贡赋建立起来的，有的是通过"国有化"方式收购私人企业建立起来的，还有的是国有资本和私人资本共同出资建立的。从资本主义国有企业的经营宗旨来看，追求高额利润并不是它的主要目标，其宗旨在于促进私人垄断资本的发展，协调社会总资本的正常运行。

第二，从国有资本与私人资本相结合的各种资本的作用来看。这类资本主义经济中，若是国有资本占控制地位，资本主义国家就可用较少的国有资本控制较大量私人垄断资本的经营活动，这有利于国家从资产阶级整体利益考虑的宏观经济调控和经济结构调整。若是私人资本占控制地位，则私人资本家一方面可以利用国家的资本来增强自己的经济实力，另一方面又可以得到政府的种种优惠，使垄断资本家获得更多的利润。所以，这些形式的国家垄断资本主义同样是为垄断资产阶级利益服务的工具。

第三，从国家与私人资本在企业外部的结合来看。这种形式下，无论是国家的加工订货，提供补贴，财政支持和再分配，以及国民经济计划化，都是为垄断资本主义经济的稳定均衡发展、资本主义社会的存在和长治久安、缓和各种经济社会矛盾服务的，其根本目的仍然是为了维护资产阶级的利益。

从以上分析可以清楚地看到，无论哪种形式的国家垄断资本主义，其实质都是私人垄断资本利用国家机器来为其利益服务的手段，是私人垄断资本为了维护垄断统治和获取高额利润而同国家政权相结合的一种形式，是资本主义国家在直接参与社会资本再生产活动中，代表垄断资产阶级总体利益并凌驾于个别垄断资本之上，对社会经济进行调节的一种形式。

（二）垄断资本在世界范围的扩展

私人垄断资本主义阶段，垄断资本的统治在其国内不断发展，并积极向外扩张势力，对不发达国家和地区实行经济乃至政治、军事等多方面的侵略和扩张，剥削、奴役和掠夺这些国家和地区的人民，以实现垄断资本在国外的统治。国家垄断资本主义阶段，垄断资本在世界范围的扩展规模更大，形式更加多样，建立起发达资本主义国家主导的世界经济政治体系。

1. 资本输出

垄断资本主义经济侵略的重要一手就是资本输出，即把他们手中掌握和控制的大量资本输往国外，利用这些资本作武器，控制资本输入国的经济命脉，剥削、压迫这些国家的劳动人民，掠夺这些国家的自然资源和物质财富，最终为金融资本控制这些国家，形成金融资本的国际统治服务。

在自由竞争资本主义阶段，资本主义国家虽然也有一些资本输出到国外，但数量较少，作用也不十分重要。当时资本主义国家对外经济联系的主要方式还是以商品输出为主，利用他们的工业品与不发达国家的资源和初级产品的不等价交换，来获取海外利益。当时还未形成资本主义的世界经济体系。

垄断资本主义阶段，资本输出在各主要资本主义国家普遍而大规模地发展了起来，成为垄断资本主义时期资本主义经济关系，特别是对外经济关系中的一个重要特征。这可以从垄断资本主义阶段资本输出的必要性和可能性两方面来看。垄断阶段资本输出的必要性，在于大量所谓"过剩资本"的出现，这是资本输出的财力基础。垄断资本家凭借垄断地位而获取了大量高额垄断利润后，其中的相当一部分要再转化为资本投入到再生产过程中去，以获取更多的利润。但还有一部分资本继续在国内投资已不是最佳选择。这些过剩资本的最佳投放场所是国外，特别是那些经济落后的国家，那里劳动力价格低、资本缺乏、原材料和土地价格便宜、市场广阔，输出资本可获取较高的投资回报，并且资本输出还能带动商品输出，有利于垄断资本在海外统治的建立和加强。

资本输出的可能性，一是垄断资本主义形成时期，世界上其他国家的经济也在发展过程中，特别是发达资本主义国家的商品输出和经济侵略，使这些国家原有的自然经济逐步趋于瓦解，商品经济开始发展起来，并被卷入了世界市场。二是这些国家的劳动者出现了分化，劳动力市场出现，有充足而且价格很低的劳动力供给。三是这些国家基础设施的发展，铁路、公路、港口等发展近现代工商业所必需的基础设施已有所建设，为输入资本提供了一定条件。所有这些为资本主义国家输出资本提供了基本条件，再加上发展到一般垄断资本主义阶段的国家本身金融业和信用制度的发展，交通通信设备的现代化，都为资本输出提供了便利的条件，使大规模输出资本成为可能。

资本输出的形式有多种，从资本形态上来看大体有两种基本形式，即借贷资本输出和生产资本输出。借贷资本输出，即输出国的政府或私人银行和企业，把货币资本贷给输入国的政府、银行或企业，这是一种间接投资；生产资本输出，即输出国的政府或私人银行和企业，在国外直接投资办企业，这是一种直接投资。从资本输出的主体来看，则可分为私人资本输出和国家资本输出两种类型。

垄断资本主义国家对外资本输出，是垄断资本主义国家确立和巩固金融资本对世界统治的重要工具，是国际垄断的基础。

资本输出成为垄断资本主义阶段的一个重要经济现象和特征，对资本输出国与输入国乃至整个世界经济格局，都产生了极其重要的影响。从资本输出国即垄断资本主义国家这方面看，资本输出的作用和后果是：第一，为过剩资本找到了出路，并由此获得大量来自海外的高额利润和利息。在国外投资，可利用当地廉价的资源和劳动力、广阔的市场获得国内投资无法得到的高额利润；对外贷款也往往能获得高额利息。第二，资本输出是输出国控制输入国的重要手段。垄断资本主义国家的资本输出，无论是直接投资还是间接投资，都带有一系列旨在控制输入国经济、政治及社会生活各方面的苛刻条件，从而形成和强化金融资本对输入国的统治。第三，资本输出是输出国扩大商品出口的重要手段。这主要是通过贷款及其附带条件实现的，比如，在贷款时就规定贷款用途，必须用输出国的贷款购买输出国的商品。这样不但把输出国的过剩商品推销出去，获得了可观的利润，而且还稳获高额贷款利息。第四，资本输出使金融资本的银行网遍布全世界，从而强化了金融资本在世界经济、政治舞台上的统治地位。垄断资本主义时期的银行已成为社会经济生活中的万能垄断者，遍布世界的银行网络的形成，使得金融资本能在更大范围、更深程度上实现其对世界的统治。

对于那些处于较低发展阶段上的、经济比较落后的资本输入国来说，大量国外资本的输入，有两重作用。一方面，外来资本和生产方式的进入，促进了这些国家自然经济的瓦解、商品经济和资本主义经济关系的生长和发展，建设了一些近现代的工商企业和发展经济所必需的基础设施，也在一定程度上促进了这些国家民族经济的发展和整个国民经济水平的提高，包括生产力水平的提高、经济结构的改善和优化、就业的增长、国民收入的提高、对外经济联系的加强等等。但另一方面，国外资本主义势力的侵入，也给这些国家带来一系列经济社会问题。垄断资本主义国家的资本输出并不是平等互利的，它们通过不平等的贷款条件、不等价交换等方式掠夺、剥削输入国人民，攫取了输入国巨额的国民财富，又使这些国家长期得不到顺利发展，继续处于贫穷落后的境地。垄断资本主义国家的资本输出完全是从自身利益出发，决定资本的投向和投资条件，这就必然造成输入国经济社会的片面、畸形发展，及其对垄断资本主义国家资金技术等的依赖，乃至最终在政治上也不能不从属于垄断资本主义国家，成为输出国的附庸。外资的进入还造成了这些发展中国家资源、生态、环境的破坏，本国民族工业发展缓慢，外债负担沉重，易受国际经济波动的影响。当然，这里也一直存在着剥削和反剥削、控制和反控制的斗争，输入国在输入资本的谈判和实践中坚持国家的主权和独立，不接受过于苛刻的、有损本国利益的投资或贷款条件，反对他国的干涉和控制。但总的说来，由于经济实力上的差距，在以实力为基础的国际经济关系格局中，不发达国家长期处于被动地位。

资本输出会造成资本主义国家间激烈的争夺有利的海外投资场所的斗争，加深资本主义国家间的矛盾。

以上是私人垄断资本主义阶段，资本输出的基本内容、作用及其后果。第二次世界大战后，资本输出量剧增并出现了一些新的特点，主要有：资本流向的变化，从原来的主要是发达国家向经济落后国家输出，发展到当代的多方向输出，特别是发达国家间相互投资的大幅度增加；在私人资本输出增长的同时，国家资本的输出也在增长，并日益成为占重要地位的资本输出形式。与过去时代不同，发达国家向发展中国家的资本输出，多采取所谓"援助"的方式进行。

2. 国际垄断组织的产生和发展

垄断资本主义国家向外输出资本，是为了获取高额海外收益，并建立起垄断资本在世界上的统治，各垄断资本主义国家在这个问题上既有共同利益，又有各自国家和垄断组织的不同利益，因此它们之间存在着又联合又争夺的复杂关系。如同国内竞争发展到一定阶段必然要产生垄断一样，垄断资本主义国家在世界经济领域中的竞争，发展到一定程度，也会形成垄断，即国际垄断。各资本主义国家的垄断组织，通过订立协议建立起国际性的垄断组织的联盟，即国际垄断同盟。建立国际垄断同盟的目的，是协调各国垄断组织间的关系，在世界范围内形成垄断，或者说，是通过各国垄断组织的同盟在经济上瓜分世界。

同国内垄断需要一定的组织形式予以保证和实现一样，当垄断资本主义的发展越出国界，在世界上扩展其势力范围的时候，也需要建立起相应的国际垄断组织，来保证其垄断统治和垄断利益。早期的国际垄断组织，主要是国际卡特尔，即若干垄断资本主义国家的生产或经营某种产品的垄断组织，通过订立国际卡特尔协议，垄断和瓜分这种产品的世界市场，规定垄断价格，谋取垄断利润。当代国际垄断组织的形式则以跨国公司和国家垄断资本主义的国际垄断同盟为主。

国际垄断同盟在经济上瓜分世界，也即各垄断资本主义国家和垄断组织在世界市场上和国际经济关系中划分势力范围，形成国际垄断局面。这种瓜分多是通过垄断组织间的协议实现的，而协议的订立、瓜分的结果又是以经济实力为后盾和基础的，当各国、各垄断组织的实力地位发生变化的时候，这种瓜分就会重新进行。资本主义国家间的发展总是不平衡的，这种从经济上对世界的瓜分也必然会不断进行下去。另外，经济形势总是处于不断的发展变化之中，订立国际协议时的情况如果出现了不利于垄断资本的变化，也会重新订立协议，重新划分势力范围。当代资本主义国家中跨国公司发展起来以后，各国的垄断组织往往是通过自己所建立的跨国公司来占领国际销售市场、原料产地和投资场所，进行经济上重新划分势力范围的斗争。

### 3. 帝国主义列强瓜分和重新瓜分世界

在资本主义和帝国主义发展史上，曾经历过帝国主义列强瓜分世界和为此而进行的斗争。为了维持资本主义在世界上的统治，获取高额海外利润，除了在经济领域瓜分势力范围之外，帝国主义国家还采取政治、军事手段从领土上瓜分世界，也即通过武力占领等手段，把经济较为落后的国家变为资本主义国家的殖民地、半殖民地或附属国。早在自由竞争资本主义时期，当时经济比较发达的资本主义国家几乎在对外进行商品输出、奴隶贸易等经济侵略活动的同时就开始了占领殖民地的对外侵略活动，到垄断资本主义形成的时候，即19世纪末20世纪初，垄断资本主义国家即帝国主义列强就已把世界领土瓜分完毕。从而形成了这样一种世界格局：一方面是垄断资本主义国家和宗主国，它们统治着本国和殖民地，在国际经济活动中处于有利地位，剥削、掠夺、控制殖民地、半殖民地和附属国；另一方面是广大经济落后的不发达国家，它们处于帝国主义国家的压迫和奴役之下。这就是垄断资本主义的殖民体系。在列强已把世界领土分割完毕后，未能进入到垄断资本主义国家行列的这些国家很难再走上与发达资本主义国家同样的发展道路。

资本主义的发展史上殖民地对资本主义国家的发展起到了多方面的作用，它是垄断资本主义国家重要的原料供应地、最可靠的销售市场、有利的投资场所、维持霸权地位和建立军事基地的重要条件，以及维持和加强垄断资本主义国家国内统治的重要条件。从殖民地掠夺走的巨额财富是资本主义国家积累和发展的重要源泉，也是它们维持其垄断统治和这种世界格局的经济实力的源泉。正因为如此，帝国主义国家间在对世界领土瓜分完毕后，又展开了对世界领土的重新瓜分的斗争。因为，瓜分世界依靠的是经济、政治、军事实力，而帝国主义国家间的经济政治发展总是不平衡的，后起的垄断资本主义国家实力强大起来以后，必然要同已呈衰落趋势的老牌帝国主义国家争夺殖民地，两次世界大战就是因帝国主义国家争夺世界霸权和重新瓜分世界领土而引起的。

二战以来，老殖民主义体系已经瓦解，过去的殖民地、附属国纷纷独立，垄断资本主义国家对世界的统治也由旧殖民主义转为新殖民主义。过去那种对他国进行赤裸裸的军事侵略和武装占领，疯狂奴役、剥削和掠夺殖民地的方式有所改变。当代垄断资本主义国家多是采取比较缓和隐蔽的新殖民主义手法，打着所谓"援助"的旗号实现其对发展中国家的剥削和控制。它们还通过跨国公司的对外直接投资，掠夺发展中国家的原材料和初级产品，占领发展中国家的商品销售市场；还利用不合理的国际分工和国际经济旧秩序，不等价交换以及它们垄断的先进科技对发展中国家进行盘剥和掠夺。这就使得当代国际经济格局和秩序，存在着很多不合理的因素，仍带有浓厚的新殖民主义的烙印，广大发展中国家强烈要求改变这种不合理的局面。

## 第二节 经济全球化与当代资本主义的新变化

> 一方面，资本主义生产方式暴露出自己无能继续驾驭这种生产力。另一方面，这种生产力本身以日益增长的威力要求消除这种矛盾，要求摆脱它作为资本的那种属性，要求在事实上承认它作为社会生产力的那种性质。
>
> ——恩格斯

垄断资本主义的发展，促进了生产社会化和国际化程度的提高，各国间的经济联系也因此逐渐加强和发展起来。在私人垄断资本主义阶段，世界市场形成并逐步发展起来，初步形成了资本主义的世界经济体系。在国家垄断资本主义阶段，世界经济进一步发展，各国之间产生了错综复杂的国际经济关系。特别是20世纪90年代以来，冷战结束，世界政治经济格局发生新的变化，最主要的一点就是经济全球化的发展，它对世界各国都产生了极其深远的影响，也使当代资本主义产生了一些新变化。

经济全球化是指在生产不断发展、科技加速进步、社会分工和国际分工不断深化、生产社会化和国际化程度不断提高的情况下，世界各国、各地区的经济活动越来越超出某一国家和地区的范围而相互联系、相互依赖的过程。习近平指出："随着冷战结束，两大阵营对立局面不复存在，两个平行的市场随之不复存在，各国相互依存大幅加强，经济全球化快速发展演化。"①

## 一、经济全球化

### （一）经济全球化的发展及其原因

经济全球化是在国际分工不断深化，生产的国际化与资本的国际化不断发展的条件下的必然产物。在资本主义发展进程中，社会分工不断深化，生产社会化程度不断提高。当社会分工越出了国界，就进一步发展为国际分工。随着国际分工的深化，世界各国的经济联系也越来越紧密，各国经济的孤立性和闭关自守状态被打破，资本主义的生产日益向着国际化生产和交换的方向发展。从16世纪到19世纪，随着资本主义生产的不断发展，国际分工也同时出现和发展起来。特别是18世纪第一次工业革命，资本主义经济制度确立和机器大工业发展起来以后，"一种和机器生产中心相适应的新的国际分工产生了，它使地球的一部分成为主要从事农业的生产地区，以服务于另一部分主要从事工业的生产地区"②。这种国际分工体系使先进的工业国和落后的农业国的生产成为国际性的，也是世界城市和世界农村分工体系的开始。19世纪后半期发生的第二次工业革命，对资本主义国际分工体系的最后形成，起了十分重要的作用。促进这个时期国际分工体系和世界市场最终形成的原因，一方面是交通运输工具的飞跃发展，如环球铁路网的建设、海洋航线的开辟、电报电话的开通等，将各国的国内生产和市场真正转变为国际性的生产和市场。另一方面是资本输出成为资本主义国家对外经济关系中的重要手段，它有力地推动了生产和交换的国际化，加强了各国对国际分工的依赖性。这个时期世界生产和经济实力的格局是：世界的工业生产集中于欧洲、北美和日本等少数资本主义国家，它们成为世界性的工商业大国、富国和强国；而世界的农产品和原材料、初级产品则主要由多数亚非拉美国家生产，这些国家成为经济科技落后的穷国。同时，帝国主义列强从经济上和领土上瓜分世界，以宗主国和殖民地为主要内容的资本主义世界体系最终形成。第二次世界大战以后，发生了第三次工业和科技革命，国际分工进一步深化，生产日益具有国际化的趋势，资本主义的世界经济体系也有了新的发展。战后生产国际化的程度极大提高，现代科技革命所释放出来的巨大生产力进一步突破了国家的界限，使科技发展和生产进步日益成为国际性的；产业资本大规模国际化和跨国公司的兴起，则把企业内部和部门内部的分工发展为国际专业化分工；以自然资源为基础的传统的国际分工发展为以产品专业化、零部件专业化和工艺专业化为基础的新的国际分工；同时旧的殖民体系的瓦解，也在一定程度上改变了国际分工的格局，发展中国家日益被卷入世界工业分工体系之中。通过以上对资本主义发展过程中国际分工和

---

① 《习近平谈治国理政》第2卷，外文出版社2017年版，第211页。
② 《马克思恩格斯全集》第23卷，人民出版社1972年版，第494—495页。

生产国际化发展过程的简要考察可以看到，随着社会生产力的发展，生产和流通过程日益社会化、国际化，国际分工和生产国际化是资本主义市场经济发展的必然趋势。

在资本主义国家内，生产社会化的发展与资本社会化的发展几乎是同步的。在国际经济发展中，随着国际分工的深化、生产国际化的发展，资本的国际化也同时在发展。资本国际化是资本主义商品经济发展到一定阶段的必然现象。在自由资本主义阶段，资本国际化主要表现为商业资本的国际化，这时资本主义商品经济有所发展，开始进行海外扩张，与此同时出现了资本国际化的现象。这主要是通过国家与国家、国家与地区之间的商品交换以及由此而形成的国际市场和国际分工体现出来的。一般垄断资本主义阶段，资本国际化的形式除了商业资本国际化继续发展之外，借贷资本的国际化占有越来越重要的地位，资本国际化进程加速，这主要通过资本输出并带动商品输出，形成国际垄断同盟，从经济上瓜分世界，最终形成帝国主义时期的殖民体系等体现出来。这个时期，生产资本或产业资本的国际化还处于刚刚发展起来的阶段，所占比重还很小。战后，随着科技的进步和国家垄断资本主义的发展，资本国际化中产业资本国际化的进程大大加快了，具体的表现就是私人和国家垄断资本不断扩大在国外的投资，兴建生产性企业。

从商业资本、借贷资本到产业资本的国际化，表明资本国际化的发展促使国际经济关系逐步向深度和广度扩展，导致经济全球化的到来。

经济全球化是指在生产不断发展、科技加速进步、社会分工和国际分工不断深化、生产的社会化和国际化程度不断提高的情况下，世界各国、各地区的经济活动越来越超出一国和地区的范围而相互联系、相互依赖的过程。经济全球化的萌芽可追溯到19世纪中叶，当时资本主义国家的商品经济和现代工业、交通运输业的发展，使市场由国家内部的地区性市场、全国性市场发展到世界市场逐渐形成，世界各国间的贸易往来大大超过以往世代。到了19世纪末20世纪初，即一般垄断资本主义形成时期，资本输出成为帝国主义国家对外经济关系中的重要手段，并带动商品输出的大发展，从而加强了世界各国间经济的联系，经济全球化也上了一个新台阶。第二次世界大战后，曾一度出现资本主义各国实行贸易保护主义和限制资本转移的政策，放慢了经济全球化的步伐。

20世纪80年代以来，经济全球化的进程明显加快，促成这种变化的原因主要为以下几点。

（1）新科学技术，特别是计算机、通信技术日新月异的进步和在社会经济生活中的广泛应用，加强了国际经济联系。

（2）国际贸易的自由程度大大提高。当今世界无论是发达国家还是发展中国家都有发展国际经济关系的迫切要求，因而加快了经济全球化的步伐。

（3）国际资本流动的大幅增加。吸引外资发展本国经济，不但是发展中国家的迫切要求，也是发达国家过剩资本的一个出路，而且发达国家间的相互投资也在增加。

### （二）经济全球化的主要内容

经济全球化本质上是资源配置的国际化，其内容包括很多方面，大体可从生产全球化、贸易全球化和资本全球化三方面来考察。

#### 1. 生产的全球化

这是指随着科学技术的发展，一系列高精尖产品和工艺技术的出现，生产领域的国际分工和协作的加强，各国在生产上密切配合的趋势。不过早期资本主义世界经济体系中的国际分工主要是所谓垂直分工，即发达资本主义国家从事工业生产，经济落后的不发达国家从事农业和原材料、初级产品生产；战后，随着科技的发展和生产国际化程度的提高，出现了工业国之间的水平分工，并进而从过去的在世界范围内按部门实行专业化分工，发展到按工艺和生产阶段实行专业化分工。例如，美国的波音 747 客机，由 600 余万个零部件组成，它们是由美国及另外的 6 个国家的 1100 家大型企业和 15000 家中小企业共同生产的。

#### 2. 贸易的全球化

国际贸易活动虽然已有很长的历史，但它的全球化则是近几十年来在工业和科技革命推动下出现的，尤其是近二三十年发展得更快，绝大多数年份国际贸易的增长率都大大高于各国的经济增长率。贸易全球化迅猛发展的主要原因是：首先，新科技革命中出现了很多新兴产业，国际产业结构的变化、各国间产业分工的深化和产业在不同国家间的梯度转移，即发达国家不断开拓新兴产业并把技术较为陈旧的产业向发展中国家转移，以及不同技术水平和科技含量的产业在发展程度不同国家间的渐次转移，使得各国间交流产品的必要性大大增加了。其次，新科技革命推动下的高效率、大批量生产，也要求在全球范围内开拓市场、扩大国际贸易规模。再次，随着生产水平的提高，人们的生活水平也普遍提高了，对各国产品的需求也相应增加，这又从一个侧面促进了贸易的全球化。最后，新的更便捷更灵活的贸易方式，以及国际协调对贸易限制的减少，也都从不同方面促进了贸易全球化。

#### 3. 资本全球化

在垄断资本主义阶段，资本输出意味着资本国际化开始出现。近二三十年来，在新科技革命的推动下，资本在国际的流动以前所未有的速度增加，形成了资本全球化趋势。20 世纪 70 年代世界外汇市场交易额大约为 150 亿美元，到 90 年代中期，这个数额增大了近百倍。2010 年，国际金融市场的年交易量已超过了 1000 万亿美元。2015 年全球对外直接投资流入量（FDI）为 17740 亿美元，2016 年稍有下滑，仍达 17464 亿美元。现在各国间金融方面的联系日益紧密，一个国家或地区的金融危机，往往会引起世界性的金融动荡。1997 年的东南亚金融危机，就对世界资本市场乃至股市、汇市及各国经济发展造成了巨大影响。

（三）2008年国际金融危机以来资本主义的矛盾与冲突

2007年美国国内爆发了由住房次级贷款大量违约引起的次贷危机，2008年由次贷危机引起的金融危机扩展到世界各国，引起了20世纪30年代大萧条以来最为严重的全球性金融和经济危机，它迅速从局部发展到全球，从发达国家传导到新兴市场经济国家，从金融领域扩散到实体经济领域，造成了一系列灾难性后果。在这场危机的影响下，西方国家的经济生活、政治生活和社会民生等方面都出现了不少问题。

第一是经济发展"失调"。2008年国际金融危机之后，西方主要资本主义国家采取各种措施应对危机，虽然暂时避免了金融秩序崩溃，但对推动经济复苏效果有限，经济发展仍然面临一系列问题。具体表现为：复苏缓慢，增长乏力，虚拟经济与实体经济失衡，福利风险增加和债务负担沉重等。

第二是政治体制"失灵"。长期以来，西方国家标榜民主并不遗余力地向外输出其民主概念。但近年来不少移植了西式民主的发展中国家陷入了社会动荡和秩序混乱，西方国家本身也出现了某种治理危机，暴露出西式民主的弊端和局限。具体表现为：在选举方面，西式民主往往难于选贤。在两党制或多党制条件下，政党利益可能凌驾于国家利益之上，形成政党恶斗。在国家治理方面往往陷入"民主陷阱"，使政府决策短期化。在这种时代和历史条件下，西方传统政治精英走向衰落，极端主义、民粹主义思潮泛滥。

第三是社会融合机制"失效"。近年来，西方社会不断出现不同群体、阶层的矛盾与冲突，甚至社会动荡。具体表现为：社会极端思潮抬头，一些欧洲国家出现右翼势力抬头的迹象；社会流动性退化，贫富差距不断扩大，中产阶层萎缩，社会各阶层之间的健康流动"凝固化"；社会矛盾激化，"群体性事件"频发，如2011年美国的"占领华尔街"运动，近十多年来欧美国家频繁出现的恐怖袭击事件等。

以上种种情况显示了当代资本主义社会的乱象，其背后深层次原因和根源，还在于资本主义制度本身，在于资本主义基本矛盾。正因为如此，西方国家的一些有识之士提出了对资本主义制度和价值观的质疑。

（四）经济全球化的影响

经济全球化使社会分工得以在更大范围内进行，各种生产要素在国家间流动和优化配置，由此可带来巨大的分工收益，推动世界生产力的发展。由于发达资本主义国家在经济全球化进程中占据优势地位，在制定贸易和竞争规则方面具有更大的发言权，并控制一些国际组织，所以发达资本主义国家是经济全球化的实际主导者和主要受益者。经济全球化对广大发展中国家也有一定积极影响：它们可以在经济全球化的进程中引进国外的先进技术、资金和管理经验，调整与优化国民经济结构，增强自身的经济实力，缩短与发达国家的差距，增加国内的就业，促进国内的消费，加强同世界各国的联系与交流。

但是，经济全球化是一个充满矛盾的进程，是一把"双刃剑"，既有积极的一面，也有消极的影响，这方面的表现是：其一，发达国家与发展中国家的差距在扩大。虽然发达国家与发展中国家都在经济全球化过程中有所受益，但由于经济全球化的规则是发达国家主导制定、进程是发达国家主导的，发展中国家受益少，甚至有被边缘化的风险。一些发展中国家发展资金匮乏、债务负担沉重、贸易条件恶化、金融风险增加、技术水平落后，处于十分不利的境地。发达国家在经济全球化的进程中，也出现了产业空心化、实体经济萎缩、失业增加、金融风险加大、过分依赖国外资源等诸多问题。其二，在经济增长中忽视社会进步，环境恶化与经济全球化有可能同时发生。其三，各国特别是相对落后国家原有的体制、政府领导能力、社会设施、政策体系、价值观念和文化等都面临着全球化的冲击，国家内部和国际社会都出现不同程度的治理危机。其四，经济全球化使各国之间的经济联系越来越紧密，相互依赖越来越强，而有效的全球性协调机制却没有建立起来，这就使得爆发全球性经济危机的风险不断增大。

习近平指出："经济全球化确实带来了新问题，但我们不能就此把经济全球化一棍子打死，而是要适应和引导好经济全球化，消解经济全球化的负面影响，让它更好惠及每个国家、每个民族。"①

2008年国际金融与经济危机以后，世界经济增长格局有所变化，尤其是近年来在欧美一些资本主义国家出现了某些单边主义、保护主义、逆全球化的现象，但经济全球化深入发展的大趋势没有变。各国政府有责任继续推动经济全球化朝着均衡、普惠、共赢方向发展，都有责任继续采取措施促进经济增长，推进国际金融体系改革，推动世界经济平衡发展，推动解决世界财富分配失衡、资源拥有和消耗失衡、经济发展失衡问题。各国都应努力顺势而为、趋利避害，促进经济全球化健康发展，使世界经济增长惠及各国人民。要反对和抵制各种形式的保护主义，维护公正、自由、开放的全球贸易和投资体系。要推动经济全球化成为世界各国共赢的经济全球化、世界各国平等的经济全球化、世界各国公平的经济全球化和世界各国共存的经济全球化。

## 二、当代资本主义的新变化

（一）当代资本主义新变化的主要表现

第二次世界大战以后，特别是冷战结束后的二十几年，资本主义发生了很多新变化，马克思主义研究者对此进行了探索，由于分析问题的角度不同，存在各种不同的观点和认识。下面简要地从生产力、生产关系和上层建筑三方面对当代资本主义的新变化做初步的归纳。

（1）从生产力方面看。战后发达资本主义国家，在生产力方面取得了长足的

---

① 《习近平谈治国理政》第2卷，外文出版社2017年版，第478页。

发展，劳动生产率大幅度提高，社会财富迅猛增长，经济保持了较长时期的相对稳定发展。20世纪50—70年代，西方主要国家的劳动生产率年平均增长：日本为8.8%，联邦德国为4.4%，法国为4.3%，美国为3.2%，英国为2.6%。进入90年代以后，主要资本主义国家的劳动生产率提高了20%—30%。在产业结构上，出现了转向信息化、服务化和高科技化的趋势。第三产业迅速崛起，第一、第二产业的比重大幅度下降。20世纪末第三产业的比重：美国为60%，英国为70%多，德国为63.8%，法国为71.5%。在生产力要素的变化上，就劳动者来说，当代发达资本主义国家中劳动力结构变化很大，脑力劳动者比例攀升，素质显著提高。劳动工具也发生了革命性变革，由传统机器生产的动力机、传动机、工作机组成的"三机系统"，发展为增加了电脑控制机的"四机系统"，生产工具的智能化趋势日渐加强。就劳动对象来说，新变化也层出不穷：人工合成材料的问世，新资源的开发利用，尤其是信息资源这一非物质资源的广泛应用，从根本上改变了劳动对象的物质范围。此外，作为生产力重要组成部分的生产管理，由于电子计算机、信息技术、控制论、系统工程等的运用，而获得了新的手段和工具。

（2）从生产关系方面看。当代资本主义国家在所有制关系、劳资关系和分配关系三方面都做了一系列调整。在所有制关系上，出现了所谓资本社会化的趋势，建立和发展了一定比重的国有经济，并在国民经济的某些方面起到重要作用。同时私人企业股权分散化，法人资本所有制崛起，成为一种新的资本所有制形式，它是法人股东化的产物。其特点是各类法人取代个人或家族股东成为企业的主要出资人，企业股票集中在少数法人股东手里，法人股东以控制权干预甚至直接参与公司治理，监督和制约管理阶层的经营行为，使公司的所有权和控制权重新趋于合一。法人资本所有制大体分为企业法人和机构法人资本所有制两种类型，多是发达资本主义国家中处于支配地位的巨型公司，其性质是一种垄断资本主义集体所有制，它体现的依然是资本剥削雇佣劳动的关系。在劳资关系上，建立了所谓劳资共决、职工参与决策、终身雇佣、职工持股等制度，发挥工会在维护工人就业、工作条件改善和进行工资谈判等方面的作用，采取允许工人代表参加企业管理等措施，改善了劳资关系，缓和了阶级矛盾。在分配关系上，许多发达国家对收入分配政策进行了某些调整，如实行社会福利政策，通过再分配手段在一定程度上缓和了社会矛盾。在当代资本主义国家中，政府全面介入社会经济生活的各个层面，对微观经济活动进行严格的管理和规制，对宏观经济活动进行全面的干预和调控，国家干预、管理和调节整个社会经济生活各个方面的状况已呈常态。随着经济全球化的发展，当代资本主义生产关系表现出很多国际垄断资本主义的特征。在生产与资本的国际化程度日益提高的基础上，国际贸易空间不断拓展，生产经营和资本流动国际化不断发展。随着经济全球化的全面展开，资本的增殖与周转在全球范围内进行，形成了资本的国际循环，使资本主义的世界体系最终形成。

（3）从上层建筑方面看。当代资本主义在上层建筑方面的变化主要表现在：政治制度与法制的有效结合；国家管理经济和社会的职能增强；资产阶级的民主形式进一步扩大，公民权利的内涵与外延有新的拓展，公民在法制范围内较广泛地通过个人的政治、法律行为，或以团体、组织、政党为单位，通过集体的政治、法律行为影响国家政策的制定和执行，以谋求自身利益；意识形态中左翼与右翼的分歧逐渐减弱，多元化的价值取向更加鲜明。这之中主张改良主义的政党对资本主义制度的改革，对当代资本主义新变化也发挥了很重要的作用。这表明资本主义发展到国家垄断资本主义阶段，已经建立起比较成熟的政治制度和法制制度。此外资本主义政治统治形式还有两点变化：对国家权力机构的监督和制约的内外因素大大加强；国家权力的重心由议会向政府转移。

（二）当代资本主义新变化的原因

当代资本主义在政治、经济、社会诸方面发生这些变化的原因，也可以从生产力、生产关系和上层建筑三方面来分析。

（1）生产力方面。当代资本主义经济之所以能在一定程度上快速发展，有生产力自身发展规律，特别是科学技术自身发展规律作用的原因。社会生产力总是处于不断发展变化中，在它与生产关系的相互作用中发展的同时，生产力还有着它自身不断加速发展的规律。人类在改造自然和征服自然的过程中，对客观世界的认识总是在不断深化，不断积累生产经验、提高劳动技能、改进生产工具，有所发明、有所创造、有所前进。随着时间的推移，总会产生新的科学技术，推动劳动生产率不断提高和社会生产力加速发展，尤其在现代生产力的发展中，科学技术发挥着越来越大的作用，每当科学技术有重大突破，都会促使生产力加速发展。

（2）生产关系方面。在所有制关系上，资本主义国家在其自身范围内进行不断的调整，以适应生产力发展的要求。无论是资本社会化还是股权分散化都是在资本主义私有制基础上的一种局部调整，以适应资本主义自身创造出的巨大的社会化生产力的要求。这种资本主义内部的自我调节，表现在对生产关系调整和经济运行调控上，主要有三个方面：一是进行了社会改良。为了缓解资本主义社会固有的内在矛盾，西方资本主义国家在其根本制度所许可的限度内，对生产关系的某些方面做了一些较大幅度的调节、改良，包括学习借鉴社会主义国家的一些做法，推行了许多在客观上有利于提高工人生活水平的改革，实行劳动法、最低工资法，完善公共福利、公共卫生体制，推行遗产税和累进所得税等措施，逐步建立了一套比较完善、成熟的新体制。同时，资本家在劳动的管理上也由过去把工人看作是"会说话的机器"，逐步转变为把他们看作是"经济人""社会人"；由单纯依靠强制力、规章制度和纪律条文进行管理，逐步转变为强调激励手段，在管理中渗透情感和精神等因素，从而在一定程度上改善了劳动者的生存环境。二是对经济实行政府干预和宏观调控。资本主义国家在总结以往经验的基础上，开始重视经济计划的作用,加强国家干预,加大宏观调控力度,在一定程度上减缓了市场经济的波动性、盲目性和破坏性,在很大程度上促进了经济发展。国家对经济的干预和调控,也使资本主义变得不是完全"无计划""无政府"。三是加强了对科技创新和新兴产业的扶持。从 20 世纪初开始,资本主义国家越来越重视科技,并不断克服科技进步的体制性障碍。西方国家对科技开发的投入不断增加,促进了新技术、新材料的发明和应用,从而几倍、几十倍甚至几百倍地提高了劳动生产率。西方主要发达国家比较充分地利用新科技革命的机遇,使科技革命的成果直接作用于资本主义财富创造。这样,在不改变财富分配比例甚至提高资本家所占比例的前提下,可以增加劳动者收入的绝对量,缓和社会矛盾。探讨资本主义国家在生产关系方面的新变化的原因时还应注意到,这些变化与工人阶级争取自身权利和利益斗争的不断发展深入是分不开的,工人阶级是推动当代资本主义发生新变化的重要力量。

(3) 上层建筑方面。马克思主义认为,建立在生产关系总和即社会的经济基础之上的政治法律制度和意识形态等上层建筑,必须适应经济基础的要求。当代资本主义国家中上层建筑的新变化归根结底是经济基础发展变化所要求的。生产社会化、国际化和经济全球化的发展,资本社会化、股权分散化的现实,必然要求资本主义政治制度与国家法制在有利于资产阶级的范围内健全、充实与完善,从而为资本主义制度的存在和发展服务。

(三) 当代资本主义新变化的实质

当代资本主义虽然发生了许多新变化,但它的经济基础仍然是资本主义的私人占有制。在资本主义社会,控股权还是掌握在少数资本家手中。股权社会化不过是资本主义私人占有制的一种新模式。因此,资本主义生产社会化与生产资料私人占有的基本矛盾依然存在,导致经济危机的根源依然存在。当代资本主义所实行的社会福利是给工人以香肠,资本家却得到火腿。工人的社会福利和生活水平虽然有了一定的提高,但是他们作为受剥削的雇佣劳动者的地位没有改变。从本质上讲,正是工人阶级自身创造出了更多价值、更多社会财富,才使他们自身的生活水平得以提高,与此同时资产阶级则得到更多的剩余价值。同时考察资本主义社会中劳动人民的生活水平和总体状况,不但要看在岗人员的情况,还要看失业的水平与状况;不但要看白领阶层的收入和生活水平,还要看蓝领阶层的收入和生活水平,以及贫困人口的状况。几十年来,西方发达国家生活在贫困线以下的人口一直保持在 15%—20%。资本主义的自我调节与完善,都是在资本主义制度所允许的范围之内进行的。从另一角度看,在科技革命促进下,当代资本主义借鉴社会主义所进行的某些社会改良,虽然没有改变资本主义生产关系的根本性质,但在客观上却是在资本主义社会的胎胞里孕育和生长着的"新的社会因素"。因此,我们应当对社会历史发展趋势充满信心。

马克思主义认为,事物在发展变化过程中,常有这种情况,即在总的量变过程中，要经过一系列阶段性的或局部性的部分质变，最终完成根本质变。这些质变可能是爆发式的，也可能是非爆发式的。目前西方发达资本主义国家的新变化，说明它在总的量变过程中，已经发生了某些阶段性的部分质变。资本主义的国有经济、计划调节、福利主义、工人参与管理等都是这种非爆发式质变的开端，也都是阶段性部分质变的表现。当代西方发达资本主义国家将会继续这种非爆发式质变过程。其内部自我否定的因素将不断积累，新社会因素也会逐步增多。做出这样的判断，并不是说资本主义的本质已经改变，它很快就会转变为社会主义。目前，它的根本性质尚未改变。同时，非爆发式质变形式往往是一个十分漫长的过程，西方发达资本主义要完成这一转变，也必然要经历一个漫长的历史过程。

## 第三节　资本主义的历史地位和发展趋势

> 发展社会劳动的生产力，是资本的历史任务和存在理由。资本正是以此不自觉地创造着一种更高级的生产形式的物质条件。
> 
> ——马克思

### 一、资本主义的历史地位

社会经济形态的发展和更替，是在生产力发展及其与生产关系的相互作用中实现的。它是一种不以人的意志为转移的、客观的、自然的历史过程。资本主义社会代替封建社会，曾遭到封建统治者的顽强抵抗，甚至出现过暂时的"复辟"，但最终还是进入了资本主义社会。因为当一种旧的、落后的生产关系阻碍生产力的发展时，终究要为新的、先进的生产关系所代替。资产阶级在推翻封建统治阶级的革命过程中，在资本主义最初的发展时期，代表着先进的生产力，资本主义社会经济形态代替封建社会经济形态，是人类历史的一大进步，有其历史必然性。然而，随着资本主义的发展，它自己又会逐步演变为不适应生产力发展的制度，资本主义社会经济形态迟早要为更新更先进的社会主义经济形态所代替，这同样是历史发展的必然。

资本主义经济制度建立的初期，其生产关系适合生产力发展的要求，因而推动了生产力的巨大发展。从资本主义社会发展的生命周期或总过程来看，垄断资本主义进入了资本主义整个历史发展过程的后期。虽然私人垄断资本主义和国家垄断资本主义的产生和发展过程中都曾对生产力的进一步提高起到了一定促进作用，但是，这时的资本主义生产关系也日益暴露出其不适应生产力发展的一面。资产阶级在资本主义生产方式所允许的范围内，进行了多方面的调整。这种调整对缓和其内在矛盾与促进生产力发展都起到了一定的积极作用。然而，它终究不能解决高度社会化的生产力同以私有制为基础的资本主义社会的基本矛盾。

生产的高度社会化，要求突破和否定资本主义私有制，这是历史发展的必然趋势和本质要求。事实上，在资本主义社会中，特别是垄断资本主义阶段，已经出现了许多资本主义生产关系"自我扬弃"的现象。19世纪后期，股份公司的出现和股份资本的发展，使资本的形式由单个私人资本变为股份公司的联合资本。这种联合资本已带有社会资本的性质，它是资本主义生产关系在其自身范围内的局部调整，是资本主义生产关系的一次自我"扬弃"。由于它突破了单个私人资本的局限性，缓解了生产社会化发展日益受到的单个私人资本的限制和束缚，因而在一定程度上适应了生产力发展的要求。马克思指出："资本主义的股份企业，也和合作工厂一样，应当被当作是由资本主义生产方式转化为联合的生产方式的过渡形式。"① 19世纪后期的工业和科技革命，推动了资本主义生产社会化程度的提高，同时也使资本主义基本矛盾进一步深化，促成了垄断的产生。

第二次世界大战后，国家垄断资本主义迅速发展。国家垄断资本主义是资本社会化的更高形式，生产社会化、资本社会化和管理社会化达到了更高程度。为转向社会主义提供了更充分的条件。列宁指出："国家垄断资本主义是社会主义的最充分的物质准备，是社会主义的前阶。"②

## 二、资本主义基本矛盾的发展及向社会主义过渡的必然性

资本主义生产方式决定了它的历史过渡性质。向社会主义过渡的历史必然性，是由资本主义的基本矛盾和资本主义的历史局限性决定的。资本主义在其发展过程中造就了社会化的生产力，而这种生产力本身则是与资本主义的生产资料私人占有制相矛盾的。无论资产阶级在资本主义制度的框架内如何调整，只要这种矛盾存在，就有导向更高社会发展阶段，即社会主义阶段的客观要求与趋势。同时，资本主义还造就了置自身于死地的社会力量——无产阶级。无产阶级代表先进的生产力和社会发展的方向，其阶级利益与全社会的利益和发展方向相一致。

社会主义必然取代资本主义，是生产关系一定要适合生产力状况这一经济规律的客观要求。资本主义条件下生产社会化的全面发展，推动了资本关系的日益社会化，为向社会主义转变准备了日益完备的社会经济基础。这样，从资本主义向社会主义过渡的条件也就日益成熟了。

资本的社会化是在资本主义社会的生产力和生产关系的矛盾运动中发展的。最初的资本主义私有制形式主要是资本家的个人所有制，随着生产的发展、企业规模的扩大，单个资本无力创建和经营愈益社会化的大型企业，于是股份公司产生了。股份资本是资本家的集体所有制，是资本社会化的一种形式。后来，又出现了私人垄断乃至国家垄断资本主义。20世纪初，垄断资本主义发展的初期，列

---

① 《马克思恩格斯全集》第46卷，人民出版社2003年版，第499页。
② 《列宁选集》第3卷，人民出版社1995年版，第266页。

宁就曾指出，垄断是资本主义结构向更高级的社会经济结构的过渡，是过渡到社会主义的阶梯。国家垄断资本主义的产生和发展，为全社会占有生产资料和共同组织社会化生产准备了最充分的物质条件和经济条件。

### 三、资本主义为社会主义代替的历史必然性和长期性

人类社会发展的历史表明，一种新的社会制度取代旧的社会制度，往往要经历漫长的历史过程。一种私有制代替另一种私有制是这样，以社会主义公有制取代资本主义私有制更是这样。资本主义社会中生产力的发展和生产社会化程度的提高，虽为社会主义制度的建立准备了完备的物质基础，但这并不意味着资本主义社会将自行灭亡。资本主义向社会主义的转变，不仅是一个逐步的渐进的长期过程，而且它会触及资产阶级的既得利益，必然会遭到阻挠和反抗，因而，资本主义向社会主义的过渡必然是一个复杂的、曲折的、长期的历史过程。

资本主义各国之间经济政治的发展是不平衡的，特别是到了垄断资本主义阶段。垄断资本主义国家之间发展的不平衡更为明显，社会主义革命有可能在资本主义链条中的某些薄弱环节，在一国或数国首先发生，而另外一些资本主义国家则会继续存在和发展。资本主义是一种自我调节能力较强的社会生产方式，发达资本主义国家的生产关系还有可能随着生产社会化程度的提高而不断调整，从而在较长时期内能够容纳社会生产力的进一步发展。不发达资本主义国家若没有特殊的矛盾集结和革命形势，则要经过资本主义发展的较长历程，逐步为社会主义准备物质基础。因此，从世界范围来看，资本主义向社会主义过渡必将是一个从个别国家逐步向更多国家扩展的相当长的历史过程。

社会主义制度取代资本主义制度，是用公有制代替私有制，从而消灭延续了几千年的剥削制度。社会主义制度的建立、巩固和发展，社会主义全面战胜资本主义，要经过长期反复的较量和斗争，尤其是在经济较为落后，在特殊的历史条件下建立起来的社会主义国家，例如中国这样处于社会主义初级阶段的国家，建设社会主义的任务会更加艰巨和复杂。在少数社会主义国家与多数资本主义国家并存的情况下，社会主义国家还会面临各种各样的威胁和挑战，社会主义制度的巩固和发展也须经历复杂的斗争，并有可能出现倒退和反复。这一切都决定了从资本主义向社会主义过渡的长期性。

总之，资本主义在全世界被社会主义所取代将是一个相当长的历史过程。尽管这个过程可能出现这样那样的曲折，但从资本主义向社会主义过渡的总趋势则是必然的历史走向。马克思指出："发展社会劳动生产力，是资本主义的历史任务和存在理由。资本正是以此不自觉地创造着一种更高级的生产形式的物质条件。"① 这是对资本主义历史过渡性最精辟而辩证的论述。

---

① 《马克思恩格斯全集》第 25 卷，人民出版社 1972 年版，第 288—289 页。

认识资本主义的历史过渡性，并不是要对资本主义采取一概否定的态度。资本主义是一种存在着对人的剥削的社会经济制度，有其自身难以克服的基本矛盾。同时，它又创造了巨大的社会生产力，创造了现代的科学技术和管理方法，发展了商品生产，建立了市场经济体制和运行机制，推动了人类文明的发展。社会主义要否定的是资本主义剥削、压迫的经济制度，同时又要借鉴、继承和发展资本主义社会中那些反映人类文明进步的方面。我们要从批判的角度考察资本主义的本质、矛盾和历史局限性，认识社会主义代替资本主义的历史必然性，又要从借鉴的角度，利用资本主义社会中一切可为我所用的东西，以促进社会主义事业的发展。

## 本章小结

资本主义的发展可分为自由竞争资本主义和垄断资本主义两个阶段。在自由竞争中生产和资本不断集中，当生产集中和资本集中发展到一定程度时就会走向垄断。垄断是为了获取高额垄断利润，它是通过各种垄断组织和垄断价格取得的。垄断并没有消除竞争。垄断是帝国主义的经济实质。

垄断资本主义的经济特征是：垄断在经济生活中占统治地位；金融资本和金融寡头的统治；资本输出在经济生活中占重要地位；国际垄断同盟在经济上瓜分世界；垄断资本主义列强瓜分和重新瓜分世界。

私人垄断资本主义进一步发展为国家垄断资本主义，即垄断资本与国家政权相结合的资本主义。它的基本形式有资本主义的国有经济、国家与私人资本在企业内外的结合等。国家垄断资本主义实行对国民经济的干预和调控，一定程度上调整了经济运行、缓和了资本主义社会中的各种矛盾。它是资本主义经济关系的局部调整和部分质变。

垄断资本主义的发展，促进了生产社会化、国际化程度的提高，加强了各国间的经济联系，形成了经济全球化的发展趋势。其主要内容是生产全球化、贸易全球化和资本全球化。在生产国际化、经济全球化的条件下，当代资本主义在生产力、生产关系和上层建筑各方面，较之自由竞争和私人垄断资本主义时期，发生了很多变化。

在资本主义发展进程中，生产社会化程度不断加强，这与资本主义私人占有制形成了资本主义的基本矛盾，它决定了资本主义终将为社会主义所取代。

## 复习与思考

1. 资本主义社会的发展大体分为哪些阶段？
2. 垄断是怎样形成的？垄断组织有哪些形式？
3. 垄断形成后还存在竞争吗？
4. 什么是垄断利润和垄断价格？

5. 私人垄断资本主义阶段的主要经济特征是什么？

6. 什么是国家垄断资本主义？为什么在第二次世界大战后国家垄断资本主有大的发展？

7. 垄断资本主义国家如何进行宏观经济调控？

8. 为什么会出现经济全球化趋势？其具体表现如何？

9. 当代资本主义在生产力、生产关系和上层建筑方面有哪些新变化？

10. 怎样认识资本主义的历史地位？

11. 什么是资本主义的基本矛盾？

12. 怎样认识资本主义为社会主义取代的历史必然性和长期性？

## 阅读文献

1. 马克思：《资本论》第 1 卷，《马克思恩格斯文集》第 5 卷，人民出版社 2009 年版。

2. 列宁：《帝国主义是资本主义的最高阶段》，《列宁专题文集 论资本主义》，人民出版社 2009 年版。

3. 列宁：《大难临头，出路何在？》，《列宁专题文集 论资本主义》，人民出版社 2009 年版。

4. 习近平：《共担时代责任，共促全球发展》，《习近平谈治国理政》第 2 卷，外文出版社 2018 年版。

# 第六章
# 社会主义的发展及其规律

> **本章引言**
>
> 社会主义经历了从空想到科学、从理论到实践的发展。1917年，俄国爆发了十月社会主义革命，建立起世界上第一个社会主义国家。第二次世界大战以后，有十多个国家走上了社会主义道路。20世纪末发生了苏联和东欧社会主义国家经济社会制度的剧变。而中国则坚持马克思主义与实际相结合，在党的基本路线指引下，实行改革开放，坚持建设中国特色社会主义，使社会主义制度在当代不断完善和发展。要正确认识社会主义的本质和特征，正确认识社会主义事业和国际工人运动在社会实践中曲折发展、不断前进。
>
> **自学学时**
>
> 9学时

## 第一节 社会主义五百年的历史进程

> 为了使社会主义变为科学，就必须首先把它置于现实的基础之上。
>
> ——恩格斯

### 一、社会主义从空想到科学

（一）社会主义从空想到科学的发展

从资本主义制度建立伊始，就有许多仁人志士对其弊端提出批评，并描绘出理想社会的蓝图来代替资本主义。最早的空想社会主义思想在16—17世纪资本主义原始积累和初期发展阶段即已出现。从那时算起，社会主义已有五百年的发展历程。资本主义社会经济制度来到世间就带着许多其自身不可克服的矛盾和弊端，特别是早期的资本原始积累时期，阶级矛盾、贫富分化极其严重，工人阶级的生活和工作状况极其恶劣，资产阶级的剥削极其残酷，这激起了工人阶级的激烈反抗，自发的工人运动此起彼伏。空想社会主义是适应早期无产阶级渴望改变现状的需要产生的，反映了早期无产者迫切要求改造现存社会、建立理想新社会的愿望。早期空想社会主义的代表作是英国人莫尔写的《乌托邦》和意大利人康帕内拉写的《太阳城》。他们在自己的著作中无情地批判了资本主义的种种罪恶，但提出和描绘的理想社会却充满着空想性质。空想社会主义思想家提出的社会改造方案，往往是包罗万象的，涉及哲学、经济、政治、历史、宗教、道德、家庭、社会生活各个方面乃至一些具体细节的庞大社会改造计划。在资本主义发展的早期阶段，这些设想显然只能是空想。

18 世纪以后，空想社会主义思想在欧洲主要资本主义国家继续发展，代表人物有巴贝夫、摩莱里、马布利等，他们中有的观点激进、主张革命，有的则相对温和、提倡改良。在对未来社会的设想上也是五花八门，有的主张共产主义，有的带有平均主义乃至禁欲主义色彩。

19 世纪初期欧洲的三大空想社会主义者，有法国的圣西门、傅立叶和英国的欧文，他们在前人思想的基础上提出了自己的社会主义思想和方案，并进行了一些社会改造的尝试。他们的空想社会主义思想，成为马克思主义科学社会主义的直接理论来源。空想社会主义对资本主义的批判是尖锐的，对资本主义罪恶的揭露也较为深刻。他们认为资本主义制度是一种历史谬误、人间祸害，必须为一种更好的社会制度所取代。他们对新社会的描述尽管带有很大的空想性质，但也有合理成分，闪烁着天才的火花，例如新社会要消灭私有制建立公有制的思想，以及新社会要实行按劳分配或按需分配的思想萌芽等。他们提出：社会主义要废除私有制和雇佣劳动，消灭阶级和阶级差别；实行共同劳动，合理分配；要有计划地组织生产；消灭城乡、体脑差别；把国家变成纯粹的管理机构，直至其最后消亡；提倡妇女解放和婚姻自由；等等。空想社会主义为科学社会主义的诞生提供了丰富的资料和启示，包含着科学社会主义的萌芽。

空想社会主义是早期无产阶级意识和利益的先声，反映了早期无产阶级迫切要求改造现存社会、建立理想的新社会的愿望。空想社会主义者论证了资本主义灭亡的必然性，但因为他们的唯心史观，没有正确认识社会历史发展的必然规律，不能揭示出资本主义必然灭亡的经济根源和客观必然性。他们要求埋葬资本主义，却找不到埋葬资本主义的力量。他们憧憬社会主义的理想社会，却找不到通往理想社会的现实道路，这是空想社会主义的历史局限性。它"提供了启发工人觉悟的极为宝贵的材料"①，但不是科学的思想体系，在实践中也不可能指引工人阶级真正走上社会主义道路。

马克思和恩格斯从青年时期起就投身工人运动。当时欧洲大陆的工人运动风起云涌，在 19 世纪 40 年代的资产阶级革命中，工人阶级的力量得到了极大的显示与锻炼，但是，工人运动一直没有一个正确的指导思想和方向。马克思和恩格斯在工人运动的实践中，总结、吸收前人优秀思想成果，逐步形成了科学社会主

---

① 《马克思恩格斯选集》第 1 卷，人民出版社 1995 年版，第 304 页。

义理论。1847年年底他们受世界上第一个无产阶级政党"共产主义者同盟"的委托起草并于1848年2月发表的《共产党宣言》，是社会主义思想史上的第一个纲领性文件，它标志着科学社会主义理论公开面世。《共产党宣言》是一部科学洞见人类社会发展规律的经典著作，是一部充满斗争精神、批判精神、革命精神的经典著作，是一部秉持人民立场、为人民大众谋利益、为全人类谋解放的经典著作。《共产党宣言》阐述了人类社会发展进步的客观规律，指出资本主义制度必然为社会主义制度取代的历史发展趋势，并对未来社会的发展方向做了科学论述和预言。科学社会主义理论与辩证唯物主义和历史唯物主义、马克思主义政治经济学一起，构成马克思主义理论的三个组成部分，成为无产阶级、社会主义和共产主义事业的指导思想和理论武器。

（二）无产阶级革命与社会主义制度的建立

马克思主义的科学社会主义从一开始就不仅仅是一种理论，而是始终同工人运动，同社会主义、共产主义事业的实践，紧密联系在一起。社会主义从理论到实践的发展，是通过无产阶级革命实现的。

无产阶级革命是迄今人类历史上最广泛、最彻底、最深刻的革命，是不同于以往一切革命的最新类型的革命。这是因为：第一，无产阶级革命是要消灭私有制、建立公有制的社会革命，这是同以往私有制之间相互取代所发生的革命根本不同的。自从原始公有制解体、人类社会进入阶级社会以来，社会经济制度的变迁一直是以一种私有制取代另一种私有制，其中也会发生革命，例如资本主义制度在英国和法国的建立就是通过17世纪英国的所谓"光荣革命"和18世纪的法国大革命实现的。但与社会主义革命比较起来，资产阶级革命并不要求消除私有制，而是代之以资本主义私有制。第二，无产阶级革命是最终要彻底消灭一切阶级剥削和阶级统治的革命。以往的革命，例如资产阶级革命，是以一个阶级的剥削与统治代替另一个阶级的剥削与统治。而无产阶级革命、社会主义运动的目的则是消灭一切阶级剥削并最终消灭阶级和阶级统治。第三，无产阶级革命是为绝大多数人谋利益的运动。以往的革命，例如资产阶级革命，得到革命果实的统治阶级是少数人，他们是为少数资产阶级谋利益的。无产阶级没有自己的私利，他们的存在和发展与人类社会发展的总方向是完全一致的。在资本主义制度下的无产阶级是被剥削的雇佣劳动者，要摆脱这种雇佣劳动者的地位和处境就必须通过革命夺取政权，建立起无产阶级专政和社会主义经济制度，当家作主，成为社会的主人。在新社会里，工人阶级既是生产资料的所有者又是劳动者，他们的利益与社会发展、人类进步的总方向、总趋势是一致的。无产阶级只有解放全人类，才能解放自己，它的阶级利益同广大劳动者的利益是完全一致的。因此，无产阶级革命必然是为广大人民群众谋利益的最广泛的革命。第四，无产阶级革命是不断前进的历史进程。无产阶级通过革命夺取政权并不是最终目的。在坚持社会主义社会基本制度的前提下，不断推进社会主义建设，使社会生产力极大提高、物质财富极大丰富、人得到全面发展，进而迈向共产主义，这才是无产阶级和社会主义、共产主义事业的远景和方向。

无产阶级革命的形式，从理论上说可以有暴力革命和非暴力革命即和平形式两种，但迄今的实践中，暴力革命是主要的基本形式。因为革命的根本问题是国家政权问题，在资本主义社会里进行无产阶级革命就是要从资产阶级手中夺取国家政权，变资产阶级专政为无产阶级专政，资产阶级当然不会心甘情愿地自动让出政权，对无产阶级的反抗必然采取各种手段加以镇压，因此无产阶级革命也必然采取激烈对抗的暴力形式。历史证明"暴力是每一个孕育着新社会的旧社会的助产婆"①。从无产阶级革命运动的历史看，无论是巴黎公社、十月革命还是中国等社会主义国家政权的取得，都是通过暴力革命的方式实现的。

对于以和平方式实现社会主义的问题，马克思、列宁都曾谈到过。马克思在19世纪70年代曾根据英国和美国的特殊情况设想，有可能以和平方式实现社会主义。列宁在1917年俄国二月革命后出现两个政权并存局面时，也曾设想革命有和平发展的可能。但是，实践中的情况是英国和美国并未发生社会主义革命，而俄国最终是十月革命一声炮响以武装起义的暴力革命方式建立起新生的苏维埃政权。第二次世界大战后建立起来的各个社会主义国家，也都是通过革命战争、武装起义等暴力革命的方式夺取政权，建立起社会主义国家的。世界经济政治军事格局在不断变化，资本主义国家内部也在不断进行着局部调整，在今后的社会发展中，社会主义革命将采取何种形式，只能由各国无产阶级政党和人民根据马克思主义基本原理同本国实际情况相结合的原则做出决定。

对于无产阶级社会主义革命的发生，马克思主义者也有一个认识不断深化发展的过程。根据19世纪资本主义处于自由竞争阶段的现实条件和实际情况，马克思和恩格斯的基本观点是，社会主义革命即使不是在全世界同时进行，也要在几个主要资本主义国家同时发生才可能成功。他们在其早期著作中就指出："共产主义只有作为占统治地位的各民族'一下子'同时发生的行动，在经验上才是可能的，而这是以生产力的普遍发展和与此相联系的世界交往为前提的。"② 马克思、恩格斯这里讲的同时胜利论，不是说社会主义革命必须在全世界或主要资本主义国家同一时刻同步进行。同时胜利是指主要资本主义国家在革命时机成熟时，在一个时期内相继爆发无产阶级革命，形成一个相互支持和相互促进的革命高涨的局面。恩格斯指出："在这些国家的每一个国家中，共产主义革命发展得较快或较慢，要看这个国家是否有较发达的工业，较多的财富和比较大量的生产力。"③ 可见，革命的发生归根结底是由生产力发展水平决定的。当然这也同19世纪马克

---

① 《马克思恩格斯全集》第44卷，人民出版社2001年版，第861页。
② 《马克思恩格斯选集》第1卷，人民出版社1995年版，第86页。
③ 《马克思恩格斯选集》第1卷，人民出版社1995年版，第241页。

思、恩格斯所处时代的工人运动实践紧密相关。特别是1871年的巴黎公社的实践，它是在一个国家的一个城市爆发的无产阶级革命，这个建立无产阶级专政的政权的第一次尝试，在国际资产阶级的联合镇压下很快就失败了。马克思、恩格斯总结了巴黎公社的经验，认为资本主义在当时已发展成一种国际力量，它们联合起来共同镇压巴黎公社，这说明资产阶级是不愿在任何一个国家失去政权的，若出现一国的无产阶级革命，必然招来资本主义国家的联合镇压。从这个意义上讲，无产阶级革命必须在同一历史时期爆发才有胜利的可能。

19世纪末20世纪初，资本主义由自由竞争阶段发展到垄断阶段，出现了一些新变化、新特征。最重要的一点就是垄断资本主义即帝国主义国家之间经济政治发展不平衡。列宁研究了帝国主义时期资本主义经济政治的新情况、新问题、新特点，集中了俄国布尔什维克党的智慧，立足于资本主义发展不平衡规律，提出了社会主义革命可以在一国或数国首先胜利的理论。他指出："经济和政治发展的不平衡是资本主义的绝对规律。由此就应得出结论：社会主义可能首先在少数甚至在单独一个资本主义国家内获得胜利。"① 他还指出："资本主义的发展在各个国家是极不平衡的。而且在商品生产下也只能是这样。由此得出一个必然的结论：社会主义不能在所有国家内同时获得胜利。它将首先在一个或几个国家内获得胜利，而其余的国家在一段时间内将仍然是资产阶级的或资产阶级以前的国家。"② 列宁提出的社会主义革命一国或数国首先胜利论，是在新形势下对马克思主义无产阶级革命理论的发展。它以帝国主义阶段经济政治发展不平衡规律为依据，是符合当时的实际情况的。正是在列宁这一思想的指引下，在俄国布尔什维克党的领导下，俄国无产阶级于1917年11月7日（俄历10月25日）在彼得格勒举行了十月革命武装起义，建立起世界上第一个社会主义国家。十月革命的胜利、苏维埃俄国的诞生，是列宁这一理论的成功实践。十月革命实现了社会主义从理想到现实的伟大飞跃，开辟了人类历史的新纪元。

### 二、社会主义从理想到现实

依据科学社会主义，无产阶级革命就是要变资本主义私有制为社会主义公有制，从而建立起社会主义的社会经济制度。但这一任务不可能在革命后的短时间内很快就实现，因此要经过一个过渡时期，即从资本主义社会到社会主义社会，必须经过一个过渡阶段。对生产力落后、资本主义不发达的国家来说，在特定的历史条件下发生无产阶级革命以后，向社会主义过渡时期的任务必然更艰巨，时间也会更长。

无产阶级革命胜利以后，如何经过过渡时期真正进入社会主义社会，则需进

---

① 《列宁选集》第2卷，人民出版社1995年版，第554页。

② 同上书，第772页。

行史无先例的开创性探索。特别是在俄国这样一个社会化大生产水平不高、资本主义经济社会制度也不是很发达的国家里建立起的新生无产阶级政权，必然会出现异常复杂而困难的局面。苏维埃俄国的党和人民，在列宁和斯大林的领导下，经历了一个艰难曲折的对社会主义的探索过程。

（一）列宁领导下的苏维埃俄国对社会主义的探索

从1917年年末的十月革命到1924年年初列宁逝世仅有短短的六年多时间。在列宁领导下苏维埃俄国对社会主义道路的探索大体可分三个阶段，即进一步巩固苏维埃政权时期、战时共产主义时期、新经济政策时期。

进一步巩固苏维埃政权时期。从1917年11月到1918年春夏之交，在夺取政权后的最初半年里，首先进行了对大资本的剥夺和改造，实现了银行和大工业的国有化，使无产阶级掌握了国家的经济命脉。同时苏德之间签订了《布列斯特和约》，战争暂时停止，为新生的无产阶级政权赢得了喘息的机会。列宁在这个时期发表了《苏维埃政权的当前任务》等一系列文章，提出了向社会主义过渡的计划，以及具体进行社会主义改造的方法、措施等。

战时共产主义时期。外国资产阶级不甘心资本主义统治在俄国的失败，企图把新生的无产阶级政权扼死在摇篮里。从1918年春夏之交起，它们纠集了14个国家组成武装干涉军围攻苏维埃俄国。同时，国内的地主资产阶级也不甘心失去政权和生产资料，爆发了红军与白军之间的国内战争。在这样严酷的内外环境中，从1918年夏到1921年春，在列宁领导下苏维埃政权实行了两年多战时共产主义政策。战时共产主义在经济上的主要特征是：取消商品货币关系，生产和流通由国家政权统一集中管理，生产资料和粮食等主要生活资料由国家统一调配。为了赢得战争、巩固政权，苏维埃政权在经济上采取了一系列强制性的非常措施，对各种资源和产品进行实物分配、计划配给，以保证前线的供应，保证城乡居民的基本生活。这是一种在非常时期采取的非常措施，是一种为应付战争而实行的临时政策。"为了拯救国家，拯救军队，拯救工农政权，当时必须这样做。"① 战时共产主义对于粉碎帝国主义武装干涉、平息国内叛乱起到了重要作用，有效地保卫了新生的苏维埃政权。但这种否定商品经济、试图人为消灭商品货币关系的做法，也产生了诸多问题，使得本就有限的社会资源不能得到有效配置。列宁指出："用无产阶级国家直接下命令的办法在一个小农国家里按共产主义原则来调整国家的产品生产和分配"的做法脱离了实际，"现实生活说明我们错了"。②

新经济政策时期。1921年春，苏维埃俄国击退了外国武装干涉，平息了国内叛乱，开始了和平建设时期。这时列宁果断地结束战时共产主义，转而实行新经济政策。首先是改变战时共产主义时期废除商品货币关系、变成实物经济的做法，

---

① 《列宁全集》第41卷，人民出版社1986年版，第10页。
② 《列宁选集》第4卷，人民出版社1995年版，第570页。

恢复和发展商品经济。利用商品货币关系发展国民经济，巩固新生政权的经济基础。在革命后很快国有化的工业企业，在战时共产主义条件下经营管理不善，效率不高。实物经济条件下的城乡交流、各行各业的交换不畅，整个社会的流通受到极大影响。革命后的一段时期，在农村赶走了地主、富农，土地分给贫苦农民耕种，国家采取余粮征集制，这种制度不利于提高农民的生产积极性，甚至是对农民利益的一种侵害。战时共产主义时期调动人的生产积极性主要靠革命热情，这种动力机制不可能持久。实行新经济政策就是要对这些战时共产主义政策的弊端进行改革。在城市中积极发展商品经济，列宁提出共产党人要学会经商，可以让原来的工厂管理者回来经营管理，已经国有化的公有制企业要提高效率。在农村则以粮食税取代余粮征集制，这一新制度的实施，使国家和农民的利益都得到保证，并改善了苏维埃政权与农民的关系，为引导农民走上社会主义道路打下了基础。新经济政策在列宁领导下实施的头几年，取得了显著的成果，扭转了战时共产主义后期的不利局面，提高了经济效率，活跃了城乡交流，工人、农民的生产积极性得到合理的激励，生产和生活水平都得到了提高，初步显示出新生社会制度的优越性。

1924年年初列宁逝世。他在十月革命胜利后六年多的时期中，对社会主义建设问题进行了多方面的探索，发展了马克思主义关于社会主义的理论。他的主要贡献是：首先，把社会主义建设作为一个长期探索、不断实践的过程。其次，把大力发展生产力、提高劳动生产率放在首位。再次，认识到在社会主义建设中，特别是过渡时期不能人为取消商品经济，而要利用商品货币关系发展经济。最后，列宁还提出利用资本主义，建设社会主义。他提出国家资本主义概念，即新生的无产阶级专政的国家政权可以利用并控制其发展方向的资本主义经济。他指出，可以利用国家资本主义发展城市工商业，繁荣城乡经济，为新生的社会主义国家服务，并把资本主义工商业引向社会主义方向。列宁这一系列关于社会主义建设的理论，是他领导苏维埃俄国的实践经验的总结，是他对马克思主义的重大贡献。列宁晚年在《论合作社》《论我国革命》《宁可少些，但要好些》等文章中，对社会主义建设提出一些新构想，主要包括：用合作化方式引导农民走向社会主义；发展工业，实现国家的工业化、电气化；学习资本主义一切可以利用的有价值的东西，为发展社会主义服务；进行文化革命，发展社会主义的文化教育事业；进行党和国家机构改革，建立新型的社会主义政治制度，提高干部的素质和能力；加强社会主义民主法制建设、反对官僚主义；加强党的建设、维护党的团结，特别是党中央领导核心的团结。这些思想对后来的社会主义国家各方面的建设都有很重要的指导意义。

列宁晚年还对十月革命道路和新经济政策的经验进行了总结，进一步提出，社会主义最终胜利的根本保证是创造出比资本主义更高的劳动生产率；无产阶级夺取政权后要尽快实现国家工业化，实现工作重心从革命到建设的转变；合作社是把个人利益和国家利益结合起来的最好形式；必须加强国家政权建设和执政党建设等。

### （二）斯大林领导下的苏联对社会主义的探索

列宁逝世后，苏联在斯大林的领导下，逐步建成了以生产资料公有制为基础的社会主义计划经济制度，形成了后来所称的建设社会主义的苏联模式。

从列宁逝世的1924年到在宪法中宣布建成社会主义的1936年，苏联仍然处于从资本主义向社会主义的过渡时期。在斯大林的领导下，经过十多年的革命与建设实践，在资本主义国家中处于落后地位的俄国，逐步成为一个社会主义工业国，一个实行计划经济配置资源的新型国家。

首先是生产资料所有制的变革。虽然十月革命后在城市中新政权很快剥夺了资本家的生产资料，将其变为社会主义公有制经济的一部分，建立起了社会主义最初的经济基础。但俄国是一个小生产者和农民占人口多数的国家，对于既是小私有者又是劳动者的城市个体劳动者和广大农民，不能采取剥夺的方式将其强行纳入到社会主义公有制经济中，只能采取逐步引导的方法，用合作化的方式将个体劳动者和农民组织起来，引导到社会主义集体所有制经济中。对城乡小生产者的社会主义改造，特别是把私有制的小农经济改造为社会主义集体所有制经济的任务，在苏联进行了十多年，主要是通过建立集体农庄的形式实现的。到1936年时，苏联在所有制上的特点是，社会主义公有制占了绝对优势，基本上在城市和工业中是全民所有制（采取国家所有制形式）为主，在农村和农业中是集体所有制为主，这样一种两种公有制并存的格局，构成了苏联社会主义计划经济体制的所有制基础。

其次是计划经济体制的建立和发展。马克思认为，在资本主义社会中，社会化大生产发展到其生产关系不能容纳的情况时，将发生社会主义革命，建立起社会主义公有制为基础的新社会。在社会主义经济中，各种资源的配置是在公有制下按既是生产资料主人又是劳动者的人民的意愿有计划进行的。当无产阶级在俄国夺取了政权，并逐步建立起社会主义公有制基础的时候，如何在这种新的社会经济制度下配置资源就成为一个现实的课题。苏联在斯大林领导下走了一条建立集中的计划经济体制的道路。在这种资源配置方式中，经济活动的决策权主要在中央计划机构，通过计划任务的层层分解和执行，将各种人力、物力资源用于社会主义建设的各个方面。在苏联模式中，商品经济依然存在，价值规律仍然在起作用，但计划是主导，忽视甚至排斥市场调节作用，各种资源主要是通过计划而不是市场配置的。这种经济体制下的信息传导机制，主要是通过计划体系自上而下和自下而上的纵向传达，部门与企业间横向的信息交流较少。苏联社会主义建设中的动力机制是物质鼓励与精神鼓励相结合，一方面鼓励人们为社会主义事业无私奉献，另一方面也通过实行按劳分配原则，以及对各行各业的先进人物和突出业绩的物质奖励促进经济效益的提高和社会主义建设的发展。

最后是政治、思想、文化等各项事业的建设与发展。斯大林曾把社会主义建设喻为在一片"空地"上开拓。与一种私有制社会代替另一种私有制社会不同，社会主义是先夺取政权，再进行建设，一步步进行的都是史无前例的开拓性工作。苏联的政治制度和文化事业，在斯大林领导下逐步建立和发展起来。巩固了共产党对各项事业的领导，建立了与计划经济体制相适应的行政管理制度，各种反映社会主义意识形态的思想、文化、教育事业也取得了很大进步。

1936年12月，在苏维埃第八次非常代表大会上通过的苏维埃宪法宣布：苏联已建成社会主义社会。1941年6月纳粹德国对苏联发动了侵略战争，经过艰苦卓绝的卫国战争，苏联获得了反法西斯战争的胜利，为第二次世界大战的胜利做出了不可磨灭的贡献。1945年以后苏联才又重获和平建设的机会。1953年斯大林逝世。在斯大林的领导下，社会主义制度的优越性得到了多方面的体现，包括苏联生产力的大幅度提高、国家工业化的实现、国力的迅速增强、人民生活水平的提高、苏联国际地位的提高等，都是不容抹杀的历史事实。他开创的社会主义计划经济模式，有其历史功绩，也存在集中过多、管得过死等诸多弊端，正因如此，从20世纪50年代起包括苏联在内的各社会主义国家纷纷走上了改革之路。

### 三、社会主义从一国到多国的发展

从十月革命到卫国战争胜利，苏联在社会主义革命后短短的几十年时间里，把一个经济文化较为落后的资本主义旧俄国发展成为世界上位居前列的经济政治军事强国，社会主义集中力量办大事的优越性得到充分体现，第二次世界大战以后社会主义事业从一国向多国发展壮大。

（一）东欧社会主义国家的建立和发展

在第二次世界大战前，东欧诸国的社会生产力和资本主义经济关系已有一定程度的发展，其中有些国家如捷克的工业还跻身当时的世界十强。但在第二次世界大战中这些国家多被纳粹占领，国家被践踏，人民遭受苦难。苏联红军在把德国侵略军赶出本土后挥师向西，在东欧国家人民的配合下将这些国家从纳粹统治下解放出来。这些国家的共产党、工人党在苏联的支持下建立起新生的社会主义政权。也有些欧洲社会主义国家主要是靠自己的力量反抗纳粹、获得解放的，如处于南欧巴尔干半岛的阿尔巴尼亚和南斯拉夫。总之，在第二次世界大战后的欧洲，出现了波兰、捷克斯洛伐克、罗马尼亚、保加利亚、匈牙利、民主德国、南斯拉夫和阿尔巴尼亚等一批社会主义国家。它们的生产力发展水平不一、资本主义生产关系的发展程度也不相同，但都在特定的历史条件下走上了社会主义道路，并都是以苏联为榜样，采取了大体相同的经济政治体制。在这种体制下，集中力量办大事的优越性在战后初期的恢复中起到了决定性的作用，它们一般都在较短时间内治愈了战争创伤，并在战后初期创造了较高的经济发展速度。但集中计划经济体制的弊端也逐渐显露，特别是匈牙利、捷克等原资本主义市场经济发展程度已较高的国家，计划经济的弊端更快地显现出来了，也因此导致后来的一系列改革。

（二）中国等亚洲社会主义国家的建立和发展

中国则是走了一条以农村包围城市、最后夺取城市、获得全国政权的独特的社会主义成功之路。中国共产党将马克思主义基本原理同中国革命的具体实践相结合，在毛泽东思想指引下，于1949年推翻了压在中国人民头上的帝国主义、封建主义和官僚资本主义三座大山，建立了伟大的中华人民共和国，从此中国人民站起来了。在恢复千疮百孔的国民经济的同时，中国从1950年到1953年又进行抗美援朝战争。1953年在党的过渡时期总路线的指引下，中国开始有系统地进行社会主义改造，特别是通过采取赎买方式成功地实现了对民族资产阶级的改造，在广大农村通过渐进方式实现合作化，最终于1956年建立起全民所有制和集体所有制并存的社会主义公有制经济，确立了社会主义基本制度。

朝鲜、越南、老挝和蒙古等国建立社会主义制度的情况，与我国有同有异，都是在特定的历史条件下走上了社会主义道路。另外，在地球的另一端，处于中美洲的古巴，也是在战后民族独立风起云涌的时代，在古巴共产党及其领袖卡斯特罗的领导下，独立地走上社会主义道路。

从二战后到1989年东欧剧变、1991年苏联解体这四十余年，世界上一度出现了以苏联为首的包括亚欧及拉美共十几个国家组成的社会主义阵营。这是国际工人运动和社会主义运动的一次大试验，应该很好地总结这几十年的经验，客观地认识和评价苏联和其他社会主义国家的社会主义实践。

（三）社会主义从一国到多国发展的历史贡献与经验教训

20世纪各社会主义国家的实践，使社会主义从理论在多国变为现实，是人类历史上的巨大飞跃。社会主义制度对人类社会历史的发展做出了巨大的贡献。

首先，社会主义作为一种现实存在的社会制度出现在世界上，推动了人类历史的发展和社会制度的演进。20世纪五六十年代，社会主义国家曾占世界人口的1/3，领土面积的1/4。社会主义集中力量办大事的作用在战后恢复时期和大规模经济建设中尤为明显，社会主义国家的劳动生产率提高和国民经济增长普遍较快。在个人收入分配方面，由于实行公有制和按劳分配，社会主义国家的收入分配较资本主义国家更公平，西方学者用基尼系数（一种衡量分配均衡程度的指数，介于0和1之间，数值较小表示分配较平均，数值较大表示分配差距较大，一般以0.4为警戒线，超过这一数值表示分配差距较悬殊）衡量各社会主义国家的分配状况，一般都大大小于资本主义国家。同时社会主义的民主政治建设、思想道德文化建设也获得了巨大进展，向世界展示了社会主义制度蓬勃发展、积极向上的强大生命力。

其次，社会主义国家的存在改变了世界格局，在一定程度上遏制了资本主义和霸权主义在世界上的扩张。二战后世界各国人民争取民族独立和国家解放的浪潮风起云涌，前殖民地纷纷独立。如何独立自主地走上强国富民之路，各国都在探索。采取私有制市场经济体制的一些发展中国家，在一段时期中发展较快，但都存在着这样那样的问题，尤其是对发达国家依赖、经济结构不合理、收入分配差距过大等社会经济问题，是其自身难以解决的。而社会主义国家则在独立自主的发展中向世界展现了另一种发展模式。当然，社会主义各国的发展也不平衡，并且在更长期的发展中还暴露出许多计划经济体制的弊病，尤其是东欧剧变和苏联解体，更使得社会主义运动处于低潮，这是需要认真总结的教训。

再次，社会主义力量坚定地支持被压迫民族和被压迫人民，推动着和平与发展的世界时代潮流。二战以来世界各国都在追求和平与发展，资本主义发达国家再也不能像殖民时代那样对发展中国家颐指气使、发号施令，这同社会主义国家的存在及其对广大发展中国家的支持是分不开的。社会主义国家坚定地高举反对帝国主义霸权的旗帜，代表世界被压迫民族与被压迫人民的利益，在国际事务中力求打破旧的国际经济政治秩序，建立更合理的国际经济政治新秩序。

最后，社会主义引导着世界人民的前进方向。社会主义从一国到多国的胜利，社会主义的理论和理想、实践和成就给各国人民以启示。虽然历史的发展有曲折，社会主义的实践中有这样那样的弊病，但它代表了时代发展的方向。

20世纪社会主义的实践，有辉煌的成绩，也发生过曲折，特别是1989年的东欧剧变和1991年的苏联解体，使社会主义运动遭受严重挫折。苏联作为世界上第一个社会主义国家，曾是可与美国抗衡的超级大国，领导形成了强大的社会主义阵营，竟然在很短的时间内倾覆瓦解，既有现实的直接的原因，也有历史的长期的原因。东欧剧变、苏联解体最深刻最根本的教训是：放弃了社会主义道路、放弃了无产阶级专政、放弃了共产党的领导地位、放弃了马克思列宁主义，结果使得已经相当严重的经济、政治、社会、民族矛盾进一步激化，最终酿成制度剧变、国家解体的历史悲剧。邓小平指出："不坚持社会主义，不改革开放，不发展经济，不改善人民生活，只能是死路一条。"① "一些国家出现严重曲折，社会主义好像被削弱了，但人民经受锻炼，从中吸取教训，将促使社会主义向着更加健康的方向发展。"② 总结这些历史经验和教训使我们认识到：要正视经济社会发展较为落后的国家在特定历史条件下进入社会主义的特殊性，要把科学社会主义理论与各国的实践相结合，探索符合本国国情的社会主义发展道路。不能拘泥于经典作家的个别论断，而要在理论和实践上都勇于创新。社会主义社会的经济体制并非只有一种模式，尤其在资源配置方式和经济运行机制上，要解放思想、勇于探索。实践证明，无论是苏联、东欧国家还是中国、越南这样资本主义本来就不发达的国家，用计划经济的方式配置资源，在新制度建立前期有其必要性，也曾发

---

① 《邓小平文选》第3卷，人民出版社1993年版，第370页。

② 同上书，第383页。

挥了积极作用。但随着经济社会化的发展，其弊端逐渐显露出来。而市场经济体制是迄今为止较为有效的资源配置方式，它不但可为资本主义所用，也能成为社会主义的一种经济体制。要坚持共产党的领导，不断发展社会主义民主政治，还要重视意识形态领域的斗争和思想教育，既要抵制各种资本主义思潮的侵袭和腐蚀，又不能搞一言堂甚至压制群众的要求和呼声，要形成一种生动活泼的政治局面。要善于吸收资本主义发达国家一切能为我所用的东西，学习人类发展中各方面的优秀成果，这样才会使社会主义立于不败之地。

### 四、社会主义在中国焕发出强大生机活力

中国是在特定的历史条件下进入社会主义社会的。旧中国的生产力很不发达，资本主义生产关系也没有得到充分发展，中国的商品经济发展程度也很低。处于半殖民地半封建地位的旧中国，在帝国主义列强的重压下，很难独立走上通向发达资本主义国家的道路。俄国十月革命的胜利，给中国人民送来了马克思列宁主义。1921年中国共产党成立，并成为中国社会主义运动的领导力量。党领导的中国社会主义事业，经过了从新民主主义革命到社会主义革命、建设、改革的发展历程，在近百年的奋斗中不断发展壮大，在21世纪焕发出勃勃生机。

中国的社会主义建设是从学习苏联起步的，但我们党很快就察觉到苏联在社会主义建设中的缺陷和不足，认识到苏联模式的局限和弊端。毛泽东提出要以苏联的经验为鉴戒，独立探索适合中国国情的社会主义建设道路。以《论十大关系》《关于正确处理人民内部矛盾的问题》为主要标志，党对怎样建设社会主义有了自己的新认识。然而，囿于认识和实践的局限，我们在建设社会主义的过程中也出现了这样那样的失误，甚至经历了"文化大革命"那样的严重挫折。但也应当看到，新中国前30年的探索取得了多方面的巨大成绩。新中国在"一穷二白"的基础上以资本主义发达国家望尘莫及的速度，逐步建立了独立的、比较完整的工业体系和国民经济体系，充分体现出社会主义制度的优越性，并为新时期开创中国特色社会主义提供了宝贵经验、理论准备和物质基础。

1978年党的十一届三中全会重新确立了解放思想、实事求是的思想路线，彻底否定了"以阶级斗争为纲"的错误理论和实践，以巨大的政治勇气和理论勇气，做出了进行改革开放的重大决策，开创了社会主义建设的新时期。邓小平明确提出必须搞清楚"什么是社会主义、怎样建设社会主义"这个重大理论和实践问题，并进一步提出："把马克思主义的普遍真理同我国的具体实际结合起来，走自己的道路，建设有中国特色的社会主义，这就是我们总结长期历史经验得出的基本结论。"① 经过实践探索，我们党提出了社会主义初级阶段理论，确立了党在社会主义初级阶段的基本路线，第一次比较系统地初步回答了在中国这样经济文化比较

---

① 《邓小平文选》第3卷，人民出版社1993年版，第3页。

落后的国家如何建设社会主义、如何巩固和发展社会主义的一系列基本问题,把对社会主义的认识提高到新的科学水平,翻开了中国社会主义发展的崭新一页。

1989年东欧剧变、1991年苏联解体,使世界社会主义遭受严重挫折。在严峻的国际国内形势和空前的压力与挑战面前,中国共产党岿然挺立,经受住了重大考验,成功捍卫了中国的社会主义事业。中国特色社会主义巨轮在疾风暴雨中坚定航向,继续破浪前行。1992年,新一轮思想解放和改革开放的高潮兴起,在邓小平南方谈话和党的十四大精神指引下,我国开始建立社会主义市场经济体制。以江泽民同志为核心的党中央团结带领全党全国人民,战胜了来自国内和国际的以及经济、社会和自然的多方面挑战,承前启后、继往开来,成功把中国特色社会主义推向21世纪。2002年党的十六大以后,以胡锦涛同志为总书记的党中央牢牢把握新世纪新阶段国内外形势的新变化,带领全国人民紧紧抓住重要战略机遇期,全面推进中国特色社会主义经济、政治、文化、社会和生态文明建设,加强党的执政能力建设和先进性建设,构建社会主义和谐社会,在新的历史起点上,开始了全面建设小康社会的新征程。

### 五、新时代中国特色社会主义

2012年党的十八大以来,以习近平同志为核心的党中央,以强烈的历史担当、高超的政治智慧和顽强的意志品格,团结带领全国人民统筹推进"五位一体"(指经济建设、政治建设、文化建设、社会建设、生态文明建设)总体布局,协调推进"四个全面"(指全面建成小康社会、全面深化改革、全面依法治国、全面从严治党)战略布局,推动当代中国取得了历史性成就,发生了历史性变革。党的面貌、国家的面貌、人民的面貌、军队的面貌、中华民族的面貌发生了前所未有的变化。中国特色社会主义进入新时代,中华民族高举中国特色社会主义旗帜,以崭新姿态屹立于世界东方。

2017年党的十九大,习近平总书记首次提出"新时代中国特色社会主义思想"。这一思想是全党全国人民为实现中华民族伟大复兴而奋斗的行动指南,被写入了十九大通过的党章中。2018年3月的全国人民代表大会上,习近平新时代中国特色社会主义思想载入了宪法,宪法修正案明确了习近平新时代中国特色社会主义思想在国家政治和社会生活中的指导地位。它是马克思主义中国化的最新成果,是党和人民实践经验和集体智慧的结晶,是党的十八大以来党和国家事业取得历史性成就、发生历史性变革的根本的理论指引,其政治意义、理论意义、实践意义,在党内外、在全国上下已经形成了广泛的高度认同。

习近平新时代中国特色社会主义思想从世界观和方法论的高度,系统全面地回答了中国特色社会主义进入新时代后,中国共产党的新目标、新使命,面临的新矛盾等一系列带有根本性的问题,与治党治国治军的各方面工作紧密相连,既有理论高度,更具实践价值,将指导我们更好地坚持和发展中国特色社会主义。

习近平新时代中国特色社会主义思想内容十分丰富，涵盖改革发展稳定、内政外交国防、治党治国治军等各个领域、各个方面，构成了一个系统完整、逻辑严密、相互贯通的思想理论体系。党的十九大报告阐述了新时代中国特色社会主义思想的"八个明确"和"十四个基本方略"。八个明确是在指导思想层面的表述，具体是指：明确坚持和发展中国特色社会主义，总任务是实现社会主义现代化和中华民族伟大复兴，在全面建成小康社会的基础上，分两步走在本世纪中叶建成富强民主文明和谐美丽的社会主义现代化强国；明确新时代我国社会主要矛盾是人民日益增长的美好生活需要和不平衡不充分的发展之间的矛盾，必须坚持以人民为中心的发展思想，不断促进人的全面发展、全体人民共同富裕；明确中国特色社会主义事业总体布局是"五位一体"、战略布局是"四个全面"，强调坚定道路自信、理论自信、制度自信、文化自信；明确全面深化改革总目标是完善和发展中国特色社会主义制度、推进国家治理体系和治理能力现代化；明确全面推进依法治国总目标是建设中国特色社会主义法治体系、建设社会主义法治国家；明确党在新时代的强军目标是建设一支听党指挥、能打胜仗、作风优良的人民军队，把人民军队建设成为世界一流军队；明确中国特色大国外交要推动构建新型国际关系，推动构建人类命运共同体；明确中国特色社会主义最本质的特征是中国共产党领导，中国特色社会主义制度的最大优势是中国共产党领导，党是最高政治领导力量，提出新时代党的建设总要求，突出政治建设在党的建设中的重要地位。

十四个基本方略是在实践层面、行动纲领层面的展开，其主要内容是"十四个坚持"，具体是指：坚持党对一切工作的领导。坚持以人民为中心。坚持全面深化改革。坚持新发展理念。坚持人民当家作主。坚持全面依法治国。坚持社会主义核心价值体系。坚持在发展中保障和改善民生。坚持人与自然和谐共生。坚持总体国家安全观。坚持党对人民军队的绝对领导。坚持"一国两制"和推进祖国统一。坚持推动构建人类命运共同体。坚持全面从严治党。以上十四条，构成新时代坚持和发展中国特色社会主义的基本方略。

中国特色社会主义取得的伟大成就，是中国这个世界上最大的发展中国家在短短40年的时间里摆脱贫困并跃升为世界第二大经济体（中国的国内生产总值在2010年超过日本，成为经济总量排名第二的经济体），创造了人类社会发展史上的奇迹。中国特色社会主义的成功，不仅在中华人民共和国和中华民族发展史上具有重大意义，而且在世界社会主义和人类社会发展史上也具有重大意义。中国特色社会主义进入新时代，意味着近代以来久经磨难的中华民族迎来了从站起来、富起来到强起来的伟大飞跃，迎来了实现中华民族伟大复兴的光明前景；意味着科学社会主义在21世纪的中国焕发出强大生机活力，在世界上高高举起了中国特色社会主义伟大旗帜；意味着中国特色社会主义道路、理论、制度、文化不断发展，拓展了发展中国家走向现代化的途径，给世界上那些既希望加快发展又希望保持自身独立性的国家和人民提供了全新选择，为解决人类问题贡献了中国智慧和中国方案。总之，中国特色社会主义是科学社会主义在当代中国的成功实践，充分表明了社会主义在世界上人口最多的国家成功开辟出通向繁荣昌盛的正确道路，鲜明地展现了社会主义的优越性，标志着世界社会主义正在开拓新的历史征程。

## 第二节　科学社会主义一般原则

> 科学社会主义基本原则不能丢，丢了就不是社会主义。
> 
> ——习近平

### 一、科学社会主义一般原则及其主要内容

马克思、恩格斯在揭示人类社会发展一般规律的基础上，深入阐发资本主义基本矛盾及其发展趋势，并在指导国际工人运动的过程中不断总结经验，逐步形成了科学社会主义一般原则。这些原则在后来的社会主义革命和建设中得到证实、丰富和发展。科学社会主义一般原则是社会主义事业发展规律的集中体现，是马克思主义政党领导人民进行社会主义革命、建设、改革的基本遵循。它主要包括以下几方面内容。

（1）人类社会发展规律和资本主义基本矛盾是资本主义必然灭亡、社会主义必然胜利的根本依据。马克思主义的唯物史观，揭示了人类社会发展的一般规律，并进一步揭示了资本主义发展的特殊规律，从而把科学社会主义建立在现实的可靠基础上。资本主义生产方式的基本矛盾，即生产社会化和生产资料资本主义私人占有之间的矛盾，是资本主义不可克服的内在矛盾。这一矛盾产生出以下具体表现和结果：一是资产阶级和无产阶级的对立，二是资本主义个别企业生产的有组织性与整个社会生产的无政府状态之间的矛盾，三是资本主义生产无限扩大的趋势与人民群众有支付能力的需求之间的矛盾。随着资本主义的发展，其基本矛盾也在不断发展和趋向尖锐化，导致频繁发生周期性的经济危机。资本主义基本矛盾的固有性、不可克服性、不可抗拒性，决定了资本主义制度必然要被比它更加先进的社会制度所代替。正如马克思、恩格斯在《共产党宣言》中说的"资产阶级的灭亡和无产阶级的胜利是同样不可避免的"①。

（2）无产阶级是最先进最革命的阶级，肩负着推翻资本主义旧世界、建立社会主义和共产主义新世界的历史使命。无产阶级是"没有自己的生产资料，因而

---

① 《马克思恩格斯选集》第 1 卷，人民出版社 1995 年版，第 284 页。

不得不靠出卖劳动力来维持生活的现代雇佣工人阶级"①。这个阶级是社会化大生产的产物，是先进生产力的代表，并具有高度的组织纪律性。它处于资本主义社会的最底层，受到的压迫和剥削最深，是革命最坚决、最彻底的阶级。只有推翻资产阶级的统治，废除资本主义雇佣劳动制度，无产阶级才能得到彻底解放。也只有这个阶级，才能担当得起推翻资本主义旧世界，建立社会主义和共产主义新世界的历史使命。需要指出的是，无产阶级或工人阶级本身的状况是随社会发展而变化发展的。当代资本主义国家中，传统产业工人逐渐减少，其他雇员阶层则不断扩大。我们既要看到那里的产业工人依然存在，又要看到其他雇员和雇主之间也具有雇佣性质。在社会主义国家，工人阶级的地位则发生了根本的变化，成为国家的领导阶级。我国工人阶级队伍不断扩大，知识分子成为工人阶级的一部分；工人阶级的科学文化素质不断提高，是我国先进生产力的代表和主力军。

（3）无产阶级革命是无产阶级进行斗争的最高形式，以建立无产阶级专政的国家为目的。在资本主义条件下，无产阶级反抗资产阶级的斗争主要有经济斗争、政治斗争和思想斗争三种形式。经济斗争是指无产阶级为改善劳动和生活条件而进行的斗争，它是无产阶级最熟悉、最普遍采取的斗争形式；政治斗争是指无产阶级以夺取政权为目的的斗争，它是无产阶级反对整个资产阶级的斗争形式；思想斗争是指无产阶级在意识形态领域里同反马克思主义进行的斗争，它是政治斗争和经济斗争的灵魂。无产阶级反对资产阶级斗争的经济根源在于资本主义生产方式的基本矛盾，当无产阶级反对资产阶级的斗争发展到一定程度的时候，在具备一定的主客观条件的前提下，就会发生无产阶级革命。无产阶级革命的根本问题是政权问题，无产阶级通过革命斗争夺取国家政权，使自己成为统治阶级，并打碎资产阶级的国家机器，建立无产阶级专政的国家政权。

（4）社会主义社会要在生产资料公有制基础上组织生产，以满足全体社会成员的需要为生产的根本目的。马克思、恩格斯认为，生产资料私有制是造成资本主义罪恶和不平等现象的总根源，因此未来的新社会应该是以公有制为基础的社会。无产阶级夺取政权后，要利用自己的政治统治，把生产资料集中在国家手里，并尽可能快地增加生产力的总量。与资本主义生产不同，社会主义生产的目的，不是为了资本增殖，而是为了满足人民群众的需要。建立在社会主义公有制基础上的社会是以人民为主体的社会，实现好、维护好、发展好人民群众的利益，是社会主义的本质要求。生产资料公有制是社会主义经济制度的根基，社会主义国家任何时候都不能放弃。但是，要在社会主义实践中，根据具体的国情和生产力状况，选择适当的公有制的实现形式。

（5）社会主义社会要对社会生产进行有计划的指导和调节，实行按劳分配原则。马克思、恩格斯通过对资本主义生产无政府状态的分析，认为社会主义经济

---

① 《马克思恩格斯文集》第 2 卷，人民出版社 2009 年版，第 31 页注①。

必须坚持有计划按比例发展,"就是说,为了共同的利益、按照共同的计划、在社会全体成员的参加下来经营"①。这里的有计划地组织社会生产,是与马克思所看到的资本主义生产的自发性、盲目性、无政府状态相对比而言的。在马克思、恩格斯的著作中并没有"计划经济"一词,而是讲社会主义经济要有计划调节,至于这种计划调节采取何种具体形式,则要在社会主义经济实践中探索。这与二战后一些社会主义国家曾实行过的计划经济,以及有些资本主义国家实行的指导性经济计划,都是不同的。马克思还认为,在共产主义的不同阶段,应该实行具有不同特征的分配制度。在共产主义社会的第一阶段或低级阶段,也即社会主义阶段,生产力水平还不高,并存在旧的社会分工,存在体力劳动和脑力劳动等劳动差别,劳动还仅仅是谋生手段。个人消费品的分配应当实行按劳分配原则。这种分配方式尽管存在历史局限性,但在社会主义阶段是无法避免的。只有到了共产主义高级阶段,在生产力高度发展、社会财富充分涌流、人们得到全面发展的条件下,才能实现理想的"各尽所能,按需分配"的原则。

(6) 社会主义要合乎自然规律地改造和利用自然,努力实现人与自然的和谐共生。马克思、恩格斯科学阐述了人和自然的辩证关系,批判了资本主义对自然界的掠夺。恩格斯在《自然辩证法》中提出了以合乎自然规律的方式来改造和利用自然的观点:"我们不要过分陶醉于我们人类对自然界的胜利。对于每一次这样的胜利,自然界都对我们进行报复。每一次胜利,起初确实取得了我们预期的结果,但是往后和再往后却发生完全不同的、出乎预料的影响,常常把最初的结果又消除了。美索不达米亚、希腊、小亚细亚以及其他各地的居民,为了得到耕地,毁灭了森林,但是他们做梦也想不到,这些地方今天竟因此而成为不毛之地,因为他们使这些地方失去了森林,也就失去了水分的积聚中心和贮藏库。阿尔卑斯山的意大利人,当他们在山南坡把那些在山北坡得到精心保护的枞树林砍光用尽时,没有预料到,这样一来,他们就把本地区的高山畜牧业的根基毁掉了;他们更没有预料到,他们这样做,竟使山泉在一年中的大部分时间内枯竭了,同时在雨季又使更加凶猛的洪水倾泻到平原上。……因此我们每走一步都要记住:我们决不像征服者统治异族人那样支配自然界——相反,我们连同我们的肉、血和头脑都是属于自然界和存在于自然界之中的;我们对自然界的整个支配作用,就在于我们比其他一切生物强,能够认识和正确运用自然规律。"② 在社会主义社会,应该自觉地把实现人与自然的和谐共生作为社会发展的重要目标,以合乎自然发展规律、合乎人类幸福生活和追求美丽环境的方式来改造和利用自然,保持人与自然之间的动态平衡。

(7) 社会主义社会必须坚持科学的理论指导,大力发展社会主义先进文化。

---

① 《马克思恩格斯文集》第 1 卷,人民出版社 2009 年版,第 683 页。
② 《马克思恩格斯文集》第 9 卷,人民出版社 2009 年版,第 559—560 页。

恩格斯说:"我们党有个很大的优点,就是有一个新的科学的世界观作为理论的基础"①,对无产阶级政党来说是如此,对无产阶级政党所领导的社会主义事业来说也是如此。在社会主义国家,马克思主义是立党立国的根本指导思想,任何时候都必须坚持马克思主义在意识形态领域的指导地位不动摇,否则就会迷失方向。社会主义国家必须大力发展以马克思主义为指导的社会主义先进文化,满足人民群众日益增长的精神文化需要,实现对社会风尚和精神面貌的正确引领。"没有先进文化的积极引领,没有人民精神世界的极大丰富,没有民族精神力量的不断增强,一个国家,一个民族不可能屹立于世界民族之林。"② 社会主义先进文化是社会主义国家凝聚和激励人民的重要力量,是社会主义国家综合国力的重要标志。

(8)无产阶级政党是无产阶级的先锋队,社会主义事业必须始终坚持无产阶级政党的领导。无产阶级政党是无产阶级反对资产阶级的斗争发展到一定阶段的产物,无产阶级要从自发走向自觉并取得斗争的胜利,必须建立起自己的革命政党。无产阶级政党由无产阶级中的先进分子所组成,是各国工人运动中最坚决的、始终推动运动前进的部分;无产阶级政党是以马克思主义科学理论武装起来的政党,并具有坚定的社会主义理想信念;无产阶级政党实行民主集中制的组织原则,依靠统一的纲领和严格的纪律形成强大的组织力量。无产阶级通过革命建立人民政权后,党成为社会主义事业的领导核心。这方面的具体论述,请参阅本章第四节。

(9)社会主义社会要大力解放和发展生产力,逐步消灭剥削和消除两极分化,实现共同富裕和社会全面进步,并最终向共产主义社会过渡。社会主义社会是共产主义社会的第一阶段或低级阶段,其目标是走向共产主义社会的高级阶段。共产主义社会是物质财富极大丰富、人们精神境界极大提高、每个人自由而全面发展的社会。社会主义社会只有在充分发展和高度发达的基础上,才能向共产主义社会过渡。因此,社会主义社会必然有一个漫长的发展过程。社会主义社会必须大力发展生产力,创造出比资本主义更高的劳动生产率。只有不断解放和发展生产力,并推动社会全面进步,社会主义才能体现出自己的本质,显示出自己的优越性,并为最终向共产主义社会过渡创造条件。为此,必须根据经济社会发展的需要,改革社会的经济体制和各方面体制,推动生产力的发展。改革是社会主义制度的自我完善和自我发展,是社会主义社会发展的强大动力。随着生产力的巨大发展和社会各项事业的不断推进,社会主义将逐步消灭阶级剥削,消除两极分化,实现全体人民共同富裕,实现社会全面进步和人的全面发展,并最终向共产主义社会迈进。

---

① 《马克思恩格斯文集》第2卷,人民出版社2009年版,第599页。
② 《习近平关于社会主义文化建设论述摘编》,中央文献出版社2017年版,第7页。

## 二、正确把握科学社会主义一般原则

马克思、恩格斯创立了科学社会主义理论,并提出了正确对待社会主义一般原则的科学态度。他们指出,《共产党宣言》"所阐述的一般原理整个说来直到现在还是完全正确的……这些原理的实际运用,正如《宣言》中所说的,随时随地都要以当时的历史条件为转移"①。这一论述为我们正确认识和对待科学社会主义一般原则提供了科学的方法指导。

(1)必须始终坚持科学社会主义一般原则,反对任何背离这些原则的错误倾向。科学社会主义一般原则揭示了资本主义生产方式的基本矛盾,阐明了社会主义代替资本主义的历史必然性,为社会主义事业的发展指明了方向。必须始终坚持社会主义的一般原则,否则就背离了社会主义运动的目的和无产阶级政党的宗旨,就会走向邪路。19世纪末20世纪初,在社会主义运动遭到新问题、新挑战的情况下,伯恩施坦打着"发展"马克思主义的旗号,否定科学社会主义一般原则,走上了修正主义道路。列宁深刻揭示了这种修正主义的实质:"临时应付,迁就眼前的事变,迁就微小的政治变动,忘记无产阶级的根本利益,忘记整个资本主义制度、整个资本主义演进的基本特点,为了实际的或假想的一时的利益而牺牲无产阶级的根本利益,——这就是修正主义的政策。"②他还强调指出,马克思主义必须随着时代的发展而发展,但发展必须以坚持社会主义一般原则为前提,否则就会投入资产阶级的怀抱。当今,资本主义现实同社会主义实践与经典作家所处的历史时代相比,都发生了巨大的变化,但从世界社会主义五百年的大视野来看,我们仍处在马克思所指明的历史时代,处在资本主义向社会主义转变的历史进程之中,科学社会主义理论并没有过时,仍然有强大的生命力,必须始终坚持,不能动摇。

(2)要善于把科学社会主义一般原则与本国实际相结合,创造性地回答和解决革命、建设、改革中的重大问题。马克思主义理论不是教条而是行动的指南,必须把社会主义一般原则运用于社会主义革命、建设、改革的实践,发挥这些原则指导实践的巨大威力。也只有在理论与实践相结合的过程中,才能真正认识和把握社会主义的真谛。在运用社会主义一般原则的过程中,必须正确认识和处理好原则的一般性与具体实践的特殊性之间的辩证关系。科学社会主义一般原则揭示的是一般性规律,而不是向人们提供解决特殊问题的具体方案。列宁强调指出,马克思的理论"所提供的只是总的指导原理,而这些原理的应用具体地说,在英国不同于法国,在法国不同于德国,在德国又不同于俄国"③。只有把科学社会主

---

① 《马克思恩格斯文集》第2卷,人民出版社2009年版,第5页。
② 《列宁专题文集 论马克思主义》,人民出版社2009年版,第154页。
③ 同上书,第96页。

义一般原则与本国国情相结合，才能创造性地回答和解决本国的实际问题。

（3）要紧跟时代和实践的发展，在不断总结新鲜经验中进一步丰富和发展科学社会主义一般原则。理论来源于实践，又随着实践的发展而发展。科学社会主义一般原则不是一成不变的教条，而是随着社会主义实践而不断丰富和发展的学说。马克思、恩格斯在19世纪中期创立了科学社会主义，并在实践中不断加以完善。列宁在20世纪初领导俄国社会主义革命和建设的过程中，突出强调了在新的实践中推进科学社会主义的重要性。他指出，"现在一切都在于实践，现在已经到了这样一个历史关头：理论在变为实践，理论由实践赋予活力，由实践来修正，由实践来检验"①，不能"为死教条而牺牲活的马克思主义"②。正是这种科学的态度，为推进社会主义事业并丰富和发展科学社会主义开辟了广阔空间。邓小平指出："绝不能要求马克思为解决他去世之后上百年、几百年所产生的问题提供现成答案。列宁同样也不能承担为他去世以后五十年、一百年所产生的问题提供现成答案的任务。"③ 如今，中国特色社会主义进入新时代，中国共产党人更要根据时代变化和实践发展，不断深化认识，总结经验，在理论创新和实践创新的良性互动中推进21世纪中国的马克思主义。

## 第三节 在实践中探索现实社会主义的发展规律

> 一切民族都将走向社会主义，这是不可避免的，但是一切民族的走法却不会完全一样，在民主的这种或那种形式上，在无产阶级专政的这种或那种形式上，在社会生活各方面的社会主义改造的速度上，每个民族都会有自己的特点。
>
> ——列宁

### 一、经济文化相对落后的国家建设社会主义的艰巨性和长期性

在20世纪的社会主义实践中，建立起社会主义制度的国家，无论是苏联还是东欧各国都不是资本主义高度发展的国家。沙皇俄国在当时的帝国主义国家中属于经济、政治、社会、文化发展较为落后的国家，中国等亚洲社会主义国家当时更是处于殖民地或半殖民地社会、资本主义经济发展极不充分的国家。这些国家在特定的历史条件下进入社会主义社会，有其必然性。但也因其如此，它们的社会主义建设和发展更具艰巨性和长期性。

---

① 《列宁专题文集 论马克思主义》，人民出版社2009年版，第300—301页。
② 《列宁专题文集 论马克思主义》，人民出版社2009年版，第169页。
③ 《邓小平文选》第3卷，人民出版社1993年版，第291页。

（一）社会主义首先在经济文化相对落后的国家取得胜利的原因

俄国、中国等经济文化相对落后的国家先于发达资本主义国家进入社会主义，不是偶然的，而有其历史必然性。

第一，这些国家已具备一定程度的社会化生产力，这是发生社会主义革命、建立社会主义社会的物质基础。以社会主义取代资本主义最根本的物质根源，在于生产的社会化要求改变束缚其发展的生产资料私有制。这些国家虽然比当时发达的资本主义国家生产力落后，但其国内的资本主义经济已有所发展，存在着一定程度的社会化生产力。这些经济文化相对落后、生产社会化程度还不高的国家，一般都受到国内存在的封建主义、官僚资本主义和外国资本主义的剥削和统治，严重地束缚着生产力的发展。在特定历史条件下，这些国家发生无产阶级革命，走上社会主义道路，是生产关系适合生产力状况的要求。

第二，这些国家发生社会主义革命时的客观形势和主观条件，使得它们在特定的历史条件下能够获得革命的成功。无论俄国革命还是中国革命，其社会历史背景是：社会矛盾极其尖锐，靠在旧社会内部进行渐进式的改良根本不可能解决当时的社会基本矛盾，靠这些国家发展不充分的资本主义也很难达到强国富民的目标，尤其是在资本主义发展到垄断阶段，未进入发达国家行列的落后国家要想走上同发达国家同样的道路，用资本主义方式赶上乃至超过发达国家，是根本不可能的。在革命前，这些国家劳动人民遭受到多重的苦难和剥削、压迫，他们迫切要求进行彻底的社会变革，推翻压在头上的内外剥削阶级的反动统治。同时，这些国家的革命都是在马克思主义科学社会主义理论指引和共产党的领导下实现的。共产党作为工人阶级的先锋队，带领工人、农民起来进行革命，通过武装斗争，推翻剥削阶级的统治，建立起红色革命政权，从而走上社会主义道路。

经济文化相对落后的国家率先进入社会主义，是特定历史条件下的客观现实，有其深刻的内外原因，并没有违反历史发展的规律，不是什么"反常现象"和不该出生的"早产儿"。

（二）必须充分认识经济文化相对落后的国家社会主义建设的艰巨性和长期性

在经济文化相对落后的国家建立和发展社会主义，必然面临着国际和国内的种种挑战，在这些国家建设社会主义是长期而艰巨的历史任务。

第一，在这些国家里大力发展生产力，赶上和超过发达国家是一个长期而艰巨的历史任务。社会生产力的发展有其自身的规律，长期跳跃式增长是不可能也不现实的。对经济文化相对落后的社会主义国家来说，建设社会主义物质技术基础的任务重，还可能在发展中有失误、走弯路。同时它还面临着发达国家在经济、科技方面优势的强大压力。归根结底，社会主义的优越性主要表现在生产关系对生产力发展的适应和促进上。因此解放生产力、发展生产力是社会主义的根本任务。

第二，在这些国家里建设社会主义精神文明、发展社会主义民主与完善社会主义法制，充分显示社会主义制度的优越性，也将是一个长期而艰巨的历史任务。社会主义国家是人民当家作主的国家，而非少数剥削阶级统治的国家，因而，社会主义民主是最高类型的民主。但它一开始并不是完善的，因为经济文化落后同时也表现为民主制度和法律体系的不完善。社会主义民主法治与精神文明是一个全新的课题，需要长期的探索发展才能逐步健全和完善起来。

第三，这些国家的建设和发展是在与资本主义国家并存的环境下，在资本主义发达国家主导的世界政治经济秩序中前进的，面临着国际环境的严峻挑战。社会主义国家建立之初，资本主义势力力图将其扼杀在摇篮里；在以后相当长的时期内，资本主义国家则是用"冷战"的方式与社会主义国家对抗；东欧剧变、苏联解体后，资本主义世界体系主导了国际事务的话语权，主导了国际政治经济秩序。在这种形势下，社会主义国家独立自主的发展道路肯定会是艰难而曲折的。

第四，这些国家的执政党和广大人民对社会主义发展道路的探索和完善，对社会主义建设客观规律的认识和利用，需要一个长期的艰苦的过程。社会主义是前无古人的崭新的事业，只有在实践中才能对社会主义的客观规律逐步加以认识和利用。这是经济文化落后国家探索、发展社会主义事业长期性、艰巨性的一个重要原因。

对于经济文化相对落后的国家社会主义建设的艰巨性和长期性，必须有充分的估计，不能急于求成，盲目冒进。同时又要有对社会主义理论、道路、制度和文化的自信，在实践中勇于探索，发挥社会主义的优越性，在生产力发展和人民生活富裕方面，使人民有更多的获得感和幸福感。

## 二、社会主义发展道路的多样性

20世纪社会主义各国的实践证明，社会主义具有多种模式，其发展道路也是多种多样的。

（一）社会主义发展道路多样性的原因

第一，各国在社会主义革命时，其生产力状况和社会发展阶段是不同的，由此决定不同社会主义国家的发展道路具有不同的特点。

第二，各国的历史传统、文化习俗及具体国情各不相同，这是各国的发展道路不同的另一原因。例如，东欧国家和中国等亚洲国家在历史文化、宗教信仰等方面有很大差异，这必然对这些国家在社会主义革命后的具体发展道路有不同影响。

第三，在社会主义的实践中，各国都在探索适合本国国情的发展道路，时代在前进，实践在发展，社会主义的发展道路因此而更具多样性。例如，同样是农业集体化道路，苏联采取的是集体农庄的形式，而中国则采取从互助组到初级社，再到高级社这样循序渐进的形式。

总之，各国的社会主义建设事业，都是在不断探索中前进和发展的，人们在寻找适合本国的社会主义之路，试图把马克思主义科学社会主义的基本原理与本国具体实践更好地结合起来。这种探索必须坚持科学社会主义基本原理，如果偏离了这一原理，就会导致失败；如果不坚持社会主义发展道路的多样性，脱离本国的实际，同样也会付出沉重代价。

（二）努力探索适合本国国情的社会主义发展道路

科学正确的道路是实现社会主义现代化、创造人民美好生活的必由之路。探索适合本国国情的社会主义发展之路，是各社会主义国家执政党领导全体人民为之奋斗的神圣使命和光荣而艰巨的历史任务。

第一，探索社会主义发展道路必须以马克思主义理论为指导。以1848年《共产党宣言》发表为标志，马克思主义公开问世到目前已有170年了，一个多世纪的实践证明，只有马克思主义的科学社会主义才是符合社会历史发展规律、经得起时间检验的科学理论。曾几何时，形形色色的非马克思主义社会主义理论都被历史大浪淘沙而去。那些偏离马克思主义指导的"改革"也无不以失败告终。因此必须坚持马克思主义的指导地位。

第二，探索社会主义发展道路必须从本国国情出发，把马克思主义基本原理同本国的社会主义建设实践结合起来。各国共产党人和广大人民群众要敢于走自己的路，从实际出发，探索符合本国国情、适应时代要求的有本国特色的社会主义之路。中国改革开放四十年的经验就是这种探索成功的最好例证。

第三，探索社会主义发展道路必须吸收人类一切文明成果。马克思主义从来不拒绝学习借鉴吸收人类各种文明成果。马克思、恩格斯是这方面的典范，他们的著作中引用了大量前人和同时代人的研究成果，把人类文明的果实作为无产阶级革命事业的营养。当今世界，发达国家中的一切文明成果，包括自然科学、工程技术，也包括社会科学理论的合理部分和具体的社会政治经济管理经验和方法，都应该吸收和借鉴，为我所用。当然这种吸收应是批判地继承、学习和借鉴，是取其精华、弃其糟粕，而不能照搬照抄。

### 三、社会主义在实践探索中开拓前进

世间一切事物都是波浪式发展、螺旋式上升。实践和发展前无古人的社会主义事业，必须要有勇于开拓创新的精神和奋斗前行的精神。但也应该看到，面对复杂多变的国际国内环境，社会主义在实践中的探索又不可能毫无挫折、一帆风顺。社会主义运动的历史，社会主义革命胜利以后的实践，都是在探索中开拓前进的。

（一）社会主义在开拓中前进的客观性

在世界历史进程中，每个新的社会制度的出现和最终战胜旧制度，都要经过反复曲折的过程。社会主义革命是自有阶级社会以来，第一次以公有制代替私有制的巨大而深刻的社会变革。作为社会主义国家的执政党的共产党和广大人民群

众，必然面临着更多更大的困难和考验。尤其是社会主义首先在经济文化相对落后的国家取得胜利，不但面临国内错综复杂的情况，而且要面对国际资本主义势力的遏制、颠覆、侵略等挑战，使得社会主义的发展道路尤其显得不平坦。列宁指出："设想历史会一帆风顺、按部就班地向前发展，不会有时出现大幅度的跃退，那是不辩证的，不科学的，在理论上是不正确的。"① 社会主义在曲折中前进，主要是由以下因素决定的。

第一，同一切新生事物一样，社会主义作为一种崭新的社会经济政治制度，其成长过程必然不会一帆风顺。由于现实的社会主义国家都是先进行社会革命、夺取政权，然后再逐步改造旧的经济基础，是在"空地上"开始新社会的建设，没有现成经验可循，出现失误、挫折是难以避免的。国内外敌对势力的干扰破坏则是社会主义国家遭受到的另一方面的考验和挑战，也使得其发展道路更加曲折。

第二，作为发展中国家的社会主义的基本矛盾运动，推动了社会主义的经济社会发展。但认识社会主义基本矛盾和主要矛盾，认识社会主义建设规律，认识共产党执政的规律，不可能一蹴而就。因此，这一矛盾的运动发展、社会主义事业的最终胜利都是一个长期曲折的过程。

第三，世界经济政治形势错综复杂的发展变化，国际经济政治秩序和格局的变动演化，也是决定社会主义曲折发展的一个影响因素。从社会主义国家发展的外部因素来看，它与发达资本主义国家并存，面临着经济发展水平高于自己的资本主义国家的沉重压力和严峻挑战。显示出社会主义优越于资本主义并将最终战胜资本主义，对社会主义国家来说是一个艰巨的历史任务，其发展进程也必然充满艰难曲折，甚至在内外因素的共同作用下会出现某些国家的社会主义制度的演变与倒退的现象。

在冷战结束、经济全球化不断发展的当今世界，社会主义事业的发展有所挫折和反复，并不能证明马克思主义的科学社会主义已经过时，它只是历史发展进程中的一些曲折。这一方面证明社会主义发展的曲折性、长期性，另一方面也为社会主义事业提供了经验教训和另一种机遇，促使社会主义国家在坚持四项基本原则的前提下，致力于改革开放和经济社会建设，借鉴一切有益的经验，促进本国社会主义事业又好又快发展。

### (二) 社会主义在自我发展和完善中走向辉煌

社会主义的发展道路是曲折的，但前途是光明的。社会主义在曲折中前进，在开拓中发展，在与资本主义的竞争中改革和完善自身，最终将战胜资本主义、取代资本主义，这是世界历史发展的必然趋势与归宿。这是因为，社会主义制度能从根本上克服资本主义的基本矛盾，顺应社会化大生产的进一步发展，为社会生产力的更大提升提供广阔的前景。社会主义事业是广大人民的事业，它的发展

---

① 《列宁选集》第2卷，人民出版社1995年版，第694页。

方向与人民群众的愿望与要求是一致的，会得到人民群众的广泛支持与拥护。社会主义基本矛盾是非对抗性的，能够通过自身的改革与发展克服前进中的困难，会在自我发展和自我完善中走向辉煌。

中国改革开放四十年来，通过斐然的业绩向世人展示了社会主义自我发展和自我完善的光明前景。总结改革开放的实践经验可以得到如下启示。

第一，要坚持正确的理论指导。要把坚持马克思主义基本原理同推进马克思主义中国化结合起来，以实践基础上的理论创新为改革开放提供理论指导。中国改革开放取得伟大成功，关键是既坚持马克思主义基本原理，又根据当代中国实践和时代发展不断推进马克思主义中国化，赋予当代中国马克思主义勃勃生机。

第二，要坚持改革的正确方向。改革是社会主义制度的自我完善和发展，是在坚持社会主义基本制度的前提下，自觉调整和改革生产关系同生产力、上层建筑同经济基础不相适应的方面和环节，促进生产力发展和各项事业全面进步，赋予社会主义新的生机和活力。因此，必须把坚持四项基本原则同坚持改革开放结合起来，以经济建设为中心，保持改革开放的正确方向，既不走老路，也决不走邪路，而是坚定不移地走中国特色社会主义道路。

第三，要选择正确的改革方式与步骤，因地制宜，循序渐进。社会主义的改革事业不但要有正确的指导思想，还要在具体实施方法和步骤上，既探索创新，又切实可行。需要借鉴包括资本主义国家的经验在内的人类一切文明成果，但不能照搬任何国家的模式。要警惕"和平演变"的图谋。

第四，要妥善处理改革、发展与稳定的关系。改革是动力，发展是目的，稳定是保证。改革要有稳定的社会政治环境，又要有一定的发展速度。改革会触动既得利益格局，引起一些社会不稳定因素，这就需要用发展的方法在前进中解决问题。要坚持以人为本，全面协调可持续发展，统筹兼顾，实现经济建设、政治建设、文化建设、社会建设相协调。

## 第四节　马克思主义政党在社会主义事业中的地位和作用

> 无产阶级在反对有产阶级联合力量的斗争中，只有把自身组织成为与有产阶级建立的一切旧政党不同的、相对立的政党，才能作为一个阶级来行动。为保证社会革命获得胜利和实现革命的最高目标——消灭阶级，无产阶级这样组织成为政党是必要的。
>
> ——马克思

资本主义制度确立以后，工人运动风起云涌，并出现了各种社会主义思潮。但在马克思主义产生以前，自发的工人运动都以失败而告终，空想社会主义改革社会的尝试也屡遭挫折、失败。实践证明，工人运动、社会主义事业必须有科学的指导思想，必须有坚强的马克思主义政党领导，才能走上正确的道路，赢得胜利。

### 一、马克思主义政党是新型的革命政党

（一）马克思主义政党是科学社会主义与工人运动相结合的产物

现代社会中存在着众多的政党。政党是代表一定阶级、阶层或社会集团的利益和意志，有自己的纲领、路线、方针、策略，为参与或掌握政权而斗争的政治组织。政党的出现、政党政治的发展是资本主义社会的产物。资产阶级政党代表资产阶级或资产阶级中的某些阶层和利益集团的利益，是资产阶级维护自身统治、进行阶级斗争的工具。

马克思主义政党是新型的革命政党，是无产阶级反对资产阶级的斗争发展到一定阶段的产物，与资产阶级政党有本质区别。它是无产阶级的先锋队，代表无产阶级和广大劳动人民的利益，为无产阶级和人类解放的事业——社会主义、共产主义事业而奋斗。

马克思主义政党产生的条件，一是工人运动的发展，二是科学社会主义理论的传播。工人运动的发展是马克思主义政党产生的阶级基础，只有工人运动产生并发展到一定程度，工人阶级具有一定的组织程度和觉悟程度的时候，才需要组成一个无产阶级自己的政党，以便带领群众有组织地进行斗争，以争取无产阶级和劳动人民的解放。仅有工人运动的发展没有科学社会主义理论的指导是不行的。在工人自发地起来进行争取自身权益的斗争中，没有科学社会主义理论指导，会使运动走向歧途并归于失败。科学社会主义理论不会在自发的工人运动中产生，而是由"有产阶级的有教养的人即知识分子创造的哲学理论、历史理论和经济理论中发展起来的"①。马克思和恩格斯就是这样的知识分子，他们在实现自身世界观转变的基础上，总结工人运动的经验，创立了科学社会主义学说。科学社会主义理论与工人运动结合起来就产生了马克思主义政党。1847年共产主义者同盟成立，这是马克思、恩格斯把科学社会主义理论同工人运动相结合，建立的第一个国际性的党组织。1869年成立的德国社会民主工党，是最早在一个国家里建立的马克思主义政党。1898年，列宁把马克思主义同俄国工人运动相结合，创立了俄国社会民主工党（布尔什维克）。1921年中国共产党成立，它是马克思主义理论与中国工人运动相结合的产物。

（二）马克思主义政党是工人阶级先锋队

马克思主义政党在不同国家和不同的历史时期，有共产党、工人党或是其他的名称，但其性质都是工人阶级的先锋队，这是马克思主义政党性质最简要、最

---

① 《列宁选集》第1卷，人民出版社1995年版，第317—318页。

明确的表述。它表明了马克思主义政党的阶级性和先进性。

在资本主义制度下，社会化大生产的发展，一方面形成了巨大的社会生产力，另一方面也使得工人阶级发展壮大起来。工人阶级代表最先进的社会生产力，是最先进、最革命的阶级。工人阶级是社会主义革命的领导力量，肩负着推翻资产阶级统治、建立社会主义制度并最终实现共产主义的历史使命。

工人阶级的历史使命是由其历史地位决定的。第一，工人阶级是社会化大生产的产物，与先进的生产方式相联系，是先进生产力的代表，是最有前途的阶级。作为阶级整体，它最有政治远见，最有组织纪律性，最大公无私，是一支生气勃勃的社会力量。第二，工人阶级是资本主义社会中的被剥削、被压迫的阶级，他们与资产阶级直接对立，具有革命彻底性，只有他们能肩负起推翻资产阶级统治、建立社会主义新社会的任务。第三，工人阶级会在斗争中不断成熟，从自在的阶级走向自为的阶级。工人阶级反对资产阶级的斗争开始时是自发的、无组织的、没有明确指导思想的群众运动，在斗争中他们逐渐联合起来，形成一个阶级的整体的行动，并在实践中寻找指导运动正确方向的思想武器。一旦掌握了马克思主义这一思想武器，工人运动就有了正确的政治方向。

工人阶级的先进性决定了马克思主义政党的先进性。马克思主义政党以工人阶级为阶级基础，但它不等同于工人阶级本身，与工人阶级的群众性组织也有明显的区别。列宁指出："党是阶级的先进觉悟阶层，是阶级的先锋队。这个先锋队的力量比它的人数大10倍，100倍，甚至更多。"① 不能把党与阶级混淆起来，降低党员标准，使党丧失先进性质。也不能忽视党和阶级之间的联系，马克思主义政党如果脱离了工人阶级和广大人民群众，就会变质，其先进性也无法体现。

马克思主义政党由工人阶级中有共产主义觉悟的先进分子所组成，但这并不意味来自其他阶级和阶层的认同党的纲领、愿为党的事业奋斗的先进分子不能加入党组织。相反，吸收来自其他阶级、阶层的符合入党条件的人加入党组织，不仅不会影响党的性质与战斗力，而且还能扩大党的队伍和增强党的影响力、战斗力，为党增添新的血液，是党兴旺发达的体现。

（三）马克思主义政党是为实现共产主义而奋斗的党

马克思主义政党的最高纲领和最终奋斗目标，是实现共产主义。在革命和建设的进程中，马克思主义政党可以提出适应当时形势的奋斗目标，作为党的最低纲领和近期目标，以团结广大人民群众，完成党在既定时期的阶段性任务，将党的事业推向前进。但是党的最高纲领即建立共产主义社会和为此而奋斗，则是马克思主义政党区别于其他政党的重要标志。

马克思主义政党代表工人阶级的整体利益和长远利益。对工人阶级来说，只有最终实现共产主义，全人类都得到解放，才能最终使自己得到彻底解放。因此，

---

① 《列宁全集》第24卷，人民出版社1990年版，第38页。

共产主义是工人阶级及其先锋队马克思主义政党始终追求的奋斗目标。这是马克思主义政党鲜明的政治纲领和最高纲领。而在不同的历史时期,马克思主义政党为之奋斗的具体目标和纲领是不同的,有最低纲领和最高纲领的区别。马克思主义政党是最高纲领和最低纲领的统一论者。

马克思主义的科学社会主义认为,人类社会最终将进入共产主义社会。共产主义的实现将是一个长期的过程,也正因为如此,马克思主义政党总是根据具体的国情和当前的任务,制定出近期的奋斗目标和战略、策略,制定出党在一定时期的最低纲领。

在社会主义革命和社会主义建设事业中,能够既牢记最高纲领,又把马克思主义基本原理与本国具体实践结合起来,制定出适宜的最低纲领,并推动本国社会主义实践向前发展,是马克思主义政党成熟的标志。忘记共产主义远大目标将是盲目的,不从具体实际出发则是空想的。

(四)马克思主义政党是为人民群众谋利益的党

马克思主义政党是为人民服务的新型政党,它的根本宗旨是为人民群众谋利益。马克思、恩格斯说:"过去的一切运动都是少数人的或者为少数人谋利益的运动。无产阶级的运动是绝大多数人的、为绝大多数人谋利益的独立的运动。"① 为人民谋利益的根本宗旨与为实现共产主义而奋斗的根本目标是完全一致的。追求共产主义大目标,最终是为了工人阶级和广大劳动人民的根本利益、长远利益、整体利益。在实际生活中切实为人民办实事、办好事,时时处处为人民利益着想,从一切具体地为人民谋利益的事情做起,就是在为共产主义事业添砖加瓦。无产阶级没有自己的私利,只有全人类得到解放,无产阶级才能最终解放自己。因此,与为本阶级、阶层或利益集团谋私利的资产阶级政党不同,作为无产阶级先锋队的马克思主义政党没有自己的一己之利、一党之私,而必然也必须以为人民服务为宗旨。

正因如此,马克思主义政党是光明磊落的党,是为人民利益坚持真理、修正错误,不回避自己的缺点和错误,并能在实践中不断前进的党。为了实践为人民谋利益的根本宗旨,马克思主义政党欢迎来自各方面的批评和监督,并应随时进行自我批评。建立起完善的自我监督机制,铲除腐败变质的根源,使党的机体保持健康清洁,是马克思主义政党保持先进性的重要内容,也是坚持为人民服务根本宗旨的必然要求。

(五)马克思主义政党是按照民主集中制原则组织起来的团结统一的党

民主集中制是马克思主义政党的组织原则。民主集中制是民主基础上的集中和集中指导下的民主相结合,是民主与集中的统一。它要求充分发扬党内民主,健全民主制度,保障党章规定的党的组织和党员的民主权利,使各级党组织和广

---

① 《马克思恩格斯选集》第 1 卷,人民出版社 1995 年版,第 283 页。

大党员朝气蓬勃，充分发挥其积极性、创造性，为党的事业做出贡献，并对党的干部特别是领导干部进行有效的监督。要在充分发扬民主的基础上，进行正确的集中，从而保证党在思想上、政治上的高度统一，在行动上做到步调一致。

马克思主义政党是团结统一的党。团结是马克思主义政党的一个原则，在马克思主义基础上团结一致，是党保持强大力量、战胜一切敌人的法宝。党的团结统一的坚实基础，是共同的指导思想、共同的阶级基础、共同的奋斗目标。虽然党内在具体问题上会有不同观点、不同意见，但党的宗旨、方针、路线是明确的，在民主集中制的组织原则下，党内可以做到知无不言、言无不尽、言者无罪、闻者足戒。为了人民的利益，一切个人恩怨都可抛弃；为了党的事业，必须遵循民主集中制的原则维护好党的团结统一。应在党内开展健康的批评和自我批评，充分发扬民主，克服缺点、纠正错误，统一思想。要严守党的纪律，服从组织决定。即使有不同意见，也要服从党的决定，但可在尊重多数人意见的前提下保留个人意见。绝不允许搞破坏党内团结统一的派别活动、分裂活动。因为这是有违党的宗旨和人民利益的。全党必须维护党的团结统一，必须维护党中央的领导，与党中央保持高度一致。

马克思主义政党还是有严格纪律和战斗精神的党。党是工人阶级的有严密组织的先锋队，必须有严格的组织纪律，这是党的团结统一和步调一致的重要条件。一个没有严格纪律、组织涣散的党不可能有强大的战斗力。马克思主义政党有明确的目标和铁的纪律、雷厉风行的作风和一往无前的战斗精神，因而具有强大的战斗力。

## 二、马克思主义政党是社会主义革命、建设和改革的领导核心

在社会主义革命、社会主义建设和改革事业中，都必须有马克思主义政党的坚强领导。

（一）马克思主义政党是社会主义革命的领导核心

在社会主义革命中，马克思主义政党的坚强领导主要体现在以下方面。

第一，思想领导方面。社会主义革命要有正确思想的指导，要把马克思主义与本国实践相结合，在正确思想路线的指引下进行广泛的思想动员，要用科学社会主义的理论武装群众，而这些任务都要由马克思主义政党来承担。没有马克思主义政党在人民群众中进行有效的思想宣传和动员教育工作，社会主义革命就难以广泛发动和最终取得胜利。

第二，政治领导方面。当革命的形势到来时，必须审时度势，提出符合实际要求的斗争目的，制定正确的战略、策略和行动步骤。在革命形势发展迅速、变化错综复杂的情况下要能正确地判断形势，为工人阶级和劳动群众指出明确的方向。这些任务只有工人阶级的先锋队马克思主义政党才能承担和胜任。

第三，组织领导方面。马克思主义政党是一个组织严密、有纪律、能战斗的

新型政党。在革命中只有党组织把广大工人阶级和革命群众动员和组织起来,形成一支宏大的革命队伍,才能同资产阶级的统治进行有效的抗争。特别是在武装斗争方面,只有党的坚强统一的领导和具体严密的组织,才能成功地进行革命斗争,推翻资产阶级的统治,夺取政权,建立起由劳动人民掌权的新型国家。

(二)马克思主义政党是社会主义建设和改革的领导核心

社会主义革命胜利并建立起社会主义国家之后,仍然需要马克思主义政党的坚强领导。建设社会主义的新任务离不开马克思主义政党的领导。马克思主义政党是社会主义国家的执政党,掌握着国家政权,能够有效地利用全社会的资源和力量,来为社会主义建设服务。马克思主义政党在社会主义建设中的领导核心作用,主要体现在以下方面。

第一,思想领导方面。马克思主义是社会主义国家的指导思想,在社会主义建设中,党需要把马克思主义基本原理同本国建设的具体实践相结合。马克思主义政党要善于总结经验,探索创新,为社会主义事业指明方向,发挥社会主义文化的引领作用。同时还要牢牢掌握意识形态的领导权、话语权,抵制各种非马克思主义思潮,以及腐朽没落阶级思想意识的侵袭。这都需要马克思主义政党在思想方面、意识形态领域的坚强领导。

第二,政治领导方面。作为社会主义国家执政党的马克思主义政党,在社会主义建设和体制改革中,在对社会各项事业进行政治领导的实践中,党要起到总揽全局、协调各方的政治领导核心的作用,保证社会主义建设沿着正确的方向前进。

第三,组织领导方面。社会主义建设是全体人民的共同事业,要在执政党的领导下,有组织、有系统、有管理、有序地进行。党领导人民,通过各种组织形式,把党的路线、方针、政策贯彻到社会实践的各个方面,上升到法律地位,以实现党对社会主义建设的组织领导。

社会主义建设和改革是联系在一起的。社会主义是一个不断改革的社会,改革是建设事业不断前进的强大动力。只有坚持党的正确路线,不断破除束缚生产力发展和社会进步的体制机制和思想观念,社会主义各项建设事业才能不断发展。改革是社会主义制度的自我完善和发展,而不是改弦更张,必须坚持马克思主义政党的领导。改革包含着利益关系的重大调整,充满着各种挑战和风险,只有坚持党的领导,才能坚持改革的社会主义方向,有计划有步骤地推进改革事业,不断克服前进道路上的各种困难和障碍,把社会主义事业推向前进。

(三)坚持和改善马克思主义政党的领导

坚持党的领导不能只讲政治方面,经济建设、文化建设、社会建设等都需要坚持党的领导。马克思主义政党的领导是实现工人阶级历史使命的根本保证。社会主义建设的各个时期都离不开马克思主义政党的坚强领导。因此,要在坚持党的领导核心地位的同时,不断加强党的建设,改进和完善党的领导。

坚持党的领导是社会主义的本质和民主政治的首要内容。社会主义民主高于资本主义民主。它不但是形式上的民主,也是实质上的民主;不但是政治民主,更是经济和社会全面权利上的民主。社会主义民主离不开马克思主义政党的领导,因为马克思主义政党代表人民群众的根本利益,作为执政党在社会主义国家中领导人民实现管理国家和社会事务的权利。放弃党的领导,人民群众的民主权利和根本利益就无法保障,社会主义民主也就无从谈起。因此坚持社会主义就必须坚持马克思主义政党的领导核心地位。

坚持党的领导必须不断改善党的领导。社会主义事业是一项前无古人的崭新事业,人们在社会主义实践中不断探索,对层出不穷的新情况、新问题,要善于学习和总结经验,在发扬成绩、纠正错误中不断前进。对党的领导同样如此,要在实践中探索党在新形势下实现其思想、政治、组织领导的新形式、新方法。

加强和改善党的领导,必须加强马克思主义政党的先进性建设。先进性是马克思主义政党的本质属性,是马克思主义政党的生命所系,力量所在。保持和发展党的先进性是马克思主义政党自身建设的根本任务和永恒课题。中国共产党在改革开放实践中对这一任务和课题进行了一系列的探索和总结。加强党的先进性,必须按照以科学理论提高思想认识、具有世界眼光、善于把握规律、富有创新精神的要求,把建设学习型政党作为战略任务;必须准确把握时代脉搏,保持党始终与时代发展同步伐;必须把广大人民群众的根本利益作为党全部工作的出发点和落脚点,保持党始终与人民群众共命运;必须使党的理论和路线方针政策不断与时俱进,保证党的全部工作始终符合实际和社会发展规律;必须围绕党的中心任务来加强自身建设,保证党始终引领社会发展进步;必须坚持党要管党、从严治党,提高管党治党水平。努力把党建设成为立党为公、执政为民、求真务实、改革创新、艰苦奋斗、清正廉洁、富有活力、团结和谐的马克思主义执政党,建设成为学习型、服务型、创新型的马克思主义执政党。

## 本章小结

社会主义经历了从空想到科学、从理论到实践的发展。科学社会主义理论是马克思主义的重要组成部分,是无产阶级、社会主义和共产主义事业的指导思想和理论武器。

社会主义理论与实践是通过社会主义革命实现的。对于社会主义革命的发生,马克思主义者有一个认识不断深化的过程。马克思、恩格斯曾提出同时胜利论,列宁则根据垄断资本主义时期的新形势提出了一国或数国首先胜利论,并成功地领导了俄国十月革命。列宁和斯大林在向社会主义过渡和建设社会主义等方面进行了探索。

社会主义从一国到多国发展壮大。第二次世界大战后出现了一批社会主义国家,它们在社会主义建设中进行了多方面的探索。

中国在特定的历史条件下进入社会主义社会,新中国前30年的探索取得了多方面的巨大成绩，为新时期开创中国特色社会主义提供了宝贵经验、理论准备和物质基础。党的十一届三中全会后，中国共产党把马克思主义的普遍真理同我国社会主义建设的具体实际结合起来，走自己的道路，建设中国特色社会主义，翻开了中国社会主义发展的崭新一页。党的十八大以来，社会主义建设取得了举世瞩目的历史性成就。党的十九大宣布，中国特色社会主义进入新时代，中华民族高举中国特色社会主义旗帜，以崭新姿态屹立于世界东方。

马克思主义关于科学社会主义的一般原则，是社会主义事业发展规律的集中体现，是马克思主义政党领导人民进行社会主义革命、建设、改革的基本遵循。要深刻理解、正确把握这些原则，并善于与各国的实践相结合。

社会主义在一些经济文化落后的国家取得胜利有其历史必然性，这些国家建设社会主义的任务更重、更艰巨。社会主义的发展道路是多样的，要在实践中不断探索。

马克思主义政党是社会主义事业的领导核心，是工人阶级的先锋队，是新型的革命政党，是为实现共产主义而奋斗的政党，是为人民谋利益的政党。

## 复习与思考

1. 科学社会主义是如何产生的？它与空想社会主义的区别是什么？
2. 为什么说无产阶级革命是人类历史上最广泛、最彻底、最深刻的革命？
3. 列宁有哪些关于社会主义建设的重要思想？
4. 社会主义从一国到数国的发展有何历史贡献和教训？
5. 中国的社会主义革命和建设有哪些特点？
6. 习近平新时代中国特色社会主义思想有哪些主要内容？
7. 科学社会主义有哪些一般原则？如何理解和运用这些原则？
8. 怎样认识经济文化落后的国家取得社会主义革命胜利的原因？
9. 怎样认识经济文化落后的国家建设社会主义的艰巨性和长期性？
10. 如何认识马克思主义政党在社会主义事业中的地位和作用？

## 阅读文献

1. 马克思、恩格斯：《共产党宣言》，《马克思恩格斯文集》第2卷，人民出版社2009年版。
2. 恩格斯：《共产主义原理》，《马克思恩格斯文集》第1卷，人民出版社2009年版。
3. 恩格斯：《社会主义从空想到科学的发展》，《马克思恩格斯文集》第3卷，人民出版社2009年版。
4. 马克思：《哥达纲领批判》，《马克思恩格斯文集》第3卷，人民出版社2009年版。
5. 邓小平：《在武昌、深圳、珠海、上海等地的谈话要点》，《邓小平文选》第3卷，人民出版社1993年版。
6. 习近平：《毫不动摇坚持和发展中国特色社会主义》，《习近平谈治国理政》第1卷，外文出版社2018年版。

# 第七章
# 共产主义社会是人类最崇高的社会理想

> **本章引言**
>
> 共产主义是人类最崇高的理想和最美好的社会制度，本章的基本内容就是对共产主义社会进行全面的考察和分析。学习本章首先应通过马克思主义对共产主义社会的展望，了解马克思主义所科学预见的共产主义社会的基本特征。其次，应通过对共产主义社会形成发展所经历的两个阶段的分析，认识人类社会历史发展为共产主义社会的必然性，了解实现共产主义伟大事业，要经历一个不断实践的长期过程。再次，要认识社会主义是走向共产主义的必经阶段，只有通过社会主义历史阶段的长期发展过程，才能在将来进入共产主义社会。最后，要树立共产主义远大理想，并将共产主义远大理想与中国特色社会主义共同理想相互结合，积极投身于中国特色社会主义事业的创新与发展，在建设中国特色社会主义事业中为实现共产主义而奋斗。
>
> **自学学时**
>
> 6学时

## 第一节 马克思主义对共产主义社会的展望

> 在共产主义社会高级阶段，在迫使个人奴隶般地服从分工的情形已经消失，从而脑力劳动和体力劳动的对立也随之消失之后；在劳动已经不仅仅是谋生的手段，而且本身成了生活的第一需要之后；在随着个人的全面发展，他们的生产力也增长起来，而集体财富的一切源泉都充分涌流之后，——只有在那个时候，才能完全超出资产阶级权利的狭隘眼界，社会才能在自己的旗帜上写上：各尽所能，按需分配！
>
> ——马克思

马克思主义科学地预见到，共产主义社会形态在其发展进程中，将经历低级和高级两个成熟程度不同的发展阶段，第一阶段或低级阶段为社会主义社会，第二阶段或高级阶段为共产主义社会。所以，广义的共产主义社会包括共产主义社会的两个阶段，狭义的共产主义社会则专指共产主义社会的高级阶段。我们现在一般所说的共产主义社会，就是狭义的共产主义社会，即共产主义社会的高级阶段。

共产主义社会是人类最进步、最美好的社会制度，是人类最崇高的社会理想。以马克思主义为指导的无产阶级和广大劳动群众进行革命斗争的历史使命和奋斗目标，就是建立共产主义社会，实现全人类的彻底解放。

马克思主义经典作家依据人类社会历史的发展规律，通过对资本主义生产方式内在矛盾的深刻分析，总结了国际共产主义运动的实践经验，对共产主义社会做出了前瞻性的展望，科学地预见了共产主义社会的基本特征，向全世界劳动人民展示了未来共产主义社会的美好前景。

## 一、社会生产力高度发展和物质财富极大丰富

任何一种社会制度，都必须建立在一定的物质基础之上，即必须具备一定的物质条件和技术条件，这就是该社会的生产力。共产主义社会是人类社会发展的最高社会形态，它的物质基础，是远远高于以往一切社会的高度发达的社会生产力。社会生产力是社会发展和社会进步的最终决定力量，是全部社会历史的物质基础。生产力决定生产关系，经济基础决定上层建筑。只有在社会生产力高度发展的基础上，才有可能建立起共产主义的经济基础和上层建筑，从而人类社会才能进入共产主义社会。所以，社会生产力的高度发展，是实现共产主义社会的根本条件和基础。恩格斯在分析高度发展的社会生产力是实现共产主义社会的前提时强调："唯有借助于这些生产力，才有可能实现这样一种社会状态，在这里不再有任何阶级差别，不再有任何对个人生活资料的忧虑，并且第一次能够谈到真正的人的自由，谈到那种同已被认识的自然规律和谐一致的生活。"[1]

共产主义社会的社会生产力的高度发展，是伴随着科学技术的高度发展和人们的科技水平极大提高而实现的，从而创造出前所未有的高水平的劳动生产率，这是共产主义社会制度具有巨大优越性的根本保证。一种新的社会制度具有巨大优越性的集中表现，就在于新社会制度能够创造出比以往社会更高的劳动生产率。列宁曾明确指出："劳动生产率，归根到底是使新社会制度取得胜利的最重要最主要的东西。……共产主义就是利用先进技术的、自愿自觉的，联合起来的工人所创造出来的较资本主义更高的劳动生产率。"[2] 共产主义社会的劳动生产率的极大提高，表明人们在单位劳动时间内所创造的物质财富大大增长，整个社会可以用较少的劳动时间创造出满足社会各种需要的巨大物质财富，实现了"集体财富的

---

[1] 《马克思恩格斯选集》第3卷，人民出版社1995年版，第456页。
[2] 《列宁全集》第37卷，人民出版社1986年版，第18页。

一切源泉都充分涌流"①。

共产主义社会在社会生产力高度发展的基础上，实现了社会财富的极大丰富，这就为最大限度地满足社会成员的物质文化和美好生活需求提供了可靠的物质保证，无论是人们的物质生活，或是人们的精神生活，都能得到充分的满足。共产主义社会不仅充分满足人们的生存需要，更加突出的是充分满足人们的享受需要和发展需要，使全体社会成员都能充分享受到高度发展的社会生产力和极大丰富的社会物质财富所提供的促进人们体力和智力全面发展的各种需要。

## 二、实行社会公有制和按需分配

共产主义社会高度社会化的生产，要求由社会占有全部生产资料，实行生产资料社会公有制。在共产主义社会，随着"社会生产资料变为公共财产"②，全部"生产资料由社会占有"③，这就使全体社会成员成为生产资料的共同所有者，真正体现出人们在生产资料面前的完全平等关系，从而彻底铲除以往私有制为基础的社会中阶级不平等的经济根源，同时也不再存在社会主义公有制条件下的多种公有制形式，公有制经济单位之间的利益差别也随之消除。共产主义社会中由全体社会成员组成的联合体，共同占有并共同使用生产资料，生产的成果也归全体社会成员共同所有，为满足他们的物质文化需要和全面发展服务。

随着共产主义社会的社会生产力的高度发展和物质财富的极大丰富，以及共产主义社会公有制的建立，个人消费品相应地实行"按需分配"原则，即根据各个社会成员的实际需要分配个人消费品，以充分满足人们的生存需要、享受需要和发展需要。按需分配不仅彻底消除了以往私有制社会中"劳者不获，获者不劳"的分配方面的阶级不平等，也打破了社会主义社会由于实行"按劳分配"原则所存在的人们在生活富裕程度上的差别，消除了消费品分配方面事实上的不平等，实现了个人消费品分配方面的真正完全平等。

马克思十分强调"各尽所能，按需分配"是共产主义社会的显著特征，并把它作为共产主义社会的一面旗帜加以突出论述。他明确指出："在共产主义社会高级阶段，……社会才能在自己的旗帜上写上：各尽所能，按需分配！"④ 这里所说的共产主义条件下的"各尽所能"，既体现着每个社会成员把向社会贡献自己的能力作为一种自觉自愿的应尽的社会义务，又体现着每个社会成员都摆脱了旧式分工的束缚，劳动不再仅仅是谋生或生存发展的手段，而是成为人们生活的第一需要，从而都能充分地施展和全面发挥自己的一切才能。所以，"各尽所能，按需分

---

① 《马克思恩格斯选集》第 3 卷，人民出版社 1995 年版，第 305 页。
② 同上书，第 759 页。
③ 同上书，第 633 页。
④ 《马克思恩格斯选集》第 3 卷，人民出版社 1995 年版，第 305—306 页。

配"不只是一个个人消费品分配方式,而且是一个集中体现着共产主义社会主要特征和本质要求的原则标志。

### 三、经济的计划调节管理和商品经济的消失

在共产主义社会,由于实行生产资料的单一社会公有制,既不存在公有制的多种形式,更不存在非公有制经济形式,所以社会各经济单位不具有由生产资料占有关系上的差别所引起的经济利益关系的差别。这种生产资料占有关系的统一性和社会经济利益关系的统一性,使人们之间的劳动交换无须遵循对等的原则,因为人们的劳动具有直接的社会性,个人劳动不必通过价值交换的方式转化为社会劳动,从而使商品经济存在的条件归于消失。马克思指出:"在一个集体的、以生产资料公有为基础的社会中,生产者不交换自己的产品;用在产品上的劳动,在这里也不表现为这些产品的价值,不表现为这些产品所具有的某种物的属性,因为这时,同资本主义社会相反,个人的劳动不再经过迂回曲折的道路,而是直接作为总劳动的组成部分存在着。"① 恩格斯也指出:"社会一旦占有生产资料并且以直接社会化的形式把它们应用于生产,每一个人的劳动,无论其特殊的有用性质是如何的不同,从一开始就直接成为社会劳动。那时,一个产品中所包含的社会劳动量,可以不必首先采用迂回的途径加以确定;日常的经验就直接显示出这个产品平均需要多少数量的社会劳动。"② 由于实践中的社会主义与马克思和恩格斯设想的生产力高度发展的社会主义的具体条件不同,社会主义国家还需要发展商品经济。但在共产主义社会,马克思、恩格斯的上述理论推断将会实现。

随着共产主义生产资料社会公有制的建立和商品经济的消失,在共产主义的社会生产中,将直接依据社会化大生产的客观要求和按比例分配社会劳动的必要性,合理分配社会资源,优化产业结构,将社会物质资源和人力资源有计划、按比例地分配到社会生产各个部门和各个环节,对整个社会经济实行计划调节和管理。恩格斯明确指出:"一旦社会占有了生产资料,商品生产就将被消除,而产品对生产者的统治也将随之消除。社会生产内部的无政府状态将为有计划的自觉的组织所代替。"③ "所有这些生产部门由整个社会来经营,就是说,为了共同的利益、按照共同的计划、在社会全体成员的参加下来经营。"④

### 四、阶级的消灭和国家自行消亡

马克思主义经典著作中所说的消灭阶级,首先是指消灭剥削和被剥削阶级的

---

① 《马克思恩格斯选集》第3卷,人民出版社1995年版,第303页。
② 同上书,第660页。
③ 同上书,第633页。
④ 《马克思恩格斯选集》第1卷,人民出版社1995年版,第237页。

差别与对立，同时也包括工人和农民作为阶级的差别。实践证明，彻底消灭阶级，只能在共产主义社会实现。

在人类历史上，随着生产资料私有制的产生，私有者利用私有制为自己谋利，把沉重的生产劳动负担加到劳动群众肩上，自己不劳而获，成为统治和剥削广大劳动群众的剥削者，从而形成了剥削阶级同被剥削阶级的对立。而共产主义社会在生产力高度发展基础上，随着世界范围内彻底消灭了私有制，从而铲除了阶级对立存在的深刻经济根源，依靠生产资料私有制所形成的剥削阶级将归于消失，一切阶级差别和阶级矛盾也将不复存在。恩格斯深刻指出："社会阶级的消灭是以生产高度发展的阶段为前提的，在这个阶段上，某一特殊的社会阶级对生产资料和产品的占有，从而对政治统治、教育垄断和精神领导的占有，不仅成为多余的，而且成为经济、政治和精神发展的障碍。"①

国家是阶级矛盾不可调和的产物，是一个阶级压迫另一个阶级的统治工具。在共产主义社会里，随着一切剥削制度和剥削阶级的彻底消灭，全体社会成员都将融合成为全面发展的共产主义劳动者，因而作为阶级统治工具的社会强制力量的国家机关也随之退出历史舞台而自行消亡。恩格斯指出："随着阶级的消失，国家也不可避免地要消失。"②"国家不是'被废除'的，它是自行消亡的。"③ 所谓国家自行消亡，表明只有在阶级被彻底消灭的条件下，国家才能随着阶级的消失而失去其存在的必要，从而自然而然地自行消亡。所以列宁强调说："我们只能谈国家消亡的必然性，同时着重指出这个过程是长期的……"④ "'国家消亡'这个说法选得非常恰当，因为它既表明了过程的渐进性，又表明了过程的自发性。"⑤ 当然，共产主义社会仍需要一定的社会组织机构来组织社会生产和推动经济发展，并对社会进行管理。

在共产主义社会，阶级的消灭和国家的消亡，意味着实现了世界的和谐。

### 五、精神境界极大提高

在共产主义社会，全体社会成员都具有高度的思想觉悟和道德品质，人们的精神境界极大提高，完全超越了"资产阶级权利的狭隘眼界"⑥，成为具有高尚情操和优秀品德的新人。马克思和恩格斯在《共产党宣言》中曾指出："共产主义革命就是同传统的所有制关系实行最彻底的决裂；毫不奇怪，它在自己的发展进

---

① 《马克思恩格斯选集》第 3 卷，人民出版社 1995 年版，第 632 页。
② 《马克思恩格斯选集》第 4 卷，人民出版社 1995 年版，第 174 页。
③ 《马克思恩格斯选集》第 3 卷，人民出版社 1995 年版，第 631 页。
④ 《列宁选集》第 3 卷，人民出版社 1995 年版，第 198 页。
⑤ 同上书，第 191 页。
⑥ 《马克思恩格斯选集》第 3 卷，人民出版社 1995 年版，第 306 页。

程中要同传统的观念实行最彻底的决裂。"①

共产主义社会中人们精神境界的极大提高,表现在多方面:人们树立了高度自觉的劳动态度,遵守社会纪律,团结互助,诚实友爱,完全从社会公共利益出发进行劳作和参加社会活动,人人都习惯于遵守社会公共生活的基本准则。人们既摆脱了封建的、保守的思想观念的束缚,又摒弃了以利己主义为核心的资产阶级思想意识,树立了以集体主义为核心的共产主义人生观、价值观和道德观。列宁在论述共产主义社会的思想道德品质时曾指出:"共产主义,是指这样一种制度,在这种制度下,人们习惯于履行社会义务而不需要特殊的强制机构,不拿报酬地为公共利益工作成为普遍现象。"②

共产主义社会的思想道德和精神境界,是在人们长期的集体主义生活实践中,特别是伴随着社会生产力巨大发展基础上的共产主义新型社会经济关系的建立而逐渐形成的。社会存在决定社会意识,经济基础决定上层建筑。共产主义思想意识和精神境界的形成,归根结底是由社会生产力的高度发展,尤其是由共产主义社会经济基础的形成所决定的。

### 六、人的自由而全面发展

马克思主义对共产主义社会的展望,总是把人的自由而全面发展作为共产主义社会的本质因素而加以描述,十分强调与共产主义社会制度相适应的社会成员必将是自由而全面发展的共产主义新人。马克思甚至还强调:共产主义社会是"以每个人的全面而自由的发展为基本原则的社会形式。"③ 恩格斯也明确指出:"根据共产主义原则组织起来的社会,将使自己的成员能够全面发挥他们的得到全面发展的才能。"④ 马克思主义所说的人的自由全面发展,一般是指每个社会成员的体力、智力获得全面发展和自由运用,个人的全部智慧、力量和潜能素质都能全面自由地尽量发挥,每个社会成员可以按照自己的兴趣、爱好、意愿以及社会的需要自由地选择职业和变换工作,把从事不同社会职业作为相互交替的活动方式。

共产主义社会之所以能实现人的自由而全面发展,是由于共产主义社会在生产力和科学技术高度发展的基础上,具备了实现人的自由而全面发展的必要条件。

第一,人们完全摆脱了生产资料私有制和阶级压迫的束缚。在资本主义私有制条件下,劳动者虽然摆脱了人身依附关系,具有了人身自由,可以自由地出卖劳动力,但是,资本主义私有制却使劳动者失去基本生产资料,不得不依靠向资

---

① 《马克思恩格斯选集》第1卷,人民出版社1995年版,第293页。
② 《列宁选集》第4卷,人民出版社1995年版,第91页。
③ 《马克思恩格斯全集》第23卷,人民出版社1972年版,第649页。
④ 《马克思恩格斯选集》第1卷,人民出版社1995年版,第243页。

本家出卖劳动力为生，他们的劳动是处于资本家监督下的强制劳动。从这个意义上说，劳动者仍是资本家的奴隶，不是自由的人。正如恩格斯所说："他们不仅仅是资产阶级的、资产阶级国家的奴隶，他们每日每时都受机器、受监工、首先是受各个经营工厂的资产者本人的奴役。"① 而在共产主义的生产资料社会公有制条件下，全体劳动者都成为生产资料的所有者，劳动成果也属劳动者所有，劳动者完全从私有制和阶级剥削的桎梏下解放出来，成为真正意义上的生产过程的主人，从而为每个人的自由而全面发展提供了经济前提。正如恩格斯指出："无产者只有废除一切私有制才能解放自己。"②

第二，人们完全摆脱了旧式分工的束缚。旧式分工是指每个劳动者长期乃至终生被固定在由分工所形成的某一种岗位上，始终从事一种职业，从而使劳动片面化的分工。这种旧式分工，在人类历史上突出表现为由工农分工、城乡分工、脑力劳动与体力劳动分工所形成的"三大差别"，即工农差别、城乡差别、脑力劳动与体力劳动差别。旧式分工也存在于体力劳动内部和脑力劳动内部。这种旧式分工的存在，使得每个社会成员受其束缚，不得不"奴隶般地服从"这种分工，得不到自由和全面的发展。而在共产主义社会中，旧式分工完全消失，人们从它的束缚下解放出来，可以根据个人的意愿和社会需要来自由选择职业和变换工作，为个人的自由而全面发展，提供了广阔的空间。

第三，人们完全摆脱了仅仅是谋生手段的劳动的束缚。在共产主义社会，随着劳动生产率的极大提高和按需分配的实行，劳动不仅摆脱了强制性，而且摆脱了繁重的、单一的体力劳动，人们的劳动时间也大为缩短，参加劳动成为一种为社会公共利益服务的自觉要求，成为使自身体力、智力健康发展的自然习惯，成为人们全面发展的内在因素。这样就导致劳动性质发生根本变化，劳动不再仅仅是一种谋生的手段，而同时成为生活的第一需要；劳动变为一种快乐，从而为人的自由而全面发展创造了条件。正如恩格斯所说，共产主义社会的"生产劳动给每一个人提供全面发展和表现自己全部的即体力的和脑力的能力的机会，这样，生产劳动就不再是奴役人的手段，而成了解放人的手段，因此，生产劳动就从一种负担变成一种快乐"③。

第四，人们完全摆脱了接受教育和训练的限制。在共产主义社会，全民教育的高度普及，使人们摆脱了接受教育和训练方面的差别和限制，人们的潜在才能和各种爱好，都有了通过学习培训和深度教育而得到发挥和提升的机会。而且随着自由支配时间的延长，人们接受教育和培训的时间大为增加。这些都为人的自由而全面发展提供了极为有利的条件。恩格斯指出，共产主义社会的"教育将使

---

① 《马克思恩格斯选集》第 1 卷，人民出版社 1995 年版，第 279 页。
② 同上书，第 233 页。
③ 《马克思恩格斯选集》第 3 卷，人民出版社 1995 年版，第 644 页。

年轻人能够很快熟悉整个生产系统,将使他们能够根据社会需要或者他们自己的爱好,轮流从一个生产部门转到另一个生产部门。因此,教育将使他们摆脱现在这种分工给每个人造成的片面性。……全面发挥他们的得到全面发展的才能"①。

共产主义社会所实现的人的自由而全面发展,使人自身个性的发展达到了一个极高的境界。人不仅完全摆脱了自然界的奴役,创造出高度发达的社会生产力,成为自然界的主人,而且成为社会的主人和自身的主人,实现了真正的自由发展。正如恩格斯所指出:"人终于成为自己的社会结合的主人,从而也就成为自然界的主人,成为自身的主人——自由的人。"②

共产主义社会中人的自由全面发展和社会的全面发展是相互联系、相互促进、密不可分的。一方面,个人的自由全面发展只有在社会集体中才能实现,要以社会的物质文明和精神文明的全面发展为支撑。马克思、恩格斯说:"只有在共同体中,个人才能获得全面发展其才能的手段,也就是说,只有在共同体中才可能有个人自由。"③ 另一方面,人的自由全面发展,又能促进社会经济文化的发展,创造出更加璀璨的物质文明和精神文明,有力地推动社会全面发展。马克思和恩格斯曾指出:"代替那存在着阶级和阶级对立的资产阶级旧社会的,将是这样一个联合体,在那里,每个人的自由发展是一切人的自由发展的条件。"④

### 七、全人类的彻底解放

全人类彻底解放包含着深刻和丰富的内容。一是人类从自然界的束缚下解放出来,摆脱盲目自然力的支配,人与自然和谐共生,成为自然界的主人;二是人类从旧的社会关系束缚下解放出来,摆脱一切剥削压迫和旧式分工的束缚,成为社会关系的主人;三是人类从剥削阶级的思想观念下解放出来,摆脱传统观念和传统思维方式的束缚,成为社会意识的主人。全人类的彻底解放是一个长期的过程,以往社会的每一步发展,人类总是或多或少从自然界、社会关系和社会意识方面获得一定解放。在资本主义制度下,生产社会化的形成和科学技术的大发展,封建专制制度和人身依附关系被资本主义社会关系的取代,对传统的封建保守思想的突破,追求人的个性解放思想的发扬,商品经济、自由贸易的长足发展和世界市场的形成,世界各国的广泛经济交往和国际经济联系,以及经济全球化趋势的发展,表明人类的解放向前迈进了一大步。但是,人类尚未获得完全彻底的解放,因为以生产资料资本主义私有制为基础的资本主义剥削制度,不仅束缚了社会化生产的进一步发展,而且资本对劳动者的奴役,以及旧式社会分工的存在和

---

① 《马克思恩格斯选集》第1卷,人民出版社1995年版,第243页。
② 《马克思恩格斯选集》第3卷,人民出版社1995年版,第760页。
③ 《马克思恩格斯文集》第1卷,人民出版社2009年版,第571页。
④ 《马克思恩格斯选集》第1卷,人民出版社1995年版,第294页。

生态环境的破坏，仍然制约着人的彻底解放；而封建意识的残余、资产阶级的利己主义思想和小资产阶级的习惯势力，更是奴役人们的精神枷锁。然而，资本主义社会也为自身被新的社会制度所取代准备了主客观条件，即物质条件——社会化大生产，社会条件——现代无产阶级，精神条件——马克思主义理论。

无产阶级所要建立的共产主义社会，就是一个实现了全人类彻底解放的社会制度。共产主义社会的社会生产力的极大提高，科学技术的高度发展，阶级和阶级差别的彻底消灭，旧式分工的消失，精神境界的极大提高，人与自然的和谐共生，人的自由而全面的发展，意味着全人类获得真正的彻底解放。

共产主义事业是全世界无产阶级追求并为之献身的共同事业。无产阶级的历史使命是要彻底战胜资本主义，取得社会主义革命的胜利，并在将来最终进入共产主义社会，彻底解放全人类。这个伟大的历史使命，没有全世界劳动者长时期的和艰巨的共同奋斗是不可能实现的。全世界劳动者阶级必须联合起来，经过长期艰巨的共同奋斗，在世界范围内取得革命胜利，才能彻底战胜资本主义，在地球上完全消灭剥削制度和剥削阶级；并经过相当长时期的社会主义建设过程，创造出向共产主义过渡的条件，才能最终进入共产主义社会，实现全人类的彻底解放。所以，无产阶级争取解放的事业，不仅是为了解放无产阶级自己，而且是要解放全人类，在全世界实现共产主义。无产阶级只有解放全人类，才能最终解放无产阶级自己。

共产主义社会是一个实现了全人类彻底解放和社会全面进步的社会。当然，人类社会的发展是无止境的，社会进步是一个世代相继、川流不息的过程。共产主义社会也是一个不断发展不断进步的社会。随着共产主义社会自身的日益完善和发展，人类解放和社会进步的前景，将更加灿烂辉煌。

## 第二节　共产主义是社会历史发展的必然趋势

> 人类从资本主义只能直接过渡到社会主义，……社会主义必然会逐渐成长为共产主义……
>
> ——列宁

### 一、实现共产主义是历史发展规律的必然要求

（一）共产主义社会的两个阶段

社会主义社会和共产主义社会同属于共产主义社会形态，并不是各自独立的两个社会形态，它们具有如下一些共同的基本特征。

（1）二者都是以生产资料公有制作为社会经济制度的基础，在公有制范围内的生产资料和劳动产品，都属劳动者共同所有，并为社会公共的利益服务和使用。

（2）二者的生产目的都是满足劳动人民日益增长的物质文化生活需要，实现劳动人民的共同富裕。

（3）二者在公有制范围内的产品分配，都按照有利于社会发展和实现劳动人民利益的原则进行。

（4）二者都要消灭剥削制度。劳动人民成为社会的主人，他们之间的本质关系是平等和谐、互助合作的关系。

（5）二者都以马克思主义为指导思想，以集体主义为意识形态的核心。

社会主义社会和共产主义社会作为共产主义社会形态的两个成熟程度不同的发展阶段，又存在着重大差别，具体如下：

（1）社会主义社会的生产力虽有了较大发展，但生产力水平仍比较低，远未达到共产主义社会那样的生产力高度发展和物质财富极大丰富的程度。

（2）社会主义社会实现了生产资料公有制，但公有制本身还存在全民所有制和集体所有制等多种形式，而且在社会主义初级阶段还存在公有制为主体地位条件下的非公有制经济形式。而共产主义社会则建立起单一的社会公有制。

（3）社会主义社会在公有制范围内的个人收入分配实行按劳分配原则，但在社会主义初级阶段还存在按劳分配为主体与按生产要素分配相结合的多种分配方式。共产主义社会的个人消费品分配原则是按需分配原则。

（4）社会主义初级阶段还存在商品经济，实行社会主义市场经济体制，价值规律仍起调节社会经济发展的作用。而在共产主义社会，商品经济归于消亡，劳动具有完全直接的社会性，社会经济的发展将由计划所调节。

（5）社会主义社会还存在旧式分工和三大差别，劳动还仅仅是一种谋生的手段。而在共产主义社会，旧式分工和三大差别已消失，劳动不再仅仅是谋生的手段，同时成为生活的第一需要，人们将获得自由而全面的发展。

（6）社会主义社会要消灭剥削制度，但阶级和阶级差别在一定范围内还长期存在，无产阶级专政的国家仍须存在。而共产主义社会则消灭了一切阶级和阶级差别，国家将自行消亡。

（7）社会主义社会虽已建立了新型的社会主义意识形态和道德观念，但仍存在封建主义和资本主义思想影响，小资产阶级习惯势力也长期存在。而在共产主义社会，全体社会成员的思想境界和道德品质都将极大提高，建立起高度的精神文明，造就出一代共产主义新人。

社会主义社会与共产主义社会的共同点表明，二者具有本质的内在联系，是共产主义社会形态的前后紧密衔接的两个发展阶段，它们与资本主义社会是根本性质不同的社会制度。社会主义社会与共产主义社会的差别表明，二者是共产主义社会形态成熟程度不同的两个阶段：社会主义社会在发展中日益成熟和完善，将来必然逐渐成长为共产主义社会；共产主义社会只能经过社会主义社会的长期发展才能最终实现。

## （二）人类社会历史必然发展到共产主义

马克思主义认为，人类社会的发展是生产力与生产关系之间矛盾运动的必然结果。资本主义社会的生产社会化与生产资料资本主义私人占有的基本矛盾，决定了以资本主义私有制为基础的资本主义社会一定要被以社会主义公有制为基础的社会主义社会所代替。由资本主义社会形态过渡到共产主义社会形态的第一阶段——社会主义社会，是人类历史发展的必然趋势。（关于社会主义代替资本主义的必然性，已在本书第五章第三节详述。）

依据人类社会的发展规律，社会主义社会也是在生产力和生产关系的矛盾运动中不断向前发展的。在资本主义社会过渡到社会主义社会以后，社会主义社会的生产关系同生产力基本相适合，上层建筑同经济基础基本相适合，但又存在某些不相适合的方面。随着社会生产力的发展，社会主义的生产关系和上层建筑不断调整和完善，推动着社会主义社会逐步向前发展。

社会主义制度的建立，为生产力的发展开辟了广阔道路。在社会主义社会，生产规模日益扩大，科学技术不断进步，劳动生产率逐步提高，促使社会生产力迅速发展，从而为实现共产主义创造出坚实的物质条件。只要沿着正确的道路发展，坚持以马克思主义理论为指导，那么，随着社会主义社会的生产力的发展，社会主义生产关系会在不断扩大的规模上被再生产出来，社会主义公有制会逐步巩固和加强，社会主义分配关系和人与人的平等和谐、互助合作关系会逐渐调整和完善，推动社会主义生产关系日益发展和成熟，从而社会主义生产关系将逐渐成长为共产主义生产关系。社会主义社会的生产力的不断增长和生产关系的不断发展，必然促使整个社会上层建筑发生相应的变化，逐步实现人们精神境界的极大提高、阶级和阶级差别的消灭，以及国家的自行消亡，从而社会主义的上层建筑也将发展为共产主义的上层建筑。因此，社会主义基本矛盾的运动，必将推动着社会主义社会过渡到共产主义社会，这是人类历史发展的必然趋势。

## （三）从社会主义向共产主义过渡的特点

从社会主义社会过渡到共产主义社会，同历史上以往的不同性质的社会形态之间的过渡和更迭具有重大差别。

以往不同性质的社会形态的过渡和更迭，是由新的、性质完全不同的生产关系和上层建筑取代旧的生产关系和上层建筑而实现的，伴随着这种过渡和更迭的，必然是尖锐的矛盾和激烈的斗争，甚至是武装斗争。

社会主义社会和共产主义社会是同一种社会形态的两个成熟程度不同的发展阶段，它们都是以生产资料公有制为基础的社会制度，二者之间不存在对抗性矛盾。因而从社会主义社会过渡到共产主义社会，只是从不成熟的共产主义社会发展到成熟的共产主义社会，表现为同一社会形态内部的过渡和变化。这是一个从量变到质变的过程，新的社会因素的不断积累和增长，必然导致最终的质变。这个过渡可以在社会主义社会的生产力不断发展的基础上，依靠社会主义制度的自我革新、调整、完善和发展，逐步对生产关系不适应生产力的方面和上层建筑不适应经济基础的方面进行改革，使共产主义因素日益孕育、壮大和成熟，为实现共产主义创造出必要条件，从而在将来逐步过渡到共产主义社会。

## 二、实现共产主义是人类最伟大的事业

（一）共产主义事业是崇高理想与科学理想的统一

古往今来，人类对理想社会的追求，经历了漫长的道路。马克思主义创立以前的一些思想家、政治家和志士仁人，虔心提出过建立平等自由的大同社会的理想主张。我国近代社会的改良派思想家康有为在其所写的《大同书》中，就描绘了一个"无邦国，无帝王，人人平等，天下为公"的大同社会。近代西方空想共产主义者，如法国的圣西门、傅立叶和英国的欧文，无情地揭露了资本主义社会的各种弊端，提出过一些关于共产主义社会的有价值的主张。他们的这些思想和主张尽管包含许多美好的愿望和合理的因素，但由于受历史条件和思想方法的限制，他们不了解社会历史发展的客观规律性，不认识人类摆脱阶级压迫、阶级剥削和生活贫困的道路与进程，更没有找到实现理想社会所依靠的社会力量，因而他们所追求的理想社会，不是建立在认识社会发展规律基础上的科学理想，难免流于空幻。

马克思和恩格斯在他们所创立的辩证唯物主义和历史唯物主义世界观的基础上，深刻分析了资本主义社会的基本矛盾的运动趋势，总结了国际工人运动的历史经验，批判地吸取了英法两国的空想共产主义和英国古典政治经济学的合理因素，继承和发展了人类历史上一切进步思想的优秀成果，从而深刻地揭示出人类社会发展的规律性，创立了科学共产主义学说，科学地预见了共产主义社会这一理想社会制度的基本特征，向全世界劳动群众展示了人类社会终将进入共产主义的美好社会前景。同时他们明确指出，无产阶级的历史使命就是彻底解放全人类，为在全世界实现共产主义伟大事业而奋斗。这是根据人类社会发展规律和无产阶级的地位所得出的科学结论。这一科学结论终于使人类对美好社会理想的追求由空想变为科学。正如列宁所说："究竟根据什么材料可以提出未来共产主义的未来发展问题呢？这里所根据的是：共产主义是从资本主义中产生出来的，它是历史地从资本主义中发展出来的，它是资本主义所产生的那种社会力量发生作用的结果。马克思丝毫不想制造乌托邦，不想凭空猜测无法知道的事情。马克思提出共产主义的问题，正像一个自然科学家已经知道某一新的生物变种是怎样产生以及朝着哪个方向演变才提出该生物变种的发展问题一样。"①

总之，共产主义之所以是人类最伟大的事业，就在于它是崇高理想与科学理想的统一，体现了人类对理想社会目标的追求与符合规律的科学社会实践的有机结合。

---

① 《列宁选集》第 3 卷，人民出版社 1995 年版，第 186—187 页。

（二）共产主义伟大事业的实践

共产主义是人类最伟大的事业，我们一定要胸怀共产主义理想，树立共产主义事业必胜的信念，坚信伟大共产主义事业一定会在全世界得到实现。那种对共产主义事业失去信心，把共产主义事业视为"渺茫的幻想"的观点，当然是错误的。

马克思主义认为，共产主义既是一种理想的社会制度，又是一种社会运动。共产主义作为社会制度，在我国乃至全人类的实现，还要经过长期的奋斗。但是，共产主义作为一种社会运动，自从马克思和恩格斯在一百多年前创立了科学共产主义学说以来，就已经在不断实践之中。共产主义运动的最终目的就是实现共产主义社会制度。世界各国无产阶级争取自身解放的斗争，社会主义国家人民进行的社会主义建设，我国人民所开创的中国特色社会主义事业，都是伟大共产主义事业具体实践的重要组成部分。

在我国，共产主义思想的传播以及人们为最终实现共产主义理想而进行的共产主义运动，早在20世纪初期，特别是在中国共产党成立和它所领导的新民主主义革命的时候就开始了，现在这个运动在我国已经发展到社会主义社会的初级阶段。我们所走的中国特色社会主义道路，所从事的社会主义现代化建设和改革开放事业，正是共产主义事业在现阶段的实践。所以，共产主义伟大事业的实践，早已存在于我国的现实生活之中。应当明确，共产主义既是人类历史发展的必然趋势，又存在于我们为之奋斗的现实生活的实践之中。

纵观人类历史演变的长河，展望社会发展的大趋势，实现共产主义是我们的远大理想和奋斗目标，是人类崇高而又伟大的事业。

## 三、实现共产主义是一个不断实践的长期过程

（一）实现共产主义要在实践中长期探索

自从马克思、恩格斯在19世纪40年代创立科学共产主义学说以来，无产阶级所进行的共产主义运动已经历了一百多年，国际无产阶级和各国共产党人为实现共产主义理想进行了长期斗争，许多国家先后建立了社会主义制度。一百多年的共产主义运动的实践，充分证明了共产主义事业有着强大凝聚力和生命力。

然而，共产主义事业毕竟是人类历史上完全崭新的事业，无产阶级在争取解放、建设社会主义和实现共产主义的过程中，没有现成的经验可循，不可能有事先设计好的完美蓝图，必须在实践中去探索和创新。而人们对共产主义社会还存在许多未被认识的"必然王国"，实现共产主义所要经历的具体阶段，适合各国国情的社会主义革命和建设的道路，所应采取的经济和政治体制，以及向共产主义过渡的实施步骤，都要在反复的实践中去探索和创造。在这个探索过程中，可能出现失误，甚至遭受重大挫折。在国际共产主义运动的发展过程中，也会出现高潮和低潮相互交错的局面。无产阶级必须在共产主义的实践中，善于总结经验，

吸取教训，开辟道路，不断进取。共产主义作为一个新生事物的成长道路，必然要在实践中经历长期的探索过程。

（二）社会主义的充分发展和向共产主义的过渡要经历长期的艰巨的实践过程

任何一个国家实现共产主义，首先要经历社会主义社会这个历史阶段，通过社会主义社会的充分发展，在社会主义社会高度发达的基础上，才能在将来过渡到共产主义社会。每个社会主义国家在发展进程中，都面临着完善、巩固和进一步发展社会主义的历史任务，逐步由不发达的社会主义走向发达的社会主义。社会主义国家的发展，究竟要经历哪些发展阶段，应采取何种政治的、经济的体制，都取决于各国生产力发展状况和社会经济的发展水平，取决于具体的国情。各个社会主义国家只有沿着适合本国国情的发展道路，通过大力进行物质文明和精神文明建设，提高经济的社会化、现代化、国际化程度，促进生产力大幅度增长，才能走向比较发达的社会主义。然后经过发达社会主义的长期发展，逐步创造向共产主义过渡的主客观条件，在具备了这些条件的时候，才能逐步实现向共产主义社会的过渡。社会主义的巩固发展和创造向共产主义过渡的条件，不可能一蹴而就，而要经历长期的过程。所以，社会主义的充分发展和社会主义历史阶段的长期性，决定了向共产主义过渡必然是一个长期的实践过程。

（三）经济落后国家实现共产主义须经历更长的实践过程

当今世界上取得社会主义革命胜利的国家，一般经济发展都相对比较落后，这些社会主义国家要经过更长的社会主义发展阶段，才能在将来实现共产主义。我国原来是一个半殖民地半封建的社会，生产社会化和经济商品化的程度很低，自然经济占相当大比重，生产力发展水平远远落后于发达资本主义国家。我国建立社会主义制度以后，必须经历一个社会主义初级阶段的长期发展过程，以便实现工业化与经济的社会化、市场化、现代化、信息化和国际化。这是不可逾越的历史阶段。这个初级阶段至少需要上百年时间。将来我国进入社会主义的较高发展阶段，为了巩固和发展社会主义，为了创造向共产主义过渡的条件，则须经过更长的实践过程。正如邓小平所指出："我们搞社会主义才几十年，还处在初级阶段。巩固和发展社会主义制度，还需要一个很长的历史阶段，需要我们几代人、十几代人，甚至几十代人坚持不懈地努力奋斗，决不能掉以轻心。"[①]

（四）共产主义在世界范围的实现是长期、曲折、复杂的历史过程

共产主义事业本质上是国际性的，只在全世界范围内主要的和多数的国家转变为社会主义制度以后，人类在将来才有可能进入共产主义社会。因而实现共产主义，既要在已经建立了社会主义制度的国家巩固和发展其成果，又有待于现有资本主义国家转向社会主义。就世界范围来说，虽然当今资本主义世界的内在基本矛盾依然存在，但资产阶级对资本主义生产关系所进行的局部调整，在一定程

---

① 《邓小平文选》第3卷，人民出版社1993年版，第379—380页。

度上仍可使生产力有所发展,并使资本主义基本矛盾的激化程度有所缓解,从而延缓了资本主义向社会主义的转变进程。而且在资本主义制度尚存的情况下,国际敌视社会主义的势力对已经取得革命胜利的社会主义国家,总是竭力从政治、经济、军事等方面施加种种压力和进行遏制及制裁,甚至进行"和平演变"乃至武力侵犯;社会主义国家内部也会出现反社会主义的阴谋活动。国际和国内的反社会主义势力,还会相互勾结,彼此呼应。在这种情况下,社会主义事业有可能遭受损害,甚至发生像苏联解体和东欧剧变这样的重大挫折。国际阶级矛盾斗争的复杂性,决定社会主义在全世界的胜利决非一帆风顺。所以,社会主义在世界范围内取代资本主义,进而在全世界实现共产主义,必然要经历一个长期、曲折、复杂的历史过程。

## 第三节　在建设中国特色社会主义的进程中为实现共产主义而奋斗

> 把马克思主义的普遍真理同我国的具体实际结合起来,走自己的路,建设有中国特色的社会主义,这就是我们总结长期历史经验得出的基本结论。
>
> ——邓小平

### 一、社会主义是走向共产主义的必由之路

（一）社会主义社会是走向共产主义社会的必经阶段

共产主义社会是人类历史上最美好和最理想的社会制度,但是,实现共产主义的物质的和社会的条件,只能在社会主义阶段的长期发展建设过程中逐渐形成。依据共产主义社会发展两阶段原理,人类社会的发展,只能从资本主义社会首先过渡到社会主义社会,而不能超越社会主义这个历史阶段。社会主义社会是共产主义社会的低级阶段,是走向共产主义高级阶段的必由之路。

列宁在分析共产主义社会发展的两阶段时曾指出:"通常所说的社会主义,马克思把它称作共产主义社会的'第一'阶段或低级阶段。既然生产资料已成为公有财产,那么'共产主义'这个名词在这里也是可以用的,只要不忘记这还不是完全的共产主义。马克思的这些解释的伟大意义,就在于他在这里也彻底地运用了唯物主义辩证法,即发展学说,把共产主义看成是从资本主义中发展出来的。"[①] 社会主义社会作为共产主义社会的低级阶段,是刚刚从资本主义社会中产生出来的,"因此它在各方面,在经济、道德和精神方面都还带着它脱胎出来的那

---

① 《列宁选集》第3卷,人民出版社1995年版,第199—200页。

个旧社会的痕迹。"① 在我国社会主义初级阶段，这种旧社会的痕迹就更多。马克思明确指出，这些旧的社会痕迹"在经过长久阵痛刚刚从资本主义社会产生出来的共产主义社会第一阶段，是不可避免的"②。在社会主义社会的一定发展阶段上，旧社会痕迹是一种客观存在的现象，在没有建立起新的社会、经济、文化条件时，不可能消失。只有经过社会主义社会的长期发展，在社会生产力高度发展的基础上，随着物质文明和精神文明以及社会文化的长足发展，才能使旧的社会痕迹逐步消失，从而为实现共产主义铺平道路。所以，社会主义是走向共产主义的必经阶段和必由之路。

（二）为实现共产主义创造条件

共产主义社会不会自行到来，必须在社会主义历史阶段大力进行物质文明和精神文明建设而创造出一系列主观和客观条件的基础上，才能最终实现社会主义的全部发展过程，也就是为实现共产主义逐步创造条件的过程。

实现共产主义所须具备的基本条件，概括地说就是：（1）社会生产力的高度发展，为实现共产主义创造物质技术基础；（2）全体社会成员的文化教育的普及和科学技术水平的极大提高；（3）全体社会成员的思想觉悟和道德品质的极大提高；（4）建立起同高度社会化生产相适应的生产资料社会公有制；（5）消灭旧的社会分工特别是三大差别，造就出体力和智力全面发展的新人；（6）在全世界消灭一切剥削制度和剥削阶级，作为阶级统治工具的国家自行消亡。

实现共产主义所必须具备的基本条件，要在社会主义历史阶段经过长期的努力奋斗才能创造出来。热心于共产主义，首先要热心于社会生产力的发展。不经过社会主义社会的长期发展，不具备向共产主义过渡的条件，实现高级阶段的共产主义社会只是一句空话。企图超越社会主义发展阶段，"跑步进入共产主义"更是一厢情愿的幻想。违背了社会发展客观规律，必然会遭到客观规律的惩罚，对社会经济发展造成严重危害。

## 二、坚定共产主义远大理想信念，积极投身中国特色社会主义事业

（一）共产主义远大理想和中国特色社会主义共同理想的紧密结合与相互统一

理想是人生奋斗的目标。人们所追求的理想有社会理想、职业理想、生活理想、道德理想等。社会理想是人们对社会制度和社会面貌的预见和期望，它是人们的最根本的、起主要和决定作用的理想，贯穿于其他理想之中。社会理想具有鲜明的阶级性，各阶级都有自己的社会理想。工人阶级是与社会化大生产相联系的先进阶级，它的历史使命和社会理想就是彻底解放全人类，在全世界实现共产主义。共产主义是历史发展的必然趋势，体现了社会发展规律的客观要求，是人

---

① 《马克思恩格斯选集》第3卷，人民出版社1995年版，第304页。
② 《马克思恩格斯选集》第3卷，人民出版社1995年版，第305页。

类最美好、最崇高的社会制度，因而我们要顺应历史发展的潮流，树立共产主义的远大社会理想。共产主义远大理想的树立，可以为人们从事各种社会实践活动提供强大的精神支柱和思想动力。坚定共产主义远大理想信念是我们实现人生价值的基础和归宿，是凝聚一切进步社会力量、推动社会不断前进的精神航标。

我国当前正处于社会主义初级阶段，建设中国特色社会主义是我国人民的历史使命和共同理想。中国特色社会主义开创了我国社会主义发展的崭新道路，是科学社会主义理论与中国国情相结合的产物。只有社会主义才能救中国，只有中国特色社会主义才能更好地发展中国，中国特色社会主义是当代中国发展的根本方向。建设中国特色社会主义，要以建设富强、民主、文明、和谐、美丽的社会主义现代化强国为目标，全面推进中国特色社会主义经济、政治、文化、社会和生态文明建设。中国特色社会主义道路之所以完全正确，之所以能够引领中国发展进步，关键在于我们既坚持了科学社会主义的基本原则，又根据我国实际和时代特征赋予其鲜明的中国特色。在当代中国，坚持中国特色社会主义道路，就是真正坚持社会主义。党的十九大报告明确指出，我们"要更加自觉地增强道路自信、理论自信、制度自信、文化自信，既不走封闭僵化的老路，也不走改旗易帜的邪路，保持政治定力，坚持实干兴邦，始终坚持和发展中国特色社会主义"。建设中国特色社会主义是全国人民为之奋斗的共同理想，我们一定要高举中国特色社会主义旗帜，夺取新时代中国特色社会主义伟大胜利，为实现中华民族伟大复兴的中国梦不懈奋斗。

共产主义远大理想和中国特色社会主义共同理想，是我们的精神支柱和政治灵魂，二者相辅相成，相互结合与促进，有机联系和统一。一方面，远大理想是现阶段共同理想的奋斗目标。走中国特色社会主义道路，进行中国特色社会主义的经济、政治、文化、社会和生态文明建设，是为实现我国现阶段的共同理想而奋斗，在这个奋斗过程中，必须坚持共产主义发展方向，以实现共产主义远大理想为目标。立足当前，放眼未来，当前我们开创的建设中国特色社会主义的各项事业，就是朝着实现共产主义的远大理想迈进。另一方面，现阶段的共同理想是远大理想的坚实基础。实现共产主义是一个一个阶段性目标逐步达成的历史过程，要经过社会主义历史阶段的长足发展，我国坚持和发展中国特色社会主义，开创建设中国特色社会主义的新局面，夺取新时代中国特色社会主义伟大胜利，就是为实现共产主义而增砖添瓦，是为迈向共产主义社会逐步创造条件。所以，实现中国特色社会主义的共同理想，是为实现共产主义远大理想而服务。中国特色社会主义共同理想在我国的成功实践，必然为实现共产主义远大理想奠定坚实的基础。

（二）积极投身中国特色社会主义伟大事业

共产主义远大理想同中国特色社会主义共同理想的紧密联系和有机统一表明，我们追求共产主义远大理想，要体现在实际行动中，积极投身于中国特色社会主义事业，推进中国特色社会主义经济、政治、文化、社会和生态文明建设。当代中国坚持走中国特色社会主义道路的关键在于，坚定不移地坚持解放思想、实事求是的思想路线，坚定不移地坚持改革开放的方针，坚定不移地促进经济持续健康发展，坚定不移地培育和践行社会主义核心价值观，坚定不移地为实现全面建设小康社会和建设社会主义现代化强国的目标而奋斗。

我们要把为伟大共产主义事业而奋斗的崇高目标，落实到建设中国特色社会主义事业的具体实践之中。千里之行，始于足下。把远大理想与现阶段共同理想紧密地结合起来，就要胸怀共产主义崇高理想目标，坚持和发展中国特色社会主义，为实现共产主义理想目标创造物质、精神和社会条件。既不能只埋头苦干而忘却远大理想，失去前进的动力和方向；又不能空谈远大理想而脱离现实，失去立足的根基。我们要脚踏实地，从我做起，从现在做起，增强坚持走中国特色社会主义道路的自觉性，肩负起实现国家富强、民族复兴、人民幸福的中国梦的历史重任，奋力开拓中国特色社会主义事业更为广阔的发展前景，努力做到党的十九大报告所强调的："自觉做共产主义远大理想和中国特色社会主义共同理想的坚定信仰者和忠实实践者。"

## 本章小结

共产主义社会是人类最理想、最美好的社会制度。马克思主义经典作家依据社会发展规律，分析了资本主义社会内在矛盾的运动，阐明了由资本主义转向社会主义的必然性，并对未来共产主义社会进行了展望，科学预见了共产主义社会的基本特征。

共产主义社会形态包括社会主义社会和共产主义社会前后相互衔接的两个阶段。人类社会发展的历史趋势，必然由资本主义社会过渡到社会主义社会，将来再由社会主义社会发展为共产主义社会。实现共产主义是人类最伟大的事业，须经过一个不断实践的长期过程。

社会主义是走向共产主义的必由之路，只有经过社会主义历史阶段长期和充分发展，为实现共产主义创造出各种主客观条件，才能最终过渡到共产主义社会。

共产主义远大理想是人们从事各种社会实践活动的精神支柱和思想动力。共产主义远大理想与中国特色社会主义共同理想是相互联系和相互促进的。要积极投身于中国特色社会主义事业，在建设中国特色社会主义事业中为实现共产主义而奋斗。

## 复习与思考

1. 马克思主义经典作家所科学预见的共产主义社会的基本特征是什么？
2. 为什么共产主义社会要建立在社会生产力高度发展的基础上？
3. 共产主义社会的生产资料所有制关系和分配方式是怎样的？

4. 共产主义社会的经济调节和管理的特点是什么？
5. 为什么国家在共产主义社会将自行消亡？
6. 什么是共产主义的精神境界？
7. 怎样才能实现人的自由而全面发展？
8. 共产主义社会两阶段的共同特征和重大区别是什么？
9. 人类社会为什么必然发展到共产主义社会？
10. 怎样理解共产主义事业是人类最伟大的事业？
11. 为什么说共产主义事业已经在实践之中？
12. 为什么实现共产主义是一个不断实践的长期过程？
13. 为什么社会主义是走向共产主义的必由之路？
14. 为什么要坚定共产主义远大理想信念？
15. 共产主义远大理想与中国特色社会主义共同理想是怎样的关系？

## 阅读文献

1. 马克思、恩格斯：《共产党宣言》，《马克思恩格斯文集》第 2 卷，人民出版社 2009 年版。
2. 马克思：《哥达纲领批判》，《马克思恩格斯文集》第 3 卷，人民出版社 2009 年版。
3. 列宁：《国家与革命》，《列宁专题文集　论资本主义》，人民出版社 2009 年版。
4. 邓小平：《在武昌、深圳、珠海、上海等地的谈话要点一靠理想二靠纪律才能团结起来》，《邓小平文选》第 3 卷，人民出版社 1993 年版。
5. 习近平：《在实现中国梦的生动实践中放飞青春理想》，《习近平谈治国理政》第 1 卷，外文出版社 2018 年版。

# 后　记

经全国高等教育自学考试指导委员会同意，由公共课课程指导委员会负责高等教育自学考试思想政治理论课学习读本的重修工作。

《马克思主义基本原理概论自学考试学习读本（2018年版）》在之前2015年版教材的基础上，由中国人民大学卫兴华教授、北京大学赵家祥教授担任主编。

参加本次学习读本修订的人员还有中国人民大学顾学荣教授、杨达伟副教授。全书由卫兴华、赵家祥修改定稿。

参加学习读本审稿的有北京大学丰子义教授，中国人民大学邱海平教授、任大奎教授。

编审人员付出了大量心血和努力，在此一并表示感谢！

全国高等教育自学考试指导委员会
公共课课程指导委员会
**2018 年 9 月**